Schuka · Röhle · Wiegmann

Klausurenbuch für Steuerfachwirte

www.nwb.de

Steuerfachkurs · Prüfung

Klausurenbuch für Steuerfachwirte

Von
Volker Schuka, Diplom-Finanzwirt, Steuerberater
Hans-Joachim Röhle, Diplom-Finanzwirt, Steuerberater
Thomas Wiegmann, Diplom-Finanzwirt

14., aktualisierte Auflage

nwb AUSBILDUNG

Bearbeitervermerk:

Einkommensteuer *(Schuka/Wiegmann)*
Körperschaftsteuer *(Röhle)*
Gewerbesteuer *(Schuka/Wiegmann)*
Umsatzsteuer *(Schuka)*
Abgabenordnung *(Schuka)*
Erbschaftsteuer/Bewertungsrecht *(Schuka)*
Rechnungswesen *(Röhle)*

ISBN 978-3-482-**63214**-3 – 14., aktualisierte Auflage 2013

Satz: Haus der Werbung, Verden
Druck: medienHaus Plump GmbH, Rheinbreitbach

VORWORT

Sie halten nunmehr die 14. Auflage unseres Klausurenbuches in Händen. Mit Stolz erfüllt uns die Tatsache, dass die vorherigen Auflagen bereits vielen tausend Prüfungskandidaten eine wertvolle und nach Meinung mancher Absolventen die entscheidende Hilfe bei der Prüfungsvorbereitung waren.

Mit dem vorliegenden Buch möchten wir der immer größer werdenden Anzahl von Personen, die sich auf eine anspruchsvolle Prüfung im Steuerrecht vorbereiten, auch weiterhin eine effektive Hilfe an die Hand geben: nämlich das Abrufen von Wissen während und in Gestalt einer Klausur. Denn immerhin entscheiden vor allem die schriftlichen Prüfungsarbeiten über Erfolg oder Misserfolg. **Und Klausuren schreiben lernt man eben nur durch Klausuren schreiben!**

Im Zuge jeder steuerlichen Ausbildung, während der bekanntermaßen eine große Menge von neuem und hinreichend kompliziertem Stoff auf den Prüfling eindringt, stellt sich immer häufiger die Frage:

- Wie kann ich mein Wissen auf einen Prüfungsfall anwenden?
- Wie packe ich einen Klausurfall überhaupt an?

Antworten hierauf soll der vorliegende Band geben.

Das Buch wendet sich in erster Linie an die Teilnehmer von Ausbildungslehrgängen zum Steuerfachwirt (m/w) in ihrer Vorbereitung auf die schriftliche Abschlussprüfung. Das Leistungsniveau dieser Prüfung ist zuletzt deutlich aufgewertet worden und wesentlich oberhalb der Steuerfachangestellten auf dem Weg zum Steuerberater angesiedelt. Je nach Bundesland wird die Berufsbezeichnung Steuerfachwirt oder Steuerfachassistent geführt. Steuerfachwirte werden nach sieben (früher zehn) Jahren Berufspraxis zur Steuerberaterprüfung zugelassen. **Und bitte beachten Sie: Nach jüngeren Erhebungen der Kammern nehmen Steuerfachwirte an der Steuerberaterprüfung mit einer Erfolgsquote von durchschnittlich rd. 75 % teil!**

Steuerfachwirte übernehmen in der Praxis leitende Positionen und sind häufig die rechte Hand des Steuerberaters. Das Niveau der praktischen Anforderungen an die Steuerfachwirte ist in erster Linie mit dem der Bilanzbuchhalter vergleichbar. Von daher eignet sich dieser Band ebenso für die angehenden Bilanzbuchhalter bei ihrer Prüfungsvorbereitung, bei denen das betriebliche Steuerrecht Schwerpunkt ist.

Auch für angehende Steuerberater sowie für Finanzanwärter kann dieses Klausurenbuch eine wertvolle Hilfe zu Beginn und während der Ausbildung sein.

Der Klausurenband ist gegliedert in insgesamt vier Klausurensätze mit den dazugehörigen Lösungshinweisen. Die Lösungshinweise sind sorgfältig erarbeitet worden und haben teilweise lehrbuchartigen Charakter.

Die Ausführlichkeit der Lösungen wird den Prüflingen in Prüfungen so nicht abverlangt. Es ist uns Verfassern aber wichtig, über das reine Ergebnis und seine Begründung hinaus Erklärungen und Erläuterungen zu liefern, die die Nacharbeit erleichtern.

Jeder Klausursatz umfasst die verschiedenen Schwerpunkte der Steuerfachwirteprüfung in Anlehnung an die aktuelle Prüfungsordnung der Steuerberaterkammern des Landes Nordrhein-Westfalen (NRW) Düsseldorf, Köln und Westfalen-Lippe. Die Prüfungsordnungen der anderen Bundesländer unterscheiden sich im Wesentlichen nicht.

Die Steuerfachwirteprüfung ist eine bundeseinheitliche Prüfung, weil nunmehr alle Steuerberaterkammern dem Prüfungsverbund beigetreten sind. Somit können mit Hilfe dieses Bandes die Schwerpunkte der Steuerfachwirteprüfung bundesweit erarbeitet und vertieft werden.

Steuerfachwirte haben in ihrer Abschlussprüfung drei Klausuren zu schreiben, die sich wie folgt gliedern:

Steuerrecht I:	Einkommen-, Gewerbe-, Körperschaftsteuer
Steuerrecht II:	Umsatzsteuer, Abgabenordnung, Erbschaftsteuer/Bewertungsrecht
Rechnungswesen:	Buchführung und Bilanzsteuerrecht, Gesellschaftsrecht, Betriebswirtschaft (Jahresabschlussanalyse, Kosten- und Leistungsrechnung, Finanzierung)

Für die beiden Klausuren im Steuerrecht steht im Ernstfall eine Bearbeitungszeit von vier Stunden, im Fach Rechnungswesen (seit 2012) von fünf Stunden zur Verfügung. Diese Zeiteinteilung sollte bei der übungsmäßigen Bearbeitung dieses Klausurenbandes insbesondere im steuerrechtlichen Bereich vernachlässigt werden, weil einige Klausuren bewusst größeren Umfang und Erklärungsbedarf haben. Die Übung, mit der vorgegebenen Prüfungszeit auszukommen, sollte sich jeder Prüfling in Form eines von diversen Lehrgangsveranstaltern angebotenen Klausurenkurses verschaffen.

Die Klausurensätze dieses Bandes beinhalten den prüfungsaktuellen Rechtsstand 2012, im Rahmen der Umsatzsteuer/Abgabenordnung sogar den erforderlichen Rechtsstand 2013. Insbesondere die steuerlichen Änderungsgesetze der letzten Jahre sind eingearbeitet.

Die im Klausurenband enthaltenen Klausuren aus den Prüfungsgebieten „Abgabenordnung" und „Erbschaftsteuer/Bewertungsrecht" sind teilweise deutlich länger als die in Prüfungen tatsächlich abgefragten Sachverhalte. Es kann davon ausgegangen werden, dass auch weiterhin in der Klausur Steuerrecht II der Teil „Umsatzsteuer" (ca. 50 % bis 55 %) den Prüfungsschwerpunkt bildet. Aufgaben zu den Teilen „Abgabenordnung" und „Erbschaftsteuer/Bewertungsrecht" werden daher jeweils mit ca. 20 % bis 25 % gewichtet. Entsprechend haben wir den Anteil der Übungsklausuren vor allem zu Gunsten der Umsatzsteuer gewichtet, ohne jedoch eine intensive Vorbereitung in den übrigen Teilbereichen der Klausur Steuerrecht II zu vernachlässigen.

In eigener Sache bitten wir mit Nachsicht die nie völlig zu vermeidenden Schwachstellen bei der Erstellung von Klausuren und deren Lösungen zu bedenken.

Als Autoren haben wir zwar mit äußerster Sorgfalt nach bestem Wissen und Gewissen gearbeitet; sollten sich dennoch aus der Sicht des Bearbeiters Anregungen oder Hinweise zur Vervollkommnung dieses Klausurenbandes ergeben, so bitten wir um Mitteilung über den Verlag. Der guten Ordnung halber weisen wir darauf hin, dass sich juristische Ansprüche aus Fehlern in diesem Buch weder gegen den Verlag noch gegen die Autoren ableiten lassen und eine wie auch immer geartete Haftung nicht übernommen werden kann.

Unser besonderer Dank gilt Herrn Diplom-Finanzwirt Wolfgang Tausch für seine Mitarbeit im Bereich der Umsatzsteuer und Herrn Diplom-Finanzwirt Hans-Jürgen Jacobs für seine Mitarbeit im Bereich der Erbschaftsteuer/Bewertungsrecht sowie der Abgabenordnung.

Abschließend dürfen wir allen Personen, die sich auf eine Prüfung im Steuerrecht vorbereiten, ein insgesamt erfolgreiches Gelingen wünschen. Wir wären sehr froh, wenn wir dazu auch mit diesem Band einen Beitrag geleistet hätten.

Düsseldorf, Ratingen, Kamp-Lintfort, im Mai 2013

Volker Schuka
Hans-Joachim Röhle
Thomas Wiegmann

Kein Produkt ist so gut, dass es nicht noch verbessert werden könnte. Ihre Meinung ist uns wichtig! Was gefällt Ihnen gut? Was können wir in Ihren Augen noch verbessern? Bitte verwenden Sie für Ihr Feedback einfach unser Online-Formular auf:

www.nwb.de/go/feedback_lb

Als kleines Dankeschön verlosen wir unter allen Teilnehmern einmal pro Quartal ein Buchgeschenk.

INHALTSVERZEICHNIS

Klausursatz Nr. 1

Aufgabenteil Nr. 1: Einkommensteuer

A. Allgemeiner Sachverhalt

Die Eheleute Siggi (geb. 01. 10. 1950) und Sonja (geb. 10. 08. 1953) Sohle sind seit 1974 verheiratet.

Sie leben in einem Einfamilienhaus (Baujahr 1952) in Essen, welches sie 1992 gekauft hatten.

In das Einfamilienhaus in Essen nahmen sie den nach einem Schlaganfall am 15. 06. 2012 aus dem Krankenhaus entlassenen Vater des Siggi Sohle auf. Nach diesem Schlaganfall ist der Vater (Jahrgang 1923) zu 100 % schwerbehindert und außer Stande, sich selbst zu unterhalten. Er bezog das Zimmer von Julius. Julius ist am 01. 10. 1987 geboren und studiert das ganze Jahr über in Münster (Erststudium), wo er seine Studentenwohnung hat. Den gesetzlichen Grundwehrdienst bzw. Zivildienst musste er nicht absolvieren. Julius bekommt von Januar bis Oktober Bafög i. H. von monatlich 250 € (50 % als Zuschuss und 50 % als Darlehn). Julius ging in 2012 gelegentlich jobben um seinen Lebensunterhalt neben den Zahlungen von den Eltern i. H. von monatlich 500 € zu finanzieren. Für seine Aushilfstätigkeiten bekam er insgesamt in den Monaten Februar, April und Mai monatlich 250 € und in den Monaten August, Oktober, November und Dezember monatlich 300 €. Sozialversicherungsbeiträge sind nicht angefallen. Lohnsteuer wurde ebenfalls nicht einbehalten.

Trotz seines hohen Alters war der Vater bis zu seinem Schlaganfall, den er am 28. 12. 2011 erlitten hatte, noch als Gewerbetreibender tätig. Das Unternehmen des Vaters musste allerdings mit hohen Verlusten abgewickelt werden, wobei der Vater sein gesamtes Vermögen verlor. Die steuerlichen Verhältnisse des Vaters stellen sich wie folgt dar:

In 2011 erzielte der Vater Verluste aus Gewerbebetrieb i. H. von 300 000 € sowie Einkünfte aus Kapitalvermögen i. H. von 20 000 € (in GdE einzubeziehen). Auf Grund seines Gesundheitszustandes erzielte der Vater in 2012 keinerlei Einkünfte mehr.

Ausweislich des vorliegenden, bestandskräftig veranlagten Einkommensteuerbescheides 2010 betrugen seine Einkünfte aus Gewerbebetrieb 70 000 €. Andere Einkünfte hatte er in 2010 nicht.

Anträge nach § 10d Abs. 1 Satz 5 EStG wurden nicht gestellt.

Am 10. 08. 2012 verstarb der Vater an den Nachwirkungen des Schlaganfalles (Beerdigungskosten 10 000 €). Bis dahin hatte Sonja Sohle die Pflege ihres Schwiegervaters persönlich geleistet. Leistungen nach dem Pflegeversicherungsgesetz haben die Eheleute Sohle nicht erhalten.

Im November 2012 gelang den Eheleuten die Adoption eines Kindes (geb. 2007) mit Namen Max, welches seit seiner Geburt zu 60 % schwerbehindert ist. Max geht seit seinem dritten Lebensjahr in einen Kindergarten mit spezieller Betreuung. Nach der Adoption soll dies auch beibehalten werden und es fallen Beiträge von monatlich 320 € an. Diese werden per Banküberweisung jeden Monat pünktlich am Monatsanfang bezahlt. Nach dem Kindergarten kümmert sich Sonja um Max.

B. Einkünfte

I. Schuhgeschäft

Siggi Sohle betreibt in Essen ein Schuhgeschäft in einem ihm selbst gehörenden Gebäude. Seinen steuerlichen Unterlagen ist Folgendes zu entnehmen:

Betriebsvermögen 01. 01. 2012	./. 100 000 €
Betriebsvermögen 30. 09. 2012	+ 200 000 €
Entnahmen bis 30. 09. 2012	50 000 €
Einlagen bis 30. 09. 2012	226 500 €

Zum 30. 09. 2012 veräußerte er das Schuhgeschäft an Sascha Senkel zum Kaufpreis von 300 000 €, der vereinbarungsgemäß erst am 31. 01. 2013 überwiesen wurde. Dabei gingen bis auf einen Pkw (gemeiner Wert 47 600 €, Buchwert 10 000 €) und das Geschäftsgrundstück „Alfred Straße" (gemeiner Wert 1 000 000 € (ohne Umsatzsteuer), Buchwert 200 000 €, jeweiliger Grund- und Bodenanteil 30 %) alle Vermögensgegenstände und Schulden auf den Erwerber über. Die Veräußerungskosten wurden von dem Erwerber übernommen.

Ab 01. 10. 2012 vermietete Herr Sohle das Grundstück für monatlich 10 000 € an Herrn Senkel, der das Schuhgeschäft weiterführte und sämtliche Nebenkosten des Grundstücks zu tragen hat. Der Pkw wird nur noch privat genutzt.

II. Ruhegehalt

Als Beamtin im Ruhestand erhält Sonja seit 01. 08. 2005 eine monatliche Pension. Auf der Lohnsteuerbescheinigung werden für 2012 36 000 € Ruhegehalt, 5 600 € Lohnsteuer, 504 € Lohnkirchensteuer sowie 308 € Solidaritätszuschlag ausgewiesen.

III. Grundstück Rüttenscheider Straße in Essen

Mit Kaufvertrag vom 20. 1. 2012 (Umschreibung im Grundbuch Februar 2012, Übergang von Nutzungen und Lasten zum 1. 3. 2012) erwarb Siggi Sohle das Grundstück „Rüttenscheider Str." zum Preis von 280 000 € (Grund- und Bodenanteil 80 000 €).

Die Grunderwerbsteuer (i. H. von 9 800 €) und die Notar- und Gerichtskosten (i. H. von 3 000 €) belasteten lt. Vertrag den Verkäufer.

Bis zum 30. 6. 2012 war das 1920 errichtete Gebäude, das weder technisch noch wirtschaftlich verbraucht war, zu Wohnzwecken vermietet. Er konnte Mieteinnahmen i. H. von 9 800 € erzielen.

In mühsamen Verhandlungen mit den Mietern konnte Herr Sohle erreichen, dass diese unter Aufgabe ihrer Rechte zum 25. 6. 2012 vorzeitig auszogen. Dafür zahlte Sohle ihnen Abfindungen i. H. von zusammen 30 000 €.

Am 30. 6. 2012 wurde mit dem Auszug des letzten Mieters das Gebäude abgerissen. Die Abbruchkosten i. H. von 20 000 € möchte er als Werbungskosten geltend machen.

Noch im Juli 2012 (der Bauantrag war im März 2012 gestellt und zügig positiv beschieden worden) wurde auf dem Grundstück mit dem Bau einer Lagerhalle in Schnellbauweise begonnen, welche bereits zum 28. 10. 2012 bezugsfertig war. Somit konnte Siggi Sohle die Lagerhalle an verschiedene Gewerbetreibende bereits ab 1. 11. 2012 vermieten. Seine gesamten Mieteinnahmen betragen ab November 2012 monatlich 10 000 € zzgl. 1 900 € Umsatzsteuer. Folgende Aufwendungen sind bei der Errichtung der Lagerhalle entstanden:

Herstellungskosten	300 000 €
Schnellbauzuschlag	30 000 €
Umsatzsteuer auf HK und Schnellbauzuschlag	62 700 €
Kosten für das Richtfest	1 000 €

Sämtliche Vorsteuerbeträge wurden in den jeweiligen USt-Voranmeldungen bis Oktober 2012 geltend gemacht und bis Dezember 2012 vom Finanzamt erstattet. Ansonsten war umsatzsteuerlich die Dauerfristverlängerung vereinbart.

An Grundbesitzabgaben sind ab dem 2. Quartal 2012 vierteljährlich 1 500 € entrichtet worden. Die Kosten des 1. Quartals übernahm noch der Verkäufer.

Finanzierungskosten sind für das Objekt nicht angefallen, da Siggi Sohle aus der Veräußerung von Aktien der Forsch AG über genügend flüssige Mittel verfügte.

Die Aktien der Forsch AG hatte Siggi Sohle am 28. 12. 2011 von seinem verstorbenen Onkel als Alleinerbe geerbt. Der Onkel hatte die Aktien (Anteil am Grundkapital der AG 5 %) am 19. 8. 2011 für 300 000 € erworben. Siggi Sohle, der sich zugegebenermaßen bisher mit Börsengeschäften wenig auseinandergesetzt hat, gelang es, diese Aktien am 27. 6. 2012 für 400 000 € zu veräußern.

IV. Beteiligung an der Schlager-GmbH

Seit November 2011 ist Siggi Sohle an der 1983 gegründeten Schlager-GmbH mit 20 % am Stammkapital beteiligt (Anschaffungskosten 150 000 €). Bereits im Sommer 2012 zeichnete sich ein Wertverlust der Beteiligung ab, da der deutsche Schlager kriselte und immer häufiger bisherige Kunden Titel per Internet-Tauschbörsen luden. Um einen Totalverlust zu vermeiden, veräußerte er die Anteile im Oktober 2012; der Kaufpreis floss am 16. 1. 2013 i. H. der vereinbarten 51 000 € zu.

C. Private Aufwendungen

Die Ehegatten planen für 2014 ernsthaft die Errichtung eines weiteren Mietwohngrundstücks in Essen. Deshalb leisteten sie 2012 Beitragszahlungen auf einen gemeinsamen Bausparvertrag (Vertragsabschluss 2012) i. H. von 10 000 €. Die Bausparkasse schrieb ihnen Zinsen aus diesem Bausparguthaben (ohne Zinsabschlagsteuer) i. H. von 1 000 € gut. Freistellungsaufträge hatten sie in ausreichender Höhe erteilt.

Die Ehegatten konnten noch folgende Aufwendungen nachweisen:

Säumniszuschlag zur Einkommensteuer 2011	300 €
Verspätungszuschlag Einkommensteuererklärung 2011	1 000 €
Zinsen gem. § 233a AO auf Einkommensteuer 2011	900 €
Einkommensteuernachzahlung 2011	30 000 €
Kirchensteuernachzahlung 2011	2 700 €

Einkommensteuer-Vorauszahlungen 2012	20 000 €
Kirchensteuer-Vorauszahlungen 2012	1 800 €
Krankenversicherungsbeiträge (Basisabsicherung ohne Komfortleistungen)	5 800 €
Beiträge 2012 von Siggi zur berufsständischen Versorgungseinrichtung, die der gesetzlichen Rentenversicherung gleichgestellt ist.	24 000 €
Leibrentenversicherung im Sinne des § 10 Abs. 1 Nr. 2 Buchst. b EStG von Sonja	1 721 €

D. Aufgabe

In nachfolgender Reihenfolge ist das niedrigstmögliche zu versteuernde Einkommen der Eheleute Sohle für den Veranlagungszeitraum 2012 zu ermitteln:

I. Persönliche Einkommensteuerpflicht

II. Veranlagungsart

III. Ermittlung des Gesamtbetrages der Einkünfte

IV. Ermittlung des Einkommens
Es ist keine Günstigerprüfung nach § 10 Abs. 4a EStG und § 10c EStG durchzuführen. Gehen Sie davon aus, dass die neue Rechtslage günstiger ist.

V. Ermittlung des zu versteuernden Einkommens
Gehen Sie bei der Ermittlung des zu versteuernden Einkommens davon aus, dass sich der Kinderfreibetrag günstiger auswirkt als das Kindergeld. Ansonsten ist für alle Monate Kindergeld in zutreffender Höhe ausgezahlt worden, es sei denn, in einzelnen Monaten sind die Voraussetzungen für das Kindergeld aus im Sachverhalt genannten Gründen nicht erfüllt.

VI. Sollten sich aus dem Sachverhalt Anhaltspunkte für die Gewährung von Steuer- und Tarifermäßigungen ergeben, so sind diese unter Angabe der gesetzlichen Vorschriften zu nennen; Berechnungen sind nicht vorzunehmen.

BEARBEITUNGSHINWEIS:

Sämtliche für die Bearbeitung erforderlichen Anträge gelten als gestellt, insbesondere wenn sie steuermindernde Wirkung haben.

Aufgabenteil Nr. 2: Körperschaftsteuer

A. Sachverhalt

Die Rapido-GmbH betreibt einen Einzelhandel mit Textilien. Der Sitz und die Geschäftsleitung der Rapido-GmbH befinden sich in Düsseldorf. Beteiligungsverhältnisse: Carlos Rapido 98 %; seine Ehefrau 2 %.

Der Jahresabschluss der Rapido-GmbH zum 31. 12. 2012 (Wj = Kj) weist bisher folgendes Zahlenwerk aus:

Vorläufige Bilanz zum 31. 12. 2012

Aktiva		**Passiva**	
Grundstücke	450 000 €	Stammkapital	200 000 €
Fuhrpark	120 000 €	Satzungsmäßige Rücklage	50 000 €
Beteiligungen	70 000 €	Andere Gewinnrücklagen	100 000 €
Vorräte	150 000 €	Gewinnvortrag	60 000 €
Forderungen	45 000 €	Jahresüberschuss	158 403 €
Kasse	2 500 €	Sonstige Rückstellungen	10 000 €
Bank	40 250 €	Verbindlichkeiten	240 000 €
		Sonstige Verbindlichkeiten	59 347 €
	877 750 €		877 750 €

Gewinn- und Verlustrechnung 2012

Umsatzerlöse	1 500 000 €	
Sonstige betriebliche Erträge	+ 91 788 €	
Beteiligungserträge (11 044 € + 5 000 €)	+ 16 044 €	
Wareneinkauf	./. 680 000 €	
Personalkosten	./. 410 000 €	
Abschreibung	./. 85 000 €	
Sonstige betriebliche Aufwendungen	./. 90 000 €	
Zinsaufwand	./. 18 000 €	
Ergebnis der gewöhnlichen Geschäftstätigkeit		324 832 €
Außerordentliche Aufwendungen		./. 78 803 €
Steuern vom Einkommen und vom Ertrag		./. 87 626 €
Jahresüberschuss		158 403 €

Folgender Sachverhalt ist zu beurteilen:

1. Die Gesellschafterversammlung beschloss am 10. 5. 2012 eine Ausschüttung für 2011 von insgesamt 48 000 € an die Gesellschafter. Die Ausschüttung wurde im Juni 2012 vollzogen.

2. Die sonstigen betrieblichen Erträge enthalten eine Investitionszulage nach dem InvZulG i. H. von 25 000 €.

3. Carlos Rapido hat 2012 ein Festgehalt i. H. von 240 000 € erhalten. Wegen des guten Geschäftsverlaufs sagte die GmbH ihm im Dezember 2012 eine Zusatzprämie i. H. von 30 000 € zu. Auch einem fremden Geschäftsführer wären die genannten Bezüge gezahlt worden. Der Anstellungsvertrag sah die Zahlung einer Prämie nicht vor. Die Auszahlung erfolgte noch im Dezember 2012.

4. Die Abschreibung besteht unter anderem aus einem Betrag von 20 000 € Gebäudeabschreibung. Carlos Rapido hat der GmbH mit Wirkung vom 1. 6. 2012 ein Grundstück mit aufstehendem Gebäude übertragen.

   Die GmbH hat hierfür vereinbarungsgemäß 250 000 € an Carlos Rapido gezahlt. Eine weitere Gegenleistung ist nicht erfolgt.

   Carlos Rapido hatte das Grundstück mit Wirkung zum 1. 1. 1995 für 200 000 € erworben (Baujahr 1972, Anteil Grund u. Boden 20 %, Anteil Gebäude 80 %) und von Anfang an in seiner Einzelunternehmung zu 100 % als Betriebsvermögen behandelt. Er bilanziert dort auch seine Anteile an der Rapido-GmbH mit den ursprünglichen Anschaffungskosten.

   Die GmbH nutzt das bebaute Grundstück ausschließlich zu eigenbetrieblichen Zwecken.

   Die Bilanzansätze für das bebaute Grundstück wurden wie folgt ermittelt:

	Grund u. Boden	Gebäude
Zugang mit den AK	50 000 €	200 000 €
AfA	–	./. 20 000 €
Endbestand 31. 12. 2012	50 000 €	180 000 €

   Das bebaute Grundstück hatte im Zeitpunkt des Erwerbs unstreitig einen Verkehrswert (= Teilwert) von insgesamt 350 000 € (Anteil Grund u. Boden 20 %, Anteil Gebäude 80 %).

5. In den sonstigen betrieblichen Aufwendungen sind folgende Beträge enthalten:

a)	Säumniszuschlag zur KSt	500 €
	Säumniszuschlag zur GewSt	188 €
b)	Gezahlte Aufsichtsratsvergütung	10 000 €
c)	Spenden	
	kirchliche Zwecke	3 000 €
	wissenschaftliche Zwecke	12 000 €
	(Ordnungsgemäße Spendenbescheinigungen liegen vor.)	
d)	Stundungszinsen KSt	4 000 €

6. Die Beteiligungserträge setzen sich wie folgt zusammen:

a)	Anteil an der Mode & Co. KG in Ratingen;	
	lt. einheitlicher und gesonderter Gewinnfeststellung	5 000 €

b) Offene Ausschüttung der in Köln ansässigen Styling-AG für das Jahr 2011;
Ausschüttungsbeschluss vom 17. 7. 2012,
Überweisung lt. Bankauszug am 25. 8. 2012: 11 044 €

Der Buchhalter erfasste zunächst bei Eingang der Zahlung Ende August 2012 einen Dividendenertrag i. H. von 11 044 €

Nach Eingang der Steuerbescheinigung im September 2012 buchte er zur Erfassung der anrechenbaren Steuerbeträge:

Steuern vom Einkommen und Ertrag 3 956 € an sonstige betriebliche Erträge 3 956 €

7. Die Steuern vom Einkommen und Ertrag der Rapido-GmbH für den Veranlagungszeitraum 2012 ergeben sich wie folgt:

KSt-Vorauszahlung	70 000 €
Solidaritätszuschlag	3 850 €
GewSt-Vorauszahlung	9 820 €
Kapitalertragsteuer	3 750 €
Solz zur KapSt	206 €
	87 626 €

Eine Rückstellung zur Körperschaftsteuer bzw. zum Solz 2012 wurde bisher noch nicht gebildet.

8. Die Rapido-GmbH hat Anfang Juli 2012 aufgrund eines Beschlusses der Gesellschafterversammlung vom 10. 6. 2012 für 2011 70 000 € ausgeschüttet.

9. Gesonderte Feststellungen der Rapido-GmbH:

Zum 31. 12. 2011 nicht erforderlich, da kein Bestand beim Einlagekonto vorhanden war.

B. Aufgabe

I. Nehmen Sie zur sachlichen und persönlichen Körperschaftsteuerpflicht der Rapido-GmbH Stellung!

II. Ermitteln Sie für den Veranlagungszeitraum 2012 das zu versteuernde Einkommen der Rapido-GmbH!

III. Ermitteln Sie die KSt-Rückstellung bzw. die KSt-Forderung und die Solz-Rückstellung bzw. die Solz-Forderung zum 31. 12. 2012.

IV. Erstellen Sie für die Rapido-GmbH, soweit erforderlich, die notwendigen gesonderten Feststellungen zum 31. 12. 2012!

BEARBEITUNGSHINWEIS:

Auf die Auswirkungen hinsichtlich der Gewerbesteuer der Rapido-GmbH und die Behandlung der Gewinnausschüttungen und der übrigen evtl. Auswirkungen auf der Ebene der Anteilseigner ist nicht einzugehen!

Aufgabenteil Nr. 3: Gewerbesteuer

A. Sachverhalt

Karl Klunker ist als Juwelier und Goldschmiedemeister in Duisburg selbständig tätig. Sein Wirtschaftsjahr stimmt mit dem Kalenderjahr überein. Er ermittelt seinen Gewinn nach § 4 Abs. 1 und § 5 EStG. Für den Erhebungszeitraum 2012 werden Ihnen folgende Angaben zur Verfügung gestellt:

1. Vorläufiger Gewinn lt. Handelsbilanz: 126 500 €.

2. Zum Betriebsvermögen des Karl Klunker gehört seit Jahren eine Beteiligung an der Edelmetall-Handel-GmbH (Stammkapital 50 000 €) mit Sitz in Düsseldorf. Der Geschäftsanteil beträgt 20 %. Im Oktober 2012 beschloss die Gesellschafterversammlung der GmbH eine Gewinnausschüttung für 2011, die i. H. von 18 500 € noch im gleichen Jahr auf ein Geschäftskonto der Firma Klunker überwiesen worden ist.

   Diesen Vorgang hat Karl Klunker i. H. von 18 500 € über „Bank an Erträge aus Dividenden" verbucht, sodass er insoweit im vorläufigen Handelsbilanzgewinn enthalten ist.

   Für das Geschäftsjahr 2012 kann auf Grund der schlechten Geschäftsentwicklung mit einer Ausschüttung nicht gerechnet werden.

3. Für eine von der Genius AG gemietete Spezialmaschine hat Karl Klunker im Kalenderjahr 2012 Mietzahlungen i. H. von 50 000 € geleistet.

4. Der Privatmann und passionierte Edelmetall-Experte Rudi Ring ist seit 1989 mit einer Einlage von 100 000 € am Gewerbebetrieb des Karl Klunker still beteiligt. Für 2012 wurde ihm sein Gewinnanteil i. H. von 9 061 € in 2013 auf sein Privatkonto überwiesen.

5. Das bebaute Grundstück, in dem er seinen Gewerbebetrieb ausübt, steht seit 1973 in seinem Alleineigentum (80 % betriebliche Nutzung, 20 % Nutzung zu eigenen Wohnzwecken).

   Die Bewertungsstelle des zuständigen Finanzamtes hat für das Grundstück einen Einheitswert auf den 1. 1. 1964 i. H. von 120 000 € festgestellt. Der Verkehrswert beträgt unstreitig 1 600 000 €.

6. Auf dem Grundstück lastet eine im Jahre 2007 zum Zwecke des Gebäudeumbaus aufgenommene Grundschuld. Der Gebäudeumbau betraf nur die betrieblich genutzten Gebäudeteile.

   Für diese Grundschuld wurden im Jahre 2012 folgende Beträge als Aufwand gebucht:

   a) Zinsen: 7 200 €

   b) Damnum als aktiver Rechnungsabgrenzungsposten: 800 €

7. Die Gewerbesteuervorauszahlungen für 2012 betragen 30 000 €.

B. Aufgabe

Ermitteln Sie für den Gewerbebetrieb des Karl Klunker die Gewerbesteuerrückstellung/Erstattung für 2012 (Annahme: Der GewSt-Hebesatz der Stadt Duisburg soll in 2012 450 % betragen).

Begründen Sie Ihre Lösung unter Angabe der einschlägigen gesetzlichen Bestimmungen.

Aufgabenteil Nr. 4: Umsatzsteuer

Klausur Nr. 1 „Siggi Sachlich"

A. Sachverhalt

Der Architekt Siggi Sachlich betreibt in Düsseldorf ein Architekturbüro. Er ermittelt seinen Gewinn freiwillig im Rahmen eines Betriebsvermögensvergleichs. Er versteuert seine Umsätze nach vereinbarten Entgelten. Seine Umsätze haben in den letzten Jahren jeweils ca. 2 Mio. € betragen. Für 2013 rechnet er mit einem ähnlich hohen Umsatzvolumen.

Für den Unternehmer ist die Umsatzsteuererklärung 2013 vorzubereiten. Es sind die folgenden Einzelsachverhalte von Ihnen unter Nennung der einschlägigen gesetzlichen Vorschriften bzw. Verwaltungsanweisungen umsatzsteuerrechtlich einzuordnen.

Dabei ist folgende Gliederung einzuhalten, sofern der Sachverhalt zu den Gliederungspunkten Aussagen zulässt:

I. Steuerbarkeit (insbesondere Art und Ort der Leistung)
II. Steuerfreiheit/Steuerpflicht
III. Steuersatz
IV. Bemessungsgrundlage und Höhe der Umsatzsteuer
V. Entstehung der Umsatzsteuer
VI. Vorsteuer

B. Einzelsachverhalte

1. Herr Sachlich hat sich an einer Ausschreibung für den Neubau eines Berliner Verwaltungsgebäudes beteiligt. Nach den Ausschreibungsbedingungen gehen sämtliche eingegangenen Entwürfe und Pläne in das Eigentum der Stadt Berlin über. Dies geschieht unabhängig davon, ob der eingereichte Entwurf von der unabhängigen Jury prämiert wurde oder nicht.

   Die Jury prämierte den Entwurf letztendlich nicht. Hätte Herr Sachlich die Arbeiten (ähnliche Planungen und Entwürfe) für einen Bauherrn gefertigt, hätte er dafür 50 000 € zzgl. 19 % Umsatzsteuer in Rechnung gestellt.

2. Herr Sachlich wurde von der Duisburger Steuerberaterin Lea Anlag beauftragt, die Planung und Bauleitung ihres im Duisburger Süden zu bauenden Einfamilienhauses zu übernehmen. Als Honorar wurden 30 000 € zzgl. 19 % Umsatzsteuer vereinbart. Frau Anlag war von der Auftragsdurchführung derart begeistert, dass sie Herrn Sachlich zum Einzug am 30. 6. 2011 einlud und ihm feierlich neben einem Scheck über 35 700 € ein Gemälde im Wert von 5 000 € überreichte.

3. Im November 2013 meldeten sich bei Herrn Sachlich mehrere private Investoren, die im Düsseldorfer Stadtteil Benrath gemeinsam eine Seniorenresidenz errichten wollten. Da Herr Sachlich sich von diesem Auftrag ein hohes Honorar versprach, lud er die Investoren am 28. 11. 2013 zu einer Vorbesprechung in das Düsseldorfer Restaurant „La Terrazza" ein. Er erhielt von dem Restaurant eine Quittung über „Speisen und Getränke" 1 500 € zzgl. offen

ausgewiesener Umsatzsteuer i. H. von 285 €. Mit der Durchführung des Auftrages konnte erst im Frühjahr 2014 begonnen werden.

4. Herr Sachlich nutzt seinen Pkw BMW X5 (Nutzungsdauer sechs Jahre) ausweislich seines ordnungsgemäß geführten Fahrtenbuches wie folgt:

Privatfahrten	5 000 km
Fahrten Wohnung/Büro	8 000 km
sonstige betriebliche Fahrten	15 000 km

Der Pkw, den er im März 2011 für 70 000 € zzgl. 19 % Umsatzsteuer angeschafft hatte und seitdem linear abschrieb, verursachte 2013 folgende Kosten:

Treibstoff	4 000 €
Reparaturen, Inspektionen	3 000 €
Kfz-Versicherung	4 000 €
Kfz-Steuer	1 000 €
Garagenmiete (Vermieter ist Kleinunternehmer)	1 200 €

Am 30. 12. 2013 veräußerte er das Fahrzeug zum Preis von 45 000 € an einen niederländischen Privatmann, der den Wagen in Düsseldorf abholte und sogleich nach Amsterdam beförderte.

5. Einem befreundeten Bauunternehmer, der für ihn ca. 60 % aller Hochbauarbeiten durchführt, schenkte er zu dessen Firmenjubiläum im Mai 2013 einen goldenen Klappspaten, den er im Januar 2013 selbst für 3 000 € zzgl. Umsatzsteuer angeschafft hat.

   Aufgrund des gestiegenen Goldpreises würde der Spaten im Zeitpunkt der Schenkung 3 200 € zzgl. Umsatzsteuer kosten.

6. Im Dezember 2013 vereinnahmte Sachlich folgende Anzahlungen auf Planungsleistungen:
   a) Von dem privaten Bauherrn Max Gründlich erhielt er 11 900 €. Diesem hatte Herr Sachlich eine Anzahlungsrechnung i. H. von 10 000 € zzgl. offen ausgewiesener 19 %iger Umsatzsteuer erteilt.
   b) 7 000 € von dem Autohaus Trecker, für welches er eine Ausstellungshalle zu errichten hat. Diesem Autohaus hatte er lediglich ein Fax geschickt mit der Mitteilung „Bitte 7 000 € a cto. überweisen".

7. Für seine Schwester Isolde plante Herr Sachlich im November 2013 ein Ferienhaus in Griechenland. Aufgrund der Tatsache, dass er sich mit seiner Schwester schon immer sehr gut verstanden hat, verzichtete er von vornherein auf jegliches Honorar und überreichte ihr die vorzüglichen Pläne anlässlich eines gemeinsamen Opernbesuchs Ende November 2013 in München. Einem fremden Dritten hätte er 20 000 € zzgl. 3 800 € Umsatzsteuer berechnet. Im Zusammenhang mit der Planung sind Personalkosten i. H. von 6 000 € entstanden.

8. Am 1. 12. 2013 hielt Herr Sachlich in München einen Vortrag über Sinn und Unsinn der Entwicklungen im Baudesign. Er vereinnahmte ein Vortragshonorar i. H. von 3 000 €. Da die Vortragsveranstaltung von einer italienischen Agentur veranstaltet wurde, geht er von der Nichtsteuerbarkeit des Umsatzes aus.

9. Für den Eigentümer eines hochwassergeschädigten Hauses in Bonn erstellte er im März 2013 ein Gutachten über die Ursachen des Schadeneintritts. Sein Gutachterhonorar i. H. von 5 000 € rechnete er direkt mit der beteiligten Versicherungsgesellschaft ab, weswegen er nach § 4 Nr. 10 UStG von der Umsatzsteuerfreiheit ausgeht.

10. Ein Bauherr entrichtete das im Februar 2013 entstandene und in Rechnung gestellte Architektenhonorar über 10 000 € zzgl. 19 % Umsatzsteuer erst nach mehreren Mahnungen im Dezember 2013 i. H. von 12 900 €. Die Differenz zum Rechnungsbetrag i. H. von 1 000 € kommt durch vertragsgemäße Verzugszinsen zustande.

11. Bei einer französischen Firma bestellte Herr Sachlich im September 2013 ein Kopiergerät, mit dem sich auch sehr große Pläne kopieren und vergrößern bzw. verkleinern lassen und somit speziell die Bedürfnisse von Architekten berücksichtigt werden. Die französische Firma lieferte die Anlage mit eigenen Mitarbeitern am 1. 12. 2013. Sie ging von der Steuerfreiheit des Auftrages aus und stellte 100 000 € – mit Datum vom 1. 12. 2013 – in Rechnung, in der sie die eigene USt-Identifikations-Nr. verwendete. Herr Sachlich besitzt keine Id-Nr.

Klausur Nr. 2 „Battistain u. a."

Aufgabe

Beurteilen Sie sämtliche in den nachfolgenden Sachverhalten geschilderten Vorgänge aus umsatzsteuerlicher Sicht für das Jahr 2013 entsprechend der Aufgabenstellung zu den jeweiligen Einzelsachverhalten.

Die §§ 19 und 20 finden keine Anwendung, alle angesprochenen Unternehmer versteuern ihre Umsätze nach vereinbarten Entgelten. Voranmeldungszeitraum ist der Kalendermonat.

Sachverhalt 1

Der belgische Unternehmer Battistain (B) aus Brüssel bestellte am 25. 2. 2013 bei dem Unternehmer Deutsch (D) aus Dortmund eine Baumaschine. D hat die Maschine nicht vorrätig und gibt die Bestellung weiter an den spanischen Hersteller Espano (E) aus Valencia. Die Geschäfte wurden dadurch erfüllt, dass E die Baumaschine noch im Februar 2013 mit eigenem Lkw unmittelbar von Valencia nach Brüssel transportierte und sie dort dem B übergab.

Alle Beteiligten verwendeten bei der Abwicklung des Geschäfts jeweils die USt-Id-Nr. des Mitgliedstaates, in dem sie ansässig sind. D erteilte dem B eine ordnungsgemäße Rechnung über 500 000 €.

Aufgabe

- Beurteilen Sie vorstehenden Sachverhalt für alle beteiligten Unternehmer unter Beachtung der für 2013 geltenden Vorschriften des UStG.
- Welche Konsequenzen löst die Warenbewegung von Valencia nach Brüssel aus?

Sachverhalt 2

Einer Bank, die den Fahrzeugkauf eines Autohauses finanziert hatte, war im Januar 2013 das Sicherungseigentum an einem Neufahrzeug eingeräumt worden. Nachdem das Autohaus seinen finanziellen Verpflichtungen nicht mehr nachgekommen ist (Eintritt der Verwertungsreife), hat die Bank das Neufahrzeug im März durch einen Spediteur beim Autohaus abholen lassen und am 3. 4. 2013 auf eigene Rechnung für 50 000 € zzgl. 9 500 € USt ab Lager in Wuppertal verkauft. Durch die Abholung sowie den Verkauf des Fahrzeugs entstanden Kosten i. H. von 2 000 €.

Aufgabe

- Beurteilen Sie vorstehenden Sachverhalt in umsatzsteuerlicher Hinsicht aus der Sicht der Bank und aus der Sicht des Autohauses!
- Stellen Sie bitte dar, wie über die Lieferung des Autohauses abzurechnen ist!
- Welche Verpflichtung hat die Bank zu beachten?

Sachverhalt 3

Bauunternehmer Bunzoll (BU) betreibt in Wuppertal ein Bauunternehmen. Im Jahre 2013 hat sich u. a. folgender Vorfall zugetragen:

Im Januar erhält BU von den Eheleuten Reich den Auftrag, ein schlüsselfertiges Haus zum Preis von 476 000 € auf dem Grundstück der Eheleute Reich in Wuppertal-Barmen, Loher Eck 7, zu errichten. BU beginnt mit den Arbeiten im März. Der Rohbau ist im Mai, Zimmer- und Dachdeckerarbeiten im Juni, die Innenarbeiten und das Gebäude insgesamt im Juli fertig gestellt. Die Eheleute Reich ziehen Anfang August ein, unbeschadet einiger noch ausstehender Restarbeiten, die erst im November erledigt werden. Die baubehördliche Abnahme erfolgt im Dezember.

BU erhält im Mai, Juni und August Anzahlungen i. H. von jeweils 148 750 €. Außerdem haben sie bei Beginn der Bauarbeiten dem BU Baumaterialien im Wert von 10 000 € unter Anrechnung auf den Kaufpreis zur Verfügung gestellt. Diese waren aber für den Bau der Eheleute Reich nicht geeignet und wurden deshalb von BU anderweitig verwendet. BU erstellt die Schlussrechnung im Januar 2014, die Eheleute Reich zahlen den Restbetrag im Februar 2014.

Aufgabe

- Beurteilen Sie vorstehenden Sachverhalt für den Unternehmer Bunzoll aus umsatzsteuerlicher Sicht (Art und Umfang der Leistung, Steuerbarkeit, Steuerfreiheit/Steuerpflicht, Steuersatz, Bemessungsgrundlage, Berechnung der Umsatzsteuer, Entstehung der Steuer)!

Sachverhalt 4

Im Rahmen einer Sonderaktion bietet eine OHG (Herstellung, Vermietung und Verkauf von Sonnenschirmen und Festzelten; Sitz der OHG ist Wuppertal) im März 2013 ein Partyzelt aus der laufenden Produktion, dessen Herstellungskosten (einschließlich Verwaltungsgemeinkosten) 800 €/Stück betragen haben, Endverbrauchern zum Preis von 999 € inkl. Umsatzsteuer, Wiederverkäufern jedoch für 900 € inkl. Umsatzsteuer an.

Auch der noch in Ausbildung befindliche Neffe eines Gesellschafters der OHG interessiert sich für ein solches Partyzelt. Sein Onkel ist nur zu geringen Preiszugeständnissen bereit: Bei der

Abholung des Zeltes im März muss der Neffe einen Preis bezahlen, der lediglich um 5 % unter dem für Wiederverkäufer geltenden Preis liegt.

Aufgabe

- Beurteilen Sie den Sachverhalt für die OHG aus umsatzsteuerlicher Sicht.

Sachverhalt 5

Die seit 1957 verwitwete Rentnerin Käthe Ehrlich aus Dormagen erwarb Anfang August 2007 ein Ferienappartement auf der Nordseeinsel Borkum für 400 000 €. Es wurde zur USt optiert. Ab 1. 9. 2007 vermietete sie das Appartement an Feriengäste für 1 000 € zzgl. USt je Woche.

Um Interesse bei Feriengästen zu wecken, inserierte Käthe Ehrlich die Ferienwohnung seit August 2007 einmal pro Monat im Dormagener Stadtanzeiger.

Die Rechnung über den Kauf des Appartements erhielt Käthe Ehrlich im Januar 2008. Im Dezember 2010 verstarb sie und wurde von ihrem als erwerbslos gemeldeten Sohn Erwin Ehrlich, wohnhaft in Solingen, beerbt. Dieser vermietete seinerseits jeweils kurzfristig das Appartement bis Ende Mai 2013 an Feriengäste für 1 000 € pro Woche.

Wegen starker Allergieprobleme entschloss sich Erwin Ehrlich, das bis dahin an Feriengäste vermietete Appartement zum 1. 6. 2013 selbst auf Dauer zu Wohnzwecken zu nutzen. Zu diesem Zeitpunkt wurden gleichartige Objekte zu 500 000 € zzgl. 95 000 € USt veräußert.

Aufgabe

Prüfen Sie vorstehenden Sachverhalt in umsatzsteuerlicher Hinsicht unter folgenden Gesichtspunkten:

- Unternehmereigenschaft der Käthe Ehrlich;
- Falls diese bejaht wird, prüfen Sie bitte die umsatzsteuerliche Behandlung der Vermietung an Feriengäste durch Käthe Ehrlich (auf die Abgabe von Steuererklärungen ist dabei nicht einzugehen);
- Vorsteuerabzug aus der Anschaffung des Ferienappartements;
- Unternehmereigenschaft des Erwin Ehrlich;
- Konsequenzen aus der Selbstnutzung zu eigenen Wohnzwecken ab Juni 2013.

Aufgabenteil Nr. 5: Abgabenordnung

Sachverhalt 1

Am 11. 08. 14 spricht der bisher steuerlich nicht beratene Donald Duck (D) in ihrer Steuerberatungspraxis vor. D betreibt in Berlin ein Internet-Café und ist Eigentümer eines vermieteten Einfamilienhauses in Potsdam. Er schildert Ihnen den nachstehend dargestellten Sachverhalt:

Für den Veranlagungszeitraum 12 ist die Einkommensteuer mit endgültig ergangenen Bescheid vom 21. 03. 14 auf 300 000 € festgesetzt worden. Die folgenden Sachverhalte sind bisher nicht berücksichtigt worden:

- D betreibt seit dem 20. 05. 12 mit großem Erfolg ein Internet-Café („Moorhuhn-Treff"). Der Gewinn ist im Bescheid vom 21. 03. 14 lt. eingereichter Bilanz und G+V-Rechnung mit 140 000 € angesetzt worden. Nunmehr hat D festgestellt, dass ein Geschäftsvorfall bzgl. Erwerb und Verkauf von CD-Roms komplett nicht erfasst worden ist, weil sowohl der Einkauf (4 000 €) als auch der Verkauf (10 000 €) privat abgewickelt worden sind.
- D ist seit dem 1. 10. 12 Eigentümer eines fremd vermieteten Einfamilienhauses in Koblenz. In seiner ESt-Erklärung für 12 hat er für dieses Objekt weder eine Anlage V abgegeben noch war für das Finanzamt aus den vorliegenden Unterlagen erkennbar, dass D durch die Anschaffung des Objektes den Tatbestand des § 21 EStG verwirklicht hatte. Die – materiell zutreffenden – Einkünfte aus V+V belaufen sich auf ./. 3 000 € (Einnahmen 6 000 € ./. Werbungskosten einschl. der AfA 9 000 €). D gibt zu, dass er diesen Punkt bisher wegen gröbster Unordnung in seiner Belegablage nicht geltend gemacht hat.

Das Finanzamt vertritt die Auffassung, dass nur die Erhöhung der gewerblichen Einkünfte aus dem Internet-Café berücksichtigt werden könne; eine Änderung der Einkünfte aus V+V scheitere am Verschulden des D.

Demgegenüber ist D der Auffassung, dass die negativen Einkünfte aus Vermietung und Verpachtung mit den bisher nicht erfassten Betriebseinnahmen aus dem Internet-Café saldiert werden könnten.

Aufgabe

Prüfen Sie, in welchem Umfang der Einkommensteuerbescheid 12 vom 21. 3. 14 geändert werden kann.

Sachverhalt 2

Am 10. 04. 07 spricht als neuer Mandant Oliver Kahn (K) in Ihrer Praxis vor und schildert den nachstehend vollständig dargestellten Sachverhalt:

K ist mit einem Anteil von 40 % als Kommanditist an der Firma Kahn, Ballack & Klose – GmbH & Co. KG (KG) beteiligt. Gesellschaftszweck der KG ist die Vermarktung von Fanartikeln der deutschen Fußball-Nationalmannschaft.

Die Erklärung zur einheitlichen und gesonderten Feststellung von Besteuerungsgrundlagen der KG für das Kalenderjahr 01 wurde im Juni 02 beim zuständigen Finanzamt München II eingereicht. Für den Veranlagungszeitraum 01 stellte das Finanzamt mit Bescheid vom 11. 08. 02 einen

Gewinn i. H. von 250.000 € fest. Der K zuzurechnende Gewinnanteil belief sich auf 100.000 €. Der Bescheid wurde unter dem Vorbehalt der Nachprüfung erlassen.

Mit Prüfungsanordnung vom 20. 08. 06 wurde vom Finanzamt München II unter anderem für das Jahr 01 eine Außenprüfung bei der KG angeordnet. Die Prüfungsanordnung ist der KG ordnungsgemäß bekannt gegeben worden. Als voraussichtlicher Prüfungsbeginn war der 01. 10. 06 vorgesehen. Wegen einer Erkrankung des Prüfers wurde mit der Prüfung erst am 25. 10. 06 begonnen.

Für das Kalenderjahr 01 traf der Prüfer folgende unstreitigen Feststellungen:

1. Rückstellung für Schadenersatzansprüche

Eine von der KG in der Handels-/Steuerbilanz zum 31. 12. 01 gebildete Rückstellung für Schadenersatzansprüche wegen Patentverletzung i. H. von 60.000 € wurde nicht anerkannt, weil die Klage bereits am 10. 11. 01 zu Gunsten der KG abgewiesen worden war. Der K zuzurechnende Gewinnanteil erhöhte sich um 24.000 €.

2. Grundstück München, Torstr. 1

Das von der KG genutzte Verwaltungsgebäude steht im Alleineigentum des K und ist als notwendiges Sonderbetriebsvermögen zu aktivieren. Bisher waren von der KG nur die Pachtzahlungen als Betriebsausgaben erfasst worden. Eine Sonderbilanz für K war nicht erstellt worden. Der Prüfer ermittelte einen ausschließlich Kahn zuzurechnenden Sondergewinn i. H. von 16.000 €.

Der geänderte Gewinnfeststellungsbescheid 01 vom 31. 03. 07 (Tag der Aufgabe zur Post) wurde ordnungsgemäß bekannt gegeben und enthält eine zutreffende Rechtsbehelfbelehrung. Der K zurechnende Gewinnanteil i. H. von 140.000 € wurde wie folgt ermittelt:

Gewinnanteil laut Feststellungsbescheid vom 11. 08. 02	100.000 €
+ Minderung der Rückstellung; vgl. Tz. 1	24.000 €
+ Sondergewinn aus der Überlassung des Grundstücks Torstr. 1; vgl. Tz. 2	16.000 €
Gewinnanteil laut Außenprüfung	140.000 €

Hinsichtlich der Einkommensteuer des Beteiligten K für das Kalenderjahr 01 ist folgender Sachverhalt zu würdigen:

In der im September 02 beim zuständigen Finanzamt Starnberg abgegebenen Einkommensteuererklärung für das Kalenderjahr 01 hatte Kahn aus der Beteiligung an der KG gewerbliche Einkünfte i. H. von 100.000 € (§ 15 Abs. 1 Nr. 2 EStG) erklärt.

Außerdem hatte er die aus der Verpachtung des Grundstücks München, Torstr. 1 erzielten Einnahmen und Ausgaben rechtsfehlerhaft als Einkünfte aus Vermietung und Verpachtung erklärt. Laut Anlage V ergaben sich positive Einkünfte von 12.000 €.

Das Finanzamt Starnberg hatte antragsgemäß einen Gesamtbetrag der Einkünfte von 112.000 € ermittelt (Einkünfte aus § 15 Abs. 1 Nr. 2 EStG i. H. von 100.000 € und Einkünfte aus § 21 EStG i. H. von 12.000 €), das zu versteuernde Einkommen mit 80.000 € berechnet und die Steuer auf 32.000 € festgesetzt. Die Steuerfestsetzung erging endgültig, wurde vom Finanzamt am 29. 09. 02 mit einfachem Brief zur Post gegeben und ging dem Kahn am 01. 10. 02 zu.

Eine Korrektur des Einkommensteuerbescheides 01 vom 29. 09. 02 im Hinblick auf den geänderten Feststellungsbescheid 01 der KG ist bisher nicht erfolgt.

Aufgaben

Kahn erbittet am 10. 04. 07 Ihre steuerliche Beratung und möchte folgende Fragen ausführlich und unter Angabe der gesetzlichen Bestimmungen beantwortet haben:

I. Feststellungsbescheid 01 vom 31. 03. 07 für die Firma Kahn, Ballack & Klose – GmbH & Co. KG

1. Ist der Feststellungsbescheid 01 innerhalb der Feststellungsfrist erlassen worden?
2. Aufgrund welcher Rechtsvorschrift ist die Korrektur des Feststellungsbescheides 01 erfolgt?

II. Einkommensteuer 01 für Oliver Kahn

1. Bis zu welchem Zeitpunkt muss ein geänderter Einkommensteuerbescheid 01 erlassen werden, um die Festsetzungsfrist zu wahren?
2. Aufgrund welcher Rechtsvorschrift hat die Korrektur des Einkommensteuerbescheides 01 zu erfolgen? Nehmen Sie in diesem Zusammenhang auch Stellung zum Umfang der Änderung des Einkommensteuerbescheides.

BEARBEITUNGSHINWEISE:

- Aus Vereinfachungsgründen ist von einem linearen Einkommensteuersatz i. H. von 40 % auszugehen.
- Bei Fristberechnungen ist davon auszugehen, dass nur Wochentage betroffen sind.
- Ausführungen zum förmlichen Einspruchsverfahren sind nicht vorzunehmen.

Aufgabenteil Nr. 6: Erbschaftsteuer/Bewertungsrecht

Der 65-jährige Kaufmann Karl Kalt ist am 20. 03. 2012 verstorben (Bestattungskosten 10 000 €). Er war verheiratet mit der 60-jährigen Carola Eis-Kalt (= Alleinerbin). Die kinderlosen Eheleute hatten ihren Wohnsitz in Oberhausen; sie lebten im Güterstand der Gütertrennung. Zum Nachlass des Erblassers gehören folgende Gegenstände:

1. Ein selbstgenutztes Einfamilienhaus in Oberhausen. Der Verkehrswert beträgt 450 000 €; der Grundbesitzwert 400 000 €. Das Grundstück wird von der Witwe Carola Eis-Kalt nach dem Tode ihres Ehemannes weiter zu eigenen Wohnzwecken genutzt. Die auf dem Grundstück lastende Hypothek valutiert am Todestag i. H. von 80 000 €.
2. Ein Mietwohngrundstück in Oberhausen. Der Verkehrswert beträgt 1 200 000 €; der Grundbesitzwert 1 000 000 €. Das Gebäude ist in vollem Umfang zu fremden Wohnzwecken vermietet. Das Grundstück ist mit einer am 20. 3. 2012 i. H. von 210 000 € valutierenden Hypothek belastet.
3. Eine unbelastete Eigentumswohnung auf Sylt. Der Verkehrswert beträgt 350 000 €, der Grundbesitzwert 300 000 €. Die Wohnung ist von den Eheleuten als Ferien- und Wochenendhaus genutzt worden.
4. Hausrat im Einfamilienhaus in Oberhausen und in der Eigentumswohnung auf Sylt im Werte von insgesamt 230 000 €.
5. Ein Pkw Mercedes-Sport 350 SLC im Werte von 60 000 €.
6. Eine Segelyacht im Wert von 130 000 €.
7. Eine Briefmarkensammlung im Wert von 160 000 €.
8. Ein Bankkonto bei der Volksbank e. G. in Oberhausen mit einem Guthaben (einschl. Zinsen) am 20. 03. 2012 i. H. von 580 000 €.

Aufgabe

Ermitteln Sie die Erbschaftsteuer und begründen Sie Ihre Ausführungen unter Angabe der gesetzlichen Bestimmungen. Folgen Sie bei der Steuerberechnung bitte der Systematik des ErbStG und berücksichtigen die sachlichen Freibeträge unmittelbar bei den begünstigten Wirtschaftsgütern. Steuerfreie Versorgungsbezüge stehen der Ehefrau anlässlich des Todes ihres Ehemannes nicht zu.

Aufgabenteil Nr. 7: Rechnungswesen

Teil I: Rechnungswesen

A. Allgemeines

Der Fabrikant und Großhändler K. Linka betreibt sein Unternehmen seit Jahren in Mülheim, Düsseldorfer Str. 1.

Die Firma ist im Handelsregister eingetragen. K. Linka versteuert seine Umsätze nach vereinbarten Entgelten und tätigt ausschließlich Umsätze, die den Vorsteuerabzug zulassen. Sein Vorjahresumsatz betrug 2 750 000 €.

Das steuerliche Betriebsvermögen zum 31. 12. 2011 beträgt 387 000 €.

Das Wirtschaftsjahr stimmt mit dem Kalenderjahr überein. Der vorläufige Jahresüberschuss der Handelsbilanz für 2012 beträgt 136 000 €. Die Handelsbilanz wurde am 25. 6. 2013 erstellt.

B. Aufgabe

Nehmen Sie zu den nachstehenden Sachverhalten in folgender Reihenfolge Stellung:

1. Beurteilen Sie die nachstehenden Sachverhalte aus handels- und aus steuerrechtlicher Sicht und begründen Sie Ihre Entscheidungen kurz unter Hinweis auf die gesetzlichen Bestimmungen und Verwaltungsanweisungen (HGB, EStG, EStR und EStH). Bei rechtlichen Zweifelsfällen ist der Verwaltungsauffassung zu folgen. Auf evtl. Übergangsregelungen des Art. 67 EGHGB zum Bilanzrechtsreformgesetz ist nicht einzugehen. Soweit in den einzelnen Sachverhalten besonders darauf hingewiesen wird, dass Bilanzposten bereits korrekt erfasst sind, brauchen diese nicht mehr angesprochen zu werden.

2. Entwickeln Sie danach die einzelnen Bilanzansätze zum 31. 12. 2012, dabei ist das abnutzbare Anlagevermögen in Staffelform darzustellen. Soweit dies noch möglich ist, sollte die Steuerbilanz nicht von der Handelsbilanz abweichen. Sollten die Bilanzansätze in der HB und der StB jedoch zwingend voneinander abweichen, sind die jeweiligen Bilanzansätze nebeneinander darzustellen (2 Kontenentwicklungen!).

   Soweit Bilanzierungs- und Bewertungswahlrechte bestehen, ist davon auszugehen, dass K. Linka für das Wirtschaftsjahr 2012 den steuerrechtlich niedrigsten Gewinn ausweisen möchte; handelsrechtlich soll dies nur bedingt gelten, denn K. Linka wünscht vorrangig die Erstellung einer einheitlichen Bilanz (HB = StB). Sollte die degressive AfA in Betracht kommen oder in Vorjahren in Anspruch genommen worden sein, ist aus Vereinfachungsgründen davon auszugehen, dass diese AfA-Methode auch handelsrechtlich den Nutzungsverlauf des betreffenden Wirtschaftsgutes maßgeblich abbildet.

   Mögliche Änderungen bei der Vorsteuer bzw. Umsatzsteuer sind bei den betreffenden Sachverhalten betragsmäßig anzugeben (die Ermittlung des Endbestandes ist nicht erforderlich). Auf eine evtl. Gewerbesteuer-Rückstellung für 2012 ist nicht einzugehen. Auch etwaige Auswirkungen auf latente Steuern sind nicht zu beurteilen.

3. Für das Jahr 2012 sind die ggf. erforderlichen Korrektur- bzw. Ergänzungsbuchungen zu erstellen.

4. Es ist die jeweilige Gewinnauswirkung für das Jahr 2012 mit den einzelnen Beträgen anzugeben. Dabei sind die betreffenden Erfolgskonten der Gewinn- und Verlustrechnung zu benennen. Steuerliche Abweichungen sind gesondert darzustellen. Eine Zusammenstellung sämtlicher Änderungen (Ermittlung des endgültigen steuerlichen Gewinns) ist nicht erforderlich.

C. Sachverhalte

1. Grundstück Mülheim, Düsseldorfer Str. 1

K. Linka ist seit Januar 2005 Eigentümer dieses bebauten Grundstücks in Mülheim. Das aufstehende Gebäude (Geschäftslokal und Verwaltungsräume der Firma) wurde 1984 errichtet.

Der Grund und Boden wurde seit der Anschaffung unverändert mit den anteiligen Anschaffungskosten i. H. von 120 000 € (inkl. der anteiligen Nebenkosten), zuletzt in der Bilanz zum 31. 12. 2011, ausgewiesen. Das Gebäude wurde zutreffend mit den anteiligen Anschaffungskosten von 380 000 € abzüglich der betriebsgewöhnlichen AfA von 2 % angesetzt.

In unmittelbarer Nachbarschaft wurde in 2012 ein störendes Bauwerk errichtet, welches unbestritten zu einer nachhaltigen Wertbeeinträchtigung des vorliegenden Grundstücks führte. Daraufhin schätzte K. Linka den Wert des Grundstücks zum 31. 12. 2012 auf insgesamt 320 000 € (Grund und Boden 120 000 €, Gebäude 200 000 €) und entwickelte den Bilanzansatz des Gebäudes zum 31. 12. 2012 wie folgt:

Vorläufige Entwicklung des Gebäudekontos lt. HB/StB:

Anschaffungskosten	380 000 €
./. AfA 2005 – 2011 (7 x 7 600 €)	53 200 €
Bilanzwert zum 31. 12. 2011	326 800 €
./. außerplanmäßige Abschreibung	126 800 €
Zwischensumme	200 000 €
./. AfA 2012	7 600 €
Bilanzwert zum 31. 12. 2012	192 400 €

Aus der Buchführung ergeben sich folgende Buchungen:

Außerplanmäßige Abschreibung	an	Gebäude	126 800 €
AfA	an	Gebäude	7 600 €

Nach Auskunft des Gutachterausschusses der Stadt Mülheim und eines Bausachverständigen ergeben sich für das betroffene Objekt zum 31. 12. 2012 die folgenden – unbestrittenen – Zeitwerte (= Teilwerte):

Grund und Boden	Gebäude	Gesamtbetrag
120 000 €	240 000 €	360 000 €

2. Grundstück Mülheim, Kölner Str. 12

Auf diesem bebauten Grundstück befindet sich die Fertigungshalle der Firma K. Linka, die zutreffend bilanziert worden ist. Unter Androhung der Enteignung (Flurbereinigung) hat K. Linka zum

Zwecke der Straßenverbreiterung eine Teilfläche von 200 qm seines Grund und Bodens zum 1. 2. 2012 an die Stadt Mülheim verkaufen müssen. Das Grundbuch wurde Ende März 2012 berichtigt.

Der Grund und Boden, der zu 100 % betrieblichen Zwecken diente, wurde am 1. 4. 2006 erworben und seitdem zutreffend in der Bilanz mit den Anschaffungskosten ausgewiesen. Auf die veräußerte Teilfläche von 200 qm entfallen Anschaffungskosten i. H. von 30 000 €.

Die aufgrund des rechtskräftigen Verfahrens zugesprochene Entschädigung von 90 000 € wurde im April 2012 von der Stadt Mülheim auf das private Bankkonto überwiesen und bisher nicht gebucht.

K. Linka konnte wider Erwarten ein neues Grundstück in unmittelbarer Nähe eines Einkaufszentrums erwerben. Er beabsichtigt, hierauf in 2015 ein neues Geschäftsgebäude zu errichten. Nach dem Kaufvertrag gehen die Gefahr, die Nutzungen und Lasten zum 1. 12. 2012 auf K. Linka über. Der Kaufpreis betrug 72 000 €, Umsatzsteuer wurde im Kaufvertrag nicht ausgewiesen. Außerdem betrugen die Erwerbsnebenkosten (Notar, Grunderwerbsteuer, Grundbuchkosten, etc.) ohne die gesondert in Rechnung gestellte Vorsteuer 9 000 €.

Buchung der Anschaffung:

Grund und Boden	72 000 €		
sonstige betriebl. Aufwendungen	9 000 €		
Vorsteuer	1 164 €	an Bank	82 164 €

Da die Eintragung der Eigentumsänderung in das Grundbuch erst am 12. 1. 2013 erfolgte, buchte K. Linka zum 31. 12. 2012:

Sonstige Forderungen	72 000 €	an Grund u. Boden	72 000 €

Weitere Buchungen sind zu diesem Vorgang bisher nicht erfolgt. Der aus dem Betriebsvermögen ausgeschiedene Grund und Boden ist zum 31. 12. 2012 noch mit 30 000 € im Gesamtbetrag des Bilanzwertes enthalten.

3. Transportanlage

K. Linka schloss Anfang November 2011 mit der Fa. Krampe in Ratingen einen Kaufvertrag über eine gebrauchte Transportanlage ab. Zur Beförderung des Rohmaterials und der Fertigteile sollten Transportwannen verwendet werden, die Spezialhängevorrichtungen hatten und deren Maße auf das Förderband abgestimmt waren.

Am 27. 1. 2012 wurde die Anlage nach der Vornahme von Überholungsarbeiten dem Spediteur Schnell übergeben, der sie nach Mülheim transportierte. Die gebrauchte Anlage wurde nach Montage durch die Firma Kurze am 30. 1. 2012 in Gebrauch genommen.

Die Netto-Rechnungsbeträge des Spediteurs i. H. von 1 200 € und des Monteurs i. H. von 2 200 € wurden im Februar 2012 bei Zahlung dem Konto „Sonstige betriebliche Aufwendungen“ belastet. Die Vorsteuer wurde zutreffend gebucht.

Die Rechnung der Firma Krampe wurde bei Eingang wie folgt gebucht:

Transportanlage	80 000 €			
Vorsteuer	15 200 €	an	Verbindlichkeiten	95 200 €

und bei Zahlung am 12. 2. 2012:

Verbindlichkeiten	95 200 €	an	Bank	92 344 €
			Vorsteuer	456 €
			Skontoertrag	2 400 €

Ende Mai 2012 wurde die Transportanlage durch Anbringung von Zusatzbändern erweitert und die Netto-Aufwendungen hierfür i. H. von 12 000 € wurden dem Konto „Erhaltungsaufwendungen" belastet. Die Vorsteuer wurde zutreffend erfasst.

Im Zusammenhang mit der Erweiterung des Transportbandes kaufte K. Linka am 3. 7. 2012 20 Transportwannen (Rechnungspreis 7 000 € zzgl. 1 330 € USt). Die Anschaffungskosten sind von K. Linka wie folgt gebucht worden:

Sofortabschreibung geringwertige Wirtschaftsgüter	7 000 €			
Vorsteuer	1 330 €	an	Bank	8 330 €

Die gebrauchte Transportanlage hat unstreitig eine Nutzungsdauer von 10 Jahren. Da keine weiteren Buchungen erfolgt sind, ist die Transportanlage im Bestand noch mit einem Wert von 80 000 € enthalten.

4. Finanzanlagen

a) Beteiligung

K. Linka hat am 1. 10. 2012 von seinem Kunden Miller einen Anteil von nominal 10 000 € an der Metallvertriebsgesellschaft mbH erworben.

Die Bezahlung erfolgte durch Verrechnung mit einer Forderung an Miller i. H. von 15 000 €, die aus einer umsatzsteuerfreien Lieferung des Jahres 2011 stammte. K. Linka hatte diese Forderung bereits in der Bilanz zum 31. 12. 2011 wertberichtigt und zutreffend mit 5 000 € ausgewiesen, nachdem Miller mehrfache Mahnungen unbeantwortet ließ. Die Bilanz zum 31. 12. 2011 hatte K. Linka am 17. 8. 2012 erstellt.

Der gemeine Wert des Anteils an der GmbH betrug 15 000 €. K. Linka hat diesen Anteil wie folgt gebucht:

Beteiligungen	5 000 €	an	Forderungen	5 000 €

Die in 2012 im Zusammenhang mit dem Erwerb der Anteile angefallenen Nebenkosten (Notar, etc.) i. H. von insgesamt 280 € sind dem Konto „Sonstige betriebliche Aufwendungen" belastet worden. K. Linka beabsichtigt vorerst nicht, die Anteile an der GmbH zu veräußern oder dem Betrieb zu entnehmen.

b) Börsennotierte Wertpapiere

K. Linka kaufte mit betrieblichen Mitteln am 1. 6. 2010 bei einem Kurs von 100 % für 6 000 € zzgl. 120 € Nebenkosten Wertpapiere und bilanzierte diese Wertpapiere mit ihren Anschaffungskosten.

Er entnahm diese Papiere am 1. 8. 2011 aus dem Betriebsvermögen bei einem Kurs von 150 % und buchte zu diesem Zeitpunkt:

Privatentnahmen	9 180 €	an	Wertpapiere	6 120 €
			sonstige betriebliche Erträge	3 060 €

Am 1. 3. 2012 buchte K. Linka die Wertpapiere zulässigerweise erneut in das Betriebsvermögen ein. Der Kurs betrug zu diesem Zeitpunkt 200 %.

Buchung:

Wertpapiere	12 000 €	an	Privateinlage	12 000 €

Da der Kurswert dieser Papiere zum 31. 12. 2012 auf 120 % gefallen war, berücksichtigte K. Linka diese Wertminderung durch folgende Buchung:

Teilwertabschreibung	4 800 €	an	Wertpapiere	4 800 €

Trotz der ständigen Kursschwankungen zwischen 120 und 210 % beabsichtigt K. Linka vorerst nicht, die Wertpapiere in absehbarer Zeit zu verkaufen.

Sie sollen vielmehr (wie die Anteile an der Metallvertriebsgesellschaft mbH, vgl. Tz. 4, Buchst. a) das Betriebskapital K. Linkas dauerhaft verstärken.

5. Vorratsvermögen

a) Handelsware

Die Waren sind zum 31. 12. 2012 körperlich aufgenommen und mit den Anschaffungskosten i. H. von 95 000 € bilanziert worden. In diesem Betrag ist ein Posten mit Anschaffungskosten von 25 000 € enthalten, der im März 2012 erworben wurde. Aus den zum 31. 12. 2012 gültigen Preislisten des Veräußerers ist jedoch ersichtlich, dass die Preise für diesen Posten um 20 % gesenkt worden sind. Preissteigerungen sind in der Zeit vom 1. 1. 2013 bis zum Verkauf der Waren bzw. bis zur Bilanzerstellung nicht eingetreten. Schlussfolgerungen hat K. Linka hieraus nicht gezogen.

b) Fertigerzeugnisse

K. Linka ist bei der Ermittlung der Herstellungskosten der Fertigerzeugnisse wie folgt vorgegangen:

Materialeinzelkosten	80 000 €
+ 20 % Materialgemeinkosten	16 000 €
Summe	96 000 €

+ Fertigungseinzelkosten	160 000 €
+ 80 % Fertigungsgemeinkosten	128 000 €
+ 10 % Kalkulatorischer Unternehmerlohn	16 000 €
Summe	400 000 €
+ Kalkulatorische Wagniskosten	4 000 €
Summe	404 000 €
+ 15 % Verwaltungskosten	60 600 €
+ 10 % Vertriebskosten	40 400 €
Herstellungskosten und Bilanzwert zum 31. 12. 2012 lt. Firma	505 000 €

6. Forderungen aus Lieferungen und Leistungen

In den Forderungen aus Lieferungen und Leistungen von insgesamt 238 000 € ist eine Forderung i. H. von 47 600 € gegenüber dem Kunden H. Lunke enthalten, der am 26. 11. 2012 das Insolvenzverfahren angemeldet hat (Eröffnung des Insolvenzverfahrens am 10. 12. 2012). Von diesem Vorgang hat K. Linka erst Anfang Februar 2013 erfahren. Die Insolvenzquote betrug 20 %.

Den vorläufigen Bilanzwert der Forderungen aus Lieferungen und Leistungen entwickelte K. Linka wie folgt:

Forderungen lt. Saldenliste	238 000 €
Pauschalwertberichtigung für das Ausfallrisiko, nachweislich 3 %	./. 7 140 €
vorläufiger Bilanzwert zum 31. 12. 2012	230 860 €

Buchung:

Abschreibungen auf Forderungen	7 140 €	an	Forderungen	7 140 €

Im Zeitpunkt der Bilanzerstellung sind noch Forderungen i. H. von 6 188 € nicht bezahlt. Weitere Buchungen sind nicht getätigt worden.

7. Gewinnansprüche aus der Beteiligung

Am 12. 8. 2012 hat die Metallvertriebsgesellschaft mbH (vgl. Tz. 4, Buchst. a) für das Geschäftsjahr 2011 eine Ausschüttung von 12 % beschlossen.

Nach Einbehaltung der Kapitalertragsteuer i. H. von 25 % und des SolZ i. H. von 5,5 % überwies die Gesellschaft einen Betrag von 883,50 €, der am 30. 9. 2012 dem privaten Bankkonto K. Linkas gutgeschrieben wurde. Eine Bescheinigung über die anrechenbare Kapitalertragsteuer wurde erteilt.

K. Linka hat diesen Vorgang bisher nicht gebucht.

8. Rückstellungen

a) Im Geschäftsjahr 2012 hat K. Linka Schäden am Dach seiner Fertigungshalle festgestellt, die nicht turnusmäßig anfallen. Die Instandhaltungskosten werden sich voraussichtlich auf 20 000 € belaufen. Wegen Terminschwierigkeiten der Dachdecker konnten die Arbeiten erst Ende Mai 2013 begonnen und im Juni 2013 fertig gestellt werden.

Eine Buchung hierzu ist bisher nicht erfolgt.

b) Die bisher durchgeführten Garantiearbeiten betragen im Durchschnitt 3 % des jeweiligen Nettoauftragswertes. Die garantiebehafteten Netto-Umsatzerlöse (vertraglich 12 Monate Garantie) K. Linkas betrugen im Jahre 2012 1 200 000 €. Rückgriffsansprüche gegenüber Subunternehmern betragen 1 % des jeweiligen Nettoauftragswertes.

   Eine Buchung hierzu ist bisher nicht erfolgt.

c) Anfang Dezember 2012 hat K. Linka einen Warenposten zum Preis von 100 000 € netto bestellt. Die Auslieferung der Ware erfolgte Mitte Februar 2013. Wider Erwarten ist der Wiederbeschaffungspreis dieses Warenpostens zum Bilanzstichtag auf 85 000 € netto gesunken. Eine Anzahlung wurde in 2012 nicht geleistet.

   Eine Buchung ist zu diesem Sachverhalt bisher nicht erfolgt.

d) Seit Jahren schwebt gegen K. Linka ein Prozess aus einer Werklieferung. Die für die Prozesskosten gebildete Rückstellung betrug zum 31. 12. 2011 24 000 €. Am 17. 6. 2013, wenige Tage vor Aufstellung der Bilanz, teilte K. Linkas Anwalt mit, dass die Klage des Prozessgegners in letzter Instanz abgewiesen worden sei.

   Eine Buchung ist zu diesem Sachverhalt bisher nicht erfolgt.

9. Geschenke

K. Linka erhielt am 12. 10. 2012 aus Anlass seines 50. Geburtstages von einem langjährigen Lieferanten eine Stehlampe geschenkt. Der Lieferant hat diese Zuwendung an seinen Geschäftsfreund nicht der Pauschalierung der Einkommensteuer gem. § 37b Abs. 1 EStG unterworfen. K. Linka stellte diese Lampe sofort in sein betriebliches Besprechungszimmer und erkundigte sich nach dem Ladenverkaufspreis dieser Lampe; dieser betrug 476 € (inkl. 19 % Umsatzsteuer). Die Lampe hat eine betriebsgewöhnliche Nutzungsdauer von 10 Jahren.

K. Linka buchte am 12. 10. 2012:

Betriebs- und Geschäftsausstattung	476 €	an	Privateinlage	476 €

Weitere Buchungen sind bisher nicht erfolgt. K.Linka hat in 2012 auch keine weiteren selbständigen Wirtschaftsgüter erworben, deren Anschaffungskosten den Betrag von 1 000 € unterschreiten.

Teil II: Jahresabschlussanalyse

A. Sachverhalt

Zum Zwecke der Jahresabschlussanalyse hat der Steuerberater G. Lassen beiliegende Strukturbilanz erstellt. Die Strukturbilanz der Firma H. Bicht wurde aus der zum 31. 12. 2012 zutreffend erstellten Bilanz zur Vorbereitung eines Kreditgespräches im August 2013 abgeleitet. Zahlen in Tausend €.

Aktiva	Strukturbilanz zum 31. 12. 2012		Passiva		
Anlagevermögen		2 400 €	Eigenkapital		900 €
Umlaufvermögen			Fremdkapital		
Vorräte	650 €		– langfristig	1 240 €	
Forderungen	440 €		– mittelfristig	640 €	
Liquide Mittel	110 €	1 200 €	– kurzfristig	820 €	2 700 €
		3 600 €			3 600 €

Das Anlagevermögen beinhaltet sowohl Sach- als auch Finanzanlagen (2/3 zu 1/3). Die Gewinn- und Verlustrechnung weist für 2012 auszugsweise folgende Zahlen in Tausend € aus:

Fremdkapitalzinsen	105 €
Jahresüberschuss (nach Steuern!)	75 €

B. Aufgabe

1. Berechnen Sie die Gesamtrentabilität (generell mit 2 Dezimalstellen und kaufmännische Rundung) und geben Sie eine kurze Begründung hierzu.
2. Berechnen Sie die Eigenkapitalrentabilität I. Nehmen Sie Stellung zur Aussagekraft und auch zur Einschränkung der Aussagefähigkeit der Eigenkapitalrentabilität.
3. Ermitteln Sie die Eigenkapitalquote. Wer ist an dem Ergebnis besonders interessiert? Welche Gründe führen bei einer hohen Eigenkapitalquote zu einer positiven Beurteilung?
4. Ermitteln Sie die Anlagenintensität und legen Sie kurz dar, was diese Kennzahl aussagt. Wodurch kann eine Verbesserung des Ergebnisses erzielt werden?
5. Erläutern Sie kurz die Grenzen und Schwierigkeiten der externen Jahresabschlussanalyse. Was folgern Sie, wenn die Firma H. Bicht die bilanzpolitischen Instrumente so einsetzt, dass ein möglichst hoher Gewinn erzielt worden ist? Nennen Sie Beispiele hierfür! Welche Faktoren sind für den externen Bilanzanalytiker nicht aus dem Jahresabschluss ablesbar?

Teil III: Gesellschaftsrecht

A. Sachverhalt

Der bisher als Arbeitnehmer tätige EDV-Experte Josef Meier möchte sich mit Wirkung zum 2. Januar 2013 selbständig machen. Da er ausschließlich im Dienstleistungsbereich (Kommunikation, IT-Sicherheit) tätig werden will und im Zeitpunkt der Gründung nur über flüssige Barmittel in Höhe von 5 000 € und eine EDV-Anlage im Wert von 3 000 € verfügt, hat ihm ein befreundeter Finanzbeamter empfohlen, eine sog. Mini-GmbH zu gründen.

Die in München ansässige Firma soll nach Wunsch von Herrn Meier auf den Namen „IT Meier GmbH" lauten. Gründungskosten sollen in Höhe von 370 € anfallen. Der alleinige Gesellschafter Josef Meier soll als Geschäftsführer bestellt werden; evtl. Ausschlussgründe sind für den bislang unbescholtenen Josef Meier nicht angezeigt.

B. Aufgabe

Nehmen Sie im Zusammenhang mit der Gründung und der Führung der „Mini-GmbH“ zu den nachstehenden Fragen kurz, aber erschöpfend unter Hinweis auf die maßgeblichen Vorschriften des GmbHG Stellung.

1. a) Ist der Gesellschaftsvertrag in einer bestimmten Form vorgesehen?
   b) Gibt es ggf. Erleichterungen?
2. a) Welche Firma der Gesellschaft muss der Gesellschaftsvertrag enthalten, die auch in das Handelsregister einzutragen und auf den Geschäftsbriefen anzugeben ist?
   b) Bleibt der im Zeitpunkt der Gründung zu führende Firmenname in der Zukunft unverändert bestehen, bzw. in welchem Fall besteht evtl. die Möglichkeit, diesen abzuändern? Wäre dies auch sinnvoll?
3. a) Mit welchem Stammkapital kann die Mini-GmbH gegründet werden?
   b) Wie ist Ihre Empfehlung?
   c) Zu welchem Zeitpunkt ist das Stammkapital zu erbringen?
4. a) Ist die geplante Geschäftsführung zulässig?
   b) Wer führt die Geschäfte und wem obliegt die Vertretung der zu gründenden Gesellschaft?
5. Welche Maßnahmen sind zu ergreifen, wenn bei der Mini-GmbH nach Eintragung in das Handelsregister, z. B. Ende 2013 eine Zahlungsunfähigkeit drohen würde? Wer haftet für den evtl. Schaden, falls die Maßnahmen unterbleiben?
6. Unterstellt, der Jahresüberschuss beträgt in 2013 16 000,– €. Welche bilanziellen Folgerungen muss die sog. Mini-GmbH hieraus ziehen?

Lösungshinweise – Klausursatz Nr. 1

Aufgabenteil Nr. 1: Einkommensteuer

I. Persönliche Steuerpflicht

Alle im Sachverhalt genannten Personen sind unbeschränkt einkommensteuerpflichtig; sie haben ihren Wohnsitz im Inland, § 1 Abs. 1 Satz 1 EStG.

II. Veranlagungsart

Die Eheleute Siggi und Sonja Sohle unterliegen nach § 26 Abs. 1 EStG der Ehegattenveranlagung, weil sie beide unbeschränkt einkommensteuerpflichtig sind und nicht dauernd getrennt voneinander leben. Damit haben sie die Wahl zwischen der getrennten Veranlagung nach § 26a EStG und der Zusammenveranlagung nach § 26b EStG. Ganz offensichtlich führt hier die Zusammenveranlagung nach § 26b EStG zu einer geringeren Belastung mit Einkommensteuer.

Eines besonderen Antrags auf Zusammenveranlagung bedarf es nicht, da diese Veranlagungsart als gewählt gilt, solange die Ehegatten nichts anderes beantragen, § 26 Abs. 3 EStG.

III. Ermittlung des Gesamtbetrages der Einkünfte

1. Schuhgeschäft

a) Laufender Gewinn

Siggi Sohle erzielt als Einzelunternehmer aus seinem Schuhgeschäft einen laufenden Gewinn aus Gewerbebetrieb, § 15 Abs. 1 Nr. 1, Abs. 2 EStG. Dieser ermittelt sich wie folgt:

Betriebsvermögen 30. 9. 2012	+ 200 000 €
abzüglich negatives Betriebsvermögen 1. 1. 2012, somit:	+ 100 000 €
Zwischensumme	+ 300 000 €
zzgl. Entnahmen 2012	+ 50 000 €
abzüglich Einlagen 2012	./. 226 500 €
Gewinn aus Gewerbebetrieb	123 500 €

Die lfd. Einkünfte aus Gewerbebetrieb unterliegen der Gewerbesteuer (§ 2 Abs. 1 GewStG) und der Ermäßigung gem. § 35 EStG.

ALLGEMEINER HINWEIS:

§ 35 EStG beseitigt die Sonderbelastung der gewerblichen Wirtschaft mit Gewerbesteuer ohne wesentliche Eingriffe in die Finanzautonomie der Gemeinden zu Lasten der Steuergläubiger der Einkommensteuer. Zu diesem Zweck wird die Einkommensteuer des Personenunternehmens durch eine pauschale Anrechnung der Gewerbesteuer verringert. Die Einkommensteuerermäßigung wird i. H. des 3,8-fachen des Gewerbesteuer-Messbetrags gewährt. Die Gewerbesteuer ist nicht mehr als Betriebsausgabe abziehbar (§ 4 Abs. 5b EStG).

b) Veräußerung des Schuhgeschäfts

Die Veräußerung des Schuhgeschäfts stellt eine Betriebsaufgabe im Ganzen dar, § 16 Abs. 1 Nr. 1, Abs. 3 Satz 1 EStG. Eine Betriebsveräußerung im Ganzen kann begrifflich nicht vorliegen, da das Schuhgeschäft nicht mit allen wesentlichen Betriebsgrundlagen (insbesondere wird das Geschäftsgrundstück nicht mitveräußert) gegen Entgelt auf einen einheitlichen Erwerber in der Weise übertragen wird, dass der Betrieb als geschäftlicher Organismus durch den Erwerber fortgeführt werden kann, vgl. R+H 16 Abs. 1 EStR/EStH. Da das Schuhgeschäft zum Teil veräußert wird und zum anderen wesentliche Betriebsgrundlagen in das Privatvermögen überführt werden, ist eine Betriebsaufgabe im Ganzen anzunehmen, vgl. R+H 16 Abs. 2 EStR/EStH. Insbesondere bei dem Grundstück, in dem das Schuhgeschäft bisher betrieben wurde, handelt es sich um eine funktional wesentliche Betriebsgrundlage, vgl. H 16 Abs. 8 EStH. Nach § 16 Abs. 3 Satz 1 EStG wird die Betriebsaufgabe im Ganzen wie eine Betriebsveräußerung im Ganzen behandelt.

Die veräußerten Wirtschaftsgüter sind mit ihrem Veräußerungspreis (§ 16 Abs. 3 Satz 6 EStG) anzusetzen; dabei ist auf die Entstehung des Kaufpreises und nicht auf den Zufluss in 2013 abzustellen, vgl. § 16 Abs. 2 Satz 2 EStG. Die in das Privatvermögen überführten Wirtschaftsgüter sind mit ihrem gemeinen Wert im Zeitpunkt der Aufgabe anzusetzen (§ 16 Abs. 3 Satz 7 EStG).

Der Aufgabegewinn ermittelt sich wie folgt:

Veräußerungspreis	300 000 €
gemeiner Wert des in das PV überführten Pkw	+ 47 600 €
gemeiner Wert des in das PV überführten Grundstücks	+ 1 000 000 €
Zwischensumme	1 347 600 €
abzgl. USt i. S. von § 3 Abs. 1b UStG auf die Entnahme des Pkw[1]	./. 7 600 €
abzgl. Betriebsvermögen 30. 9. 2012	./. 200 000 €
Aufgabegewinn	1 140 000 €

Der Freibetrag nach § 16 Abs. 4 EStG i. H. von 45 000 € ist nicht zu gewähren, da die Höhe des Veräußerungsgewinns den anrechnungsfreien Gewinn von 136 000 € so deutlich übersteigt, dass sich der Freibetrag auf 0 € kürzt.

Der somit steuerpflichtige Veräußerungsgewinn i. S. des § 16 EStG i. H. von 1 140 000 € wird auf Antrag nach § 34 Abs. 1, Abs. 2 Nr. 1, Abs. 3 EStG ermäßigt besteuert. Da das 55. Lebensjahr vollendet ist, werden 56 % des durchschnittlichen Steuersatzes angesetzt, mindestens aber 14 %.

c) Vermietung Alfred Straße

Aus der Vermietung des Geschäftsgrundstücks an den Erwerber des Schuhgeschäfts erzielt Siggi Sohle ab 1. 10. 2012 Einkünfte aus Vermietung und Verpachtung, § 21 Abs. 1 Nr. 1 EStG. Die Einkünfte ergeben sich aus dem Überschuss der Einnahmen über die Werbungskosten, § 2 Abs. 2 Nr. 2 EStG.

1 Der gewinnmindernde technische Abzug der Umsatzsteuer verbietet sich zwar gem. § 12 Nr. 3 EStG, wird aber von der Rechtsprechung aus Vereinfachungsgründen akzeptiert. Nicht zu beanstanden wäre aber auch der Ansatz des gemeinen Werts in Nettohöhe unter Verzicht auf den Abzug.

Mieteinnahmen, §§ 8, 11 Abs. 1 EStG:

10 000 € mtl. x 3 Monate	30 000 €

Werbungskosten, § 9 EStG:

Anhand des vorliegenden Sachverhalts kann lediglich die Abschreibung für das Gebäude berücksichtigt werden, § 9 Abs. 1 Nr. 7 EStG. Nach einer Entnahme bestimmt sich die AfA-BMG nach dem Entnahmewert, mithin 1 000 000 € x 70 % Gebäudeanteil = 700 000 €, vgl. R 7.3 Abs. 6 Satz 4 EStR. Ein Fall des § 7 Abs. 1 Satz 5 EStG liegt mangels „Einlage" nicht vor. Die AfA ist linear (R 7.4 Abs. 10 Nr. 1 EStR) gem. § 7 Abs. 4 Nr. 2 EStG vorzunehmen, allerdings zeitanteilig, § 7 Abs. 1 Satz 4 EStG, R 7.4 Abs. 2 EStR.

700 000 € x 2 % x 3/12	./. 3 500 €
Einkünfte	**26 500 €**

2. Ruhegehalt

Einnahmen, § 19 Abs. 1 Satz 1 Nr. 2 EStG	36 000 €
abzgl. Versorgungsfreibetrag, § 19 Abs. 2 Satz 1 Nr. 1 EStG, max.	./. 3 000 €
abzgl. Zuschlag zum Versorgungsfreibetrag gem. § 19 Abs. 2 Satz 3 EStG, max.	./. 900 €
abzgl. Arbeitnehmer-Pauschbetrag, § 9a Satz 1 Nr. 1 Buchst. b EStG	./. 102 €
Einkünfte aus nichtselbständiger Arbeit	31 998 €

Die einbehaltenen Steuern (LSt, KiSt, SolZ) dürfen gem. § 12 Nr. 3 EStG die Einkünfte nicht mindern.

Bei Beamten im Ruhestand wird der Versorgungsfreibetrag gewährt, ohne dass ein bestimmtes Lebensalter vollendet sein muss, § 19 Abs. 2 Satz 1 Nr. 1 Buchst. a EStG.

3. Grundstück Rüttenscheider Straße, Essen

Da Siggi Sohle das Gebäude innerhalb von drei Jahren nach Erwerb abreißen lässt, ohne dass es wirtschaftlich oder technisch verbraucht war, liegt ein Erwerb des Grundstücks mit Abbruchabsicht vor, vgl. H 6.4 „Abbruchkosten" EStH.

Sowohl Restbuchwert als auch die Abbruchkosten des alten Gebäudes gehören zu den Herstellungskosten der neu zu errichtenden Lagerhalle.

Zunächst ist jedoch die restliche Abschreibung bis zum Zeitpunkt des Abbruchs zu berechnen:

Anschaffungskosten des Gebäudes (280 000 € ./. 80 000 €)	200 000 €
(Die Nebenkosten trug vertragsgemäß der Veräußerer!)	
Abschreibung, § 7 Abs. 4 Nr. 2b EStG, § 7 Abs. 1 Satz 4 EStG:	
2,5 % x 4/12 (steuerliche Anschaffung 1. 3. 2012 bis 30. 6. 2012)	./. 1 667 €
„Restbuchwert" 30. 6. 2012 bei Abbruch	198 333 €

Berechnung der AfA-Bemessungsgrundlage der neuen Lagerhalle:

Restbuchwert altes Gebäude	198 333 €
Abbruchkosten	+ 20 000 €
Herstellungskosten inkl. Schnellbauzuschlag (Besonderheiten ergeben sich aus dem Schnellbauzuschlag nicht)	+ 330 000 €
Kosten für das Richtfest	+ 1 000 €
Abstandszahlung an weichende Mieter, H 6.4 „Entschädigungs- ..." EStH	+ 30 000 €
AfA-Bemessungsgrundlage	579 333 €

Die ausgewiesenen USt-Beträge sind gem. § 15 Abs. 1 Nr. 1 UStG als Vorsteuer abzugsfähig, da er die Lagerhalle aufgrund offensichtlich zutreffender Option zu Abzugsumsätzen nutzt. Sie gehören nicht zu den AK/HK, § 9b Abs. 1 EStG.

Die 5 %ige AfA nach § 7 Abs. 5 Nr. 2 EStG ist nicht möglich, da der Bauantrag nicht vor dem 1. 1. 1995 gestellt worden ist. Auch die degressive Gebäude AfA nach § 7 Abs. 5 Nr. 3 EStG scheidet bereits aus, da das Gebäude nicht zu Wohnzwecken genutzt wird. Somit muss nach § 7 Abs. 4 Nr. 2a EStG wegen der Zugehörigkeit zum steuerlichen Privatvermögen mit 2 % zeitanteilig für drei Monate § 7 Abs. 1 Satz 4 EStG (Abschreibung ab Bezugsfertigkeit 28. 10. 2012, § 11c Abs. 1 Satz 2 Nr. 2 EStDV) abgeschrieben werden.

AfA-Bemessungsgrundlage: 579 333 € x 2 % x 3/12 =	2 897 €

Aus der Vermietung erzielt Siggi Einkünfte aus Vermietung und Verpachtung, § 21 Abs. 1 Nr. 1 EStG. Eine Zugehörigkeit zu einem Betriebsvermögen ist nicht erkennbar. Schon gar nicht führt die Vermietung an Gewerbetreibende (sog. „gewerbliche Vermietung") zur Behandlung als Betriebsvermögen.

Berechnung der Einkünfte aus Vermietung und Verpachtung:

Mieteinnahmen altes Gebäude	9 800 €
Mieteinnahmen Lagerhalle inkl. Umsatzsteuer	+ 23 800 €
Summe Mieteinnahmen	33 600 €
Grundbesitzabgaben 1 500 € x drei Quartale	./. 4 500 €
abzüglich der an das FA für 11/12 gezahlten USt	./. 1 900 €
abzüglich Abschreibung altes Gebäude	./. 1 667 €
abzüglich Abschreibung Lagerhalle	./. 2 897 €
Einkünfte aus diesem Objekt	**22 636 €**

Die von den Mietern vereinnahmte Umsatzsteuer ist als Mieteinnahme in 2012 zu erfassen. Die für 11/12 zu entrichtende Umsatzsteuer ist als regelmäßig wiederkehrende Ausgabe gemäß § 11 Abs. 2 Satz 2 EStG und H 11 Umsatzsteuervorauszahlungen/-erstattungen EStH ebenfalls in 2012 zu berücksichtigen. Die Umsatzsteuerbeträge für 12/12 werden sich dagegen erst im Zeitpunkt der Entrichtung an das Finanzamt (wegen der Dauerfristverlängerung erst am 10. 2. 2013 und damit nicht mehr kurze Zeit nach Beendigung des KJ 2012) als Werbungskosten auswirken (verschleppte Erfolgsneutralität).

Die erstatteten Vorsteuern und an Lieferanten gezahlten Umsatzsteuern wirken in 2012 erfolgsneutral und sind deshalb hier aus Vereinfachungsgründen nicht als Einnahmen bzw. Werbungskosten in jeweils gleicher Höhe aus Vermietung und Verpachtung erfasst worden.

4. Bausparzinsen

Die Bausparzinsen i. H. von 1 000 € gehören wegen der beabsichtigten Nutzung des gemeinsamen Bausparvertrages zur Finanzierung eines privaten Mietwohngrundstücks zu den Einkünften aus Vermietung und Verpachtung der Eheleute Sohle (§ 21 EStG, H 21.2 „Einnahmen" EStH), und zwar zu je 500 €.

5. Aktien der Forsch-AG

Bei den Aktien handelt es sich um Wirtschaftsgüter, die Siggi Sohle im Wege der Gesamtrechtsnachfolge erworben hat.

Der Erbfall am 28. 12. 2011 stellt mangels Entgeltlichkeit keine Anschaffung i. S. des § 17 EStG dar.

Mit der Veräußerung der Beteiligung i. H. von 5 % erzielt Siggi Einkünfte aus Gewerbebetrieb gemäß § 17 Abs. 1 Satz 1 EStG. § 20 Abs. 2 Nr. 1 EStG ist aufgrund der Regelung des § 20 Abs. 8 EStG (Subsidiaritätsprinzip) nicht einschlägig. Da Siggi den veräußerten Anteil unentgeltlich erworben hat, sind für die Ermittlung der Einkünfte die Anschaffungskosten des Vaters als Rechtsvorgänger maßgebend, § 17 Abs. 2 Satz 5 EStG.

Der Gewinn und damit die Einkünfte ermitteln sich unter Anwendung des Teileinkünfteverfahrens (§ 3 Nr. 40 Buchst. c EStG und § 3 c Abs. 2 EStG) wie folgt, § 17 Abs. 2 EStG:

Veräußerungspreis	400 000 €	x 60 %	240 000 €
Anschaffungskosten Rechtsvorgänger	./. 300 000 €	x 60 %	./. 180 000 €
Gewinn	**100 000 €**	**x 60 %**	**60 000 €**

Ein Freibetrag nach § 17 Abs. 3 EStG ist aufgrund der Beteiligungshöhe und der Höhe des Gewinns offensichtlich nicht zu gewähren.

6. Schlager-GmbH

Auch durch die Veräußerung seiner Anteile an der Schlager-GmbH erzielt Siggi Einkünfte aus § 17 Abs. 1 Satz 1 EStG. Hinsichtlich der Ausführungen zum Subsidiaritätsprinzip des § 20 Abs. 8 EStG siehe Tz. 5.

Die Berechnung erfolgt nach § 17 Abs. 2 EStG. Dabei sind die Grundsätze des Teileinkünfteverfahrens zu beachten, vgl. § 3 Nr. 40 Buchst. c EStG für Einnahmen und § 3c Abs. 2 EStG für Abzüge. § 11 EStG greift nicht (vgl. H 17 Abs. 7 „Stichtagsbewertung" EStH.

Veräußerungspreis x 60 %	30 600 €
Anschaffungskosten x 60 %	./. 90 000 €
Verlust	**59 400 €**

Dieser Verlust ist berücksichtigungsfähig, weil der Erwerb zur Begründung einer Beteiligung i. S. von § 17 Abs. 1 Satz 1 EStG geführt hat, vgl. § 17 Abs. 2 Satz 6 Buchst. b Satz 2 EStG.

Zusammenstellung der Summe der Einkünfte

Einkunftsart	Siggi Sohle	Sonja Sohle
Schuhgeschäft, § 15	123 500 €	
Schuhgeschäft, § 16	1 140 000 €	
Ruhegehalt, § 19		31 998 €
Rüttenscheider Str., § 21	22 636 €	
Alfred Str. ab 1. 10. 2012	26 500 €	
Bausparzinsen, § 21	500 €	500 €
Aktien / GmbH-Bet., § 17	600 €	
Summe der Einkünfte	**1 313 736 €**	**32 498 €**

Da ein Altersentlastungsbetrag nach § 24a EStG mangels vollendeten 64. Lebensjahres nicht in Betracht kommt, entspricht die Summe der Einkünfte gleichzeitig dem Gesamtbetrag der Einkünfte, § 2 Abs. 3 EStG.

Gesamtbetrag der Einkünfte der Ehegatten	**1 346 234 €**

IV. Ermittlung des Einkommens

1. Sonderausgaben

► **gezahlte Kirchensteuer, § 10 Abs. 1 Nr. 4 EStG**

Kirchensteuer lt. Lohnsteuerkarte Sonja Sohle	504 €	
Kirchensteuernachzahlung	2 700 €	
Kirchensteuervorauszahlung	1 800 €	
Summe Kirchensteuer		**5 004 €**

Der Säumniszuschlag/Verspätungszuschlag zur Einkommensteuer teilen als steuerliche Nebenleistungen das Schicksal der Einkommensteuer (Nachzahlung) und sind nicht als Sonderausgaben abzugsfähig, § 12 Nr. 3 EStG.

Dies gilt auch für die Zinsen gem. § 233a AO, die nicht mehr als Sonderausgaben zu berücksichtigen sind.

► **Kinderbetreuungskosten, § 10 Abs. 1 Nr. 5 EStG**

Nach § 10 Abs. 1 Nr. 5 EStG können die Kindergartenbeiträge für Max i. H. von 2/3 der tatsächlichen Aufwendungen berücksichtigt werden.

2/3 von 640 € = 427 €

Der Maximalbetrag ist nicht überschritten, somit Ansatz **427 €.**

▶ **Vorsorgeaufwendungen, § 10 Abs. 1 Nr. 2 und 3, Abs. 3 und 4 EStG unter Berücksichtigung des BMF-Schreibens vom 13. 9. 2010**

Leibrentenversicherung		1 721 €
Berufsständische Versorgungsbeiträge		24 000 €
Gesamt		25 721 €
Höchstbetrag	40 000 €	
Kürzung um fiktiven Gesamtbeitrag Rentenversicherung von Sonja (36 000 € x 19,6 %)	./. 7 056 €	Vergleich
	32 944 €	
Ansatz 25 721 € x 74 % =		**19 034 €**

Somit werden Beiträge nach § 10 Abs. 1 Nr. 2 EStG i. H. von 19 034 € berücksichtigt.

Beiträge zur Krankenversicherung § 10 Abs. 1 Nr. 3 Buchst. a EStG 5 800 €

Nach § 10 Abs. 4 Satz 1 EStG für Siggi 2 800 € und für Sonja gemäß § 10 Abs. 4 Satz 2 EStG 1 900 €.

Ansatz daher mit **4 700 €, aber mindestens die Basisabsicherung von 5 800 €** insgesamt **24 834 €**

2. Außergewöhnliche Belastungen

a) Allgemeine Außergewöhnliche Belastungen, § 33 EStG

Die Beerdigungskosten i. H. von 10 000 € sind zwar dem Grunde nach gem. § 33 EStG als außergewöhnliche Belastung zu berücksichtigen, da ein Nachlass nicht ersichtlich ist. Jedoch beträgt die zumutbare Eigenbelastung 4 % vom Gesamtbetrag der Einkünfte (§ 33 Abs. 3 Satz 1 Nr. 2 Buchst a EStG), sodass eine Berücksichtigung der Höhe nach nicht erfolgen kann.

b) Unterhaltsfreibetrag, § 33a Abs. 1 EStG Vater

Die Eheleute erhalten einen Unterhaltsfreibetrag nach § 33a Abs. 1 EStG, weil sie dem Vater auf Grund gesetzlicher Verpflichtung Unterhalt gewähren. Der Höchstbetrag beträgt im Jahr 2012 8 004 €. Der Vater hat in 2011 weder Vermögen noch eigene Einkünfte und Bezüge. Aufwendungen entstehen den Ehegatten durch Kost und Logis im eigenen Haushalt in 3 Monaten, R 33a.1 Abs. 1 Satz 5 EStR:

Abzug zu 3/12 (§ 33a Abs. 3 EStG) von 8 004 € **2 001 €**

c) Ausbildungsfreibetrag, § 33a Abs. 2 EStG

Für Julius ist nach § 33a Abs. 2 EStG ein Ausbildungsfreibetrag zu gewähren, da Julius volljährig ist und auswärtig untergebracht. Für die Zeit Januar bis September ist ein Kinderfreibetrag zu berücksichtigen und daher ist auch nur dieser Zeitraum zu prüfen.

Der Kinderfreibetrag ist bis September 2012 zu gewähren, da Julius das 25. Lebensjahr erst am 30. 9. 2012 vollendet (§ 32 Abs. 4 Nr. 2 EStG).

Nach § 33a Abs. 2 EStG beträgt der Freibetrag 924 €, dieser ist nach § 33a Abs. 3 EStG zeitanteilig für 9 Monate zu gewähren.

Freibetrag 924 € x 9/12 =	**693 €**

d) Unterhaltsfreibetrag Julius, § 33a Abs. 1 EStG

Die Eheleute erhalten einen Unterhaltsfreibetrag nach § 33a Abs. 1 EStG, weil sie dem Sohn Julius auf Grund gesetzlicher Verpflichtung Unterhalt gewähren. Der Höchstbetrag beträgt im Jahr 2012 8 004 €. Nach § 33a Abs. 3 EStG wird der Höchstbetrag allerdings nur für Oktober bis Dezember angesetzt, da dort Julius nur die Voraussetzungen erfüllt. Somit 8 004 € x 3/12 = 2 001 €.

Höchstbetrag 8 004 € x 3/12		2 001 €
Einkünfte und Bezüge:		
Bafög	125 €	
Abzüglich R 32.10 Abs. 4 EStR 180 € x 1/10	18 €	
	107 €	107 €
Einkünfte Oktober bis Dezember		
3 x 300 €	900 €	
Abzüglich § 9a Nr. 1a EStG 1 000 € x 3/7	429 €	
	471 €	
Unschädlich 624 € x 3/12	156 €	
	315 €	315 €
	Höchstbetrag	1 579 €

Der gekürzte Höchstbetrag beträgt 1 579 €, die tatsächlichen Aufwendungen betragen 500 € x 3 = 1 500 €.

Ansatz mit dem niedrigeren Betrag von	**1 500 €**

e) Behindertenpauschbetrag

Der Behindertenpauschbetrag für den hilflosen Vater (§ 33b Abs. 3 i. H. von 3 700 €) kann nicht auf die Ehegatten übertragen werden, weil § 33b Abs. 5 EStG diese Übertragungsmöglichkeit nur bei Kindern der Steuerpflichtigen vorsieht. Dem schwerbehinderten Kind der Eheleute steht ein Behindertenpauschbetrag i. H. von 720 € zu. Nach § 33b Abs. 5 EStG ist dieser Pauschbetrag auf Antrag (der zu unterstellen ist) der Steuerpflichtigen auf die Ehegatten zu übertragen.

Abzugsfähig sind somit nach § 33b Abs. 3 EStG	**720 €**

f) Pflegepauschbetrag

Da Sonja Sohle die Pflege des Vaters höchstpersönlich durchführt, erhält sie den Pflegepauschbetrag nach § 33b Abs. 6 EStG: 924 €. Eine Zwölftelung ist nicht vorzunehmen:

R 33b Abs. 7 Sätze 2+3 EStR.	**924 €**

3. Verlustabzug nach § 10d EStG

Der Vater hat 2011 einen negativen Gesamtbetrag der Einkünfte in folgender Höhe:

Verluste aus Gewerbebetrieb	./. 300 000 €
Einkünfte aus Kapitalvermögen	+ 20 000 €
Gesamtbetrag der Einkünfte 2011	./. 280 000 €

Ein Altersentlastungsbetrag nach § 24a EStG konnte mangels positiver Summe der Einkünfte nicht gewährt werden.

Nach § 10d Abs. 1 EStG hat der Vater diese Verluste zunächst im Wege des Verlustrücktrags im Vorjahr 2010 abzuziehen. Abzugsbeträge nach § 10d EStG sind vor Sonderausgaben direkt nach dem GdE zu berücksichtigen. Das Einkommen ist jeweils auf 0 € zu bringen, weil Anträge nach § 10d Abs. 1 Satz 5 EStG lt. Sachverhalt nicht gestellt worden waren. Der Rücktrag beträgt mithin 70 000 €, sodass für den Verlustvortrag nach § 10d Abs. 2 EStG 210 000 € (280 000 € ./. 70 000 €) verbleiben. Dieser Verlust ist nach § 10d Abs. 4 EStG gesondert festzustellen.

Da der Vater in 2012 keine eigenen Einkünfte mehr erzielt, kann er 2012 tatsächlich keinen Verlustvortrag abziehen.

Da der Erbe zwar nach § 1922 BGB in die Rechtsstellung des Erblassers eintritt, aber der Erbfall nach dem 19. 8. 2008 eingetreten ist, kann der nicht verbrauchte Verlustvortrag des Vaters von Siggi Sohle nicht übernommen werden, vgl. H 10d „Verlustabzug im Erbfall" EStH und die dort dargestellten Beispiele. Somit kommt im Erbfall kein Ansatz der nicht verbrauchten Verluste vom Erblasser mehr in Frage.

Zusammenstellung des Einkommens

Gesamtbetrag der Einkünfte der Ehegatten:	1 346 234 €
Sonderausgaben:	
Vorsorgeaufwendungen	./. 24 834 €
Kirchensteuer	./. 5 004 €
Kinderbetreuungskosten	./. 427 €
Außergewöhnliche Belastungen:	
Unterhaltsfreibetrag Vater	./. 2 001 €
Unterhaltsfreibetrag Julius	./. 1 500 €
Ausbildungsfreibetrag Julius	./. 693 €
Behindertenpauschbetrag	./. 720 €
Pflegepauschbetrag	./. 924 €
Einkommen, § 2 Abs. 4 EStG	**1 310 131 €**

V. Ermittlung des zu versteuernden Einkommens

a) Sohn Julius

Julius ist Kind i. S. von § 32 Abs. 1 Nr. 1 EStG und befindet sich nach § 32 Abs. 4 Nr. 2 a EStG in Berufsausbildung. Da Julius am 30. 9. 2012 sein 25. Lebensjahr vollendet (§ 108 Abs. 1 AO, §§ 187, 188 BGB), kann er nur bis September berücksichtigt werden.. Ein Verlängerungstatbestand nach § 32 Abs. 5 EStG liegt nicht vor, da Julius nicht den gesetzlichen Grundwehrdienst bzw. Zivildienst geleistet hat.

Der Kinderfreibetrag nach § 32 Abs. 6 EStG beträgt 5 256 € ((2 184 € + 1 320 €) = 3 504 € x 2) x 9/12.

Kinderfreibetrag	./. 5 256 €

b) Sohn Max

Auf Grund der in 2012 vorgenommenen Adoption (Gleichstellung mit leiblichen Kindern) stehen den Ehegatten Kinderfreibeträge zu, § 32 Abs. 1 Nr. 1 EStG, H 32.1 EStH. Das Kindergeld wirkt sich ungünstiger aus. Der Kinderfreibetrag wird i. H. von 4 368 € für zwei Monate = 728 € vom Einkommen abgezogen, § 32 Abs. 6 Satz 1 und 2 EStG:

Kinderfreibetrag	./. 728 €

Zusätzlich ist der Betreuungskostenfreibetrag gem. § 32 Abs. 6 Satz 1 und 2 EStG zu berücksichtigen:

2 640 € 2/12	./. 440 €
zu versteuerndes Einkommen, § 2 Abs. 5 EStG	**1 303 707 €**

VI. Nennung der Einkommensteuer-/Tarifermäßigungen

Der Veräußerungsgewinn nach § 16 Abs. 1 Nr. 1 EStG wird nach § 34 Abs. 2 Nr. 1 EStG i. V. m. § 34 Abs. 1 oder Abs. 3 EStG auf Antrag u. U. ermäßigt im Rahmen der 1/5-Methode oder mit dem sog. 56 %igen durchschnittlichen ESt-Satz besteuert.

Da der Kinderfreibetrag günstiger als das Kindergeld ist, wird das ausgezahlte Kindergeld i. H. von 368 € (184 € für zwei Monate, § 66 Abs. 1 EStG) der tariflichen Einkommensteuer hinzugerechnet, vgl. § 2 Abs. 6 Satz 3, § 31 EStG.

Aufgabenteil Nr. 2: Körperschaftsteuer

I. Sachliche und persönliche Körperschaftsteuerpflicht

Die Rapido-GmbH gilt gem. § 13 Abs. 3 GmbHG als Handelsgesellschaft und ist deshalb als Formkaufmann gem. §§ 6, 238 HGB zur Führung von Büchern verpflichtet. Folglich ermittelt die Rapido-GmbH ihren Gewinn nach § 5 EStG (Betriebsvermögensvergleich).

Die Rapido-GmbH ist gem. § 1 Abs. 1 Nr. 1 KStG unbeschränkt körperschaftsteuerpflichtig, weil sich sowohl der Sitz als auch die Geschäftsleitung im Inland befinden (eine Alternative würde reichen!).

Demzufolge erzielt sie gem. § 8 Abs. 2 KStG ausschließlich Einkünfte aus Gewerbebetrieb.

II. Ermittlung des zu versteuernden Einkommens

Die KSt bemisst sich gem. § 7 Abs. 1 KStG nach dem zu versteuernden Einkommen (z. v. E.).

Das z. v. E. ermittelt sich dabei gem. § 7 Abs. 2 i. V. m. § 8 Abs. 1 KStG nach den Vorschriften des EStG und KStG. Vgl. auch R 29 der KStR.

Als Grundlage für die Ermittlung des z. v. E. dient der sich aus der Handelsbilanz/Steuerbilanz ergebende Jahresüberschuss i. H. von 158 403 €.

Dieser ist aufgrund der Erläuterungen zum Sachverhalt wie folgt zu korrigieren:

1. Offene Ausschüttung i. H. von 48 000 €

Für die Ermittlung des Einkommens ist es ohne Bedeutung, ob das Einkommen verteilt wird. Die im Juni 2012 vollzogene oGA beeinflusst gem. § 8 Abs. 3 Satz 1 KStG das z. v. E. nicht (erfolgsneutrale Buchung bei Auszahlung!).

2. Investitionszulage

Die Investitionszulage ist gem. § 13 InvZulG steuerfrei; z. v. E.: ./. 25 000 €.

3. Gehalt an Gesellschafter-Geschäftsführer

Die Zahlung der Zusatzprämie i. H. von 30 000 € stellt eine verdeckte Gewinnausschüttung dar, die gem. § 8 Abs. 3 Satz 2 KStG das Einkommen nicht mindern darf. Hinsichtlich des Begriffs der vGA vgl. R 36 Abs. 1 Satz 1 KStR.

Im Verhältnis zwischen Gesellschaft und ihrem beherrschenden Gesellschafter ist eine Veranlassung durch das Gesellschaftsverhältnis gem. R 36 Abs. 2 Satz 1 KStR auch dann anzunehmen, wenn es an einer klaren und eindeutigen im voraus getroffenen Vereinbarung darüber fehlt, ob und in welcher Höhe ein Entgelt für eine Leistung des Gesellschafters zu zahlen ist. Die Angemessenheit und Üblichkeit der Leistung ist in diesem Fall ohne Bedeutung.

Carlos Rapido ist eindeutig beherrschender Gesellschafter der Rapido-GmbH. Vgl. insofern auch H 36 KStH unter III. Veranlassung durch das Gesellschaftsverhältnis „beherrschender Gesellschafter". Die Zusatzprämie wurde erst zum Ende des Jahres vereinbart und ist damit durch das Gesellschaftsverhältnis veranlasst. Die Gewinnerhöhung aufgrund einer vGA ist bei der Ermittlung des Einkommens außerhalb der Steuerbilanz hinzuzurechnen (H 37 KStH „Steuerbilanzgewinn").

Entscheidend ist dabei nicht die Auszahlung, sondern die gewinnmindernde Behandlung.

4. Bebautes Grundstück

Hinsichtlich der Übertragung des bebauten Grundstücks auf die Rapido-GmbH handelt es sich um eine verdeckte Einlage.

Eine verdeckte Einlage liegt gem. R 40 Abs. 1 KStR vor, wenn ein Gesellschafter oder ihm nahestehende Person der Kapitalgesellschaft einen einlagefähigen Vermögensvorteil (H 40 KStH „Einlagefähiger Vermögensvorteil": Aktiva wird größer!) ohne bzw. zu einer geringeren Gegenleistung zuwendet und diese Zuwendung ihre Ursache im Gesellschaftsverhältnis hat.

Diese Voraussetzungen sind im vorliegenden Fall erkennbar erfüllt; insbesondere hätte eine fremde dritte Person der Rapido-GmbH einen entsprechenden Vermögenswert nicht unter dem Verkehrswert von 350 000 € verkauft; vgl. insofern H 40 KStH „Gesellschaftsrechtliche Veranlassung".

Bewertung zum 1. 6. 2012

Die Bewertung des Grund u. Bodens und des Gebäudes erfolgt grds. mit den Anschaffungskosten, hier jedoch gem. §§ 8 Abs. 1 KStG i. V. m. 6 Abs. 1 Nr. 5 EStG mit dem Teilwert i. H. von 350 000 € im Zeitpunkt der (verdeckten) Einlage. Vgl. auch R 40 Abs. 4 Satz 1 KStR.

Bewertung zum 31. 12. 2012

Die Bewertung ergibt sich nach den allgemeinen Grundsätzen (AK = Einlagewert, bzw. fortgeführter Einlagewert) des § 253 Abs. 1 S. 1 und Abs. 3 S. 1 HGB bzw. § 6 Abs. 1 Nr. 1 S. 1 und Nr. 2 EStG. Eine Änderung der AfA-Bemessungsgrundlage gem. § 8 Abs. 1 KStG i. V. m. § 7 Abs. 1 Satz 5 EStG kommt hier nicht in Betracht, weil das bebaute Grundstück zum Betriebsvermögen des Carlos Rapido gehörte.

Die Bilanzansätze zum 31. 12. 2012 ermitteln sich deshalb wie folgt:

	Grund und Boden	Gebäude
Anschaffungskosten = TW zum 1. 6. 2012	70 000 €	280 000 €
2 % AfA gem. § 7 Abs. 4 Satz 1 Nr. 2a EStG = 5 600 € p. a. (Bauantrag nicht nach dem 31. 3. 1985), davon 7/12 zeitanteilig gem. § 7 Abs. 1 Satz 4 EStG		./. 3 267 €
Bilanzansatz zum 31. 12. 2012	70 000 €	276 733 €
Bisher:	50 000 €	180 000 €

HINWEIS:

Ebene des Anteilseigners: Im Einzelunternehmen des Carlos Rapido erfolgt eine Aufdeckung der stillen Reserven gem. § 6 Abs. 6 Satz 2 EStG (die Anwendung des § 6b EStG ist nicht möglich, weil mangels Veräußerungsentgelt kein Veräußerungsgeschäft i. S. d. § 6b EStG anzunehmen ist!), gleichzeitig erhöhen sich für Carlos Rapido nachträglich die AK auf die Beteiligung i. H. von 100 000 €!

Auswirkung der verdeckten Einlage auf den steuerlichen Gewinn bzw. das z. v. E.:

Die auf der verdeckten Einlage beruhende Vermögensmehrung darf den steuerlichen Gewinn und damit das Einkommen der Gesellschaft gem. § 8 Abs. 1 KStG i. V. m. § 4 Abs. 1 Satz 1 EStG nicht erhöhen (vgl. auch R 40 Abs. 2 Satz 1 KStR); vgl. nunmehr auch § 8 Abs. 3 Satz 3 KStG. In der Bilanz ist diese verdeckte Einlage regelmäßig der Kapitalrücklage zuzuführen (§ 270 Abs. 1 HGB i. V. m. § 272 Abs. 2 Nr. 4 HGB). In der Bilanz zum 31. 12. 2012 erhöht sich deshalb das Konto Kapitalrücklage auf 100 000 € (bisher: 0 €).

Kapitalrücklage = erfolgsneutral	100 000 €
AfA-Minderung = Gewinnerhöhung	16 733 €

Sollte die verdeckte Einlage handelsrechtlich jedoch als sonstiger betrieblicher Ertrag gebucht worden sein, ist gem. § 8 Abs. 1 KStG i. V. m. § 4 Abs. 1 EStG beim z. v. E. eine außerbilanzielle Minderung in gleicher Höhe vorzunehmen (Einlagen sind beim BV-Vergleich abzuziehen!).

HINWEIS:

Daneben ist für steuerliche Zwecke gem. § 27 Abs. 1 Satz 2 KStG ein Zugang beim Einlagekonto zu berücksichtigen. Siehe gesonderte Feststellungen!

5a) Säumniszuschläge zur KSt/GewSt

Als steuerliche Nebenleistung zur KSt (§ 3 Abs. 3 AO) nicht abziehbar, § 10 Nr. 2 KStG i. V. m. R 48 Abs. 2 KStR. Dies gilt gem. § 8 Abs. 1 KStG i. V. m. § 4 Abs. 5b EStG auch für die Säumniszuschläge der GewSt.

5b) Aufsichtsratsvergütung

Die Aufsichtsratvergütung ist gem. § 10 Nr. 4 KStG zur Hälfte bei der Einkommensermittlung abziehbar (+ 5 000 €). Vgl. auch R 50 KStR.

5c) Spenden

Spenden sind im Rahmen des § 9 Abs. 1 Nr. 2 KStG bei der Einkommensermittlung einheitlich i. H. von 20 % des Einkommens abzugsfähig.

Als Einkommen im Sinne dieser Vorschrift gilt das Einkommen vor Abzug der Spenden (§ 9 Abs. 2 KStG). Deshalb sind die Spenden für die Berechnung des Höchstbetrages zunächst dem Einkommen hinzuzurechnen. Hinsichtlich der Abzugsfähigkeit der Spenden vgl. auch R 47 Abs. 1 u. 2 KStR und die nachstehende Einkommensermittlung.

5d) Stundungszinsen KSt

Stundungszinsen sind gem. § 10 Nr. 2 KStG und R 48 Abs. 2 KStR nicht abziehbar.

6a) Mode & Co. KG

Die Erträge aus der KG sind zutreffend im Jahresüberschuss erfasst worden, denn der Gewinnanspruch entsteht mit Ablauf des Wirtschaftsjahres (31. 12. 2012), § 8 Abs. 1 KStG i. V. m. § 5 Abs. 1 Halbsatz 1 EStG. Unabhängig von der Tatsache, dass die vorstehende KG originäre gewerbliche Einkünfte i. S. des § 15 Abs. 1 Nr. 2 EStG erzielt, sind sämtliche Einkünfte bei der Rapido-GmbH gem. § 8 Abs. 2 KStG (siehe Vorspann!) gewerbliche Einkünfte (dies würde auch gelten, falls sie an einer nur vermögensverwaltenden Personengesellschaft beteiligt wäre!).

6b) Ausschüttung Styling-AG

Die Dividende entsteht mit der Beschlussfassung und ist im Jahresabschluss 2012 als Beteiligungsertrag zu erfassen. Dieser umfasst nicht nur den Auszahlungsbetrag (73,625 %), sondern auch die einbehaltene Kapitalertragsteuer und den Solz (§ 10 Nr. 2 KStG).

Grds. bleibt der gesamte Betrag bei der Ermittlung des Einkommens gem. § 8b Abs. 1 KStG außer Ansatz; im Rahmen der Einkommensermittlung sind somit 15 000 € abzuziehen.

Gemäß § 8b Abs. 5 Satz 1 KStG erfolgt jedoch eine fiktive Kürzung der Betriebsausgaben i. H. von 5 % der Bezüge i. S. des § 8b Abs. 1 KStG

15 000 € x 5 % = 750 €

7. Steuern vom Einkommen und Ertrag

Die GewSt-VZ ist ab 2008 keine Betriebsausgabe mehr (§ 8 Abs. 1 KStG i. V. m. § 4 Abs. 5b EStG). Bei den übrigen unter Nr. 7 aufgezählten Beträgen handelt es sich um nichtabziehbare Aufwendungen gem. § 10 Nr. 2 KStG; wegen der Nebenleistungen vgl. R 48 KStR.

Einkommensermittlung für 2012:

Jahresüberschuss lt. Gewinn- und Verlustrechnung:	158 403 €
Investitionszulage (§ 13 InvZulG)	./. 25 000 €
vGA (§ 8 Abs. 3 Satz 2 KStG)	+ 30 000 €
Beteiligungsertrag Styling-AG, § 8b Abs. 1 KStG	./. 15 000 €
Fiktive Kürzung der Betriebsausgaben gem. § 8b Abs. 5 KStG	+ 750 €
Minderung AfA-Gebäude (Differenz 20 000 € zu 3 267 €)	+ 16 733 €
KSt-VZ (§ 10 Nr. 2 KStG), nichtabziehbare Aufwendungen	+ 70 000 €
SolZ (§ 10 Nr. 2 KStG), nichtabziehbare Aufwendungen	+ 3 850 €
Säumniszuschläge KSt (§ 10 Nr. 2 KStG)	+ 500 €
Stundungszinsen (§ 10 Nr. 2 KStG)	+ 4 000 €
Säumniszuschläge GewSt (§ 8 Abs. 1 KStG, § 4 Abs. 5b EStG)	+ 188 €
Gewerbesteuer-Vorauszahlung (§ 4 Abs. 5b EStG)	+ 9 820 €
Anrechenbare KapSt (§ 10 Nr. 2 KStG)	+ 3 750 €
SolZ auf KapSt (§ 10 Nr. 2 KStG)	+ 206 €
½ der Aufsichtsratvergütung (§ 10 Nr. 4 KStG)	+ 5 000 €

Sämtliche Spenden (§ 9 Abs. 2 Satz 1 KStG)	+ 15 000 €
Einkommen vor Spendenabzug	278 200 €
Spendenabzug (§ 9 Abs. 1 Nr. 2 KStG)	
Gesamte Spenden 15 000 € (Höchstbetrag 20 % = 55.640 €), höchstens:	./. 15 000 €
zu versteuerndes Einkommen 2012:	263 200 €

III. Ermittlung der KSt- und Solz-Rückstellungen (bzw. Forderungen)

Hinsichtlich der Ermittlung festzusetzenden und verbleibenden KSt siehe R 30 Satz 1 der KStR.

KSt-Tarifbelastung, § 23 Abs. 1 KStG = 15 % von 263.200 €	39 480 €
Kein KSt-Guthaben vorhanden; nur als Hinweis: § 37 Abs. 4 ff. KStG.	0 €
Ab 2007 ist keine KSt-Erhöhung mehr nach früherem Recht möglich.	0 €
Festzusetzende KSt (R 30 Satz 1 Ziff. 7 KStR)	39 480 €
Kapitalertragsteuer: §§ 31 Abs. 1 KStG, 36 Abs. 2 Nr. 2 EStG	./. 3 750 €
Verbleibende KSt (R 30 Satz 1 Ziff. 9 KStR)	35 730 €
KSt-VZ in 2012	./. 70 000 €
KSt-Forderung zum 31. 12. 2012	34 270 €

Solz 2012:

Festzusetzende KSt als BMG gem. § 3 Abs. 1 Nr. 1 SolzG	39 480 €
x 5,5 % gem. § 4 SolzG	2 171 €
Anrechenbarer Solz	./. 202 €
Vorauszahlungen	./. 3 850 €
Solz- Forderung zum 31. 12. 2012	1 885 €

HINWEIS:

Die Abschlussbuchung zur KSt und zum Solz führt zwar zu einer Gewinnerhöhung in der GuV, aber es erfolgt eine Kürzung beim z. v. E gem. § 10 Nr. 2 KStG, d. h. das ursprüngliche zu versteuernde Einkommen 2012 ändert sich hierdurch der Höhe nach nicht mehr!

IV. Gesonderte Feststellungen

Einlagekonto (§ 27 KStG)

Die verdeckte Einlage aus der Grundstücksübertragung ist dem Einlagekonto i. S. von § 27 Abs. 1 Satz 2 KStG gutzuschreiben, so dass zum 31. 12. 2012 erstmals ein Bestand von 100 000 € gesondert festgestellt wird (§ 27 Abs. 2 Satz 1 KStG). § 27 Abs. 1 Satz 3 und 5 KStG können nicht greifen, da die Leistungen i. H. von 78 000 € den ausschüttbaren Gewinn i. H. von 258 000 € nicht übersteigen:

Ermittlung ausschüttbarer Gewinn:

Eigenkapital 31. 12. 2012, Stammkapital	200 000 €
Satzungsmäßige Rücklage	50 000 €
Andere Gewinnrücklagen	100 000 €
Verbleibender Gewinnvortrag Ende 2012	60 000 €
Gewinnausschüttung in 2012 (hat Gewinnvortrag Vorjahr gemindert!)	48 000 €
EK lt. StB insgesamt zum 31. 12. 2011	458 000 €
Stammkapital	./. 200 000 €
Eigenkapital lt. StB zum 31. 12. 2011	258 000 €
Bestand des Einlagekontos	0 €
Ausschüttbarer Gewinn im Sinne des § 27 Abs. 1 Satz 5 KStG (Vorjahr)	258 000 €

Leistungen im Folgejahr:

oGA in 2012 für 2011	48 000 €
VGA in 2012	+ 30 000 €
Leistungen in 2012 insgesamt:	78 000 €

Im Übrigen war zum Schluss des vorangegangenen Wj noch gar kein positiver Bestand des Einlagekontos vorhanden, der hätte verringert werden können.

Aufgabenteil Nr. 3: Gewerbesteuer

I. Allgemeine Feststellungen

Karl Klunker ist kraft gewerblicher Tätigkeit i. S. von § 15 Abs. 2 EStG gewerbesteuerpflichtig, § 2 Abs. 1 GewStG. Eine Gewerbesteuerbefreiung nach § 3 GewStG ist nicht ersichtlich. Die Stadt Duisburg ist die hebeberechtigte Gemeinde, § 4 Abs. 1 GewStG. Steuerschuldner ist der Gewerbetreibende, § 5 GewStG. Besteuerungsgrundlage ist der Gewerbeertrag, § 6 GewStG.

II. Gewerbesteuermessbetrag nach dem Gewerbeertrag

1. Ermittlung des Steuerbilanzgewinns

Vorläufiger Gewinn lt. Handelsbilanz		126 500 €
Die bereits erfassten Dividendenerträge aus der Edelmetall Handel GmbH sind um die Kapitalertragsteuer nebst Solidaritätszuschlag zu erhöhen (reiner Buchungsfehler, keine gewerbesteuerliche Hinzurechnung):		
Nettodividende	18 500 €	
Kapitalertragsteuer/ Solidaritätszuschlag 26,375/73,625, § 20 Abs. 1 Nr. 1, Abs. 8 EStG	+ 6 627 €	
Bardividende	25 127 €	
Ausschüttung zu 60 % nach dem Teileinkünfteverfahren, § 3 Nr. 40 Buchst. d i. V. m. § 3 Nr. 40 Satz 2 EStG als Dividendenerträge zu erfassen	15 076 €	
bisher über Dividendenerträge erfasst	./. 18 500 €	
Steuerbilanzgewinn mindernd zu erfassen		./. 3 424 €
Steuerbilanzgewinn		123 076 €
zzgl. Gewebesteuervorauszahlungen		+ 30 000 €
bereinigter Steuerbilanzgewinn		153 076 €

2. Hinzurechnungen, § 8 GewStG

a) Entgelte für Schulden, § 8 Nr. 1a) GewStG

Schuldzinsen	7 200 €
Damnum	+ 800 €
Summe	8 000 €

b) Gewinnanteil stiller Gesellschafter, § 8 Nr. 1c) GewStG

Der Gewinnanteil für 2012 ist bereits mit seiner Entstehung in 2012 als Aufwand zu erfassen und deshalb hinzuzurechnen:

Auszahlungsbetrag netto	9 061 €
zzgl. Kapitalertragsteuer/SoliZ, 26,375/73,625	+ 3 246 €
	12 307 €

c) Miete Spezialmaschine, § 8 Nr. 1d) GewStG

1/5 von 50.000 =	10 000 €
§ 8 Nr. 1 GewStG gesamt	30 307 €
abzgl. Freibetrag	30 307 €
	0 €

d) Hinzurechnung gem. § 8 Nr. 5 GewStG

Eine Hinzurechnung nach dieser Vorschrift i. H. des nach Teileinkünftegrundsätzen steuerfreien Dividendenanteils aus der Edelmetall Handel GmbH hat zu unterbleiben, da der Mandant i. S. von § 9 Nr. 2a GewStG beteiligt ist.

3. Kürzungen, § 9 GewStG

a) Einheitswert des Betriebsgrundstücks, § 9 Nr. 1 GewStG

Eine Kürzung erfolgt nur i. H. des ertragsteuerlichen Betriebsvermögens, § 20 Abs. 1 GewStDV: EW 120 000 € x 140 % x 80 % (betriebliche Nutzung) x 1,2 %, gerundet	./. 1 613 €

b) Gewinnanteile (Kapitalgesellschaften), § 9 Nr. 2a GewStG

Gewinnanteil Edelmetall GmbH (>15 % beteiligt)	./. 15 076 €
Gewerbeertrag	**136 387 €**
Abrundung auf volle 100 €, § 11 Abs. 1 GewStG	136 300 €
Freibetrag, § 11 Abs. 1 Nr. 1 GewStG	./. 24 500 €
maßgebender Gewerbeertrag	111 800 €
Steuermesszahl, § 11 Abs. 2 GewStG:	
3,5 %	
Steuermessbetrag nach dem Gewerbeertrag	3 913 €
Hebesatz, § 16 GewStG: x 450 %	17 608 €
abzüglich Gewerbesteuervorauszahlungen	./. 30 000 €
GewSt-Erstattungsanspruch	**12 392 €**

Dieser Erstattungsanspruch ist in der Steuerbilanz als gewinnerhöhende Forderung zu aktivieren. Hinsichtlich der insgesamt für 2012 anfallenden GewSt ist im Anschluss aufgrund der Vorschrift des § 4 Abs. 5b EStG eine außerbilanzielle Korrektur vorzunehmen.

Aufgabenteil Nr. 4: Umsatzsteuer

Klausur Nr. 1 „Siggi Sachlich“

Einzelsachverhalt 1

Herr Sachlich erbringt zwar eine sonstige Leistung (§ 3 Abs. 9 UStG), die aber mangels Entgelt nicht steuerbar ist, § 1 Abs. 1 Nr. 1 UStG.

Eine unentgeltliche Wertabgabe ist mangels außerunternehmerischer Sphäre (z. B. Verwendung der Pläne für private Zwecke) nicht erkennbar.

Einzelsachverhalt 2

Gegenüber Lea Anlag erbringt Herr Sachlich eine sonstige Leistung (§ 3 Abs. 9 UStG) gegen Entgelt (Honorar) im vereinbarten Leistungsaustausch. Der Ort der sonstigen Leistung bestimmt sich nach § 3a Abs. 3 Nr. 1c UStG („wo das Grundstück liegt“): Duisburg. Die sonstige Leistung des Sachlich ist somit im Inland steuerbar, § 1 Abs. 1 Nr. 1 UStG.

Mangels einer Umsatzsteuerbefreiung nach § 4 UStG (insbesondere sind § 4 Nr. 9a UStG und § 4 Nr. 12 UStG nicht einschlägig) ist die sonstige Leistung steuerpflichtig. Der Umsatzsteuersatz beträgt 19 %, § 12 Abs. 1 UStG.

Bemessungsgrundlage des Umsatzes ist alles, was der Leistungsempfänger aufwendet, um die Leistung zu erhalten, abzüglich Umsatzsteuer, § 10 Abs. 1 Satz 2 UStG. Das Entgelt besteht aus dem Honorar und dem Gemälde.

Bruttohonorar	35 700,00 €
Gemälde (Bruttowert)	+ 5 000,00 €
Gesamtbruttogegenleistung	40 700,00 €
: 1,19 = Bemessungsgrundlage	34 201,68 €
x 19 % Umsatzsteuer	6 498,32 €

Die Umsatzsteuer i. H. von 6 498,32 € entsteht spätestens mit Ausführung der Leistung, offensichtlich im Juni 2013, § 13 Abs. 1 Nr. 1a UStG.

HINWEIS:

Sachlich ist verpflichtet, innerhalb von sechs Monaten eine Rechnung zu erteilen, in der auf die Aufbewahrungspflichten des Leistungsempfängers hingewiesen wird, § 14 Abs. 2 Satz 1 Nr 1, Abs. 4 Nr. 9, § 14b Abs. 1 Satz 5 UStG.

Einzelsachverhalt 3

Herr Sachlich tätigt Aufwendungen, die grundsätzlich unter das Abzugsverbot des § 4 Abs. 5 Nr. 2 EStG fallen. Nach R 4.10 Abs. 8 EStR ist bei Bewirtungen die Angabe „Speisen und Getränke“ nicht ausreichend, um ertragsteuerlich den Betriebsausgabenabzug wenigstens zu 70 % herbeizuführen. Somit handelt es sich nach § 4 Abs. 5 Nr. 2 EStG um in voller Höhe nicht abziehbare Betriebsausgaben.

Der Vorsteuerabzug für nicht abziehbare Betriebsausgaben/Bewirtungsaufwendungen i. S. von § 4 Abs. 5 Nr. 2 EStG ist grundsätzlich nach § 15 Abs. 1a Satz 1 UStG ausgeschlossen. Entsprechend § 15 Abs. 1a Satz 2 UStG gilt dies jedoch nicht für Bewirtungsaufwendungen, soweit § 4 Abs. 5 Nr. 2 EStG den Abzug von angemessenen und nachgewiesenen Aufwendungen ausschließt. Deshalb ist der Vorsteuerabzug zu 100 % zu gewähren.

Einzelsachverhalt 4

Vorbemerkung:

Studieren Sie eingehend das BMF-Schreiben zur umsatzsteuer- und einkommensteuerlichen Behandlung der privaten Kfz-Nutzung.

Der Pkw gehört zum Unternehmensvermögen des Herrn Sachlich. Damit steht ihm der Vorsteuerabzug aus allen Rechnungen mit gesondertem Ausweis der Umsatzsteuer zu, die den Pkw betreffen, § 15 Abs. 1 Nr. 1 UStG. Dies betrifft insbesondere die Anschaffungskosten in 2010 sowie die aktuellen Treibstoff-, Reparatur- und Inspektionskosten.

Bezüglich der Privatfahrten handelt es sich um eine unentgeltliche Wertabgabe i. S. von § 3 Abs. 9a Nr. 1 UStG, die im Inland steuerbar ist, § 1 Abs. 1 Nr. 1 UStG (Ort nach § 3f Satz 1 UStG: Sitzort des Unternehmers Düsseldorf). Mangels Steuerbefreiung i. S. des § 4 UStG ist die Wertabgabe steuerpflichtig. Der Steuersatz beträgt 19 %, § 12 Abs. 1 UStG.

Die Bemessungsgrundlage ergibt sich nach § 10 Abs. 4 Nr. 2 UStG aus den bei der Ausführung dieser Umsätze entstandenen Ausgaben, soweit sie zum Vorsteuerabzug berechtigt haben. Dabei sind die AK des privat genutzten Gegenstandes (hier: Pkw) verteilt auf den 5-jährigen Berichtigungszeitraum gem. § 15a Abs. 1 UStG einzubeziehen. Im vorliegenden Fall ist die Fahrtenbuchmethode maßgebend.

Die nicht mit Vorsteuer belasteten Kosten i. H. von 6 200 € (Kfz-Versicherung, Kfz-Steuer, Garagenmiete) gehören folglich nicht zur Bemessungsgrundlage. Die Bemessungsgrundlage setzt sich also nur aus den vorsteuerbelasteten Ausgaben i. H. von 7 000 € (Treibstoff, Reparaturen, Inspektionen) zusammen. Hinzu kommen die Ausgaben aus AK zu 1/5 = 14 000 €, da der Pkw unter Abzug von Vorsteuer erworben wurde.

Die mit Vorsteuer belasteten Ausgaben betragen somit insgesamt 21 000 € und entfallen auf die Privatfahrten wie folgt:

$$\frac{\text{21 000 € x 5 000 km Privatfahrten}}{\text{28 000 km Gesamtfahrleistung}}$$

= 3 750 € x 19 % = 712,50 € USt auf die unentgeltliche Wertabgabe 2013 (Jahresbetrag).

Die Umsatzsteuer i. H. von 712,50 € entsteht anteilig zu je 59,37 € nach § 13 Abs. 1 Nr. 2 UStG mit Ablauf des jeweiligen Voranmeldungszeitraumes (Kalendermonat) der privaten Nutzung. Bei den Fahrten zwischen Wohnung und Büro handelt es sich nach bisheriger Auffassung (Änderung möglich) um unternehmerisch veranlasste Fahrten.

Veräußerung des Pkw

Mit der Veräußerung des Pkw am 30. 12. 2013 erbringt Herr Sachlich gegenüber dem niederländischen Privatmann eine Lieferung (Hilfsgeschäft) gegen Entgelt im vereinbarten Leistungsaustausch, § 3 Abs. 1 UStG. Ort der Lieferung ist nach § 3 Abs. 6 Satz 1 UStG dort, wo die Beförderung durch den Abnehmer beginnt, offensichtlich Düsseldorf.

Der nach § 1 Abs. 1 Nr. 1 UStG steuerbare Umsatz ist mangels Steuerbefreiung nach § 4 UStG steuerpflichtig. Insbesondere handelt es sich nicht um eine Ausfuhrlieferung nach § 6 UStG, da das Fahrzeug in die Niederlande und nicht in ein Drittland befördert wird. Es liegt auch keine innergemeinschaftliche Lieferung vor, da das Fahrzeug zwar in einen Mitgliedstaat der EU befördert wird, der Abnehmer (Privatmann) allerdings nicht der dortigen Erwerbsbesteuerung unterliegt. Der Niederländer hat insbesondere keine Erwerbsbesteuerung nach § 1b UStG durchzuführen, da er kein neues Fahrzeug im Sinne dieser Vorschrift erworben hat.

Der Steuersatz beträgt 19 %, § 12 Abs. 1 UStG. Die Bemessungsgrundlage ist nach § 10 Abs. 1 UStG das Entgelt, also alles, was der Leistungsempfänger aufwendet, um die Leistung zu erhalten, jedoch abzüglich Umsatzsteuer. Der Veräußerungspreis i. H. von 45 000 € ist brutto zu verstehen, so dass die Umsatzsteuer herauszurechnen ist:

45 000 € : 1,19 = 37 815,13 € Entgelt x 19 % USt = 7 184,87 €.

Die Umsatzsteuer i. H. von 7 184,87 € entsteht mit Ablauf des Voranmeldungszeitraumes der Lieferung also Dezember 2013, § 13 Abs. 1 Nr. 1a UStG.

Einzelsachverhalt 5

Da es sich hinsichtlich des Geschenks (mehr als 35 €) um eine einkommensteuerlich nicht abziehbare Betriebsausgabe handelt, können keine Vorsteuerbeträge geltend gemacht werden, § 15 Abs. 1a Satz 1 UStG. Bei einem Gegenstand dieser Beschaffenheit kann davon ausgegangen werden, dass eine Verwendung als Geschenk bereits bei Anschaffung geplant war.

Eine unentgeltliche Wertabgabe i. S. von § 3 Abs. 1b Nr. 3 UStG liegt nicht vor, da ein Vorsteuerabzug nicht vorgenommen werden konnte, § 3 Abs. 1b Satz 2 UStG.

Einzelsachverhalt 6

Setzt man voraus, dass Herr Sachlich mit seinen Leistungen gegenüber Max Gründlich sowie dem Autohaus Trecker nach Vollendung der Aufträge steuerbare und steuerpflichtige Umsätze erbringen wird, so sind die vereinnahmten Anzahlungen nach § 13 Abs. 1 Nr. 1a Satz 4 UStG bereits bei Vereinnahmung des Entgeltes vor Ausführung der Leistung zu versteuern. Dieser Grundsatz gilt sowohl im Fall a) (Umsatzsteuer 1 900 €) als auch im Fall b) (Umsatzsteuer 1 117,65 €). Betragsmäßige Unterscheidungen sieht das Gesetz nicht vor.

§ 13b Abs. 2 Nr. 4 UStG greift nicht, da die Empfänger nicht selbst Bauleistungen erbringen § 13b Abs. 2 S. 2 UStG.

Einzelsachverhalt 7

Die Planungsarbeiten gelten über die Entgeltlichkeitsfiktion des § 3 Abs. 9a Nr. 2 UStG als sonstige Leistung in Zusammenhang mit einer unentgeltlichen Wertabgabe. Der Ort bestimmt sich gem. § 3f Satz 1 UStG: Sitzort des Unternehmers, mithin Düsseldorf. Der steuerbare Umsatz (§ 1 Abs. 1 Nr. 1 UStG) ist zu 19 % (§ 12 Abs. 1 UStG) steuerpflichtig, da eine Steuerbefreiung (§ 4 UStG) nicht vorliegt. Bemessungsgrundlage sind die entstandenen (Personal-) Ausgaben; auf deren Vorsteuerbelastung kommt es in Fällen des § 3 Abs. 9a Nr. 2 UStG nicht an, § 10 Abs. 4 Nr. 3 UStG: 6 000 €. Die Umsatzsteuer i. H. von 1 140 € entsteht mit Ablauf des VAZ 11/2013, § 13 Abs. 1 Nr. 2 UStG.

Einzelsachverhalt 8

In Gestalt des Vortrages erbringt Herr Sachlich eine sonstige Leistung (§ 3 Abs. 9 UStG) gegen Entgelt im vereinbarten Leistungsaustausch.

Der Ort der sonstigen Leistung würde sich grds. nach § 3a Abs. 3 Nr. 3a UStG bestimmen, jedoch gilt die Leistung ab dem 01. 01. 2011 nur noch dann dort als ausgeführt, wo der Unternehmer wesentlich tätig wird, wenn die Leistung an einen Empfänger erbracht wird, der weder Unternehmer, noch eine nicht unternehmerische juristische Person mit USt-Id-Nr. ist.

Da Leistungsempfänger jedoch die italienische Agentur, und damit ein Unternehmer ist, gilt die Leistung als an dem Ort ausgeführt, von dem aus der Empfänger sein Unternehmen betreibt, Italien.

Der Umsatz ist daher nach § 1 Abs. 1 Nr. 1 UStG nicht steuerbar.

Einzelsachverhalt 9

Die Erstellung eines Gutachtens stellt eine sonstige Leistung (§ 3 Abs. 9 UStG) gegen Entgelt im vereinbarten Leistungsaustausch dar. Der Leistungsort ergibt sich aus § 3a Abs. 3 Nr. 1 Satz 1 UStG und befindet sich in Bonn. Der Umsatz ist nach § 1 Abs. 1 Nr. 1 UStG im Inland steuerbar und mangels Steuerbefreiung nach § 4 UStG steuerpflichtig (§ 4 Nr. 10 UStG gilt nur für die Umsätze der Versicherer selbst). Der Steuersatz beträgt 19 %, § 12 Abs. 1 UStG. Die Bemessungsgrundlage bestimmt sich gem. § 10 Abs. 1 UStG nach allem, was der Leistungsempfänger aufwendet, um die Leistung zu erhalten, allerdings abzüglich Umsatzsteuer:

5 000 € brutto : 1,19 = Entgelt 4 201,68 € x 19 % = 798,32 € USt

Die Umsatzsteuer i. H. von 798,32 € entsteht nach § 13 Abs. 1 Nr. 1a UStG mit Ablauf des Voranmeldungszeitraumes März 2013.

Die Besonderheit, dass er sein Honorar direkt von der Versicherungsgesellschaft erhält, ändert nichts an den oben getroffenen Feststellungen; es handelt sich lediglich um einen abgekürzten Zahlungsweg.

Einzelsachverhalt 10

Verzugszinsen sind nach Ziffer 1.3 Abs. 6 Satz 3 UStAE als Schadensersatz zu behandeln. Sie lösen keinen steuerbaren Vorgang nach § 1 Abs. 1 Nr. 1 UStG aus.

Sie sind nicht Teil des Entgelts, so dass die bisher entstandene Umsatzsteuer i. H. von 1 900 € nicht zu erhöhen ist.

Einzelsachverhalt 11

Bei der Lieferung der Kopieranlage handelt es sich aus Sicht des Sachlich um einen innergemeinschaftlichen Erwerb nach § 1a Abs. 1 UStG, da der Liefergegenstand von einem Mitgliedstaat in einen anderen Mitgliedstaat gelangt und der Erwerber (Sachlich) als Unternehmer den Gegenstand für sein Unternehmen erworben hat. Bei der Erwerbsbesteuerung gibt es kein gesetzliches Tatbestandsmerkmal, welches eine Id-Nr. des Erwerbers verlangt. Auch entsteht die Besteuerung des i. g. Erwerbs unabhängig davon, ob der Lieferer eine steuerfreie i. g. Lieferung ausführt.

Der Ort des innergemeinschaftlichen Erwerbs ist nach § 3d Satz 1 UStG dort, wo sich der Gegenstand am Ende der Beförderung befindet.

Somit ist der Umsatz nach § 1 Abs. 1 Nr. 5 UStG im Inland steuerbar und mangels Steuerbefreiung nach § 4 UStG steuerpflichtig. Der Steuersatz beträgt 19 %, § 12 Abs. 1 UStG. Die Bemessungsgrundlage beträgt nach § 10 Abs. 1 UStG 100 000 € x 19 % = 19 000 € USt.

Die Umsatzsteuer entsteht nach § 13 Abs. 1 Nr. 6 UStG in den Fällen des innergemeinschaftlichen Erwerbs grds. mit Ausstellung der Rechnung, spätestens jedoch mit Ablauf des dem Erwerb folgenden Kalendermonats, hier also am 1. 12. 2013, § 13 Abs. 1 Nr. 6 UStG. Steuerschuldner für den i. g. Erwerb ist der Erwerber, § 13a Abs. 1 Nr. 2 UStG.

Nach § 15 Abs. 1 Nr. 3 UStG kann Herr Sachlich die Steuer für den innergemeinschaftlichen Erwerb i. H. von 19 000 € ebenfalls im VAZ 12/2013 zeit- und betragsidentisch als Vorsteuer geltend machen.

HINWEIS:

Aus der Sicht der französischen Firma handelt es sich um eine in Frankreich steuerbare, aber nicht als innergemeinschaftlich steuerfreie Lieferung, vgl. die § 6a UStG entsprechende Vorschrift des französischen Umsatzsteuerrechts. Die Vorschrift verlangt einen Nachweis, der nur über die Angabe der Id-Nr. des Lieferungsempfängers geführt werden kann, § 6a Abs. 3 UStG, §§ 17a, 17c UStDV.

Klausur Nr. 2 „Battistain u. a."

Lösung zu Sachverhalt 1

Es liegt ein Reihengeschäft i. S. des § 3 Abs. 6 Satz 5 UStG vor. Mehrere Unternehmer (B, D und E) haben über denselben Gegenstand Umsatzgeschäfte abgeschlossen, und dieser Gegenstand (Baumaschine) gelangt im Rahmen einer Beförderung unmittelbar vom ersten Unternehmer (E) an den letzten Abnehmer (B). Bei dem Reihengeschäft werden nacheinander zwei Lieferungen (E an D, D an B) ausgeführt.

Die Beförderung ist der ersten Lieferung (E an D) zuzuordnen. Ort der Lieferung ist nach § 3 Abs. 6 Satz 5 i. V. m. Satz 1 UStG Spanien (Beginn der Beförderung). Die Lieferung ist als innergemeinschaftliche Lieferung in Spanien steuerfrei. Der Erwerb des Gegenstandes unterliegt bei D grundsätzlich der Besteuerung des innergemeinschaftlichen Erwerbs in Belgien, da die Beförderung dort endet (§ 3d Satz 1 UStG), und, als weiterer Erwerb, in Deutschland, da D seine deutsche USt-Id-Nr. verwendet (§ 3d Satz 2 UStG).

Die zweite Lieferung (D an B) ist eine ruhende (unbewegte) Lieferung. Lieferort ist nach § 3 Abs. 7 Satz 2 Nr. 2 UStG Belgien, da sie der Beförderungslieferung nachfolgt. D führt demnach eine steuerbare und steuerpflichtige Lieferung in Belgien aus.

Es liegt ein innergemeinschaftliches Dreiecksgeschäft i. S. des § 25b UStG vor. Die in § 25b Abs. 1 Nr. 1 bis 4 UStG genannten Voraussetzungen sind erfüllt.

Da auch die Voraussetzungen des § 25b Abs. 2 UStG erfüllt sind, wird die Steuerschuld für die belgische (Inlands-)Lieferung des D auf B übertragen (B erhält insoweit auch den Vorsteuerabzug, § 25b Abs. 5 UStG): Der Lieferung ist ein innergemeinschaftlicher Erwerb durch D vorausgegangen; D ist nicht in Belgien ansässig; D tritt gegenüber dem ersten Lieferer und dem letzten Abnehmer mit seiner deutschen USt-Id-Nr. auf; D hat dem B eine Rechnung i. S. des § 14a Abs. 7 UStG erteilt; B verwendet als letzter Abnehmer die USt-Id-Nr. (belgische) des Mitgliedstaates, in dem die Beförderung endet. B wird Steuerschuldner für diese Lieferung des D und muss die Steuer im Rahmen seiner belgischen Steuererklärungspflichten anmelden.

D hat im Hinblick auf seine in Belgien ausgeführte Lieferung keinen umsatzsteuerlichen Verpflichtungen in Belgien nachzukommen. Mit der wirksamen Übertragung der Steuerschuld auf B gilt auch der innergemeinschaftliche Erwerb des D in Belgien als besteuert (§ 25b Abs. 3 UStG) mit der Folge, dass D auch hierfür keinen umsatzsteuerlichen Verpflichtungen in Belgien nachkommen muss.

Mit der fiktiven Erwerbsbesteuerung in Belgien entfällt auch eine Besteuerung des innergemeinschaftlichen Erwerbs in Deutschland über § 3d Satz 2 UStG, sofern D seiner Erklärungspflicht nach § 18a Abs. 7 Satz 1 Nr. 4 UStG (für die Zusammenfassende Meldung) nachkommt.

Durch die Anwendung der Vereinfachungsregelung des § 25b UStG wird vermieden, dass sich D in Belgien aufgrund dieses innergemeinschaftlichen Dreiecksgeschäfts registrieren lassen und dort Umsatzsteuererklärungen abgeben muss. D muss in Deutschland die Erklärungspflichten nach § 18b Satz 1 Nr. 3 UStG für die Umsatzsteuer-Voranmeldung und die Umsatzsteuererklärung für das Kalenderjahr beachten.

Lösung zu Sachverhalt 2

Die Übereignung des Fahrzeugs wurde im Januar 2013 durch Einigung und Vereinbarung eines Besitzmittlungsverhältnisses (Leihe) vollzogen. Damit übertrug das Autohaus (Sicherungsgeber) der Bank (Sicherungsnehmer) zwar bürgerlich-rechtlich Eigentum, die Bank war aber verpflichtet, von dem ihr übertragenen Eigentumsrecht nur gem. den zwischen ihr und dem Autohaus getroffenen Abmachungen Gebrauch zu machen. Mit der Übereignung bezweckte das Autohaus lediglich eine Sicherung der Kaufpreisforderung der Bank, nicht aber eine Leistung an diese. Eine Lieferung des Autohauses an die Bank lag im Januar noch nicht vor.

Nicht nur bis zum Eintritt des Wirksamwerdens der Verwertungsklausel (März 2013), sondern bis zum Tage der tatsächlichen Verwertung hatte das Autohaus als Sicherungsgeber die Möglichkeit, durch Bewirken der geschuldeten Geldleistung die Verwertung des Sicherungsgutes zu verhindern. Der Eintritt der Verwertungsbefugnis führte daher noch nicht zur Annahme einer Lieferung des Autohauses (Sicherungsgeber) an die Bank (Sicherungsnehmer).

Die Bank erlangte die Verfügungsmacht über das ihr zur Sicherheit übereignete Fahrzeug erst im Zeitpunkt der Verwertung (April 2013), indem das Autohaus eine Lieferung (§ 3 Abs. 1 UStG) an die Bank ausführte. Zum gleichen Zeitpunkt lieferte die Bank das Fahrzeug an den Dritterwerber weiter. Es lagen also zum Zeitpunkt der Verwertung zwei Lieferungen vor: eine „unbewegte" (§ 3 Abs. 7 Satz 1 UStG) Lieferung des Autohauses an die Bank und eine weitere „bewegte" (§ 3 Abs. 6 Satz 1 UStG) Lieferung der Bank an den Dritterwerber. Der Ort beider Lieferungen ist der Ort der Übergabe des Fahrzeugs ab Lager Wuppertal.

Beide Lieferungen sind, aus der Sicht der Bank als Hilfsgeschäft, steuerbar (§ 1 Abs. 1 Nr. 1 UStG) und zu 19 % steuerpflichtig (§ 12 Abs. 1 UStG).

Die Bemessungsgrundlage für die Lieferung der Bank beträgt (59 500 € : 1,19 =) 50 000 €, die darauf entfallende Umsatzsteuer i. H. von 9 500 € entsteht mit Ablauf des VAZ April 2013.

Die Bemessungsgrundlage für die Lieferung des Autohauses beträgt (50 000 € ./. 2 000 € =) 48 000 €, die darauf entfallende Umsatzsteuer 9 120 €.

Nach zivilrechtlichen Grundsätzen trifft die Bank die Abrechnungslast über die an sie ausgeführte Lieferung durch das Autohaus. Die Bank rechnet insoweit mittels Gutschrift (§ 14 Abs. 2 Satz 2 UStG) ab.

Verwertungserlös	59 500 €
./. USt	./. 9 500 €
./. Verwertungskosten (netto)	./. 2 000 €
Nettoerlös	48 000 €

Die Bank als Leistungsempfängerin schuldet die Umsatzsteuer gem. § 13b Abs. 2 Nr. 2, Abs. 5 UStG. Die Umsatzsteuer durfte sie nicht gesondert ausweisen, § 14a Abs. 5 UStG.

Diese Umsatzsteuer wird von der Bank als Vorsteuer abgezogen, § 15 Abs. 1 Nr. 4 UStG. Ein Ausschlussgrund nach § 15 Abs. 2 UStG greift nicht, da die Eingangsleistung in eine steuerpflichtige Ausgangsleistung (Pkw-Veräußerung) mündet.

Lösung zu Sachverhalt 3

In Gestalt der Errichtung des schlüsselfertigen Hauses erbringt BU an die Auftraggeber Reich eine Werklieferung (§ 3 Abs. 4 UStG), denn er wird aufgrund eines Werkvertrages tätig und verwendet eigene Hauptstoffe. Die Lieferung erfolgt nach § 3 Abs. 7 Satz 1 UStG (unbewegte Lieferung) dort, wo das fertig gestellte Haus „übergeben" wird (Wuppertal, Loher Eck 7). Die Werklieferung ist spätestens mit Abnahme durch den Auftraggeber erbracht. Diese erfolgte mit der konkludenten Billigung durch den Einzug Ende August. Unerheblich ist, dass noch geringfügige Arbeiten ausstanden. Die Werklieferung erfolgte entgeltlich. Die Gegenleistung bestand in Geld und der Gegenlieferung von Baumaterialien. Es liegt mithin ein Tausch mit Baraufgabe (§ 3 Abs. 12 UStG) vor. Eine Materialbeistellung kommt nicht in Betracht, weil das Material nicht verwendet wurde und ein unschädlicher Materialaustausch wegen fehlender Gleichartigkeit nicht in Betracht kommt.

Danach ist die Werklieferung steuerbar (§ 1 Abs. 1 Nr. 1 UStG). Sie ist nicht befreit (insbesondere nicht nach § 4 Nr. 9a UStG) und unterliegt dem Regelsteuersatz von 19 % (§ 12 Abs. 1 UStG).

Die Bemessungsgrundlage nach § 10 Abs. 2 Satz 2 i. V. m. § 10 Abs. 1 UStG beträgt 466 000 € (Geld) zzgl. 10 000 € (Wert des Materials) : 1,19 = 400 000 €.

Die USt-Schuld beläuft sich auf 76 000 €. Die Steuerschuld entsteht nach § 13 Abs. 1 Nr. 1a UStG spätestens mit Ablauf des VAZ August 2013.

Wegen der Anwendung der Anzahlungsbesteuerung nach § 13 Abs. 1 Nr. 1a Satz 4 UStG entsteht die USt für die Anzahlung im Mai und Juni bereits mit Ablauf dieser Monate. Darüber hinaus entsteht auch hinsichtlich der Lieferung des Baumaterials bei BU Umsatzsteuer nach § 13 Abs. 1 Nr. 1a Satz 4, da auch insoweit eine Anzahlung gegeben ist.

Es ergibt sich mithin

VAZ 3/2013	8 403 BMG	+	1 597 USt
VAZ 5/2013	125 000 BMG	+	23 750 USt
VAZ 6/2013	125 000 BMG	+	23 750 USt
VAZ 8/2013	141 597 BMG	+	26 903 USt
	400 000 BMG		76 000 USt

Die Erstellung der Schlussrechnung bzw. die tatsächliche Zahlung in 2014 haben auf die Entstehung der Umsatzsteuer keinen Einfluss.

Lösung zu Sachverhalt 4

Die OHG führt im März 2013 eine „bewegte" Lieferung in Wuppertal aus (§ 3 Abs. 1, Abs. 6 Satz 1 UStG), indem sie dem Neffen das Partyzelt durch Einigung und Übergabe zu Eigentum überträgt (§ 929 Satz 1 BGB).

Die Lieferung erfolgt im Leistungsaustausch, da die OHG gegen Entgelt handelt. Die Lieferung ist folglich nach § 1 Abs. 1 Nr. 1 UStG steuerbar.

Für die mangels Steuerbefreiung (§ 4 UStG) steuerpflichtige Lieferung gilt ein Steuersatz von 19 %, § 12 Abs. 1 UStG.

Da der Neffe eine der OHG nahe stehende Person ist, (es genügen Beziehungen zu den Gesellschaftern der OHG), muss überprüft werden, ob die Mindestbemessungsgrundlage nach § 10 Abs. 5 i. V. m. § 10 Abs. 4 Nr. 1 UStG anzuwenden ist. Danach sind mindestens die Selbstkosten anzusetzen. Diese betragen im vorliegenden Fall 800 €. Die nach § 10 Abs. 1 UStG anzusetzende Bemessungsgrundlage beträgt dagegen (900 € ./. 45 € =) 855 € : 1,19 = 718,49 €.

Für den Voranmeldungszeitraum 3/2013 ergibt sich daher eine Bemessungsgrundlage von 800 € und eine USt-Schuld von 152 €.

Lösung zu Sachverhalt 5

► **Unternehmereigenschaft der Käthe Ehrlich**

Durch die Vermietung der Ferienwohnung wird Käthe Ehrlich nachhaltig zur Erzielung von Einnahmen tätig. Die von der Rechtsprechung entwickelten Merkmale für eine nachhaltig ausgeübte auf Dauer zur Erzielung von Entgelten ausgerichtete Tätigkeit sind erfüllt.

Deutliches Indiz hierfür ist auch die regelmäßig erscheinende Anzeige in der Zeitung, mit der Käthe Ehrlich „werbend", „wie ein Händler am Markt" auftritt. Damit ist Käthe Ehrlich ab August 2007 mit der Aufnahme von Vorbereitungshandlungen (Anschaffung der Wohnung) Unternehmerin i. S. des § 2 Abs. 1 UStG geworden. Da nach der Aufgabenstellung die Anwendung des § 19 (Kleinunternehmer) ausgeschlossen ist, ergibt sich für die Vermietungsleistungen folgende umsatzsteuerliche Beurteilung:

▶ **Umsatzsteuerliche Behandlung der Vermietung an Feriengäste durch die Unternehmerin Käthe Ehrlich**

Mit der Vermietung der Ferienwohnung erbringt Käthe Ehrlich sonstige Leistungen i. S. des § 3 Abs. 9 UStG. Der Ort bestimmt sich nach § 3a Abs. 3 Nr. 1a UStG (Borkum), die mithin im Inland gegen Entgelt (im Leistungsaustausch) ausgeführten Vermietungsleistungen sind somit steuerbar nach § 1 Abs. 1 Nr. 1 UStG.

Die Vermietungsleistungen an Feriengäste sind durch die ausdrückliche Regelung in § 4 Nr. 12 Satz 2 UStG von der Steuerbefreiung ausgenommen und daher steuerpflichtig. Der Steuersatz beträgt noch bis zum 31. 12. 2009 19 %, § 12 Abs. 1 UStG. Mit Wirkung ab 1. 1. 2010 gilt für die Vermietung von Wohn- und Schlafräumen (auch Ferienwohnungen), die ein Unternehmer zur kurzfristigen Beherbergung von Fremden bereithält, der ermäßigte Steuersatz von 7 %, § 12 Abs. 2 Nr. 11 UStG. Die Bemessungsgrundlage ergibt sich aus § 10 Abs. 1 Satz 1 und 2 UStG und beträgt 1 000 € pro Woche. Die darauf entfallende Umsatzsteuer i. H. von 190 € bis Ende 2009 bzw. 70 € ab 2010 entsteht jeweils mit Ablauf des Voranmeldungszeitraums, in dem die Vermietungsleistung erbracht worden ist (§ 13 Abs. 1 Nr. 1a Satz 1 UStG). Käthe Ehrlich schuldet die Umsatzsteuer nach § 13a Abs. 1 Nr. 2 UStG.

▶ **Vorsteuerabzug aus der Anschaffung des Ferienappartements**

Die Veräußerung der Ferienwohnung unterliegt zwar grds. der Steuerbefreiung des § 4 Nr. 9a UStG, jedoch wurde zulässigerweise zur Umsatzsteuer optiert, § 9 Abs. 1 UStG.

Als Unternehmerin schuldet Käthe Ehrlich die Umsatzsteuer nach § 13b Abs. 1 Nr. 3, Abs. 2 UStG a. F. (entspricht heute § 13b Abs. 2 Nr. 3, Abs. 5 UStG). Die Steuer entsteht grds. mit Ausstellung der Rechnung, jedoch spätestens mit Ablauf des der Ausführung der Leistung folgenden Monats, hier also September 2007. Bemessungsgrundlage nach § 10 Abs. 1 UStG sind 400 000 €. Die Umsatzsteuer beträgt bei einem Steuersatz von 19 % (§ 12 Abs. 1 UStG) 76 000 €.

Als Unternehmerin ist Käthe Ehrlich aus dem Erwerb der Ferienwohnung grundsätzlich zum Vorsteuerabzug berechtigt (§ 15 Abs. 1 Nr. 4 UStG). Ausschlussgründe für den Vorsteuerabzug nach § 15 Abs. 2 UStG liegen nicht vor.

Käthe Ehrlich hat daher für den VAZ 09/2007 den Vorsteuerabzug i. H. v. 76 000 €.

▶ **Unternehmereigenschaft des Erwin Ehrlich**

Die Unternehmereigenschaft geht nicht im Erbwege über (Ziffer 2.6 Abs. 5 UStAE). Ein Erbe wird nur dann Unternehmer i. S. von § 2 UStG, wenn er nach Eintritt des Erbfalls in seiner eigenen Person eine gewerbliche oder berufliche Tätigkeit selbständig ausübt. Da Erwin Ehrlich das Unternehmen „Vermietung einer Ferienwohnung" nach dem Ableben der Mutter zunächst unverändert weiterführt, wird er insoweit zum Unternehmer. Die Vermietungsumsätze unterliegen nach den o. a. Vorschriften der Umsatzbesteuerung bei Erwin Ehrlich. Als Gesamtrechtsnachfolger tritt Erwin Ehrlich in die Rechtsstellung seiner Mutter ein. Dies führt dazu, dass er z. B. den „§ 15a Berichtigungszeitraum" fortführt.

► **Konsequenzen aus der Selbstnutzung zu eigenen Wohnzwecken ab Juni 2013**

Der Entschluss, die Ferienwohnung ab Juni 2013 ausschließlich zu eigenen Wohnzwecken zu nutzen, stellt umsatzsteuerlich eine unentgeltliche Wertabgabe i. S. des § 3 Abs. 1b Nr. 1 UStG dar. Die zum Unternehmensvermögen gehörende Wohnung wird – offensichtlich endgültig und nicht nur vorübergehend – für nicht unternehmerische Zwecke entnommen; bei Anschaffung wurde die Vorsteuer abgezogen. § 1 Abs. 1a UStG findet keine Anwendung, da die Wohnung zwar einen „Betrieb im Ganzen" darstellt, aber nicht unternehmerisch weiter genutzt wird. Das UStG fingiert eine Lieferung gegen Entgelt, deren Ort sich gem. § 3f Satz 2 UStG auf Borkum befindet. Der Umsatz ist steuerbar (§ 1 Abs. 1 Nr. 1 UStG).

Auch die Entnahme eines Grundstücks ist nach aktueller Verwaltungsauffassung steuerfrei nach § 4 Nr. 9 UStG, da entsprechend der sog. Gleichstellungsfiktion die Steuerbefreiungsvorschriften auch für Entnahmen anzuwenden sind. Auch wenn mit der Entnahme kein Rechtsträgerwechsel verbunden ist, greift der Tatbestand des § 4 Nr. 9 UStG. Gemäß BMF-Schreiben vom 22. 9. 2008 sind diese Grundsätze in allen offenen Fällen anwendbar.

Die Bemessungsgrundlage bestimmt sich gem. § 10 Abs. 4 Nr. 1 UStG nach dem Einkaufspreis/den Wiederbeschaffungskosten im Zeitpunkt des Umsatzes (1. 6. 2013): 500 000 €. Der steuerfreie Umsatz ist im VAZ 6/2013 in analoger Anwendung des § 13 Abs. 1 Nr. 2 UStG anzumelden.

Damit liegt ab diesem Zeitpunkt eine Änderung der Verhältnisse vor, die zu einer Berichtigung des Vorsteuerabzugs nach § 15a UStG führt. Eine Änderung der Verhältnisse liegt gem. § 15a Abs. 8 UStG auch dann vor, wenn das Wirtschaftsgut vor Ablauf des Berichtigungszeitraums nach § 3 Abs. 1b UStG geliefert, d. h. entnommen wird. Der bisherigen, umsatzsteuerpflichtigen Verwendung steht nunmehr die steuerfreie Entnahme gegenüber (Änderung der Verhältnisse um 100 %).

Die Berichtigungsfrist nach § 15a Abs. 1 UStG beträgt bei Grundstücken 10 Jahre und beginnt mit der erstmaligen Verwendung am 1. 9. 2007 und endet daher mit Ablauf des 31. 8. 2017. Die Berichtigung erfolgt in der Weise, als wäre das Grundstück in der Zeit von der Entnahme bis zum Ablauf des Berichtigungszeitraums steuerfrei für das Unternehmen verwendet worden (§ 15a Abs. 9 UStG). Die Berichtigung des Vorsteuerabzugs erfolgt dabei für den gesamten verbleibenden Berichtigungszeitraum nach § 44 Abs. 3 Satz 2 UStDV in dem Voranmeldungszeitraum, in dem die Entnahme erfolgt, somit im VAZ 6/2013.

Ursprünglicher Vorsteuerabzug:	76 000 €
Berichtigung für 51 Monate: 76 000 € x 1/10 x 51/12 =	32 300 €

Die Vorsteuer ist damit im VAZ 6/2013 um 32 300 € zu mindern.

Aufgabenteil Nr. 5: Abgabenordnung

Sachverhalt 1

Bezüglich der Einkünfte aus dem Internet-Café handelt es sich um zwei neue Tatsachen i. S. des § 173 AO, weil bei einer bereits erfassten Einkunftsart nachträglich Betriebseinnahmen (§ 173 Abs. 1 Nr. 1 AO) und Betriebsausgaben (§ 173 Abs. 1 Nr. 2 AO) bekannt geworden sind.

Das grundsätzlich zu prüfende grobe Verschulden für die Steuer mindernde Tatsache ist unbeachtlich, weil ein unmittelbarer wirtschaftlicher Zusammenhang mit den Betriebseinnahmen besteht, § 173 Abs. 1 Nr. 2 Satz 2 AO.

Der Verlust aus dem vermieteten Einfamilienhaus in Koblenz stellt demgegenüber eine neue Tatsache i. S. des § 173 Abs. 1 Nr. 2 AO dar, weil eine bisher nicht erklärte Einkunftsart (-quelle) nachträglich bekannt wird (BFH/NV 1999, S. 743); vgl. auch AEAO, Tz 6.2. zu § 173 AO.

Eine Änderung hinsichtlich der Einkünfte aus V+V scheitert jedoch daran, dass die Unordnung in der Belegablage als grobe Fahrlässigkeit und somit als grobes Verschulden des Stpfl. zu qualifizieren ist.

Eine Berücksichtigung dieses Sachverhaltes kann aber im Rahmen des § 177 AO erfolgen, weil bei einem endgültigen Steuerbescheid mehrere materielle Fehler vorliegen, von denen einige selbständig korrekturfähig sind.

Für die Anwendung des § 177 AO ist zu beachten, dass die Absätze 1 und 2 des § 173 AO getrennt zu betrachten sind. § 173 Abs. 1 Nr. 1 AO erhöht die Berichtigungsobergrenze und § 173 Abs. 1 Nr. 2 AO mindert die Berichtigungsuntergrenze.

Nach alledem ergeben sich die folgenden Auswirkungen auf die Einkommensteuer des Veranlagungszeitraumes 12:

Korrektur nach § 173 Abs. 1 Nr. 1 AO wegen der Betriebseinnahmen aus dem Internet-Café	+ 10 000 €
./. Rechtsfehlersaldierung nach § 177 Abs. 1 AO wegen der Einkünfte aus V+V	./. 3 000 €
Zwischensumme	+ 7 000 €
./. Korrektur nach § 173 Abs. 1 Nr. 2 AO wegen der Betriebsausgaben aus dem Internet-Café	./. 4 000 €
Erhöhung des zu versteuernden Einkommens 12	+ 3 000 €

Somit kann der Verlust aus dem Einfamilienhaus i. H. von ./. 3 000 € in voller Höhe gemäß § 177 Abs. 1 AO mit der Korrektur nach § 173 Abs. 1 Nr. 1 AO (+ 10 000 €) saldiert werden.

Sachverhalt 2

I. Feststellungsbescheid 01 vom 31. 03. 07 für die KG

1. Ist der Feststellungsbescheid 01 innerhalb der Feststellungsfrist erlassen worden?

Es ist zu prüfen, ob der geänderte Feststellungsbescheid vom 31. 03. 07 nach den zu beachtenden Grundsätzen der Feststellungsverjährung (§§ 169 ff. AO) noch ergehen durfte. Gemäß § 181 Abs. 1 AO sind die Vorschriften über die Festsetzungsverjährung sinngemäß auf den Erlass von Feststellungsbescheiden anzuwenden.

Die Feststellungsfrist für den geänderten Feststellungsbescheides war im Jahre 07 noch nicht abgelaufen. Die Feststellungsfrist hat nach § 170 Abs. 2 Nr. 1 AO mit Ablauf des Jahres 02 begonnen, weil die Feststellungserklärung 01 im Juni 02 beim Finanzamt eingereicht worden ist. Die reguläre Feststellungsfrist endet daher nach einer Dauer von 4 Jahren (§ 169 Abs. 2 Nr. 2 AO) mit Ablauf des Jahres 06.

Der geänderte Feststellungsbescheid 01 ist jedoch erst am 31. 03. 07 erlassen worden. Daher ist zu prüfen, ob eine Ablaufhemmung des § 171 AO das Ende der Feststellungsfrist weiter hinausschiebt.

Gemäß § 171 Abs. 4 AO läuft die Feststellungsfrist nicht ab, wenn vor Ablauf der regulären Feststellungsfrist mit einer Außenprüfung begonnen wird. Dieser Tatbestand ist zweifelsfrei erfüllt, weil das Finanzamt am 25. 10. 06 mit der Prüfung begonnen hat. In diesem Zusammenhang ist unerheblich, dass nach dem Inhalt der Prüfungsanordnung der Prüfungsbeginn für den 01. 10. 06 vorgesehen war.

Die Feststellungsfrist läuft nach § 171 Abs. 4 AO nicht ab, bevor der aufgrund der Feststellungen der Außenprüfung erlassene geänderte Gewinnfeststellungsbescheid 01 vom 31. 03. 07 formell unanfechtbar geworden ist.

2. Aufgrund welcher Rechtsvorschrift ist die Korrektur des Feststellungsbescheides 01 erfolgt?

Der erstmalige Feststellungsbescheid 01 vom 11. 08. 02 ist nach § 164 Abs. 1 AO unter dem Vorbehalt der Nachprüfung erlassen worden.

Gemäß § 164 Abs. 4 Satz 1 AO entfällt der Vorbehalt der Nachprüfung, wenn die Feststellungsfrist abläuft. In diesem Zusammenhang ist zu beachten, dass die Ablaufhemmung des § 171 Abs. 4 AO nicht durch § 164 Abs. 4 Satz 2 AO ausgeschlossen ist.

Somit ist der Vorbehalt der Nachprüfung auch im Jahre 07 weiterhin gültig und die Korrektur des Feststellungsbescheides konnte gemäß § 164 Abs. 2 AO erfolgen.

II. Einkommensteuer 01 für Oliver Kahn

1. Bis zu welchem Zeitpunkt muss ein geänderter Einkommensteuerbescheid 01 erlassen werden, um die Festsetzungsfrist zu wahren?

Die Festsetzungsfrist für die Einkommensteuer 01 hat grundsätzlich mit Ablauf des Jahres 02 begonnen und mit Ablauf des Jahres 06 geendet, § 170 Abs. 2 Nr. 1 i. V. m. § 169 Abs. 2 Nr. 2 AO.

Jedoch ist vorliegend die Ablaufhemmung des § 171 Abs. 10 Satz 1 AO anwendbar. Der Feststellungsbescheid entfaltet als Grundlagenbescheid gemäß § 182 Abs. 1 AO für die Einkommensteuerfestsetzung Bindungswirkung.

Der nach § 164 Abs. 2 AO geänderte Gewinnfeststellungsbescheid 01 vom 31. 03. 07 gilt gemäß § 122 Abs. 2 Nr. 1 AO am 03. 04. 07 als bekannt gegeben. Somit endet die Festsetzungsfrist nicht vor Ablauf von zwei Jahren nach Bekanntgabe des Grundlagenbescheides; dass heißt mit Ablauf des 03. 04. 09.

Im hier vorliegenden Sachverhalt müsste der korrigierte Einkommensteuerbescheid 01 spätestens am 03. 04. 09 zur Post gegeben werden, § 169 Abs. 1 Satz 3 Nr. 1 AO. Dass die Bekanntgabe des rechtzeitig zur Post gegebenen Bescheides gegebenenfalls nach Ablauf der Festsetzungsfrist erfolgt, ist insoweit unbeachtlich.

2. Aufgrund welcher Rechtsvorschrift hat die Korrektur des Einkommensteuerbescheides 01 zu erfolgen? Nehmen Sie in diesem Zusammenhang auch Stellung zum Umfang der Änderung des Einkommensteuerbescheides.

Aufgrund der Änderung des Feststellungsbescheides 01 ist der Einkommensteuerbescheid 01 gem. § 175 Abs. 1 Nr. 1 AO zu korrigieren, weil es sich – wie bereits vorstehend ausgeführt – um einen Grundlagenbescheid handelt.

Wegen des Umfangs der Korrektur nach dieser Vorschrift ist zu beachten, dass die Änderung des Folgebescheides sich – neben der Erfassung des geänderten Gewinnanteils gem. § 15 Abs. 1 Nr. 2 EStG – auch auf andere Besteuerungsgrundlagen erstreckt, wenn die Änderung des Grundlagenbescheides dies im Gefolge hat; vgl. hierzu BFH/NV 1999, S. 157 m. w. N. Dieses betrifft hier die bisher als Einkünfte aus Vermietung und Verpachtung erfassten Einkünfte des Grundstückes München, Torstr. 1. Materiell unstreitig ist der Einkunftskomplex im Rahmen der einheitlichen und gesonderten Feststellung von Besteuerungsgrundlagen für die KG und somit im Feststellungsbescheid als Grundlagenbescheid zu erfassen.

Daher sind gem. § 175 Abs. 1 Nr. 1 AO nicht nur die gewerblichen Einkünfte des K um 40 000 € zu erhöhen, sondern gleichzeitig der bisher als Einkünfte gem. § 21 EStG erfasste Betrag von 12 000 € als Anpassungsfolge zu kürzen.

Dadurch erhöht sich das zu versteuernde Einkommen um 28 000 €. Bei einem Steuersatz von 40 % wäre deshalb die Festsetzung der Einkommensteuer 01 nach § 175 Abs. 1 Nr. 1 AO um 11 200 € zu erhöhen.

HINWEIS:

Sollte sich die Doppelerfassung erst nach Bestandskraft des gem. § 175 Abs. 1 Nr. 1 AO geänderten Einkommensteuerbescheides herausstellen, könnte dieser nach § 174 Abs. 1 AO korrigiert werden (BFH, BStBl II 1997, S. 170). Die Voraussetzungen dieser Vorschrift sind erfüllt, weil der bestimmte Sachverhalt (= Verpachtung des Grundstückes München, Torstr. 1 an die KG) in mehreren Steuerbescheiden berücksichtigt wurde, nämlich im Einkommensteuer- und im Feststellungsbescheid 01. Feststellungsbescheide sind auch für die Anwendung des § 174 Abs. 1 AO Steuerbescheiden gleichgestellt, § 181 Abs. 1 Satz 1 AO.

Aufgabenteil Nr. 6: Erbschaftsteuer/Bewertungsrecht

Vorbemerkung

Mit Wirkung zum 1. 1. 2009 ist das Gesetz zur Reform des Erbschaftsteuer- und Bewertungsrechts (Erbschaftsteuerreformgesetz – ErbStRG) in Kraft getreten. Die Änderungen des ErbStRG sind nach der allgemeinen Anwendungsregelung in § 37 Abs. 1 ErbStG grundsätzlich erstmals auf Erwerbe anzuwenden, für die die Steuer ab dem 1. 1. 2009 (vgl. §§ 9 und 11 ErbStG) entsteht.

Kernpunkte des Erbschaftsteuerreformgesetzes sind die neuen Bewertungsgrundsätze, die Verschonungsregelungen für das Produktivvermögen sowie die Änderungen bei den Freibeträgen und dem Steuertarif.

Ziel der neuen Bewertungsgrundsätze ist, dass künftig alle Vermögensgegenstände am Verkehrswert bzw. gemeinen Wert ausgerichtet bewertet werden sollen. Dazu werden das Betriebsvermögen sowie Anteile an Kapitalgesellschaften nach einem vereinfachten Ertragswertverfahren bewertet, das Grundvermögen nach dem Vergleichs-, Ertrags- und Sachwertverfahren sowie das land- und forstwirtschaftliche Vermögen ebenfalls nach einem vereinfachten Ertragswertverfahren. Die Bewertungsgrundsätze sind wie bisher im Bewertungsgesetz geregelt worden.

Nachfolgend werden die wichtigsten Neuregelungen kurz dargestellt:

- **Bewertung des Grundvermögens, des Betriebsvermögens, des land- und forstwirtschaftlichen Vermögens und der Anteile an nicht notierten Kapitalgesellschaften mit dem gemeinen Wert, § 12 ErbStG i. V. m. § 151 und § 157 BewG**
  - Wertermittlung für das land- und forstwirtschaftliche Vermögen, §§ 158 bis 175 BewG sowie Anlagen 14 bis 20 zum BewG
  - Wertermittlung Grundvermögen (unbebaute und bebaute Grundstücke), §§ 176 bis 198 BewG sowie Anlagen 21 bis 26 zum BewG
  - Wertermittlung für nicht notierte Anteile an Kapitalgesellschaften und Betriebsvermögen (Einzelunternehmen und Personengesellschaften), §§ 199 bis 203 BewG
- **Umfangreiche Verschonungsregelungen für das Produktiv- bzw. Unternehmensvermögen unter Vorbehalt bestimmter Behaltenspflichten und Sicherung von Arbeitsplätzen, §§ 13a und 13b ErbStG**
  - Die Verschonungsregelungen sind an zahlreiche Voraussetzungen geknüpft; insbesondere ist die Abgrenzung des sog. Verwaltungsvermögens vom übrigen Betriebsvermögen zu beachten!
- **Steuerbefreiungen selbst genutzter Familienheime bei Erwerben von Todes wegen und Weiterbenutzung durch den Ehegatten und Kinder unter Vorbehalt bestimmter Behaltenspflichten, § 13 Abs. 1 Nr. 4b und 4c ErbStG**
- **Steuerbefreiung für zu fremden Wohnzwecken vermietete Grundstücke durch einen Wertabschlag von 10 % vom ermittelten Grundbesitzwert, § 13c ErbStG**
- **Anhebung der persönlichen Freibeträge und Verbesserungen für eingetragene Lebenspartner, §§ 15 und 16 ErbStG**

- **Neuregelung der Steuersätze, § 19 ErbStG**
  - Wegen der erneuten Änderung der Steuersätze ab 01. 01. 2010 für Erwerbe in der Steuerklasse II wird auf das Wachstumsbeschleunigungsgesetz vom 22. 12. 2009 (BGBl I 2009, S. 3950) verwiesen.

HINWEIS:

Es handelt sich um einen Erwerb von Todes wegen, § 3 Abs. 1 Nr. 1 ErbStG. Der Erwerb von Todes wegen ist ein steuerpflichtiger Vorgang, § 1 Abs. 1 Nr. 1 ErbStG. Die persönliche Steuerpflicht ist gegeben, weil der Erblasser Karl Kalt als Inländer anzusehen ist, vgl. § 2 Abs. 1 Nr. 1a ErbStG. Die Steuer entsteht im Zeitpunkt des Todes am 20. 3. 2012, § 9 Abs. 1 Nr. 1 ErbStG. Dieser Zeitpunkt ist auch für Wertermittlung der aktiven und passiven Wirtschaftsgüter maßgebend, § 11 ErbStG.

Die Alleinerbin Carola Eis-Kalt ist Steuerschuldnerin des vorliegenden Erwerbs von Todes wegen, § 20 Abs. 1 ErbStG. Der steuerpflichtige Erwerb ermittelt sich nach den Vorschriften der §§ 10 ff. ErbStG. Die Erbschaftsteuer ist wie folgt zu ermitteln:

1.	Einfamilienhaus in Oberhausen Das Grundstück ist gem. **§ 13 Abs. 1 Nr. 4b ErbStG** als Familienheim in voller Höhe von der Erbschaftsteuer befreit		./.
2.	Mietwohngrundstück in Oberhausen (§ 12 Abs. 3 ErbStG, **§ 180 ff. BewG**)	1 000 000 €	
	./. Sachliche Befreiung gem. **§ 13c ErbStG** i. H. von 10 % des Grundbesitzwertes	100 000 €	
	Wertansatz	900 000 €	900 000 €
3.	Eigentumswohnung auf Sylt (§ 12 Abs. 3 ErbStG, **§ 180 ff. BewG**) §§ 13 Abs. 1 Nr. 4b und 13c ErbStG sind nicht erfüllt!		300 000 €
4.	Hausrat Einfamilienhaus Oberhausen und ETW Sylt Bewertung mit dem gemeinen Wert (§ 12 Abs. 1 ErbStG i. V. m. § 9 BewG)	230 000 €	
	./. Sachliche Steuerbefreiung gem. § 13 Abs. 1 Nr. 1a ErbStG	41 000 €	
	Wertansatz	189 000 €	189 000 €
5.	Pkw Mercedes-Sport 350 SLC Bewertung mit dem gemeinen Wert (§ 12 Abs. 1 ErbStG i. V. m. § 9 BewG)	60 000 €	
6.	Segelyacht Bewertung mit dem gemeinen Wert (§ 12 Abs. 1 ErbStG i. V. m. § 9 BewG)	130 000 €	

7. Briefmarkensammlung Bewertung mit dem gemeinen Wert (§ 12 Abs. 1 ErbStG i. V. m. § 9 BewG)		160 000 €	
Zwischensumme der Werte laut Tz. 5 bis 7		350 000 €	
./. Sachliche Steuerbefreiung gem. § 13 Abs. 1 Nr. 1b ErbStG **Wertansatz**		**12 000 €**	
		338 000 €	338 000 €
8. Bankguthaben – Volksbank Oberhausen Bewertung mit dem Nennwert nach § 12 Abs. 1 ErbStG i. V. m. § 12 BewG			580 000 €
Gesamterwerb			**2 307 000 €**

Vom Gesamterwerb sind die Nachlassverbindlichkeiten abzusetzen:

Gesamterwerb		./.	2 307 000 €
Hypothek Einfamilienhaus Oberhausen			
Ein Abzug als Nachlassverbindlichkeit ist unter Verweis auf die Steuerbefreiung gem. § 13 Abs. 1 Nr. 4b ErbStG nicht zulässig, § 10 Abs. 6 Satz 1 ErbStG			
Hypothek Mietwohngrundstück 210.000 € (§ 10 Abs. 5 Nr. 1 ErbStG)			
Berücksichtigung nur i. H. v. 90 % zulässig, **§ 10 Abs. 6 S. 5 ErbStG**	189 000 €		
Bestattungskosten – Pauschbetrag (§ 10 Abs. 5 Nr. 3 Satz 2 ErbStG)	10 300 €		./. 199 300 €
Wert der Bereicherung			**2 107 700 €**
Freibetrag gem. § 16 Abs. 1 Nr. 1 ErbStG			./. 500 000 €
Freibetrag gem. § 17 Abs. 1 ErbStG			./. 256 000 €
Wert des steuerpflichtigen Erwerbs			**1 351 700 €**
Abrundung gem. § 10 Abs. 1 Satz 6 ErbStG nicht erforderlich			**1 351 700 €**
Berechnung der Erbschaftsteuer nach Steuerklasse I, § 15 Abs. 1 Nr. 1 i. V. m. § 19 ErbStG 19 % v. 1.351.700 €			
Erbschaftsteuer			**256 823 €**

Aufgabenteil Nr. 7: Rechnungswesen

Teil I: Rechnungswesen

1. Grundstück Mülheim, Düsseldorfer Str. 1

Bei der Ermittlung des Bilanzansatzes und des Teilwertes ist davon auszugehen, dass der Grund und Boden und das Gebäude als zwei selbständige Wirtschaftsgüter zu beurteilen sind.

Hinsichtlich des bebauten Grundstücks besteht Aktivierungsgebot gem. § 5 Abs. 1 Satz 1 Halbsatz 1 EStG i. V. m. §§ 240 Abs. 1, 242 Abs. 1 und 246 Abs. 1 HGB, weil es ausschließlich eigenbetrieblichen Zwecken dient (alternativ: Es gehört deshalb auch gem. § 4 Abs. 1 EStG i. V. m. R 4.2 Abs. 7 EStR zum notwendigen Betriebsvermögen).

Der Grund und Boden ist gem. R 6.1 Abs. 1 Satz 6 EStR dem nicht abnutzbaren Anlagevermögen zuzuordnen und ist gem. § 6 Abs. 1 Nr. 2 Satz 1 EStG (oder § 253 Abs. 1 Satz 1 HGB) grds. mit den Anschaffungskosten zu bewerten. Die Anschaffungskosten stellen die Bewertungsobergrenze dar, diese sind mit dem Teilwert vom 31. 12. 2012 identisch.

Der Bilanzansatz beträgt demnach zum 31. 12. 2012:	120 000 €

Das Gebäude ist dem unbeweglichen abnutzbaren Anlagevermögen zuzuordnen (R 6.1 Abs. 1 Satz 5 u. R 7.1 Abs. 1 Nr. 4 EStR) und ist gem. § 6 Abs. 1 Nr. 1 Satz 1 EStG (oder § 253 Abs. 3 Satz 1 HGB) grds. mit den fortgeführten Anschaffungskosten (AK ./. AfA) zu bewerten.

Die Errichtung des störenden Bauwerks ist handelsrechtlich als langfristiges Ereignis einzustufen (länger als 50 % der Restnutzungsdauer oder 5 Jahre) und führt somit zu einer dauernden Wertminderung. Gemäß § 253 Abs. 3 Satz 3 HGB muss daher in der Handelsbilanz eine außerplanmäßige Abschreibung vorgenommen werden; nicht verwirklichte Verluste müssen handelsrechtlich ausgewiesen werden.

Gemäß § 6 Abs. 1 Nr. 1 Satz 2 EStG kann der niedrigere Teilwert in der Steuerbilanz nur noch dann angesetzt werden, wenn es sich um eine voraussichtlich dauernde Wertminderung i. S. des BMF-Schreibens vom 25. 2. 2000, BStBl I 372 handelt. Nach Tz. 6 des o. g. BMF-Schreibens ist dies nur dann gegeben, wenn der Wert des Wirtschaftsguts zum Bilanzstichtag mindestens für die halbe Restnutzungsdauer unter dem planmäßigen Restbuchwert liegt. Die verbleibende Nutzungsdauer ist für Gebäude nach § 7 Abs. 4 EStG zu bestimmen, sie beträgt zum 31. 12. 2012 noch 42 Jahre (Erwerb im Januar 2005: 50 Jahre abzüglich 8 Jahre).

Fortgeführte Anschaffungskosten 31. 12. 2012	319 200 €
AfA für 10 Jahre	./. 76 000 €
AfA-Restbetrag im 11. Jahr	./. 3 200 €
Niedrigerer Teilwert	240 000 €

Eine Teilwertabschreibung wäre nach der vorstehenden Berechnung steuerlich in 2012 unzulässig. Fraglich ist jedoch, ob die Errichtung eines störenden Bauwerks eine dauernde Wertminderung aus besonderem Anlass im Sinne der Tz. 4 des BMF-Schreibens vom 25. 2. 2000, BStBl I 372 darstellt. Meines Erachtens ist ein störendes Bauwerk durchaus vergleichbar mit einer „Katastrophe", die in dem o. a. BMF-Schreiben beispielhaft aufgezählt ist. Gemäß § 5 Abs. 1 Satz 1 Halbsatz 2 EStG kann die Teilwertabschreibung auch steuerlich vorgenommen werden (Wahlrecht!). Vgl. hierzu die Rz 15 des BMF-Schreibens vom 12. 3. 2010. Laut Aufgabenstellung ist sie jedoch auch in der StB vorzunehmen (HB = StB).

Kontenentwicklung:

Anfangsbestand zum 1. 1. 2012	326 800 €
erst planmäßige AfA; AfA § 7 Abs. 4 Satz 1 Nr. 2 a EStG	
2 % v. 380 000 € (Baujahr nicht nach dem 31. 3. 1985)	./. 7 600 €
fortgeführte AK (§ 6 Abs. 1 Nr. 1 Satz 1 EStG)	319 200 €
danach außerplanmäßige Abschreibung (Teilwertabschreibung)	./. 79 200 €
niedrigerer Teilwert zum 31. 12. 2012 (§ 6 Abs. 1 Nr. 1 Satz 2 EStG)	240 000 €

Buchung:

Gebäude	47 600 €	an	außerplanmäßige Abschreibung	47 600 €

Gewinn:

Minderung außerplanmäßige Abschreibung =	+ 47 600 €

2. Grundstück Mülheim, Kölner Str. 12

Auch für dieses ausschließlich betrieblichen Zwecken dienende Grundstück besteht Aktivierungsgebot gem. § 5 Abs. 1 Satz 1 Halbsatz 1 EStG i. V. m. §§ 240 Abs. 1, 242 Abs. 1 und 246 Abs. 1 HGB. Dies gilt bis zum Ausscheiden für das alte Grundstück und ab dem Zugang auch für das neue unbebaute Grundstück (vgl. auch R 4.2 Abs. 7 EStR).

Die Eintragung in das Grundbuch und der damit verbundene Übergang des zivilrechtlichen Eigentums spielt für die bilanzielle Zurechnung des neuen Grundstücks zum 31. 12. 2012 keine Rolle. K. Linka ist bereits am 1. 12. 2012 wirtschaftlicher Eigentümer geworden (§ 39 Abs. 2 Nr. 1 AO), weil lt. Kaufvertrag zu diesem Zeitpunkt sämtliche Nutzungen und Lasten auf K. Linka übergegangen sind. Vgl. nunmehr auch § 246 Abs. 1 Satz 2 HGB.

Der Grund und Boden ist dem nicht abnutzbaren Anlagevermögen zuzuordnen (§ 247 Abs. 2 HGB, R 6.1 Abs. 1 Satz 6 EStR) und ist gem. § 6 Abs. 1 Nr. 2 Satz 1 EStG mit den Anschaffungskosten vermindert um Abzüge nach R 6.6 EStR zu bewerten. Hierzu gehören gem. § 255 Abs. 1 HGB auch die Nebenkosten, nicht jedoch die abziehbare Vorsteuer (§ 9b Abs. 1 EStG).

Die Bewertung in der HB erfolgt gem. § 253 Abs. 1 S. 1 HGB mit den Anschaffungskosten.

Durch den behördlichen Eingriff werden gegen bzw. ohne den Willen des Stpfl. stille Reserven wie folgt freigesetzt:

Entschädigung	90 000 €
anteiliger Buchwert 1. 2. 2012	./. 30 000 €
aufgedeckte stille Reserven:	60 000 €

Die Anwendung des § 6b EStG scheidet hier aus, weil der veräußerte Grund und Boden nicht sechs Jahre ununterbrochen zum Anlagevermögen gehörte, vgl. § 6b Abs. 4 Nr. 2 EStG. Der Verkauf hätte frühestens mit Wirkung zum 2. 4. 2012 erfolgen dürfen (§ 108 Abs. 1 AO i. V. m. §§ 187 Abs. 1, 188 Abs. 1 BGB). Ein Sonderfall i. S. des § 6b Abs. 8 Nr. 2 i. V. m. Abs. 9 EStG liegt nicht vor.

Es sind jedoch die Voraussetzungen des R 6.6 Abs. 1 EStR erfüllt, da das Wirtschaftsgut zur Vermeidung eines behördlichen Eingriffs gegen Entschädigung aus dem Betriebsvermögen ausgeschieden ist. Danach brauchen die zwangsweise aufgedeckten stillen Reserven nicht sofort versteuert zu werden. Es besteht insofern gem. § 5 Abs. 1 Satz 1 Halbsatz 2 EStG ein von der HB unabhängiges Wahlrecht (vgl. auch die Rz 13, 14 des BMF-Schreibens vom 12. 3. 2010). Allerdings dürfen nicht die vollen stillen Reserven auf das Ersatzwirtschaftsgut übertragen werden, weil die hierfür getätigten Anschaffungskosten die Entschädigungssumme unterschreiten (H 6.6 Abs. 3 EStH „Mehrentschädigung"). Im Übrigen wird auf § 5 Abs. 1 Sätze 2 und 3 EStG verwiesen, wonach der rein steuerliche Vorteil nur dann gewährt wird, wenn das betreffende Wirtschaftsgut in ein besonderes, laufend zu führendes Verzeichnis ausgewiesen wird (vgl. auch die Rz 19 – 23 des BMF-Schreibens vom 12. 3. 2010 und R 6.6 Abs. 1 Nr. 3 EStR).

Der Bilanzwert des Grund und Bodens entwickelt sich wie folgt:

Bilanzansatz Grund und Boden alt zum 1. 1. 2012	30 000 €
Abgang 1. 2. 2012 (bisher nicht erfasst)	./. 30 000 €
	0 €
Zugang Grund und Boden (Kaufpreis)	72 000 €
Nebenkosten, netto	+ 9 000 €
Anschaffungskosten und Bilanzwert zum 31. 12. 2012 in der HB	81 000 €
Übertragung der stillen Reserven, 9/10 anteilig: H 6.6 Abs. 3 EStH:	
$\frac{60\,000 \times 81\,000}{90\,000} =$	./. 54 000 €
Bilanzwert zum 31. 12. 2012 in der StB (besonderes Verzeichnis!)	27 000 €

Die sonstige Forderung i. H. von 72 000 € wurde zu Unrecht bilanziert, da ein Anspruch am Bilanzstichtag nicht mehr besteht. Danach sind die aufgedeckten stillen Reserven i. H. von 6 000 € (10 % von 60 000 €) steuerlich als sonstige betriebliche Erträge zu behandeln. Ein Fall des R 6.6 Abs. 3 Satz 1 und 2 EStR liegt nicht vor, denn es wurde lediglich eine Teilfläche des Grund und Bodens und damit kein Betriebsgrundstück mit aufstehendem Gebäude veräußert. Eine Übertragung der verbleibenden stillen Reserven i. H. von 6 000 € auf das in 2015 zu erstellende Gebäude ist somit (obwohl die neuen Fristen nach R 6.6 Abs. 4 EStR 2012 gewahrt sind) unzulässig.

Die Überweisung der Entschädigungssumme auf das private Bankkonto K. Linkas stellt im April 2012 eine Geldentnahme i. S. des § 4 Abs. 1 Satz 2 EStG dar.

Buchung (HB):

Anlagenabgang	30 000 €	an	Grund und Boden (alt)	30 000 €
Privatentnahmen	90 000 €	an	sonstige betr. Erträge	90 000 €
Grund und Boden (neu)	81 000 €	an	sonstige Forderungen	72 000 €
			sonstige betriebliche Aufw.	9 000 €

Gewinn (HB):

Erhöhung Anlagenabgang	./. 30 000 €
Erhöhung sonst. betr. Erträge	+ 90 000 €
Minderung sonst. betr. Aufw.	+ 9 000 €

Außerhalb der HB ist der steuerliche Gewinn gem. § 60 (2) EStDV um 54 000 € zu mindern. In der HB ist eine Übertragung der stillen Reserven nach dem BilMoG nicht mehr möglich (§ 254 HGB a. F. ist weggefallen).

3. Transportanlage

Die Transportanlage ist als typische Betriebsvorrichtung gem. R 4.2 Abs. 3 Satz 3 Nr. 1 EStR ein selbständiges Wirtschaftsgut. Sie steht in einem unmittelbaren Funktionszusammenhang mit dem Betrieb (H 7.1 EStH „Betriebsvorrichtungen"). Hinsichtlich der Transportanlage besteht eindeutig ein Aktivierungsgebot gem. § 5 Abs. 1 Satz 1 Halbsatz 1 EStG i. V. m. §§ 240 Abs. 1, 242 Abs. 1 und 246 Abs. 1 HGB.

Die Transportanlage ist fiktiv dem beweglichen abnutzbaren Anlagevermögen zuzuordnen (R 7.1 Abs. 2 und 3 EStR), auch wenn sie wesentlicher Bestandteil des Grundstücks ist.

Die Bewertung erfolgt gem. § 6 Abs. 1 Nr. 1 Satz 1 EStG (oder § 253 Abs. 3 S. 1 HGB) grds. mit den fortgeführten Anschaffungskosten (AK ./. AfA).

Bei der im Mai bzw. im Juli 2012 vorgenommenen Erweiterung der Anlage handelt es sich um nachträgliche Anschaffungskosten. Die erworbenen Transportwannen dürfen nicht gem. § 6 Abs. 2 EStG sofort abgeschrieben werden, weil sie zu keiner selbständigen Nutzung fähig sind (R 6.13 Abs. 1 EStR). Beide Nettobeträge sind zu aktivieren und einheitlich mit der Transportanlage abzuschreiben. Für die nachträglichen Anschaffungskosten kann jedoch aus Vereinfachungsgründen unterstellt werden, dass sie zu Jahresbeginn (bzw. im Zeitpunkt der Montage am 30. 1. 2012) aufgewendet worden wären (R 7.4 Abs. 9 Satz 3 EStR).

Kontenentwicklung Transportanlage:

Kaufpreis lt. Vertrag	80 000 €
Skonti (§ 255 Abs. 1 Satz 3 HGB)	./. 2 400 €
Transportkosten als Einzelkosten	+ 1 200 €
Montagekosten	+ 2 200 €
Anschaffungskosten im Januar 2012	81 000 €
nachträgliche AK (§ 255 Abs. 1 Satz 2 HGB) 5/2012	+ 12 000 €
zusätzliche Transportwannen, 7/2012	+ 7 000 €
AK insgesamt, ohne abziehbare Vorsteuer	100 000 €

Absetzung für Abnutzung:

a) 10 % linear, § 7 Abs. 1 Satz 1 EStG = 10 000 € p.a.

b) die degressive AfA gem. § 7 Abs. 2 EStG in Höhe von 25 % scheidet aus, da der Zugang nicht vor dem 1. 1. 2011 erfolgt ist!

c) Die AfA beträgt gem. § 7 Abs. 1 Satz 4 EStG 12/12, da die bisherige Vereinfachungsregelung des R 7.4 Abs. 9 Satz 3 EStR erhalten geblieben ist (ansonsten wäre eine Stückelung der AfA-Beträge infolge der nachträglichen AK vorzunehmen!)

	./ 10 000 €
Fortgeführte Anschaffungskosten zum 31. 12. 2012	90 000 €

Obwohl § 7g EStG auch für gebrauchte Wirtschaftsgüter in Betracht kommt, ist eine Inanspruchnahme des Investitionsabzugsbetrages bzw. der Sonderabschreibung in der StB nicht möglich, weil das steuerliche Betriebsvermögen den Betrag von 235 000 € übersteigt.

Buchung:

Transportanlage	10 000 €	an	Erhaltungsaufw.	12 000 €
AfA	10 000 €		sonstige betr. Aufw.	3 400 €
Skontiertrag	2 400 €		Sofortabschreibung GWG	7 000 €

Gewinn:

Erhöhung AfA	./. 10 000 €
Minderung Skontiertrag	./. 2 400 €
Minderung Erhaltungsaufwand	+ 12 000 €
Minderung sonstige betriebl. Aufwendungen	+ 1 200 €
Minderung sonstige betriebl. Aufwendungen	+ 2 200 €
Minderung Sofortabschreibung GWG	+ 7 000 €

4. Finanzanlagen

a) Beteiligung

Die erworbene Beteiligung gehört gem. § 4 Abs. 1 EStG i. V. m. R 4.2 Abs. 1 Satz 3 EStR mindestens zum gewillkürten Betriebsvermögen (ggf. auch notwendiges Betriebsvermögen gem. H 4.2 Abs. 1 EStH „Beteiligungen", falls ein betrieblicher Bezug gegeben ist).

Die Beteiligung soll dem Betrieb auf Dauer dienen (Betriebskapitalverstärkung) und ist deshalb dem nicht abnutzbaren Anlagevermögen zuzuordnen (§ 247 Abs. 2 HGB, R 6.1 Abs. 1 Satz 6 EStR).

Die Beteiligung ist gem. § 6 Abs. 1 Nr. 2 Satz 1 EStG (bzw. § 253 Abs. 1 S. 1 HGB) mit den Anschaffungskosten (= gemeiner Wert der Anteile) wie folgt anzusetzen:

Zugang	15 000 €
Nebenkosten (§ 255 Abs. 1 HGB)	+ 280 €
Endbestand zum 31. 12. 2012	15 280 €

Die aus einer Warenlieferung bestehende zivilrechtliche Forderung K. Linkas ist mit der Übergabe der Anteile in voller Höhe untergegangen. Es liegt kein Tausch vor, da als Gegenleistung ursprünglich Geld vereinbart war, tatsächlich jedoch später die Befriedigung durch die Übergabe der Anteile erfolgte. Eine nachträgliche Korrektur der Umsatzsteuer ist nicht erforderlich, da es sich um eine steuerfreie Lieferung handelte.

Die im Vorjahr vorgenommene Abschreibung i. H. von 10 000 € ist deshalb in 2012 rückgängig zu machen (sonstige betriebliche Erträge).

Buchung:

Beteiligung	10 280 €	an	sonstige betriebl. Erträge	10 000 €
			sonstige betriebl. Aufw.	280 €

Gewinn:

Erhöhung sonstige betriebl. Erträge	+ 10 000 €
Minderung sonstige betriebl. Aufwendungen	+ 280 €

b) Börsennotierte Wertpapiere

Die Wertpapiere gehören gem. § 4 Abs. 1 EStG i. V. m. R 4.2 Abs. 1 Satz 3 EStR zum gewillkürten Betriebsvermögen. Vgl. hierzu auch H 4.2 Abs. 1 EStH „Gewillkürtes Betriebsvermögen".

Die Wertpapiere sind nach dem vorliegenden Sachverhalt eindeutig dem nicht abnutzbaren Anlagevermögen (§ 247 Abs. 2 HGB, R 6.1 Abs. 1 Satz 6 EStR) zuzuordnen.

Zunächst ist zum 1. 3. 2012 die erneute Sacheinlage i. S. des § 4 Abs. 1 Satz 8 EStG i. V. m. R 4.3 Abs. 1 EStR zu beurteilen:

Grundsätzlich ist die Einlage mit dem Teilwert, höchstens jedoch mit den Anschaffungskosten zu bewerten, da die Anschaffung innerhalb der letzten drei Jahre erfolgt ist (§ 6 Abs. 1 Nr. 5a EStG; Anschaffungskosten = 6 120 €).

Jedoch tritt in vorliegendem Fall gem. § 6 Abs. 1 Nr. 5 Satz 3 EStG an die Stelle der Anschaffungskosten der Entnahmewert und an die Stelle des Zeitpunkts der Anschaffung der Zeitpunkt der Entnahme.

Es ist also der Teilwert vom 1. 8. 2011 i. H. von 9 180 € anzusetzen (Firma: 12 000 €).

Bewertung zum Bilanzstichtag 31. 12. 2012:

Gemäß § 6 Abs. 1 Nr. 2 Satz 2 EStG darf der niedrigere Teilwert i. H. von

6 000 € x 120 % =	7 200 €
zzgl. 2 % Nebenkosten (2 %: siehe Anschaffung)	144 €
	7 344 €

nicht angesetzt werden, da aufgrund der ständigen Kursschwankungen eine voraussichtlich dauernde Wertminderung nicht gegeben ist (vgl. Tz. 11 des BMF-Schreibens vom 25. 2. 2000, BStBl 2000 I 372).

Auch nach den Grundsätzen des BMF-Schreibens vom 26. 3. 2009 (BStBl I S. 514) ist bei börsennotierten Wertpapieren eine voraussichtlich dauernde Wertminderung erst dann zu bejahen, wenn der Börsenkurs zum Bilanzstichtag um mehr als 40 v. H. (oder an 2 Stichtagen hintereinander um mehr als 25%) unter die Anschaffungskosten gesunken ist. Dies ist hier nicht der Fall.

Das neue BFH-Urteil vom 08. 06. 2011 (BStBl 2012 II S. 716) betrifft die voraussichtlich dauernde Wertminderung von festverzinslichen Wertpapieren im Umlaufvermögen, welches in vorliegendem Fall nicht anzuwenden ist; vgl. BMF vom 10. 09. 2012 (BStBl I S. 939) und H 6.7 EStH „Teilwertabschreibung" – zweiter Spiegelstrich.

Da lt. Aufgabenstellung der Verwaltungsauffassung regelmäßig zu folgen ist, beträgt der Endbestand in der StB zum 31. 12. 2012 unverändert 9 180 €.

Handelsrechtlich kann zwar gem. § 253 Abs. 3 Satz 4 HGB eine außerplanmäßige Abschreibung auch dann vorgenommen werden, wenn eine voraussichtlich dauernde Wertminderung nicht vorliegen sollte.

Nach der Aufgabenstellung ist in der Handelsbilanz jedoch keine Abwertung vorzunehmen, weil K. Linka vorrangig eine einheitliche Bilanz (HB = StB) erstellen will. Der Endbestand in der HB zum 31. 12. 2012 beträgt deshalb ebenfalls 9 180 €.

Buchungen:

Korrektur:

Wertpapiere	1 980 €			
Privateinlage	2 820 €	an	Teilwertabschreibung	4 800 €

danach:

Gewinn:

Minderung Teilwertabschreibung	+ 4 800 €

5. Vorratsvermögen

a) Handelsware

Es handelt sich bei der Handelsware um Gegenstände des Umlaufvermögens (Umkehrschluss aus § 247 Abs. 2 HGB bzw. alternativ R 6.1 Abs. 2 EStR), die gem. § 6 Abs. 1 Nr. 2 Satz 1 EStG (bzw. § 253 Abs. 1 HGB) grds. mit den Anschaffungskosten zu bewerten ist.

Nach dem strengen Niederstwertprinzip ist ein niedrigerer Wertansatz in der HB zwingend geboten (§ 253 Abs. 4 Satz 2 HGB). Da die Verhältnisse am Bilanzstichtag maßgebend sind, ergeben sich keine Bewertungswahlrechte. Nicht realisierte Verluste müssen ausgewiesen werden.

Der Teilwert entspricht beim Umlaufvermögen grds. den Wiederbeschaffungskosten (vgl. H 6.7 EStH „Teilwertvermutungen" Nr. 4 Satz 1). Nach dem vorliegenden Sachverhalt hält die Preisminderung des Bilanzstichtages unverändert bis zur Bilanzerstellung an, d. h. § 6 Abs. 1 Nr. 2 Satz 2 EStG steht einer Teilwertabschreibung nicht entgegen, da in vorliegendem Fall eine voraussichtlich dauernde Wertminderung im Sinne der Tz. 23 des BMF-Schreibens vom 25. 2. 2000, BStBl 2000 I 372 zu bejahen ist. Gemäß § 5 Abs. 1 Satz 1 Halbsatz 2 EStG i. V. m. Rz 15 des BMF-Schreibens vom 12. 3. 2010 besteht in der StB kein Abwertungszwang, vgl. auch R 6.8 Abs. 1 Satz 3 EStR. Jedoch ist nach der Aufgabenstellung auch in der StB eine Teilwertabschreibung vorzunehmen.

Teilwertermittlung:

Anschaffungskosten	25 000 €
Preisminderung zum 31. 12. 2012 zu 20 %	./. 5 000 €
Teilwert zum 31. 12. 2012	20 000 €
übriger Bestand zu AK	+ 70 000 €
Bilanzansatz zum 31. 12. 2012 (HB = StB)	90 000 €

Buchung:

Teilwertabschreibung	5 000 €	an Warenbestand	5 000 €

Die Wertminderung kann auch dem Konto „außerplanmäßige Abschreibung" belastet werden.

Gewinn:

Erhöhung Teilwertabschreibung (bzw. außerplanmäßige Abschreibung)	./. 5 000 €

b) Fertigerzeugnisse

Die Fertigerzeugnisse sind ebenfalls zwingend zu aktivieren und sind dem Umlaufvermögen zuzuordnen (Umkehrschluss § 247 Abs. 2 HGB bzw. R 6.1 Abs. 2 EStR).

Die Fertigerzeugnisse sind grds. mit den Herstellungskosten zu bewerten (vgl. § 6 Abs. 1 Nr. 2 Satz 1 EStG oder § 253 Abs. 1 HGB).

Herstellungskosten:

Zu den HK gehören gem. § 255 Abs. 2 Satz 1 HGB nur tatsächliche Aufwendungen, kalkulatorische Kosten scheiden deshalb aus. Auch der Unternehmerlohn gehört nicht zu den Herstellungskosten (vgl. H 6.3 EStH „Kalkulatorische Kosten"). Ferner gehören die Vertriebskosten gem. § 255 Abs. 2 Satz 4 HGB nicht zu den HK, da diese erst auf der Stufe der Ermittlung der Selbstkosten anfallen. Vgl. auch R 6.3 Abs. 6 Satz 3 EStR.

Handelsrechtlich umfasst der Mindestansatz der Herstellungskosten gem. § 255 Abs. 2 Satz 2 HGB nunmehr neben den Einzelkosten auch die angemessenen Teile der Materialgemeinkosten, der Fertigungsgemeinkosten und des Wertverzehrs des Anlagevermögens (Wertuntergrenze in der HB).

Gemäß § 255 Abs. 2 S. 3 HGB besteht hinsichtlich der Verwaltungskosten handelsrechtlich ein Ansatzwahlrecht (Wertobergrenze in der HB).

Steuerrechtlich sind die Herstellungskosten gem. § 5 Abs. 6 i. V. m. § 6 Abs. 1 Nr. 2 S. 1 EStG, R 6.3 EStR und den Rz. 6 und 8 des BMF-Schreibens vom 12. 3. 2010 zu ermitteln, wonach zukünftig auch die Verwaltungskosten zwingend anzusetzen sind (das bisherige Wahlrecht in R 6.3 Abs. 4 EStR soll damit wegfallen!). Zur Anwendung des neuen R 6.3 Abs. 3 EStR vgl. das BMF-Schreiben vom 25. 3. 2013 (BStBl I S. 296).

Infolge der steuerlichen Bilanzierungspflicht der Verwaltungskosten läuft der Wunsch des Stpfl. bezüglich eines niedrigst möglichen Bilanzansatzes in der StB zukünftig ins Leere.

Insofern wird jedoch auf das BMF-Schreiben vom 22. 6. 2010 (BStBl I S. 597) hingewiesen, wonach aus Vertrauensschutzgründen nach R 6.3 Abs. 4 der EStR 2008 verfahren werden kann, so dass ein steuerlicher Bilanzansatz i. H. von 384 000 € ebenfalls noch zulässig ist; vgl. insofern auch die Übergangsregelungen des neuen R 6.3 Abs. 9 EStÄR 2012. Dies entspricht auch der Aufgabenstellung, wonach der niedrigste steuerliche Gewinn auszuweisen ist.

Ermittlung der HK:

Materialeinzelkosten	80 000 €
Materialgemeinkosten 20 %	+ 16 000 €
Fertigungseinzelkosten	+ 160 000 €
Fertigungsgemeinkosten 80 %	+ 128 000 €
HK und Bilanzansatz zum 31. 12. 2012 (Wertuntergrenze in HB, auch in StB noch zulässig!)	384 000 €
Verwaltungskosten 15 % (2012 noch einheitl. Wahlrecht!)	*+ 57 600 €*
Ebenfalls zulässige HK und möglicher Bilanzansatz zum 31. 12. 2012 (Wertobergrenze in HB und StB)	*441 600 €*

Buchung:

Bestandsveränderungskonto (Aufwand)	121 000 €	an	Fertigerzeugnisse	121 000 €

Gewinn:

Erhöhung Bestandsveränderungskonto	./. 121 000 €

6. Forderungen aus Lieferungen und Leistungen

Die Forderungen aus Lieferungen und Leistungen sind zwingend zu aktivieren und sind dem Umlaufvermögen zuzuordnen (R 6.1 Abs. 2 EStR bzw. Umkehrschluss aus § 247 Abs. 2 HGB). Sie sind gem. § 6 Abs. 1 Nr. 2 Satz 1 EStG (bzw. § 253 Abs. 1 Satz 1 HGB) grds. mit den Anschaffungskosten (= Nennwert) zu bewerten.

Bei der Ermittlung des niedrigeren Teilwerts (bzw. des beizulegenden Wertes) ist ein gemischtes Verfahren, nämlich die Einzel- und die Pauschalwertberichtigung zulässig.

Zunächst ist die Einzelbewertung vorzunehmen. Gegenüber dem Kunden H. Lunke besteht am Bilanzstichtag eine zweifelhafte Forderung. Der Bilanzwert (= Teilwert) dieser Forderung beträgt zum 31. 12. 2012 nur noch 8 000 € (20 % von 40 000 €). Die Abschreibung auf den niedrigeren beizulegenden Wert erfolgt in der HB nach dem strengen Niederstwertprinzip gem. § 253 Abs. 4 Satz 2 HGB. Die Ursache für den Forderungsausfall muss aufgrund der Insolvenzanmeldung bereits im Jahre 2012 begründet worden sein. Nach dem Grundsatz der besseren Erkenntnis (Wertaufhellung gem. § 252 Abs. 1 Nr. 4 HGB) ist dieser Vorgang bei der Bilanzerstellung zu berücksichtigen, auch wenn K. Linka hiervon erst im Februar 2013 Kenntnis erlangte. Es handelt sich auch um eine voraussichtlich dauernde Wertminderung i. S. des § 6 Abs. 1 Nr. 2 Satz 2 EStG; vgl. auch Tz. 32, 33 des BMF-Schreibens vom 25. 2. 2000, BStBl 2000 I 372. Gem. § 5 Abs. 1 Satz 1 Halbsatz 2 EStG i. V. m. Rz. 15 des BMF-Schreibens vom 12. 3. 2010 besteht jedoch steuerlich kein Abwertungszwang. Aufgrund der Aufgabenstellung ist jedoch auch steuerlich eine Teilwertabschreibung vorzunehmen.

Außerdem ist die USt-Schuld zum 31. 12. 2012 gem. § 17 Abs. 2 UStG zu kürzen, und zwar spätestens bei Eröffnung eines Insolvenzverfahrens gem. Abschnitt 17.1 Abs. 5 S. 5 des UStAE in voller Höhe.

Buchung:

Zweifelhafte Forderungen	47 600 €	an	Forderungen	47 600 €
Abschreibungen auf Ford.	32 000 €			
USt-Schuld	7 600 €	an	zweifelhafte Ford.	39 600 €

Gewinn:

Erhöhung Abschreibungen auf Forderungen	./. 32 000 €

Pauschalwertberichtigung

Die Bewertung, und damit die Abschreibung der Kundenforderungen kann auch pauschal nach einem betrieblichen Erfahrungssatz berechnet werden. Nach dem Grundsatz der Bewertungsstetigkeit gem. § 252 Abs. 1 Nr. 6 HGB ist dieser Erfahrungssatz beizubehalten. Wird ein höherer Satz als 1 % begehrt, muss der Stpfl. hierfür einen Nachweis erbringen (Rationalisierungserlass des Finanzministers NRW vom 13. 6. 1995).

Eine Einschränkung gem. § 6 Abs. 1 Nr. 2 Satz 2 EStG erfolgt m. E. nicht, da es sich in vorliegendem Fall um eine voraussichtlich dauernde Wertminderung handelt, denn die Forderungen sind einem permanenten Risiko von Ausfällen, Abzügen und Kürzungen ausgesetzt.

Die einzeln wertberichtigten Forderungen sind dabei vorher auszuscheiden. Auch die Umsatzsteuer ist bei der Berechnung des Delkredere abzuziehen, da bei einem etwaigen Ausfall insofern ein Erstattungsanspruch gegenüber dem Finanzamt besteht; vgl. Abschnitt 17.1 Abs. 5 S. 8 des UStAE.

Berechnung:

Kundenforderungen lt. Saldenliste/Nennwert	238 000 €
einzeln wertberichtigte Forderungen	./. 47 600 €
Summe der vollwertigen Forderungen	190 400 €
: 1,19 = Nettobetrag 160 000 x 19 % USt:	./. 30 400 €
Bemessungsgrundlage ohne Umsatzsteuer	160 000 €
x Erfahrungssatz 3 % für das Ausfallrisiko = Endbestand Delkredere zum 31. 12. 2012	4 800 €

Da im Zeitpunkt der Bilanzerstellung noch Forderungen i. H. von 5 200 € netto ausstehen (6 188 € abzüglich 19 % Umsatzsteuer), darf der vorstehende Betrag berücksichtigt werden.

Gemäß § 247 Abs. 1 HGB sind die Forderungen direkt um den oben berechneten Betrag zu kürzen (d. h. es ist aktivisch abzuschreiben):

Forderungen aus Lieferungen u. Leistungen	190 400 €
pauschale Wertberichtigung	./. 4 800 €
Bilanzansatz zum 31. 12. 2012	185 600 €

Buchung:

Forderungen aus LuL	2 340 €	an	Abschreibungen auf Ford.	2 340 €

Gewinn:

Abschreibungen auf Forderungen lt. Firma	7 140 €
Abschreibungen richtig	4 800 €
weniger Aufwand	2 340 €
Gewinnerhöhung	2 340 €

7. Gewinnansprüche aus der Beteiligung

Der Anspruch auf Dividende für das Geschäftsjahr 2011 entsteht mit der Beschlussfassung, d. h. am 12. 8. 2012. Zu diesem Zeitpunkt gehörte die Beteiligung bereits zum Betriebsvermögen K. Linkas, so dass gem. § 20 Abs. 8 EStG ein betrieblicher Ertrag vorliegt.

Die Kapitalertragsteuer und der SolZ erhöhen den betrieblichen Ertrag (§ 20 Abs. 1 Nr. 1 i. V. m. Abs. 8 EStG) in 2012 und sind gleichzeitig gem. § 12 Nr. 3 EStG als Privatentnahmen zu erfassen (Anrechnung auf die Einkommensteuer, § 36 Abs. 2 Nr. 2 EStG). Hinweis: Nur bei den Einkünften aus Kapitalvermögen führt die Kapitalertragsteuer gem. § 32d EStG i. V. m. § 43 Abs. 5 EStG zu einer Abgeltungssteuer.

Ermittlung der Privatentnahme:

883,50 €	Geldentnahme i. S. des § 4 Abs. 1 Satz 2 EStG
+ 16,50 €	SolZ
+ 300,00 €	Kapitalertragsteuer
1 200,00 €	Dividende (12 % von 10 000 € Nennwert) = Privatentnahme u. gleichzeitig Dividendenertrag (883,50 € x 100/73,625 = 1 200 €)

Buchung:

Privatentnahmen	1 200 €	an	Erträge aus Beteiligungen	1 200 €

Gewinn:

Erhöhung Erträge aus Beteiligungen	+ 1 200 €

Der Gewinn ist jedoch nach dem sog. Teileinkünfteverfahren gem. § 3 Nr. 40d EStG außerhalb der Bilanz gem. § 60 Abs. 2 Satz 1 EStDV um 480 € (= 40 %) zu kürzen. Auf eine evtl. Kürzung der Betriebsausgaben gem. § 3c Abs. 2 EStG wird hingewiesen.

8. Rückstellungen

a) Instandhaltung

Unterlassene Aufwendungen für Instandhaltung müssen handelsrechtlich nur passiviert werden, wenn sie innerhalb von drei Monaten nachgeholt werden. Wenn sie innerhalb eines Jahres, wie hier im Juni 2013 nachgeholt werden, besteht aufgrund der Änderung durch das BilMoG gem. § 249 Abs. 2 Satz 1 HGB ein Passivierungsverbot, welches gem. § 5 Abs. 1 S. 1 Hs. 1 EStG (Maßgeblichkeit) auch für die Steuerbilanz zutrifft.

Steuerrechtlich bestand in solchen Fällen immer schon ein Passivierungsverbot gem. § 5 Abs. 6 EStG i. V. m. H 5.7 Abs. 1 EStH „Handelsrechtliches Passivierungswahlrecht".

Eine Buchung ist nicht erforderlich, weil der Vorgang bisher noch nicht in der Buchführung erfasst worden war. Es ergibt sich somit auch keine Auswirkung auf den Gewinn.

b) Garantierückstellung

Die Garantieverpflichtung aus den Verträgen stellt für K. Linka eine ungewisse Verbindlichkeit dar, für die ein Passivierungsgebot gem. § 5 Abs. 1 Satz 1 Halbsatz 1 EStG i. V. m. § 249 Abs. 1 Satz 1 HGB und H 5.7 Abs. 5 EStH „Garantierückstellungen" besteht.

Im Übrigen liegen die Voraussetzungen des R 5.7 Abs. 2 EStR vor:

- Es handelt sich um eine Verbindlichkeit gegenüber einem Anderen
- Die Verpflichtung ist vor dem Bilanzstichtag wirtschaftlich verursacht
- Mit einer Inanspruchnahme ist auch ernsthaft zu rechnen und
- Die Aufwendungen führen künftig auch nicht zu Anschaffungs- oder Herstellungskosten.

Handelsrechtlich erfolgt die Bewertung der Garantierückstellung gem. § 253 Abs. 1 Satz 2 HGB in Höhe des nach vernünftiger kaufmännischer Beurteilung notwendigen Erfüllungsbetrages. Die Höhe der Rückstellung kann dabei auch pauschal nach einem bestimmten Erfahrungssatz bewertet werden (§ 240 Abs. 4 HGB). Steuerlich sind die Rückstellungen gem. § 5 Abs. 6 EStG i. V. m. § 6 Abs. 1 Nr. 3a EStG in der Steuerbilanz ggf. anders (einschränkend) zu berechnen.

Bei Garantierückstellungen sind gem. § 6 Abs. 1 Nr. 3a Buchst. a EStG die Erfahrungswerte der Vergangenheit zu berücksichtigen. Rückgriffsansprüche gegenüber Subunternehmern sind mindernd zu berücksichtigen (H 6.11 EStH „Rückgriffsansprüche").

Nettoumsatzerlöse	1 200 000 € x 3 % =	36 000 €
Rückgriffsansprüche	1 200 000 € x 1 % =	./. 12 000 €
Endbestand zum 31. 12. 2012		24 000 €

Soweit die Restlaufzeit 12 Monate unterschreitet, unterbleibt gem. § 6 Abs. 1 Nr. 3a Buchst. e EStG eine Abzinsung. Dies gilt gem. § 253 Abs. 2 S. 1 HGB auch für die HB.

Buchung:

sonstige betriebliche Aufwendungen	24 000 €	an	Sonstige Rückstellungen	24 000 €

Gewinn:

Erhöhung sonstige betriebliche Aufwendungen	./. 24 000 €

c) Drohende Verluste

In vorliegendem Fall liegt ein schwebendes Geschäft vor, denn keine der beiden Parteien hat mit der Erfüllung aus dem Kaufvertrag begonnen. Insbesondere die Auslieferung der Ware (= wirtschaftliche Teil der Leistung) erfolgte erst im Februar 2013. Ansprüche und Verpflichtungen werden in diesem Fall mit Rücksicht auf die Ausgewogenheit von Leistung und Gegenleistung nicht bilanziert. Vgl. auch R 5.7 Abs. 7 EStR.

Da die eigene Verbindlichkeit aus dem Kaufvertrag den Wert der Gegenleistung jedoch übersteigt, ist handelsrechtlich gem. § 249 Abs. 1 Satz 1 HGB eine Rückstellung für drohende Verluste aus schwebenden Geschäften zu bilden. Steuerrechtlich besteht jedoch gem. § 5 Abs. 4a EStG ein Passivierungsverbot.

Die Bewertung in der HB erfolgt gem. § 253 Abs. 1 Satz 2 HGB in Höhe des nach vernünftiger kaufmännischer Beurteilung notwendigen Erfüllungsbetrages.

Ermittlung Bilanzansatz in der Handelsbilanz:

Wert der Verbindlichkeit	100 000 €
Wert der Waren	./. 85 000 €
Verpflichtungsüberschuss zum 31. 12. 2012	15 000 €

Buchung:

Sonst. betriebl. Aufwendungen	15 000 €	an	sonst. Rückstellungen	15 000 €

Gewinn:

Erhöhung sonst. betriebl. Aufwendungen	./. 15 000 €
steuerliche Korrektur außerhalb der Bilanz gem. § 60 Abs. 2 Satz 1 EStDV:	+ 15 000 €

d) Rückstellung Prozesskosten

Die Rückstellung darf erst im Wirtschaftsjahr 2013 (Bilanz 31. 12. 2013) aufgelöst werden. Durch das positive Urteil im Juni 2013 werden keine rückwirkenden besseren Erkenntnisse über das Prozessrisiko zum 31. 12. 2012 vermittelt (keine Wertaufhellung gem. § 5 Abs. 1 Satz 1 Halbsatz 1 EStG i. V. m. § 252 Abs. 1 Nr. 4 HGB und § 249 Abs. 2 Satz 2 HGB). Vgl. hierzu auch R 5.7 Abs. 13 EStR und H 5.7 Abs. 13 EStH „Rechtsmittel". Wertbeeinflussende Tatsachen dürfen nicht berücksichtigt werden.

Bilanzansatz zum 31. 12. 2012:	24 000 €

Da eine Buchung nicht erforderlich ist, entfällt auch eine evtl. Gewinnauswirkung für das Jahr 2012.

9. Geschenke

Es handelt sich um einen unentgeltlichen Erwerb i. S. des § 6 Abs. 4 EStG, der betrieblich veranlasst ist. K. Linka hat das Geschenk in seiner Eigenschaft als bedeutender Abnehmer des Lieferanten bekommen. Sein Geburtstag war lediglich der äußere Anlass dazu. Es liegt somit eine Betriebseinnahme (geldwerter Vorteil) und keine Privateinlage i. S. des § 4 Abs. 1 Satz 8 EStG vor. Der betriebliche Ertrag ist gem. § 6 Abs. 4 EStG in Höhe des gemeinen Wertes von 476 € anzusetzen.

Die Lampe könnte m. E. dem beweglichen abnutzbaren Anlagevermögen zugeordnet und auf die Nutzungsdauer von 10 Jahren linear gem. § 7 Abs. 1 EStG abgeschrieben werden. Der Zugang erfüllt darüber hinaus sowohl die Voraussetzungen für den Sofortabzug nach § 6 Abs. 2 EStG als auch die Voraussetzungen des Sammelpostens gem. § 6 Abs. 2a EStG (gewinnmindernde Auflösung im Jahr des Zugangs und den folgenden 4 Jahren zu jeweils 1/5), da die Netto-Anschaffungskosten 410 € bzw. 1 000 € nicht übersteigen. Nach R 9b. Abs. 2 Satz 1 und 2 EStR ist stets vom Nettowert (ohne Umsatzsteuer) auszugehen. Da laut Sachverhalt in 2012 keine anderen geringwertigen Wirtschaftsgüter gekauft worden sind, ist auch die vorstehende Wahlrechtsausübung nicht eingeschränkt (vgl. § 6 Abs. 2a Satz 5 EStG).

Aufgrund der Aufgabenstellung (der niedrigste mögliche Gewinn ist gewünscht) ist somit der Sofortabzug nach § 6 Abs. 2 EStG zu wählen.

Aus Gründen der Vereinfachung und der Wirtschaftlichkeit kann in der HB entsprechend verfahren werden.

Buchungen:

Privateinlage	476 €	an	sonst. betriebl. Erträge	476 €
Sofortabschreibung GWG	476 €	an	Betriebs- und Geschäftsausstattung	476 €

Gewinn:

Erhöhung sonstige betriebliche Erträge	+ 476 €
Erhöhung Sofortabschreibung GWG	./. 476 €

Teil II: Jahresabschlussanalyse

Zu 1) Die Gesamtrentabilität ergibt sich aus der folgenden Formel:

$$\frac{\text{Jahresüberschuss + Zinsaufwand x 100}}{\text{Gesamtkapital}} = \frac{(75 + 105) \times 100}{3\,600} = \underline{\underline{5{,}00\,\%}}$$

Die Fremdkapitalzinsen sind hinzuzurechnen, da es für die Ermittlung der Gesamtrentabilität ohne Bedeutung ist, ob das Unternehmen mit Eigen- oder Fremdkapital arbeitet. Die Kennzahl drückt die Effizienz und Verzinsung des insgesamt eingesetzten Kapitals aus.

Zu 2) Die Eigenkapitalrentabilität I berechnet sich wie folgt:

$$\frac{\text{Jahresüberschuss x 100}}{\text{Eigenkapital}} = \frac{75 \times 100}{900} = \underline{\underline{8{,}33\,\%}}$$

Die Kennzahl sollte über dem landesüblichen Zinssatz für langfristige Geldanlagen liegen. Die Aussage kann jedoch durch bilanzpolitische und steuerliche Gestaltungsmöglichkeiten erheblich beeinflusst werden.

Zu 3) Es ergibt sich folgende Eigenkapitalquote:

$$\frac{\text{Eigenkapital x 100}}{\text{Gesamtkapital}} = \frac{900 \times 100}{3\,600} = \underline{\underline{25{,}00\ \%}}$$

(GK = bilanzanalytische Bilanzsumme)

Aus der Sicht der Gläubiger (Kreditgeber: Bonitätsprüfung) und der Ratingunternehmen wird die o. g. EK-Quote als „gut" bezeichnet werden. Je höher der EK-Anteil ist, desto solider ist das Unternehmen finanziert. Hierdurch reduziert sich die Gefahr der Insolvenz, Verluste können durch Eigenkapital aufgefangen werden, es besteht ein geringerer Kapitaldienst für das Fremdkapital. Außerdem ermöglicht eine gute EK-Quote Wachstum, da zusätzliches Fremdkapital aufgenommen werden kann.

Zu 4) Die Kennzahl „Anlagenintensität" ermittelt sich wie folgt:

$$\frac{\text{Anlagevermögen x 100}}{\text{Gesamtkapital}} = \frac{2\,400 \times 100}{3\,600} = \underline{\underline{66{,}67\ \%}}$$

Steigt die Prozentzahl und damit der Anteil des Anlagevermögens am Gesamtvermögen, steigt das Unternehmerrisiko und die Flexibilität nimmt in gleichem Maße ab. Der Fixkostenanteil steigt, weil immer mehr Vermögenswerte langfristig gebunden sind. Sinnvoll ist es deshalb, die Sach- und Finanzanlagen bei der Berechnung zu trennen, denn bei den Finanzanlagen i. H. von 800 T € kann bei dem Unternehmen durch vollständigen oder teilweisen Verkauf an Liquidität gewonnen werden.

Zu 5)

Der Nachteil der externen Jahresabschlussanalyse liegt u. a. darin, dass die Ergebnisse veraltet sind (Kreditgespräch im August 2013, Bilanz zum 31. 12. 2012). Ferner sind die Daten durch Aktivierungswahlrechte und Bewertungsspielräume beeinflussbar. Wenn aufgrund von Wahlrechten ein möglichst hoher Gewinn ausgewiesen wird (z.B. Aktivierung bestimmter selbst geschaffener immaterieller Wirtschaftsgüter, Ansatz der Verwaltungskosten bei der Ermittlung der Herstellungskosten), ist im Hinblick auf die Vermögens-, Finanz- und Ertragslage eine vorsichtigere und kritischere Beurteilung vorzunehmen.

Für den externen Bilanzanalytiker sind zum Beispiel folgende Fakten aus dem Jahresabschluss nicht ablesbar: die Qualität des Managements und der Mitarbeiter, das technische know-how, Entwicklungsprojekte, Marktstellung und das Image, Auftragsbestände und Beschäftigungsgrade, Mengen und Zusammensetzung der Vorräte, Eigentumsvorbehalte und Sicherungsübereignungen, freie Kreditlinien.

Teil III: Gesellschaftsrecht

Zu 1) Gesellschaftsvertrag:

a) Der Gesellschaftsvertrag bedarf gem. § 2 Abs. 1 GmbHG der notariellen Beurkundung.

b) Gemäß § 2 Abs. 1a GmbHG kann die Gesellschaft nunmehr in einem vereinfachten Verfahren gegründet werden. Das Musterprotokoll für die Gründung einer Einpersonengesellschaft ergibt sich aus der Anlage zu § 2 Abs. 1a GmbHG.

Zu 2) Firma der Gesellschaft:

a) Der Name der Firma ist bei der Mini-GmbH abweichend von § 4 GmbHG nach § 5a Abs. 1 GmbHG zu bestimmen. Hiernach muss der Firmenname wie folgt lauten: „IT Meier Unternehmergesellschaft (haftungsbeschränkt)“ oder „IT Meier UG (haftungsbeschränkt)“.

b) Sollte das satzungsmäßige Kapital zukünftig auf 25 000 € oder mehr erhöht werden, wird die ehemalige Mini-GmbH als Standard GmbH weitergeführt. Um die bessere Kapitalausstattung nach außen zu zeigen, sollte sich der Gesellschafter zu einer Umfirmierung seiner „Unternehmergesellschaft“ in die „IT Meier GmbH“ entscheiden. Vgl. insofern § 5a Abs. 5 zweiter Halbsatz GmbHG (Wahlrecht).

Zu 3) Stammkapital:

a) Die Unternehmergesellschaft (Mini-GmbH) kann mit einem Stammkapital zwischen 1 € und 24 999 € gegründet werden (§ 5a Abs. 1 GmbHG und § 5 Abs. 2 S. 1 GmbHG (Betrag muss auf volle Euro lauten!). Sacheinlagen (hier EDV-Anlage im Wert von 3.000 €!) sind in vorliegendem Fall gem. § 5a Abs. 2 S. 2 GmbHG ausgeschlossen.

b) Es wird empfohlen, mit einem Stammkapital von 5.000 € zu starten, da in der Anfangsphase ohnehin Startkapital benötigt wird und außerdem evtl. Kreditgeber bei einem höheren Stammkapital grds. wohlgesonnener sind.

c) Abweichend von § 7 Abs. 2 GmbHG darf die Unternehmergesellschaft gem. § 5a Abs. 2 S. 1 GmbHG erst dann zur Eintragung in das Handelsregister angemeldet werden, wenn das satzungsmäßige Stammkapital in voller Höhe erbracht worden ist.

Zu 4) Geschäftsleitung der vorliegenden UG:

a) Der alleinige Gesellschafter Josef Meier kann zutreffend gem. § 6 Abs. 1, Abs. 2 S. 1 und Abs. 3 GmbHG als Geschäftsführer (= Organ der Willensausführung) bestellt werden.

b) Er führt die Geschäfte (Innenverhältnis) der UG und vertritt diese gem. § 35 Abs. 1 S. 1 GmbHG gerichtlich und außergerichtlich (Außenverhältnis).

Nur als Hinweis: § 35 Abs. 3 GmbHG ist zu beachten.

Zu 5) Drohende Zahlungsunfähigkeit und Haftung:

- Aufgrund des niedrigen Stammkapitals bei UG muss der Geschäftsführer (GF) bei drohender Zahlungsunfähigkeit gem. § 5a Abs. 4 GmbHG (abweichend von § 49 Abs. 3 GmbHG) unverzüglich eine Gesellschafterversammlung (= Organ der Willensbildung, §§ 48, 49 GmbHG) einberufen.
- Der GF muss gem. § 43 Abs. 1 GmbHG in der Angelegenheit der Gesellschaft die Sorgfalt eines ordentlichen Geschäftsmannes anwenden. Bei Pflichtverletzung haftet der GF der Gesellschaft deshalb gem. § 43 Abs. 2 GmbHG für Schäden, die bei Ausführung seiner Tätigkeit entstehen.

Zu 6) Jahresüberschuss:

Bei der Unternehmergesellschaft (Mini-GmbH) findet gem. § 5a Abs. 3 GmbHG teilweise eine Zwangsthesaurierung statt.

Im Jahresabschluss zum 31. 12. 2013 müssen zur Stärkung der Eigenkapitalausstattung in vorliegendem Fall 25 % des Jahresüberschusses in Höhe von 16 000 € = 4 000 € in eine gesetzliche Rücklage eingestellt werden.

Klausursatz Nr. 2

Aufgabenteil Nr. 1: Einkommensteuer

Allgemeiner Sachverhalt

Werner Wüst (geb. 1957) und Petra Wüst (geb. 1959) wurden im November 2012 rechtskräftig geschieden. Seit ihrer Hochzeit 1979 galten sie im Bekanntenkreis als glückliches Ehepaar. Werner Wüst war bereits Aschermittwoch 2011 aus der gemeinsamen Mietwohnung in Düsseldorf ausgezogen und hatte mit seiner am Donnerstag zuvor kennen gelernten Bekanntschaft Nora Nahtlos (geb. 1987) eine Wohnung in Ratingen angemietet und bezogen. Nora arbeitet seit einigen Jahren erfolgreich als Fotomodell.

Trotz der Trennung beantragen Werner und Petra Wüst für 2012 noch einmal die Zusammenveranlagung (aus rein steuerlichen Gründen, wie zu vernehmen war).

Aus der Ehe sind die Kinder Vera (geb. 1985) und Ingo (geb. im Juni 1994) hervorgegangen. Ingo besucht seit August 2012 ein Internat im westfälischen Büren. Vera studiert in Bochum Rechtswissenschaften (Erststudium). Im Herbst 2012 hatte Werner Wüst in Bochum eine Eigentumswohnung gekauft, die Vera seit dem 15. 11. 2012 zu eigenen Wohnzwecken nutzt. Vera muss ihrem Vater keine Miete zahlen. Vorher wohnte Vera bei ihrer Mutter in Düsseldorf und legte die Strecke zur Universität mit öffentlichen Verkehrsmitteln zurück.

Seit März 2011 leistet Werner Wüst seiner Ex-Ehefrau Petra einen freiwilligen und erst im November 2012 gerichtlich bestätigten Barunterhalt i. H. von mtl. 1 250 €, der sich wie folgt zusammensetzt:

Unterhalt Petra	800 €
Unterhalt Vera	250 €
Unterhalt Ingo	200 €

Eine von Petra unterschriebene Anlage U über 15 000 € für 2012 liegt vor. Die Kinder haben jeweils nur bei Petra Wüst einen Wohnsitz. Anträge auf die Übertragung von etwaigen Freibeträgen für die Kinder wurden von den Eltern nicht gestellt.

II. Einkünfte

1. Grundstück in Düsseldorf

Werner Wüst hat nach einem im November 2008 gestellten Bauantrag im Januar 2012 mit der Herstellung eines Einfamilienhauses in Düsseldorf begonnen. Es war zunächst geplant, dass dieses Einfamilienhaus nach seiner Fertigstellung von Werner und Petra Wüst zu eigenen Wohnzwecken genutzt wird. Auf Grund der bereits geschilderten privaten Entwicklung war aber bereits vor Baubeginn klar, dass diese Nutzungsabsicht nicht vollzogen werden würde. Werner Wüst vermietete das im September 2012 fertig gestellte Gebäude ab 1. 9. 2012 für monatlich vorschüssig 3 000 € (fällig zum 1. eines jeden Monats) zzgl. gesetzlicher Umsatzsteuer an einen Steuerberater, der hier seine Praxis einrichtete. Sonstige umsatzsteuerliche Schlüsse hat er aus dem Objekt bisher noch nicht gezogen.

Wegen einiger Baumängel hat sich der Steuerberater zunächst geweigert, die Miete zu bezahlen. Nach Beseitigung der Baumängel war der Steuerberater jedoch mit dem Objekt so zufrieden, dass er auf Mietkürzungen verzichtete und am 29. 12. 2012 einen Scheck über 17 850 € bei Werner Wüst abgab mit der Bemerkung, es handele sich um die Mieten für September 2012 bis Januar 2013. Werner Wüst ließ den Scheck am 4. 1. 2013 seinem Konto gutschreiben.

Werner Wüst stellte folgende Aufwendungen zusammen:

Aufwandsart	**netto**	**zzgl. Umsatzsteuer**
Grund und Boden (in 2008 gezahlt)	120 000 €	
Grunderwerbsteuer (in 2008 gezahlt)	2 400 €	
notariell. Kaufvertrag (in 2008 gezahlt)	4 200 €	798 €
Notar- u. Gerichtskosten wegen der Eigentumsumschreibung (in 2008 gezahlt)	2 200 €	165 €
Architektenhonorar	25 000 €	4 750 €
Kosten der Baugenehmigung	700 €	
Summe aller Baurechnungen	440 000 €	83 600 €
fest verklebte Teppichböden	18 000 €	3 420 €
Gebäudeanschlusskosten	6 400 €	320 €
Beseitigung der o. g. Baumängel	8 600 €	1 634 €
kommunale Erschließungsbeiträge	3 500 €	

Sämtliche Arbeiten waren in 2012 beendet und von Werner Wüst im gleichen Jahr bezahlt worden.

Werner Wüst finanzierte das Objekt teilweise durch vorhandenes Barvermögen sowie durch den Verkauf einer 30 %igen Beteiligung an der Schmacht-GmbH im März 2012 für 260 000 €, die er im Mai 2011 für 233 500 € erworben hatte.

Eine Liquiditätslücke i. H. von 130 000 € finanzierte er über ein Grundschulddarlehen ab 1. 7. 2012. Dabei entstanden ihm in 2012 folgende Kosten:

Damnum (Zinsbindung 4 Jahre)	3 900 €
Notar- und Gerichtskosten wg. Eintragung der Grundschuld inkl. 60 € USt	800 €
Schuldzinsen	4 550 €

Laufende Grundstückskosten fielen i. H. von 2 000 € (inkl. 70 € USt) an.

2. Untertassenhandel

Werner Wüst handelt nebenberuflich mit antiken Untertassen. Er gilt hier europaweit als ausgewiesener Experte mit ausgezeichnetem Ruf. Werner Wüst ermittelt seinen Gewinn 2012 durch Gegenüberstellung der Betriebseinnahmen (190 000 €) und Betriebsausgaben (80 000 €).

HINWEIS:

Umsatzsteuerliche Auswirkungen sind nicht darzustellen.

Seinen Aufzeichnungen ist Folgendes zu entnehmen:

a) Werner Wüst erwarb in 2012 insgesamt für 40 000 € antike Untertassen. Hierin ist ein Betrag von 5 000 € für eine Lieferung in 2011 enthalten, die er erst in 2012 bezahlen konnte. Deshalb hat er 35 000 € Betriebsausgaben für Wareneinkäufe erfasst.

b) Bei einer 2012 für 2 600 € erworbenen Untertasse (im Wareneinkauf enthalten) ist auch ein ausgewiesener Experte wie Werner Wüst einem Kunstfälscher aufgesessen. Das zum 31. 12. 2012 noch nicht verkaufte Plagiat hat einen Wert von höchstens 1 000 €.

c) Bei einem Einbruch in 2012 sind ihm zwei Untertassen im Wert von 6 000 € sowie unstrittig betriebliches Bargeld i. H. von 1 000 € gestohlen worden. Die Versicherung erstattete ihm in 2012 vereinbarungsgemäß den Einkaufspreis der Untertassen i. H. von 7 875 €.

d) Der immer umfangreicher werdende Handel machte bereits im Januar 2011 die Anschaffung eines Pkw-Kombi mit speziellen stoßsicheren Untertassenhaltern erforderlich (Anschaffungskosten 60 000 € zzgl. USt, betriebsgewöhnliche Nutzungsdauer fünf Jahre, Privatnutzung geschätzt 55 %). Auf der Rückfahrt nach einem Besuch der „French Open“ in Paris, die er sich als begeisterter Tennisspieler fast nie entgehen lässt, verschuldete Werner Wüst im Mai 2012 einen Unfall in der Nähe von Aachen, wobei der Pkw völlig zerstört wurde.

   Wüst hält folgende Entwicklung der Anschaffungskosten des Pkw für zutreffend (zutreffend unterstellte Nutzungsdauer 5 Jahre):

Anschaffungskosten	60 000 €
AfA 2011 20 %	./. 12 000 €
AfA 2012 20 % x 5/12	./. 5 000 €
Restwertabschreibung bei Zerstörung 2012	./. 43 000 €
Wert nach Zerstörung	0 €

   Er hat deshalb in 2012 48 000 € sowie ein Bußgeld wegen zu schnellen Fahrens im Zeitpunkt des Unfalls i. H. von 400 € als Betriebsausgabe erfasst.

   Einen neuen Wagen (Privatnutzung und Nutzungsdauer wie vor) schaffte Werner Wüst bereits im Juni 2012 für AK i. H. von 75 000 € zzgl. USt an; den Kaufpreis zahlte er erst im Juli 2012.

   Die laufenden Kosten der beiden Pkw i. H. von 10 000 € sind als Betriebsausgabe abgesetzt worden; ansonsten ist der Pkw bisher nicht berücksichtigt worden.

3. Mietwohngrundstück in Dortmund

Werner Wüst erbte von seiner am 2. 1. 2012 verstorbenen Tante Emma ein unbelastetes Mietwohngrundstück in Dortmund. Emma hatte den Grund und Boden für umgerechnet 240 000 € mit Vertrag vom 5. 2. 2002 gekauft. Mit Bauantrag vom 1. 2. 2002 errichtete Sie dort ein Mehrfamilienhaus. Die Fertigstellung erfolgte am 30. 12. 2002. Es fielen umgerechnet 960 000 € Herstellungskosten an. Die Tante hatte das Gebäude linear abgeschrieben (§ 7 Abs. 4 Nr. 2a EStG). Das Erdgeschoss wurde an ein Schuhgeschäft vermietet und die anderen Etagen wurden zu Wohnzwecken vermietet. Die Etagen sind alle gleich groß.

Im Zeitpunkt des Erbfalls hat das Mietwohngrundstück einen Wert von 1 500 000 €. Werner Wüst trat in alle laufenden Verträge ein (Mieteinnahmen monatlich 10 000 €, lfd. Hauskosten monatlich 2 500 €).

Um diversen finanziellen Verpflichtungen nachkommen zu können, veräußerte Werner Wüst das Objekt mit Vertrag vom 25. 1. 2012 mit Wirkung zum 30. 11. 2012 zu einem Kaufpreis von 1 605 000 € (Zufluss 2012).

Im Kaufpreis enthalten sind 5 000 € säumige Mieten aus November 2012, deren Einziehung Werner Wüst dem Käufer überließ. Im Zusammenhang mit der Veräußerung musste Werner Wüst für Inserate etc. 2 000 € aufwenden.

4. Kaltfuß GmbH

a) Geschäftsführung

Werner Wüst ist alleiniger Geschäftsführer der Kaltfuß GmbH in Düsseldorf. Seine Lohnsteuerbescheinigung weist für 2012 einen Bruttoarbeitslohn i. H. von 250 000 € aus. Ausweislich seines Lohnkontos setzt sich der Arbeitslohn wie folgt zusammen:

Gehalt (exakt angemessen)	180 000 €
zzgl. einer zivilrechtlich wirksam im Voraus vereinbarten Umsatztantieme für 2011, ausgezahlt in 2012: Umsatz 3 500 000 € x 2 %	+ 70 000 €
Bruttoarbeitslohn	250 000 €

In der von ihm und Nora angemieteten Wohnung (150 qm, Miete 1 500 € inkl. sämtlicher Nebenkosten) nutzt Werner Wüst eine Ecke (10 qm) des sehr geräumigen Wohnzimmers als häusliches Arbeitszimmer, um hier ausschließlich für die GmbH einige Arbeiten zu erledigen. Den dort aufgestellten Schreibtisch mit Bürostuhl (Nutzungsdauer 5 Jahre) hatte er im Januar 2012 für 1 500 € erworben. Auf den Schreibtisch entfallen 900 € und auf den Bürostuhl 600 €. Seinem PC, den er zu 30 % für private Zwecke nutzt, sind 2012 Kosten inkl. AfA i. H. von 300 € zuzurechnen.

Über ein ausschließlich beruflich genutztes Diktiergerät mit Abspieleinrichtung hatte er vom Bürohändler Träge bei Lieferung im Februar 2012 eine Rechnung über brutto 480 € erhalten; wegen der verzögerten Lieferung zahlte Werner Wüst aber nur 400 €. Träge hat sich seitdem nicht mehr gemeldet.

b) Veräußerung

Werner Wüst ist seit Gründung zu 40 % an der Kaltfuß GmbH (Stammkapital 50 000 €, gegründet 1982) beteiligt. Im November 2012 veräußerte er 1/4 seiner Beteiligung (= 10 % des Stammkapitals) an Nora Nahtlos für angemessene 9 500 €. Den Betrag überwies Nora erst am 16. 1. 2013.

c) Angestellte Vera Wüst

Werners Tochter Vera hat in den Semesterferien sowie sonstigen vorlesungsfreien Zeiten für die Kaltfuß GmbH Bürotätigkeiten erledigt, wofür sie brutto (auf Lohnsteuerkarte) 20 600 € erhielt. Vergleichbare Tätigkeiten werden von der GmbH normalerweise mit 18 000 € vergütet.

5. Mogli KG

Werner Wüst hat sich 2012 mit 300 000 € als Kommanditist an dem geschlossenen Immobilienfonds Mogli KG beteiligt, der ein größeres VuV-Objekt in Leipzig verwaltet. Laut Mitteilung des zuständigen Finanzamtes sind Werner Wüst für 2012 Verluste i. H. von 105 % seiner Einlage zuzuweisen.

III. Aufgabe

1. Ermitteln Sie das möglichst niedrige Einkommen des Werner Wüst für 2012 in der für ihn zulässigerweise günstigsten Veranlagungs- und Tarifart.
2. Weisen Sie bei der Bearbeitung bitte auf Einkommensteuerermäßigungen hin.

BEARBEITUNGSHINWEIS:

- Erforderliche Anträge zugunsten des Werner Wüst gelten als gestellt. Anträge bezüglich etwaiger Freibeträge für die Kinder wurden jedoch nicht gestellt (s.o.). Ausführungen zur persönlichen Steuerpflicht sind entbehrlich.
- Die Vorsorgeaufwendungen sind i. H. von 5 069 € abzugsfähig. Weitere Berechnungen sind nicht vorzunehmen.
- Der Gesamtbetrag der Einkünfte betrug 2011 ./. 400 000 € (es waren keine positiven Einkünfte vorhanden). Er konnte im Wege des Verlustrücktrages vollständig nach 2010 zurück getragen werden.
- Das zu versteuernde Einkommen ist nicht zu ermitteln.
- Erläuterungen zur Berücksichtigung von Kindern müssen gegeben werden.
- Sofern möglich will Werner Wüst das Teileinkünfteverfahren anwenden.

Aufgabenteil Nr. 2: Körperschaftsteuer

A. Sachverhalt

Die Baumann GmbH, mit Sitz und Geschäftsleitung in Düsseldorf, hat Ihnen für 2012 die folgende vorläufige Bilanz und Gewinn- und Verlustrechnung vorgelegt:

Vorläufige Handels- und Steuerbilanz zum 31. 12. 2012

Aktiva			**Passiva**
Verschiedene Aktiva	1 070 597 €	Stammkapital	200 000 €
		Gewinnrücklagen	180 000 €
		Gewinnvortrag	106 429 €
		Jahresüberschuss 2012	240 391 €
		Verschiedene Passiva	343 777 €
	1 070 597 €		1 070 597 €

Es ist davon auszugehen, dass die Gewerbesteuer-Rückstellung zutreffend in der Position „verschiedene Passiva" enthalten ist. Für die Körperschaftsteuer und den Solidaritätszuschlag 2012 sind bisher weder ein Erstattungsanspruch noch eine Rückstellung in der Bilanz ausgewiesen.

Die Gewinn- und Verlustrechnung für 2012 hat folgendes Bild:

Aufwand			**Ertrag**
Verschiedene Aufwendungen	450 000 €	Erlöse	700 000 €
		Dividendenerträge	70 000 €
Geldbuße	6 800 €	Sonstige betriebliche Erträge	
Steuern vom Einkommen u. Ertrag		(Investitionszulage)	6 000 €
KSt-Vorauszahlungen	57 200 €		
Solz-Vorauszahlungen	3 146 €		
KapSt	17 500 €		
Solz auf KapSt	963 €		
Jahresüberschuss	240 391 €		
	776 000 €		776 000 €

Bei dem Dividendenertrag handelt es sich um eine Ausschüttung einer inländischen Aktiengesellschaft für das Jahr 2011. Die Baumann GmbH hält 12 % der Anteile der Aktiengesellschaft. Die Aktiengesellschaft hat die Ausschüttung im Mai 2012 beschlossen. Im Juni 2012 wurden nach Abzug der Kapitalertragsteuer 51 537 € auf das Konto der GmbH überwiesen. Die der GmbH erteilte Bescheinigung enthält lediglich folgende Angaben:

Höhe der Leistung	70 000 €
anrechenbare Kapitalertragsteuer	17 500 €
Solidaritätszuschlag	963 €

Daneben sind folgende Sachverhalte bisher nicht berücksichtigt worden:

1. Am 20. 4. 2012 veräußerte die Baumann GmbH an ihren Gesellschafter-Geschäftsführer Bodo Baumann, der zu 80 % an der GmbH beteiligt ist, ein unbebautes Grundstück. Als Kaufpreis wurden 80 000 € vereinbart. Der Buchwert dieses Grundstücks betrug 60 000 €, der gemeine Wert 120 000 € (ortsüblicher Bodenwert).

2. Bodo Baumann ist zugleich Geschäftsführer der GmbH. Die GmbH schloss mit Bodo Baumann am 31. 10. 2012 rückwirkend auf den 1. 7. 2012 einen schriftlichen Anstellungsvertrag. Darin wurde eine monatlich Vergütung i. H. von 9 000 € vereinbart. Die GmbH hätte auch einem fremden Geschäftsführer ein entsprechendes Gehalt gezahlt. Die Zahlung der GmbH i. H. von 54 000 € (6 x 9 000 €) sind in den „verschiedenen Aufwendungen" enthalten.

3. Folgende Gewinnausschüttungen wurden von der GmbH an ihre Gesellschafter vorgenommen: Für 2011 = 30 000 €, laut Beschluss der Gesellschafterversammlung vom 11. 5. 2012, die am 16. 6. 2012 ausgezahlt wurde.

   Für 2012 = 60 000 €, laut Beschluss vom 13. 4. 2013, die im Mai 2013 ausgezahlt wurde.

4. Gesonderte Feststellungen zum 31. 12. 2011
   Zum 31. 12. 2011 waren unstreitig keine Feststellungen erforderlich.

B. Aufgabe

I. Nehmen Sie kurz zur sachlichen und persönlichen Körperschaftsteuerpflicht der Baumann GmbH Stellung. Ermitteln Sie für 2012 das zu versteuernde Einkommen.

II. Berechnen Sie die Rückstellungen (bzw. Forderungen) für die Körperschaftsteuer und den Solidaritätszuschlag 2012 und erstellen Sie danach die endgültige Bilanz zum 31. 12. 2012. Auswirkungen auf die Gewerbesteuer der Baumann GmbH sind dabei außer Betracht zu lassen.

III. Stellen Sie, soweit erforderlich, die erforderlichen gesonderten Feststellungen der Baumann GmbH zum 31. 12. 2012 dar.

Aufgabenteil Nr. 3: Gewerbesteuer

I. Allgemeiner Sachverhalt

Der Unternehmer Stefan Stoff betreibt in Duisburg und in Oberhausen jeweils ein Optikfachgeschäft. Der Gewinn für das Kalenderjahr 2012 wurde zutreffend gem. § 4 Abs. 1, § 5 EStG mit 300 000 € ermittelt.

II. Einzelsachverhalte

Folgende Sachverhalte sind zu beurteilen:

1. Vom früheren Eigentümer der beiden Geschäfte wurden vor Jahren Spezialgeräte auf Mietbasis übernommen. Der Eigentümer, der inzwischen im Ruhestand lebt, erhielt hierfür 2012 Mieten/Pachten i. H. von 3 600 €.

2. Stoffel Stoff, eine Schwester von Stefan Stoff, ist leitende Angestellte in Düsseldorf. Sie hat in das Unternehmen ihres Bruders bereits 1999 als stille Gesellschafterin 200 000 € investiert. Der Gewinnanteil der am Geschäftserfolg und an den stillen Reserven anteilig beteiligten Stoffel Stoff betrug 2012 20 000 €. Er wurde allerdings erst am 8. 3. 2013 ausbezahlt.

3. Für die einem Fachgeschäft in Wien gehörende Telefonanlage mussten 2012 Mieten i. H. von 6 000 € gezahlt werden.

4. Am 3. 1. 2012 wurde Stefan Stoff von der Volksbank Duisburg ein grundbuchrechtlich gesichertes Darlehen i. H. von 300 000 € mit einem Zinssatz von 7 % und einer Auszahlung von 95 % zugesagt. Das Darlehen soll bis zum 31. 12. 2015 zurückgezahlt werden. Die erste Auszahlung erfolgte Mitte Januar 2012. Dabei ist das Damnum bereits in voller Höhe einbehalten worden. Im Jahre 2012 wurden 500 € Bereitstellungszinsen und 15 000 € Darlehenzinsen gezahlt.

5. Ein am 1. 12. 2005 ausgezahltes betriebliches Darlehen der Sparkasse Duisburg über ursprünglich 100 000 € bestand in unveränderter Höhe bis Januar 2012 und wurde seit 2012 jährlich mit 25 000 € getilgt. Ende 2012 bestand noch eine Restschuld von 75 000 €. Die 2012 gezahlten Zinsen beliefen sich auf 8 000 €.

6. Das Unternehmen unterhält bei der Deutschen Bank Oberhausen ein Kontokorrentkonto. Die jeweiligen Schuldenstände waren im 1. Halbjahr 2012 mit 10 % und ab 1. 7. 2012 mit 10,5 % zu verzinsen. Die tatsächliche Zinsbelastung belief sich für 2012 auf insgesamt 7 000 € und wurde über Zinsaufwand verbucht. Das Konto wies im Jahre 2012 folgende Schuldenstände auf:

5. 1. 2012	./. 10 500 €
9. 2. 2012	./. 24 000 €
3. 3. 2012	./. 30 300 €
13. 4. 2012	./. 1 500 €
19. 5. 2012	./. 31 500 €
22. 6. 2012	./. 27 000 €
25. 8. 2012	./. 33 300 €
20. 9. 2012	./. 4 500 €

An drei Tagen des Jahres 2012 wurde ein Guthaben ausgewiesen. An den anderen Tagen des Jahres lag der Schuldstand zwischen 35 000 € und 100 000 €.

7. Für ein der Oberhausener Betriebsstätte als Parkplatz dienendes Grundstück waren 2012 1 200 € Miete zu zahlen. Der Vermieter ist Steuerberater in Oberhausen. Der Einheitswert des Grundstücks beträgt 4 000 €.

8. Das seit 2000 als Betriebsgrundstück bilanzierte Gebäude mit Büroräumen und Ladenlokal sowie Werkstätten in Duisburg gehört Stefan Stoff. Der auf den 1. 1. 1964 festgestellte Einheitswert des Grundstücks beträgt 110 000 €. Die Buchwerte zum 31. 12. 2012 betragen für

- den Grund und Boden 250 000 €
- das Gebäude 400 000 €

9. Am 4. 3. 2012 wurde in Duisburg zur Betriebserweiterung zusätzlicher Grund und Boden erworben und zum 31. 12. 2012 mit 60 000 € bilanziert. Der Einheitswert beträgt 6 000 €.

10. Das Büro der Betriebsstätte Oberhausen befindet sich seit 2000 in einem Gebäude von Stefan Stoff. Die betriebliche Nutzung bezogen auf die Jahresrohmiete beträgt 16 %. Im Übrigen dient das Grundstück mit einem Einheitswert von 60 000 € eigenen Wohnzwecken.

    Eine Bilanzierung ist nicht erfolgt, weil der betrieblich genutzte Teil des Gebäudes gem. § 8 EStDV zutreffenderweise als Grundstücksteil von untergeordnetem Wert behandelt worden war.

11. Der Grund und Boden, auf dem sich die Betriebsstätte Oberhausen befindet, steht zu 55 % im Eigentum von Stefan Stoff und zu 45 % im Eigentum seiner Frau Paula Stoff.

    Die betrieblichen Gebäude wurde im Einvernehmen mit Frau Stoff aus Mitteln des Betriebes 2000 auf dem gemeinsamen Grund und Boden errichtet. Der Einheitswert des Grundstücks beläuft sich seither auf 180 000 €.

12. Folgende Arbeitslöhne wurden 2012 gezahlt:

- Oberhausen 250 200 €
- Duisburg 400 300 €

    In den Arbeitslöhnen der Betriebsstätte Duisburg sind 16 000 € Ausbildungsvergütungen enthalten. In den Löhnen der Betriebsstätte Oberhausen ist eine Tantieme i. H. von 20 000 € für den dortigen Geschäftsführer enthalten. Stefan Stoff leitet maßgeblich die Betriebsstätte Duisburg. Er verbringt 80 % seiner Arbeitszeit in Duisburg sowie 20 % seiner Arbeitszeit in Oberhausen.

III. Aufgabe

Ermitteln Sie die Gewerbesteuerschuld für 2012. Folgende als zutreffend zu unterstellende Hebesätze sind zu berücksichtigen:

- Duisburg 450 %
- Oberhausen 420 %

Eine Gewerbesteuer-Rückstellung ist aus Vereinfachungsgründen nicht zu berechnen.

Aufgabenteil Nr. 4: Umsatzsteuer

Klausur Nr. 1 „Raffi Rastlos“

I. Allgemeiner Sachverhalt

Der Unternehmer Raffi Rastlos mit Sitz in Schermbeck/Westfalen betreibt ein Einzelunternehmen ohne näher eingegrenzten Geschäftsbereich. Er schließt stets Geschäfte ab, die ihm lukrativ erscheinen. Auf eine bestimmte Branche hat er sich dabei nicht festgelegt. Seine Umsätze betragen jährlich rd. 2 000 000 €, die er nach vereinbarten Entgelten versteuert.

II. Aufgabe

Sämtliche Sachverhalte sind unter Nennung der gesetzlichen Vorschriften sowie Verwaltungsanweisungen umsatzsteuerlich für den Veranlagungszeitraum 2013 zu bearbeiten. Im Zweifel gelten alle erforderlichen Anträge als gestellt sowie Buch- und Belegnachweise als geführt.

III. Einzelsachverhalte

1. Herr Rastlos hat in Wesel auf eigenem Grundstück ein Gebäude errichten lassen (Baubeginn Februar 2013, Fertigstellung November 2013). Es sind folgende Kosten entstanden und entrichtet worden:

Kaufpreis Grund und Boden (Anschaffung 2004)	360 000 €
Grunderwerbsteuer (zutreffend)	7 200 €
Baukosten (Rechnung des Generalunternehmers vom 17. 12. 2013)	1 800 000 €
zzgl. Umsatzsteuer	342 000 €

Bei der Herstellung des Objekts wurden Gerüst- und Schalungsteile verwendet, die zum Unternehmen des Rastlos gehören. Einem fremden Dritten hätte er für die Nutzungsüberlassung 10 000 € zzgl. Umsatzsteuer berechnet.

Anzahlungen waren an den Generalunternehmer entsprechend einer mündlichen Vereinbarung ab Baubeginn in 10 Raten je 180 000 € zu leisten. Über den Restbetrag ist im Dezember 2013 schriftlich abgerechnet worden.

Das Gebäude ist entsprechend der ursprünglichen Absicht wie folgt ab 1. 12. 2013 vermietet:

- Erdgeschoss: Büroräume einer Versicherungsgesellschaft

  monatliche Miete: 5 000 € zzgl. USt

- 1. OG: Tierarztpraxis

  monatliche Miete 4 000 € zzgl. USt

- 2. OG: Steuerberaterpraxis:

  monatliche Miete 4 000 € zzgl. USt

- 3. OG: Betriebsprüfungsstelle des Finanzamts Wesel:

  monatliche Miete 4 000 € zzgl. USt

  Sämtliche Etagen sind gleich groß und gleichwertig.

Sonderfrage:

Zu Einzelsachverhalt 1 ist zusätzlich folgende Überlegung des Herrn Rastlos umsatzsteuerlich zu beurteilen:

Rastlos hat mit dem Steuerberater, der das 2. Obergeschoß gemietet hat, einen auf fünf Jahre befristeten Mietvertrag abgeschlossen. Nach Ablauf der Mietzeit überlegt Rastlos eine Vermietung zu Wohnzwecken an seine Tochter Rosi, die dann von einem längeren Auslandsaufenthalt zurückkehren wird.

2. Herr Rastlos hat am 6. 4. 2013 an einem betrieblich/unternehmerisch veranlassten Fortbildungsseminar mit dem Thema „*Wie komme ich möglichst schnell an das Geld anderer Leute?*" in Hamburg teilgenommen. Dabei sind folgende Kosten entstanden:

a)	Teilnahmegebühr	1 200 €
	zzgl. 19 % Umsatzsteuer	228 €
		1 428 €
b)	Hotelrechnung, nur Übernachtung	300 €
	zzgl. 19 % Umsatzsteuer	57 €
		357 €
c)	Fahrtkosten	
	Bundesbahnfahrkarte/Tarifentfernung 420 km	400 €
d)	Eine Gesamttaxirechnung i. H. von	300 €

   Diese Rechnung hat ihm der Taxiunternehmer Fritz Flink für verschiedene Fahrten innerhalb von Hamburg erteilt. Rastlos hatte für Taxifahrten stets den gleichen Taxiunternehmer beauftragt. Die Rechnung des Fritz Flink enthält den Vermerk: „7 % Umsatzsteuer enthalten". Rastlos hat das Taxi für die Fahrten vom Bahnhof zum Seminarort und umgekehrt sowie diversen betrieblich/unternehmerisch veranlassten Fahrten genutzt.

3. Im August 2013 hat Rastlos eine 15-stündige Geschäftsreise zu einem Kunden nach Frankfurt a. M. unternommen. Da er ein Fahrzeug seines Unternehmens verwendete, sind ihm keine zusätzlichen Fahrtkosten entstanden. Ordnungsgemäße Verpflegungsbelege kann er über 55 € vorlegen.

4. Mit Vertrag vom 20. 4. 2013 verkaufte Rastlos einem Unternehmer in Russland einen Reisebus. Der Bus wurde noch im April 2013 von dem russischen Busunternehmer in Schermbeck abgeholt. Rastlos stellte 80 000 € ohne Umsatzsteuer in Rechnung. Den Bus hatte Rastlos im gleichen Monat für 50 000 € zzgl. 9 500 € Umsatzsteuer von einem Busunternehmer in Magdeburg erworben.

5. Wie in Tz. 1 bereits angedeutet, vermietet Rastlos u. a. auch Baugerüste. Im Dezember 2013 vereinnahmte er insgesamt 8 000 € Entschädigungen von einem mit ihm konkurrierenden Gerüstunternehmen mit Sitz in Amsterdam. Rastlos verpflichtete sich, an einer Ausschreibung der Bundesbauverwaltung nicht teilzunehmen. Da es sich seiner Meinung nach bei der

Entschädigung um Schadenersatz handelt, möchte Rastlos eine umsatzsteuerliche Behandlung des Sachverhaltes nicht vornehmen.

6. Im Dezember 2012 beauftragte Rastlos den Versicherungsmakler Gerd Gierig, die für sein Unternehmen notwendigen Haftpflichtversicherungen zu erarbeiten und Versicherungsschutz herbeizuführen. Gierig rechnete im Januar 2013 wie folgt ab:

Vermittlung diverser Haftpflichtversicherungen	1 500 €
zzgl. 19 % USt	+ 285 €
	1 785 €

Klausur Nr. 2 „Herbert Schnell"

Aufgabenstellung

Beurteilen Sie sämtliche im Sachverhalt geschilderten Vorgänge aus umsatzsteuerlicher Sicht, sofern sie die Voranmeldungszeiträume Januar bis Dezember 2013 und den Unternehmer Herbert Schnell betreffen. Leistungen anderer Unternehmer sind nur insoweit zu beurteilen, als dies für Herbert Schnell umsatzsteuerrechtlich von Bedeutung ist. Ein sog. Vorspann ist nicht erforderlich.

Bei Ihren Ausführungen gehen Sie bitte, soweit der Sachverhalt dies erfordert, in folgender Reihenfolge vor:

- Steuerbarkeit (Art, Umfang, Ort des Umsatzes);
- Steuerbefreiung/Steuerpflicht;
- Steuersatz, Bemessungsgrundlage;
- Höhe der Umsatzsteuer und Zeitpunkt der Entstehung; bei innergemeinschaftlichen Lieferungen den Voranmeldungszeitraum, in dem der Umsatz in der Voranmeldung zu erklären ist. Angaben zur Zusammenfassenden Meldung sind entbehrlich und sollen daher unterbleiben;
- Vorsteuerabzug (Berechtigung zum Vorsteuerabzug, Höhe des Vorsteuerabzugs, Zeitpunkt des Vorsteuerabzugs).

BEARBEITUNGSHINWEIS:

Es ist in allen Fällen des innergemeinschaftlichen gewerblichen Waren- und Dienstleistungsverkehrs davon auszugehen, dass die beteiligten Unternehmer die USt-Identifikationsnummer des Landes verwendet haben, in dem sie ansässig sind.

Sachverhalt

Herbert Schnell (H. S.) ist Generalimporteur in Europa für Kraftfahrzeuge der Marke KIA. H. S., der sein Unternehmen von der Krupp-Allee in Essen aus betreibt, versteuert seine Umsätze nach vereinbarten Entgelten. Er reicht seine USt-Voranmeldungen monatlich beim Finanzamt ein.

Einzelsachverhalt 1

Im März 2013 bestellte ein Vertragshändler aus Frankreich drei KIA 700 i. H. S. hatte die Fahrzeuge zuvor im Januar 2013 beim Hersteller in Südkorea eingekauft. Im Februar ließ H. S. die Fahrzeuge durch einen von ihm beauftragten Spediteur von Südkorea zu seinem Lager nach Essen transportieren. Die bei der Einfuhr im Februar angefallene Einfuhrumsatzsteuer i. H. von 2 500 € bezahlte H. S. noch Ende Februar an das zuständige Zollamt.

Am 5. März 2013 wurden die drei Fahrzeuge KIA 700i in Essen durch einen vom französischen Kunden beauftragten belgischen Spediteur abgeholt und nach Frankreich gebracht. Der von H. S. mit Rechnung vom 5. März 2013 geforderte Rechnungsbetrag i. H. von 34 500 € zahlte der französische Kunde erst im April 2013.

Einzelsachverhalt 2

Da die Betriebsanleitung der KIA-Fahrzeuge nicht in deutscher Sprache aufgelegt wird, bezog H. S. von dem österreichischen Verlag „So Geht`s" aus Salzburg 200 Bücher „Wie helfe ich mir selbst – Pannenhilfe von A bis Z". H. S. hat die Bücher durch den von ihm selbst beauftragten österreichischen Spediteur Nannen (N) am 31. 7. 2013 in Salzburg abholen und noch am gleichen Tage nach Essen transportieren lassen.

Der Kaufpreis für die Bücher betrug 1 000 €. Der Verlag erstellte eine Rechnung für die Bücher über 1 000 €, die auf den 31. 9. 2013 datiert war.

Wegen des äußerst schleppenden Verkaufs der KIA-Fahrzeuge war H. S. froh darüber, dass er die „Pannenhelfer" an die Mitglieder des Essener KIA-Clubs im September 2013 für insgesamt 2 300 € verkaufen konnte, wobei die Mitglieder des Clubs die Bücher am Betriebssitz des H. S. in Essen abholten und den Kaufpreis jeweils bar bezahlten.

Nannen (N) erteilte H. S. am 20. 8. 2013 über die ausgeführte Transportleistung eine Rechnung über 119 € ohne Ausweis von Umsatzsteuer, die H. S. unmittelbar nach Eingang der Rechnung bezahlte.

Einzelsachverhalt 3

Am 15. 1. 2013 bestellte der KIA-Händler Schrott mit Sitz in Frankfurt bei H. S. sechs KIA Maxima 3000 QX zum vereinbarten Kaufpreis i. H. von 214 200 €.

Der von Schrott beauftragte Spediteur nahm am 20. 1. 2013 die Fahrzeuge in Empfang und brachte sie unmittelbar zum Kunden des Schrott, die Autovermietungsgesellschaft Wolga in Moskau/Russland, wo die Fahrzeuge am 2. 2. 2013 durch den Spediteur übergeben werden konnten. Die von H. S. ausgestellte Rechnung vom 20. 2. 2013 wurde von Schrott im März 2013 unter Abzug von 5 % Skonto bezahlt.

HINWEIS:

Schrott erbringt alle erforderlichen beleg- und buchmäßigen Nachweise über die Veranlassung des Transports, so dass ihm die Warenbewegung zuzurechnen ist.

Einzelsachverhalt 4

Einen fabrikneuen, bisher nicht zugelassenen KIA 1200 GLX übergab H. S. am 18. 3. 2013 anlässlich eines Frühlingsfestes dem Roten Kreuz in Essen als Geschenk. Für die Spende bekam H. S. eine ordnungsgemäße Spendenbescheinigung. Der übliche Verkaufspreis des KIA betrug 15 980 €, der ursprüngliche Einkaufspreis (netto ohne Umsatzsteuer) i. H. von 10 000 € ist bis zum Zeitpunkt des Ausscheidens aus dem Unternehmen des H. S. um 10 % gestiegen.

Einzelsachverhalt 5

H. S. überließ einem seiner leitenden Angestellten, dem Chefverkäufer Gerhard Schmeichler, mit einer am 1. 1. 2013 begründeten doppelten Haushaltsführung von Januar bis März 2013 einen Firmenwagen mit einem Listenpreis einschließlich USt von 30 000 € zu Privatfahrten, zu Fahrten zur 10 km entfernten Arbeitsstätte und zu 10 Familienheimfahrten zum 150 km entfernten Wohnsitz der Familie in Paderborn. Die Privatnutzung wurde in einem zusätzlichen Vertrag zu Beginn des Dienstverhältnisses zwischen H. S. und dem Angestellten Gerhard Schmeichler schriftlich festgehalten. Weil H. S. nicht wusste, wie er die Pkw-Gestellung umsatzsteuerlich handhaben sollte, ist der Vorgang noch nicht berücksichtigt worden.

Belege über die tatsächlichen Aufwendungen für das Fahrzeug sind nicht vorhanden, ein Fahrtenbuch wurde durch Schmeichler nicht geführt und aus Vereinfachungsgründen möchte H. S., wenn möglich, die für Lohnsteuerzwecke angewendete sog. „1 % Methode" anwenden.

Einzelsachverhalt 6

H. S. hat am 10. 1. 2013 für 20 000 € zzgl. 3 800 € Umsatzsteuer einen KIA GTI an den Privatmann Ingo Raser verkauft, der den KIA noch am gleichen Tage aus dem Verkaufssalon des H. S. in Essen mitnahm. Da Ingo Raser noch in Ausbildung war, erfolgte die Veräußerung durch H. S. unter Eigentumsvorbehalt (§ 455 BGB). Ingo Raser zahlte die Raten für Januar und Februar 2013 pünktlich zum 20. des Monats i. H. von jeweils 2 380 €. Außerdem hatte er bei Übernahme des Fahrzeugs eine Einmalzahlung von 2 380 € zu leisten.

Ab März kam Ingo Raser wegen Verlustes des Ausbildungsplatzes in Zahlungsverzug und konnte die Raten nicht mehr bezahlen. H. S. trat deshalb vom Vertrag zurück, holte den KIA am 25. 3. 2013 bei Ingo Raser in Wuppertal ab und erstattete Ingo Raser von den bis dahin gezahlten Beträgen lediglich 2 380 €. Ein Gutachter hatte wegen einer Beschädigung des KIA einen Minderwert von 1 190 € errechnet. Eine weitere Erstattung lehnte H. S. mit dem Hinweis ab, der KIA habe durch den Gebrauch durch Ingo Raser an Wert verloren.

Aufgabenteil Nr. 5: Abgabenordnung

Sachverhalt 1

Die Eheleute Max und Erna Müller haben ihre Einkommensteuererklärung für das Jahr 01 im September 02 beim zuständigen Finanzamt eingereicht. Im Rahmen der Einkommensteuerveranlagung hat das Finanzamt einen Körperbehindertenpauschbetrag i. H. von 1 060 € nicht gemäß § 33b EStG als außergewöhnliche Belastungen berücksichtigt, weil kein entsprechender Bescheid des Versorgungsamts vorgelegt werden konnte. Der Einkommensteuerbescheid erging am 20.01.03 unter Vorbehalt der Nachprüfung. Aufgrund erfolgreicher Klage vor dem Sozialgericht hat das Versorgungsamt mit Bescheid vom 20.06.07 (Tag der Bekanntgabe) den Grad der Behinderung rückwirkend zum 01.07.01 auf 80 % festgesetzt.

Daraufhin beantragten die Eheleute Müller im August 07 die Änderung des Einkommensteuerbescheides für 01.

Aufgabe

Wie wird das Finanzamt über diesen Antrag entscheiden?

Sachverhalt 2

David Tenbieg ist als Lehrer nichtselbständig tätig. Daneben erzielt er positive Einkünfte aus Vermietung und Verpachtung.

Die Einkommensteuererklärung für 05 hat er am 01.03.07 beim zuständigen Finanzamt Krefeld eingereicht. Im Rahmen der Erklärung hatte er u. a. Aufwendungen für einen Sprachkurs in Italien i. H. von 2 000 € als Werbungskosten bei den Einkünften aus nichtselbständiger Arbeit geltend gemacht.

Das Finanzamt ließ diese Aufwendungen jedoch unberücksichtigt, weil es von einer privaten Veranlassung der Reise ausging. Dem Steuerpflichtigen wurde die Nichtberücksichtigung der Aufwendungen im Bescheid erläutert.

Der endgültig ergangene und mit einer ordnungsgemäßen Rechtsbehelfbelehrung versehene Einkommensteuerbescheid 05 wurde am 27.09.07 (Donnerstag) zur Post gegeben und am 28.09.07 (Freitag) in den Briefkasten von David Tenbieg eingelegt. Die Einkommensteuer wurde auf 18 000 € festgesetzt. David Tenbieg heftete den Bescheid zunächst in seinen Unterlagen ab.

Am 02.11.07 (Freitag; Eingang beim Finanzamt Krefeld) legt David Tenbieg schriftlich Einspruch gegen den Einkommensteuerbescheid 05 ein. Er begründet den Rechtsbehelf mit der ausschließlichen beruflichen Veranlassung der Aufwendungen durch seine Tätigkeit als Lehrer für Englisch und Italienisch.

Aufgabe

Bitte prüfen Sie, ob der Einspruch die **Zulässigkeitsvoraussetzungen** erfüllt. Gehen Sie hierbei auf **alle** in Betracht kommenden Voraussetzungen ein.

Nehmen Sie in diesem Zusammenhang ausführlich zur Berechnung der Einspruchsfrist Stellung. Bitte beachten Sie, dass der 01.11.07 in NRW ein gesetzlicher Feiertag (Allerheiligen) ist.

Sachverhalt 3

Olaf Onko ist Gesellschafter der Kaffeehandels OHG. Olaf Onko hat seine Einkommensteuererklärung für den VZ 01 bereits im Kalenderjahr 02 abgegeben. Die OHG hat ihre Feststellungserklärung für das Jahr 01 im Jahre 03 beim Finanzamt eingereicht.

Sowohl der Einkommensteuerbescheid des Olaf Onko als auch der Feststellungsbescheid der OHG werden im Jahre 03 unter Vorbehalt der Nachprüfung bekannt gegeben.

Im Jahre 07 findet bei der OHG eine steuerliche Außenprüfung statt. Die Außenprüfung hatte unter anderem einen gem. § 164 Abs. 2 AO geänderten Feststellungsbescheid für das Jahr 01 zur Folge, der am 15.03.07 (Montag) vom Finanzamt zur Post gegeben wurde. Darin wurde der Gewinn der OHG für das Jahr 01 um 100 000 € erhöht, wovon 50 000 € auf Olaf Onko entfallen.

Mit Bescheid vom 20.03.09 (Montag) ändert das Finanzamt den Einkommensteuerbescheid 01 des Olaf Onko insoweit, als es die Einkünfte i. S. des § 15 Abs. 1 Nr. 2 EStG um 50 000 € erhöht. Das Finanzamt begründete die Korrektur mit § 164 Abs. 2 AO. Der Bescheid wird am 21.03.09 (Dienstag) in den Briefkasten des Onko eingelegt.

Aufgaben

1. Prüfen Sie, ob das Finanzamt zur Änderung des Feststellungsbescheides 01 der OHG berechtigt war.
2. Prüfen Sie, ob das Finanzamt zur Änderung des Einkommensteuerbescheides 01 des Olaf Onko berechtigt war.

Aufgabenteil Nr. 6: Erbschaftsteuer/Bewertungsrecht

I. Persönliche Verhältnisse

Der in Bochum wohnhafte Markus Schmidt ist am 30. 09. 2012 verstorben. Sein zu diesem Zeitpunkt 26 Jahre alter Sohn Thomas Schmidt, der in Gelsenkirchen wohnt, ist testamentarisch zum Alleinerben berufen.

II. Nachlass

Markus Schmidt hinterlässt seinem Sohn den im Folgenden näher bezeichneten Nachlass:

1. Einfamilienhaus in Bochum, Geierhorst 8

Auf dem Grundstück befindet sich das vom Erblasser bis zu seinem Tode selbst genutzte Einfamilienhaus mit einer Wohnfläche von 250 qm. Der gemäß § 151 Abs. 1 Nr. 1 BewG festgestellte Grundbesitzwert zum Todestag beträgt nach den maßgebenden Vorschriften des Bewertungsgesetzes 500 000 €.

Unmittelbar nach dem Tode seines Vaters ist der Alleinerbe Markus Schmidt in das Einfamilienhaus eingezogen und nutzt es nunmehr in vollem Umfang zu eigenen Wohnzwecken.

Am Todestag bestand eine Darlehensschuld gegenüber der LBS Münster. Der Erblasser hatte die Darlehensmittel zur Errichtung des vorstehend bezeichneten Einfamilienhauses verwendet. Das im Jahre 1992 in Höhe von 350 000 € in Anspruch genommene Darlehen valutiert am Todestag mit 200 000 €.

2. Bankguthaben

Laut Mitteilung der Sparkasse Bochum beträgt das Guthaben des Herrn Schmidt zum Todestag (einschl. aufgelaufener Zinsen) 296 150 €.

3. Hausrat

Der zur Wohnung des Erblassers gehörende Hausrats hat am Todestag einen gemeinen Wert von 21 000 €. Markus Schmidt war begeisterter Münzsammler. Der gemeine Wert der Münzsammlung beträgt zum Todestag 130 520 €.

4. Personenkraftwagen

Der gemeine Wert des privat genutzten und im August 2010 erworbenen Pkw beträgt am Todestag 40 000 €. Die Anschaffung des Pkw hatte der Erblasser teilweise fremd finanziert. Das Darlehen bei der VW-Bank valutiert zum Todestag mit 18 000 €.

III. Sonstige Angaben

Die von Herrn Thomas Schmidt in Zusammenhang mit dem Tod seines Vaters getragenen Kosten der Bestattung betragen insgesamt 9 700 €. Steuerfreie Versorgungsbezüge stehen dem Erben anlässlich des Todes des Erblassers nicht zu. Pflichtteilsansprüche sind von anderen Personen nicht geltend gemacht worden.

B. Aufgabe

Beurteilen Sie den o. a. Sachverhalt aus erbschaftsteuerlicher Sicht unter Angabe der gesetzlichen Bestimmungen des Erbschaft- und Schenkungsteuergesetzes (ErbStG) und des Bewertungsgesetzes (BewG). Folgen Sie bei der Steuerberechnung bitte der Systematik des ErbStG und berücksichtigen Sie sachliche Freibeträge unmittelbar bei den begünstigten Wirtschaftsgütern.

Gehen Sie bei Ihrer Lösung in der vorgegebenen Reihenfolge auf die nachfolgend genannten Punkte ein:

- Persönliche Steuerpflicht
- Steuerpflichtiger Vorgang
- Entstehung der Steuerschuld und Bewertungsstichtag
- Steuerklasse
- Ermittlung des Wertes der Bereicherung
- Ermittlung des steuerpflichtigen Erwerbs
- Höhe der festzusetzenden Erbschaftsteuer

Aufgabenteil Nr. 7: Rechnungswesen

Teil I: Rechnungswesen

Sachverhalt I

A. Allgemeines

K. Ramba betreibt seit dem 1. 10. 2004 in Ratingen ein Bauunternehmen. Auf seinen Antrag hin wurde er am 15. 12. 2004 als Kaufmann in das Handelsregister eingetragen. K. Ramba tätigt ausschließlich umsatzsteuerpflichtige Umsätze.

Herr K. Ramba übergibt Ihnen die von seinem Buchhalter am 21. 6. 2013 erstellte Handelsbilanz zum 31. 12. 2012, die einen vorläufigen Jahresüberschuss i. H. von 247 800 € ausweist. Das Unternehmen erfüllt nicht die Voraussetzungen des § 7g EStG.

B. Aufgabe

Nehmen Sie anschließend zu den nachstehenden Sachverhalten in folgender Reihenfolge Stellung:

a) Beurteilen Sie die nachstehenden Sachverhalte aus handels- und aus steuerrechtlicher Sicht und begründen Sie Ihre Entscheidungen kurz unter Hinweis auf die gesetzlichen Bestimmungen und Verwaltungsanweisungen (HGB, EStG, EStR und EStH). Bei rechtlichen Zweifelsfällen ist der Verwaltungsauffassung zu folgen. Ermitteln Sie bei Bewertungswahlrechten den steuerlich niedrigsten möglichen Gewinn; bei evtl. Wahlrechten soll auch der handelsrechtliche Jahresüberschuss grds. möglichst niedrig ausgewiesen werden, es sei denn, dies würde die Erstellung einer einheitlichen Bilanz verhindern. Aus Vereinfachung ist zu unterstellen, dass eine evtl. mögliche oder in den Vorjahren wahrgenommene degressive AfA den handelsrechtlichen GoB entspricht. Soweit in den einzelnen Sachverhalten besonders darauf hingewiesen wird, dass Bilanzposten bereits korrekt erfasst sind, brauchen diese nicht mehr angesprochen zu werden. Etwaige Auswirkungen auf latente Steuern sind nicht zu beurteilen.

b) Entwickeln Sie die einzelnen Bilanzansätze zum 31. 12. 2012. Dabei ist das abnutzbare Anlagevermögen in Staffelform darzustellen. K. Ramba strebt grds. die Erstellung einer einheitlichen Bilanz an. Sollten die Bilanzansätze in der HB und der StB jedoch zwingend voneinander abweichen, sind die jeweiligen Bilanzansätze nebeneinander darzustellen (2 Kontenentwicklungen!); eine gesonderte Steuerbilanz will K. Ramba nicht erstellen. Mögliche Änderungen bei der Vorsteuer bzw. Umsatzsteuer sind bei den betreffenden Sachverhalten betragsmäßig anzugeben (die Ermittlung des Endbestandes ist nicht erforderlich). Auf die Ermittlung einer Gewerbesteuer-Rückstellung bzw. eines evtl. Gewerbesteuer-Erstattungsanspruchs ist **nicht** einzugehen.

c) Erstellen Sie für den Jahresabschluss zum 31. 12. 2012 die erforderlichen Korrektur- bzw. Ergänzungsbuchungen.

d) Es ist die jeweilige Gewinnauswirkung für 2012 mit den einzelnen Beträgen anzugeben. Dabei sind die betreffenden Erfolgskonten der Gewinn- und Verlustrechnung zu benennen. Steuerliche Abweichungen sind gesondert darzustellen. Eine Zusammenstellung sämtlicher Änderungen (Ermittlung eines endgültigen Gewinns) ist nicht erforderlich.

C. Sachverhalte

1. Geschäftsgrundstück

Am 1. 3. 2012 erwarb K. Ramba das Erbbaurecht an dem unbebauten 1 800 qm großen Grundstück Am Markt 7 gegen Zahlung eines monatlichen Erbbauzinses i. H. von 800 €. K. Ramba ließ auf diesem Grundstück sofort eine Lagerhalle mit anschließendem Bürogebäude erstellen. Die Fertigstellung und Abnahme des fertigen Bauwerks erfolgte am 1. 12. 2012.

Das Erbbaurecht erstreckt sich über 50 Jahre. Im Zusammenhang mit der Erbbaurechtsbestellung fielen Notar- und Gerichtskosten sowie Maklergebühren i. H. von insgesamt 12 000 € (netto) an, die am 9. 3. 2012 bezahlt worden sind. Die abziehbare Vorsteuer wurde zutreffend gebucht. Außerdem zahlte K. Ramba vereinbarungsgemäß am 1. 6. 2012 die Erschließungskosten i. H. von 30 000 € an die Stadt Ratingen.

Bisher wurde gebucht:

a) Notar- und Gerichtskosten:
Sonstige betriebl. Aufwendungen an Bank — 12 000 €

b) Erbbauzinsen:
Sonstige betriebl. Aufwendungen an Postscheckkonto — 8 000 €

c) Erschließungskosten:
außerordentliche u. periodenfremde Aufwendungen an Bank — 30 000 €

d) Kosten der mit der Herstellung des Gebäudes beauftragten Bauunternehmer:

Gebäude	400 000 €	an	Bank	76 000 €
Vorsteuer	76 000 €		Hyp.-Darlehen	400 000 €

Die Hypothek valutiert am 31. 12. 2012 noch mit 400 000 €. Die mit dieser Hypothek im Zusammenhang stehenden Zinsen für 2012 i. H. von 6 000 € wurden bisher nicht gebucht, weil sie erst am 3. 1. 2013 überwiesen worden sind.

2. Betriebs- und Geschäftsausstattung

Der Baumaschinenhändler G. Lungen berechnete K. Ramba am 20. 9. 2012 einen Anfang September 2012 gelieferten fabrikneuen – mobilen – Lastenaufzug für Arbeiten an mehrstöckigen Gebäuden wie folgt:

Neuer Lastenaufzug „Hebeschnell"	32 000 €
+ Fracht	1 000 €
	33 000 €
+ 19 % USt	6 270 €
Endpreis	39 270 €

Die betriebsgewöhnliche Nutzungsdauer des mobilen Lastenaufzugs beträgt nach der letzten AfA-Tabelle 11 Jahre.

Bisherige Buchung:

Betriebs- u. Geschäftsausstattung	32 000 €			
sonstige betriebl. Aufwendungen	1 000 €			
Vorsteuer	6 270 €	an	Bank	39 270 €

3. Fuhrpark (Pkw)

a) Bilanzansatz

K. Ramba hat am 1. 3. 2012 einen neuen Pkw erworben, der im Kalenderjahr 2012 etwa zu 80 % betrieblichen Zwecken genutzt wird. K. Ramba hält eine betriebsgewöhnliche Nutzungsdauer von 4 Jahren für gerechtfertigt. Die Fahrleistung 2012 betrug 10 000 km (durchschnittlich jährlich ca. 12 000 km). Fahrten zwischen Wohnung und dem Betrieb sind nicht angefallen.

Die Rechnung für den neuen Pkw lautete wie folgt:

Pkw	33 100 €
Navigations-System	+ 900 €
	34 000 €
USt 19 %	+ 6 460 €
	40 460 €

Davon wurden 2012 vom privaten Sparkonto 11 360 € gezahlt, 29 100 € vom betrieblichen Bankkonto überwiesen. K. Ramba hat den vom betrieblichen Bankkonto bezahlten Betrag dem Pkw-Konto belastet (siehe nachstehende Kontenentwicklung).

Kontenentwicklung Pkw bisher:

Zugang März 2012	29 100 €
./. AfA linear	7 275 €
vorläufiger Bilanzansatz zum 31. 12. 2012	21 825 €

b) Übrige Pkw-Kosten

Die Pkw-Kosten betrugen einschließlich gesondert in Rechnung gestellter Umsatzsteuer 3 570 €. Die Kfz-Steuer von 360 € und die Versicherungsbeiträge von 600 € wurden im April 2012 jeweils für ein Jahr im Voraus bezahlt (1. 3. 2012 – 28. 2. 2013).

Buchungen:

Pkw-Kosten	3 000 €			
Vorsteuer	570 €	an	Bank	3 570 €
Pkw-Kosten	960 €	an	Bank	960 €

Weitere Buchungen sind nicht erfolgt.

4. Unfertige Arbeiten

a) Außenfassade

Ende Oktober 2012 erhielt K. Ramba von der Sparkasse Ratingen den Auftrag, die Außenfassade der Hauptstelle bis zum 31. 12. 2012 zu plattieren.

Aufgrund der schlechten Wetterlage im Winter 2012/2013 konnte K. Ramba die Außenfassade erst am 31. 1. 2013 fertig stellen.

Bis zum 31. 12. 2012 waren folgende Kosten angefallen:

Material	30 000 €
Materialgemeinkosten 15 %	+ 4 500 €
Löhne	70 000 €
Lohngemeinkosten 20 %	+ 14 000 €
	118 500 €
Verwaltungskosten 10 %	+ 11 850 €
	130 350 €

b) Entschädigung

Nach den Vertragsunterlagen hat K. Ramba für jeden Tag der Terminüberschreitung des Fertigstellungstermins (31. 12. 2012) eine Entschädigung von 200 € an die Sparkasse Ratingen zu entrichten. Bis zum 21. 6. 2013 hat die Sparkasse Ratingen ihre Ansprüche gegenüber K. Ramba zwar erst mündlich geltend gemacht, ein entsprechendes Schriftstück ist jedoch am 18. 7. 2013 bei K.Ramba eingegangen.

Bisher erfolgten zu a) und b) keine Buchungen.

5. Fertige, noch nicht berechnete Arbeiten

Die am Einfamilienhaus des Rechtsanwalts Dr. G. Nau übernommenen Fliesenarbeiten waren termingerecht am 22. 12. 2012 fertig gestellt und abgenommen worden.

Folgende Kosten waren in diesem Zusammenhang angefallen:

Material	5 000 €
Materialgemeinkosten 15 %	+ 750 €
Löhne	+ 10 000 €
Lohngemeinkosten 20 %	+ 2 000 €
	17 750 €
Verwaltungskosten 10 %	+ 1 775 €
	19 525 €

Da K. Ramba sein Büro in der Zeit vom 24. 12. 2012 bis 5. 1. 2013 geschlossen hatte, schrieb seine Angestellte die Rechnung an den Rechtsanwalt Dr. G. Nau erst am 20. 1. 2013 wie folgt:

Fliesenarbeiten Abrechnung gem. Auftrag vom 1. 12. 2012	25 000 €
19 % USt	+ 4 750 €
Rechnungs-Endbetrag	29 750 €

Die Ausgangsrechnung wurde bisher nicht gebucht.

6. Betriebsstoffe (Heizöl)

Die im Betrieb vorhandenen Heizöltanks umfassen am Bilanzstichtag noch 4 000 l Heizöl. Dieser Bestand stammt aus den folgenden Lieferungen:

		Preis pro Liter
Anfangsbestand 1. 1. 2012	4 500 l	0,48 €
Zugang Februar 2012	4 000 l	0,75 €
Zugang April 2012	5 000 l	0,55 €
Zugang Juni 2012	6 000 l	0,45 €

Für Heizöllieferungen zum 31. 12. 2012 wird ein Preis von 0,82 € je Liter angeboten. Mangels genauerer Kenntnisse über die Wertermittlung des Bilanzansatzes hat K. Ramba die Betriebsstoffe in seiner vorläufigen Handelsbilanz zum 31. 12. 2012 schätzungsweise mit 3 280 € angesetzt.

Gebucht wurde bisher:

Betriebsstoffe	3 280 €	an	Bestandsveränderungskonto	3 280 €

7. Verbindlichkeiten aus Warenlieferungen

Ein Schweizer Hersteller lieferte und berechnete am 20. 12. 2012 eine Palette Fliesen mit 50 000 sfr. Der Tageskurs des sfr. betrug am 20. 12. 2012 115 € für 100 sfr.

K. Ramba buchte entsprechend:

Wareneinkauf (Vorräte)	57 500 €	an	Verbindlichkeiten aus Lieferungen u. Leistungen	57 500 €

Der Wechselkurs des sfr. zum 31. 12. 2012 betrug 112 € für 100 sfr. Vom 1. 1. 2013 bis zum Zeitpunkt der Zahlung am 15. 1. 2013 betrug der Kurs 116 € für 100 sfr.

Gehen Sie davon aus, dass K. Ramba die vorstehenden Vorräte zum 31. 12. 2012 zutreffend bilanziert hat.

8. Rückstellungen

a) Steuererklärungen, Jahresabschluss

K. Rambas Steuerberater berechnete im Mai 2013 für die Erstellung der Steuererklärungen des Jahres 2012 folgende Nettohonorare:

- für die Betriebssteuererklärungen 2012 — 2 400 €
- für die Einkommensteuererklärung 2012 — 800 €

Gebucht wurde:

sonst. betriebliche Aufwendungen	3 200 €	an	sonst. Rückstellungen	3 200 €

Darüber hinaus hatte K. Rambas eigener Mitarbeiter (Bilanzbuchhalter) bei der Erstellung des Jahresabschlusses wesentlich mitgewirkt. Für die Erstellung des Jahresabschlusses fielen im Jahre 2013 die folgenden Kosten an:

Arbeitslohn des mit den Jahresabschlussarbeiten beschäftigten Arbeitnehmers	2 300 €
Zugehörige Arbeitgeberanteile und sonstige Personalnebenkosten	+ 700 €
Anteilige Raumkosten (AfA, Instandhaltung, etc.) sowie anteilige AfA für die Betriebs- und Geschäftsausstattung, jeweils nach Umlageschlüssel	+ 560 € + 300 €
Übrige Gemeinkosten, anteilig	+ 140 €
Gesamtbetrag	4 000 €

Schlussfolgerungen hieraus hat K. Ramba bisher nicht gezogen.

b) Sonstiges (Urlaub)

Aus den Unterlagen für den Jahresabschluss vom 1. 1. – 31. 12. 2012 ist zu entnehmen, dass der Mitarbeiter Karl Sand in der Zeit vom 12. 3. – 23. 3. 2013 (= 10 Arbeitstage) in Urlaub befand. Hierbei handelt es sich um einen tariflichen Urlaubsanspruch des Jahres 2012, der aus betrieblichen Gründen erst im Jahre 2013 realisiert werden konnte.

Hierzu liegen folgende Unterlagen vor:

Tariflohn 2012	48 000 €
Arbeitgeberanteile zur Sozialversicherung, einschließlich Beitrag zur Berufsgenossenschaft	9 600 €
Tarifliches Urlaubsgeld	2 400 €
Weihnachtsgeld (jährlich freiwillig gezahlt)	2 000 €
Tantieme (jährlich freiwillige Sondervergütung)	1 000 €

Die regulären Arbeitstage im Jahre 2012 betrugen 240 Tage; krankheitsbedingt hat Karl Sand in 2012 an 5 Tagen gefehlt.

9. Geldbuße

Um den Auftrag der Sparkasse Ratingen (vgl. hierzu Tz. 4, Buchst. a) termingerecht ausführen zu können, ließ K. Ramba einige Fliesenleger teilweise auch nachts arbeiten. Aufgrund einer Anzeige wurde gegen K. Ramba eine Geldbuße i. H. von 3 000 € festgesetzt. K. Ramba überwies die Geldbuße am 10. 12. 2012.

Gebucht wurde:

Außerordentliche Aufwendungen	3 000 €	an	Bank	3 000 €

Sachverhalt II

G. Witter führt bereits seit Jahren ein Antiquitätengeschäft in Hilden. G. Witter hat bisher zutreffend den Gewinn gem. § 4 Abs. 3 EStG ermittelt. Wegen der nicht nur vorübergehenden Überschreitung der Grenzen des § 141 AO hat ihn das Finanzamt aufgefordert, ab 1. 1. 2013 eine Gewinnermittlung gem. § 5 EStG durchzuführen.

G. Witter stellte deshalb zu Beginn des Übergangsjahres folgende verkürzte, aber sachlich zutreffende Eröffnungsbilanz auf:

Aktiva	**Eröffnungsbilanz 1. 1. 2013**		**Passiva**
I. Anlagevermögen		I. Eigenkapital	24 000 €
Betriebs- u. Geschäftsausstattung	24 200 €	II. Fremdkapital Kreditoren	8 500 €
II. Umlaufvermögen		Bankschulden	66 200 €
Waren	72 000 €	USt-Zahllast	
Debitoren	3 000 €	Dezember 2012	1 300 €
III. akt. RAP*	800 €		
	100 000 €		100 000 €

* Der aktive Rechnungsabgrenzungsposten enthält die vorausbezahlte Kfz-Versicherung.

Aufgabe

Der sich durch den Wechsel der Gewinnermittlungsart ergebende Übergangsgewinn (bzw. Verlust) ist festzustellen. Dabei sind die einzelnen Bilanzposten (außer Kapital) zu beurteilen und die jeweiligen Hinzurechnungen und Abrechnungen exakt zu begründen. Verweisen Sie kurz auf Besonderheiten hinsichtlich der zeitlichen Zuordnung des Übergangsgewinnes (bzw. Verlustes).

Teil II: Jahresabschlussanalyse

A. Sachverhalt

Dem Steuerberater B. Sonnen liegen die nach handelsrechtlichen Grundsätzen aufgestellten Bilanzen für den 31. 12. 01 und 31. 12. 02 vor:

Bilanzen der Firma Alkatar GmbH

Aktiva (in Tausend €)	02	01	Passiva (T €)	02	01
Anlagevermögen			Eigenkapital		
Sachanlagen	160	120	Gezeichnetes Kapital	90	90
Finanzanlagen	75	86	Kapitalrücklage	62	52
			Jahresüberschuss*	22	35
Umlaufvermögen			Rückstellungen	100	105
Vorräte	150	90	Fremdkapital		
Forderungen	145	150	Darlehen	166	120
Wertpapiere	63	60	Verbindlichkeiten LuL	188	125
Liquide Mittel	75	66	Sonstige Verbindlichk.	40	45
Bilanzsumme	668	572	Bilanzsumme	668	572

* Der Jahresüberschuss soll nicht ausgeschüttet werden.

Der Steuerberater B. Sonnen begleitet die Kreditverhandlungen mit der Hausbank seines Mandanten, der Firma Alkatar GmbH. Zur Vervollständigung seiner Beratungsunterlagen fehlt noch eine Bewegungsbilanz. Eine Strukturbilanz für bilanzanalytische Zwecke wird in diesem Fall nicht benötigt.

B. Aufgabenstellung:

1. Aus den vorstehenden Bilanzen ist eine Beständedifferenzenbilanz und eine Bewegungsbilanz aufzustellen.
2. Stellen Sie kurz dar, aus welchen Mitteln die Zunahme des Sachanlage-Vermögen und die erhebliche Steigerung der Vorräte vorrangig finanziert worden sind. Für Ihre Vorlegung bildet die Bewegungsbilanz die Grundlage.
3. Aus der Originalbilanz des Geschäftsjahres zum 31. 12. 02 ermitteln Sie bitte folgende betriebswirtschaftliche Kennzahlen (2 Dezimalstellen und kfm. Rundung):
   a) Eigenkapitalquote
   b) Eigenkapitalrendite
   c) Gesamtkapitalrendite
   (unter Berücksichtigung der folgenden Angabe: als Aufwand erfasste Fremdkapitalzinsen: 8 T €)
   d) Umsatzrendite bei einer Gesamtleistung von 1 010 T €

Teil III: Gesellschaftsrecht

A. Sachverhalt

Moritz Mann (M) und Daniel Schneider (S) wollen sich selbständig machen. Ihr Unternehmen soll im Bereich Heizungs- Sanitäranlagen/Solaranlagen tätig werden. Der Sitz der Gesellschaft soll sich in Düsseldorf befinden. Da weder M noch S persönlich haftende Gesellschafter des Unternehmens sein wollen, haben sie sich entschlossen, ihr Unternehmen in der Rechtsform der GmbH & Co. KG zu führen, wobei M und S sowohl an der neu zu gründenden GmbH als auch an der neu zu gründenden KG im gleichen Verhältnis beteiligt sein sollen.

Geschäftsführer der GmbH sollen ausschließlich die beiden Gesellschafter M und S sein; evtl. Ausschlussgründe sind für die unbescholtenen Moritz Mann und Daniel Schneider nicht vorhanden.

Sie beabsichtigen, eine reine Bargründung mit einer jeweils möglichen Mindesteinlage vorzunehmen. Als Kommanditeinlage ist im Gesellschaftsvertrag ein Betrag in Höhe von 100.000 € je Gesellschafter vorgesehen.

Die GmbH soll nach dem Willen der Gesellschafter mit einem Stammkapital von 25.000 € ausgestattet werden. M und S beabsichtigen außerdem, den Gewinnanteil der GmbH nicht unangemessen niedrig anzusetzen.

Gehen Sie bei Ihren Entscheidungen davon aus, dass die M & S GmbH & Co. KG erst dann mit ihrer geschäftlichen Betätigung beginnt, wenn diese zivilrechtlich entstanden ist.

B. Aufgabenstellung:

Beantworten Sie die nachstehenden Fragen unter Angabe der einschlägigen Vorschriften des HGB bzw. des BGB bzw. des GmbHG.

1. M und S wollen von Ihnen wissen, in welcher Reihenfolge die Gesellschaften gegründet werden müssen?
2. Nehmen Sie Stellung zur
   - Jeweiligen Rechtsform und Rechtsfähigkeit
   - Zum jeweiligen Gesellschaftsvertrag; sind evtl. Erleichterungen möglich?
   - Wann kann frühestens der Gesellschaftsvertrag geschlossen werden?
   - Ist eine gesetzliche Mindesteinlage zwingend erforderlich?
3. Wann ist die GmbH & Co. KG zivilrechtlich entstanden?
4. Wer ist zur Geschäftsführung und zur Vertretung der M & S GmbH & Co. KG berechtigt? Ist hierzu ggf. auch ein Nichtgesellschafter berechtigt?
5. Wie sind die Haftungsverhältnisse bei der entstandenen M & S GmbH & Co. KG gesetzlich geregelt? Hierbei ist davon auszugehen, dass die Kommanditisten ihre Einlage bereits vollständig erbracht haben.

Lösungshinweise – Klausursatz Nr. 2

Aufgabenteil Nr. 1: Einkommensteuer

I. Veranlagungsart, Tarif

Auch wenn die Ehe erst 2012 rechtskräftig geschieden wird, so sind die Voraussetzungen für eine Ehegattenveranlagung seit dem Auszug des Werner Wüst aus der gemeinsamen Wohnung nicht mehr erfüllt, § 26 Abs. 1 Satz 1 EStG. Die Zusammenveranlagung für 2012 ist nicht mehr möglich, § 26 Abs. 1 Satz 1, § 26b EStG; ein Antrag auf Zusammenveranlagung wäre vom Finanzamt abzulehnen. Die für Werner Wüst zwingend vorzunehmende Einzelveranlagung (§ 25 Abs. 1 EStG) erfolgt unter Berücksichtigung des Grundtarifs, § 32a Abs. 1 EStG.

HINWEIS:

Eine Ehegattenveranlagung (Zusammen- oder getrennte Veranlagung) ist letztmals für den VZ 2011 der Trennung (Auszug des Werner Wüst) vorzunehmen.

II. Ermittlung des Gesamtbetrages der Einkünfte

1. Untertassenhandel (Tz. 2), Einkünfte aus Gewerbebetrieb, § 15 Abs. 1 Nr. 1 EStG

vorläufige Betriebseinnahmen	190 000 €	
vorläufige Betriebsausgaben	./. 80 000 €	
vorläufiger Gewinn gem. § 4 Abs. 3 EStG		**110 000 €**

Lösung Einzelsachverhalte:

zu a) Der Wareneinkauf in 2011 ist erst bei Bezahlung in 2012 als Betriebsausgabe zu erfassen, § 4 Abs. 4, § 11 Abs. 2 Satz 1 EStG, R 4.5 Abs. 2 EStR.

zu erfassende Betriebsausgaben	40 000 €	
bisher erfasste Betriebsausgaben	./. 35 000 €	
noch zu erfassende Betriebsausgaben	5 000 €	
Gewinnauswirkung		**./. 5 000 €**

zu b) Eine Abschreibung auf den niedrigeren Teilwert ist bei der Gewinnermittlung nach § 4 Abs. 3 EStG nicht möglich. Eine Gewinnauswirkung ergibt sich erst bei einem späteren Verkauf durch geringere Erlöse.

zu c) Das gestohlene betriebliche Bargeld stellt Betriebsausgaben dar, vgl. H 4.5 Abs. 2 EStH „Diebstahl".

Gewinnauswirkung	**./. 1 000 €**

Der Verlust der Untertassen wirkt sich nicht als Betriebsausgabe aus, da bereits bei Anschaffung eine Erfassung als Betriebsausgaben vorgenommen wurde, § 11 Abs. 2 Satz 1 EStG.

Gewinnauswirkung **+ 7 875 €**

Der Verlust wirkt sich durch nicht mehr zu erfassende Betriebseinnahmen aus der beabsichtigten Weiterveräußerung der Untertassen aus.

zu d) Die AfA i. H. von 5 000 € bis zum Unfalltag wurde zutreffend ermittelt und berücksichtigt, § 7 Abs. 1 EStG, R 4.5 Abs. 3, R 7.4 Abs. 8 EStR.

Die gewinnmindernde Berücksichtigung der Abschreibung für außergewöhnliche Abnutzung des Restwerts ist nicht zulässig, da der Unfall anlässlich einer Privatfahrt passierte, § 12 Nr. 1 EStG.

Gewinnauswirkung **+ 43 000 €**

Eine Lösung analog R 6.6 Abs. 1 EStR (Rücklage für Ersatzbeschaffung) ist nicht möglich, da Unfallkosten zwar auch höhere Gewalt darstellen (R 6.6 Abs. 2 Satz 1 EStR), er den Unfall aber selbst verschuldete.

Das Bußgeld ist nicht abzugsfähig, § 12 Nr. 1 EStG.

Gewinnauswirkung **+ 400 €**

Der neue Pkw ist mit 20 % linear abzuschreiben, § 7 Abs. 1 EStG, zeitanteilig, § 7 Abs. 1 Satz 4 EStG. Da die Anschaffung nach dem 31.12.2010 erfolgte, kommt eine degressive AfA nach § 7 Abs. 2 EStG nicht in Betracht.

75 000 € x 20 % x 7/12 (75 000 € ohne USt, vgl. § 9b Abs. 1 EStG und R 9b Abs. 1 EStR)

Gewinnauswirkung **./. 8 750 €**

Eine Abschreibung nach § 7g EStG ist nicht möglich, da wegen der 55 %igen Privatnutzung keine nahezu ausschließliche berufliche Nutzung vorliegt, § 7g Abs. 6 Nr. 2 EStG. Die laufenden Pkw-Kosten sind zutreffend als Betriebsausgaben berücksichtigt worden.

Da ein ordnungsgemäß geführtes Fahrtenbuch offensichtlich nicht vorliegt, muss die private Nutzung des Pkw anhand der 1 %-Methode ermittelt werden, § 6 Abs. 1 Nr. 4 Satz 2 EStG.

Weil zwischenzeitlich aber der Pkw gewechselt wurde, muss die 1 %-Methode zeitanteilig berechnet werden. Der Wert der privaten Nutzung wirkt sich als fiktive Betriebseinnahme aus:

Bruttolistenpreis Pkw alt	71 400 € x 1 % x 5 Monate =	3 570 €
Bruttolistenpreis Pkw neu	89 250 € x 1 % x 7 Monate =	6 247 €
Netto-Privatanteil (= einkommensteuerliche Privatentnahme)		9 817 €

Gewinnauswirkung **+ 9 817 €**

Einkünfte aus Gewerbebetrieb **156 342 €**

Der Gewinn kann, obwohl er 50 000 € überschreitet, weiter nach § 4 Abs. 3 EStG ermittelt werden, weil eine Aufforderung des Finanzamtes zum Führen von Büchern nicht vorliegt, § 141 Abs. 2 AO. Das 3,8-fache des GewSt-Messbetrags ist von der Einkommensteuer abzuziehen, vgl. § 35 EStG.

2. Einkünfte aus Gewerbebetrieb, § 17 EStG

a) Schmacht-GmbH (Tz. 1)

Der Verkauf der wesentlichen Beteiligung an der Schmacht-GmbH führt zu Einkünften aus Gewerbebetrieb i. S. des § 17 Abs. 1 Satz 1 EStG. Aufgrund des Subsidiaritätsprinzips des § 20 Abs. 8 EStG liegen keine Einkünfte aus Kapitalvermögen nach § 20 Abs. 2 Nr. 1 EStG vor. Das Teileinkünfteverfahren ist anzuwenden, § 3 Nr. 40 Buchst. c und § 3c Abs. 2 EStG.

Berechnung, § 17 Abs. 2 EStG

Veräußerungspreis x 60 % § 3 Nr. 40 Buchst. c EStG			156 000 €
abzgl. Kaufpreis x 60 % (§ 3c Abs. 2 EStG)			./. 140 100 €
Veräußerungsgewinn			15 900 €
Freibetrag, § 17 Abs. 3 EStG: 9 060 € x 30 %		2 718 €	
unschädlicher Veräußerungsgewinn:			
Veräußerungsgewinn, s. o.	15 900 €		
unschädlich, 36 100 € x 30 %	./. 10 830 €		
schädlich		./. 5 700 €	
Freibetrag			./. 0 €
Einkünfte aus Gewerbebetrieb			**15 900 €**

b) Veräußerung der Kaltfuß GmbH- Anteile (Tz. 4b)

Bei einer 40 %igen Beteiligung an einer Kapitalgesellschaft hält Wüst eine Beteiligung i. S. des § 17 Abs. 1 Satz 1 EStG. Die Veräußerung von Anteilen führt zu Einkünften aus Gewerbebetrieb, § 17 Abs. 1 Satz 1 EStG. Das Teileinkünfteverfahren ist anzuwenden.

Der Veräußerungsgewinn entsteht im Zeitpunkt der Veräußerung (Gewinnermittlung eigener Art analog Bilanzierungsgesichtspunkten). Auf den Zuflusszeitpunkt kommt es nicht an, H 17 Abs. 7 „Stichtagsbewertung“ EStH:

Veräußerungspreis zu 60 % (§ 3 Nr. 40 Buchst. c EStG) 9 500 € x 60 %			5 700 €
AK bei Gründung (50 000 € Stammkapital x 10 % x 60 %), § 3c Abs. 2 EStG			./. 3 000 €
Veräußerungsgewinn			2 700 €
Freibetrag, § 17 Abs. 3 EStG: 9 060 € x 10 %		906 €	
unschädlicher Veräußerungsgewinn:			
Veräußerungsgewinn, s. o.	2 700 €		

unschädlich, 36 100 € x 10 %	./. 3 610 €		
schädlich		./. 0 €	
Freibetrag			./. 906 €
Einkünfte aus Gewerbebetrieb			**1 794 €**

3. Einkünfte aus nichtselbständiger Arbeit, § 19 EStG (Tz. 4a)

Umsatztantiemen neben einem angemessenen Gehalt führen körperschaftsteuerlich zu verdeckten Gewinnausschüttungen, § 8 Abs. 3 Satz 2 KStG, vgl. auch R 36 Abs. 1 KStR und H 36 KStR.

Die einkommensteuerliche Erfassung erfolgt bei den Einkünften aus Kapitalvermögen, § 20 Abs. 1 Nr. 1 Satz 2 EStG.

Bruttoarbeitslohn soweit angemessen, § 19 Abs. 1 Nr. 1 EStG		180 000 €
Werbungskosten:		
Kosten für die Arbeitsecke nicht abzugsfähig, da kein abgeschlossener Raum, § 12 Nr. 1 EStG		
Schreibtisch, Bürostuhl: 1 500 € x 20 % AfA, § 9 Abs. 1 Nr. 6 und 7 EStG	300 €	
PC nach jüngerer Auffassung der FinVerw nun anteilig abzugsfähig, bisher Abzugsverbot, § 12 Nr. 1 EStG, weil leichte und einwandfreie Trennung zur privaten Nutzung nicht möglich, vgl. R 12.1 EStR und H 12.1 „Personalcomputer" EStG 300 € Kosten x 70 %	210 €	
Diktiergerät, tatsächlicher gezahlter Aufwand inkl. USt: 400 €, sofort abzugsfähig als GWG, § 9 Abs. 1 Nr. 6 und 7 Sätze 1 und 2 EStG, § 6 Abs. 2 EStG; R 9.12 LStR	+ 400 €	
Summe Werbungskosten	910 €	
mindestens Ansatz des Arbeitnehmerpauschbetrages, § 9a Nr. 1a) EStG		./. 1 000 €
Einkünfte aus nichtselbständiger Arbeit		**179 000 €**

HINWEIS:

Die einschränkende Gesetzeslage des § 4 Abs. 5 Nr. 6b EStG (bei Arbeitnehmern über § 9 Abs. 5 EStG anwendbar) hinsichtlich der steuerlichen Berücksichtigung eines häuslichen Arbeitszimmers und seiner Ausstattung greift hier nicht, da bereits begrifflich kein Arbeitszimmer vorliegt.

Deshalb bleibt auch die Ausstattung, insbesondere der Schreibtisch, abzugsfähig, da die Abzugsbeschränkung begrifflich ein Arbeitszimmer voraussetzt und Arbeitsmittel abzugsfähig bleiben, vgl. BMF-Schreiben vom 2. 3. 2011, BStBl 2011 I S. 195 Rz. 8.

4. Einkünfte aus Kapitalvermögen, (Tz. 4a + c)

Der an die Tochter Vera (nahe stehende Person, Abschn. 36 Abs. 1 KStR) überhöht ausgezahlte und damit unangemessene Arbeitslohn sowie die Umsatztantieme stellen bei Werner Wüst als Gesellschafter der GmbH eine verdeckte Gewinnausschüttung dar, § 20 Abs. 1 Nr. 1 Satz 2 EStG.

Nach § 32d Abs. 1 EStG wird hier grds. der Steuersatz mit 25 % und folglich Abgeltungswirkung angenommen. Da Werner Wüst aber das Teileinkünfteverfahren anwenden möchte, greift § 32d Abs. 2 Nr. 3a EStG . Allerdings kommt der Sparer-Pauschbetrag § 20 Abs. 9 EStG über § 32d Abs. 2 Nr. 3 Satz 2 EStG nicht zur Anwendung. Die Einkünfte werden jetzt nicht mehr mit 25 %, § 32d Abs. 1 EStG besteuert, sondern mit dem persönlichen Steuersatz.

Umsatztantieme	70 000 €
Arbeitslohn Vera 20 600 € ./. 18 000 €	+ 2 600 €
Summe der verdeckten Gewinnausschüttungen	72 600 €
60 % von 72 600 € nach § 3 Nr. 40 Buchst. d EStG, § 32d Abs. 2 Nr. 3 EStG	43 560 €
Einnahmen aus Kapitalvermögen	43 560 €
Einkünfte aus Kapitalvermögen	**43 560 €**

5. Einkünfte aus Vermietung und Verpachtung, § 21 EStG

a) Einfamilienhaus Düsseldorf (Tz. 1)

Mieteinnahmen 9/2012 – 12/2012 inkl. USt 3 570 € x 4 Monate (§ 11 Abs. 1 Satz 1 EStG, Zufluss 29. 12. 2012), H 11 „Allgemeines" EStH	**14 280 €**

Die Miete für Januar 2013 ist erst im Jahr der wirtschaftlichen Zugehörigkeit zu erfassen, § 11 Abs. 1 Satz 2 EStG, da Zahlung (29. 12. 2012) innerhalb von 10 Tagen vor dem 31. 12. 2012 erfolgte.

AfA-Ermittlung

Herstellungskosten Gebäude, vgl. H 6.4 EStH		
Architektenhonorar	25 000 €	
Baugenehmigung	+ 700 €	
Baurechnungen	+ 440 000 €	
Teppichböden, fest verklebt	+ 18 000 €	
Anschlusskosten Gebäude	+ 6 400 €	
Beseitigung Baumängel	+ 8 600 €	
Summe Herstellungskosten Gebäude	498 700 €	
AfA 2 % zu 4/12 von 498 700 €, § 7 Abs. 4 Nr. 2a EStG § 7 Abs. 1 Satz 4 EStG, R 7.4 Abs. 2 EStR, keine Wohnzwecke, kein Betriebsvermögen, Bauantrag nach 31. 12. 94 (kein Fall des § 7 Abs. 5 Nr. 2 EStG und § 7 Abs. 5 Nr. 3 EStG auch nicht, da nicht Wohnzwecken dient):		**./. 3 325 €**

Die bei den Einkünften aus Vermietung und Verpachtung nicht relevanten Anschaffungskosten des Grund und Boden betragen (die Darstellung erfolgt nur zur Verdeutlichung, erforderlich ist sie nicht):

Grund und Boden, vgl. auch H 6.4 EStH	120 000 €
GrESt (keine Aufteilung, da unbebautes Grundstück)	+ 2 400 €
notarieller Kaufvertrag	+ 4 200 €
Notar- und Gerichtskosten wegen Eigentumsumschreibung	+ 2 200 €
kommunale Erschließungsbeiträge	+ 3 500 €
Anschaffungskosten des Grund und Bodens	132 300 €

Da Werner Wüst umsatzsteuerliche Schlüsse aus dem Objekt bisher noch nicht gezogen hat, kommt es zu folgenden Auswirkungen:

Die in 2012 gezahlte Umsatzsteuer auf Anschaffungs-/Herstellungskosten ist im Jahr der Bezahlung als Werbungskosten abzugsfähig (vgl. H 9b EStH „Gewinnermittlung nach § 4 Abs. 3. . .“). Im Jahr der Auszahlung des Vorsteuerüberhangs durch das Finanzamt führt sie zu Einnahmen, was aber lt. Sachverhalt frühestens in 2013 der Fall sein kann. Da bereits vor Baubeginn die Nutzungsabsicht zu Gunsten der umsatzsteuerpflichtigen Vermietung verändert wurde, ist § 15a UStG nicht anzuwenden.

Wegen des bestehenden Vorsteuerabzugs teilt die Umsatzsteuer nicht das Schicksal der Herstellungs-/Anschaffungskosten, § 9b EStG:

Summe der Umsatzsteuerbeträge

Architektenhonorar	4 750 €	
Baurechnungen	+ 83 600 €	
Teppichböden	+ 3 420 €	
Gebäudeanschlusskosten	+ 320 €	
Baumängel	+ 1 634 €	
Notarkosten wegen Eintragung der Grundschuld	+ 60 €	
lfd. Hauskosten	+ 70 €	
Summe der Umsatzsteuer als Werbungskosten		**./. 93 854 €**

Finanzierungskosten, § 9 Abs. 1 Nr. 1, § 11 Abs. 2 EStG

Damnum	3 900 €	
Notar- und Gerichtskosten wegen Eintragung der Grundschuld (800 € ./. 60 €, s. o.)	+ 740 €	
Schuldzinsen	+ 4 550 €	
Summe Finanzierungskosten		**./. 9 190 €**

lfd. Hauskosten	2 000 €	
Umsatzsteuer, s. o.	./. 70 €	
		./. 1 930 €
Einkünfte aus Vermietung u. Verpachtung, § 21 EStG		**./. 94 019 €**

b) Grundstück in Dortmund (Tz. 3)

Mieteinnahmen ohne säumige Mieten, s. u. 10 000 € x 11 Mon. ./. 5 000 €, § 21 Abs. 1 Nr. 1 EStG:	105 000 €	
Veräußerung Mietforderung an den Grundstückserwerber, § 21 Abs. 1 Nr. 4 EStG	+ 5 000 €	
Summe der Mieteinnahmen		110 000 €
lfd. Kosten 2 500 € x 11 Monate		./. 27 500 €
AfA-Fortführung (wie Rechtsvorgängerin, § 11d Abs. 1 EStDV):		
AK/HK der Tante	1 200 000 €	
Kaufpreis Grund und Boden	./. 240 000 €	
AfA-BMG	960 000 €	
x 2 % x 11/12		./. 17 600 €
Einkünfte Vermietung und Verpachtung, § 21 EStG		**64 900 €**

Die Aufwendungen für die Inserate stellen keine Werbungskosten bei den Einkünften aus Vermietung und Verpachtung dar, da sie im Zusammenhang mit der Veräußerung und nicht mit der Vermietung stehen.

c) Mogli KG

Aus der Beteiligung an dem geschlossenen Immobilienfonds Mogli KG erzielt Werner Wüst Einkünfte aus Vermietung und Verpachtung, § 21 Abs. 1 Nr. 1 EStG. Es handelt sich um eine lediglich vermögensverwaltend tätige KG, die sich weder gewerblich betätigt (§ 15 Abs. 3 Nr. 1, Abs. 2 EStG) noch gewerblich geprägt (§ 15 Abs. 3 Nr. 2 EStG) ist.

Der Verlust i. H. von 300 000 € x 105 % = 315 000 € kann nur bis 300 000 € berücksichtigt werden, da § 15a Abs. 1 EStG bei den Einkünften aus Vermietung und Verpachtung analog anzuwenden ist, § 21 Abs. 1 Satz 2 EStG. Die noch nicht ausgeglichenen Verluste i. H. von 15 000 € werden in der späteren Überschussphase mit positiven Einkünften aus diesem Fonds verrechnet, vgl. § 15a Abs. 2 EStG.

Einkünfte Vermietung und Verpachtung, § 21 EStG	**./. 300 000 €**

d) Eigentumswohnung in Bochum

Für die Eigentumswohnung in Bochum liegt keine Einkunftserzielungsabsicht vor und daher keine Berücksichtigung.

6. Einkünfte aus privaten Veräußerungsgeschäften, Grundstück in Dortmund (Tz. 3)

Für die Berechnung der Zehn-Jahres-Frist i. S. des § 23 Abs. 1 Nr. 1 EStG ist das Datum des Kaufvertrages durch die Tante (5. 2. 2002) sowie das Kaufvertragsdatum bei Veräußerung durch Werner Wüst (25. 1. 2012) maßgebend, vgl. H 23 „Anschaffung" EStH sowie § 1922 BGB. Die Frist ist noch nicht abgelaufen; es handelt sich um sonstige Einkünfte aus einem privaten Veräußerungsgeschäft, § 23 Abs. 1 Nr. 1 EStG. Das innerhalb dieses Zeitraums errichtete Gebäude ist gem. § 23 Abs. 1 Nr. 1 Satz 2 einzubeziehen. Das Datum des Erbfalls am 2. 1. 2012 ist für die Berechnung der Frist nicht maßgebend, da der Erbfall begrifflich keine entgeltliche Anschaffung darstellt, H 23 „Anschaffung" EStH. Der Gewinn ermittelt sich gem. § 23 Abs. 3 EStG wie folgt:

Veräußerungspreis (ohne säumige Miete, die zu Einkünften aus V+V führt, s. o.)	1 600 000 €
abzgl. Werbungskosten	./. 2 000 €
abzgl. Anschaffungs-/Herstellungskosten der Tante;	./. 1 200 000 €
zzgl. Abschreibung, die bei § 21 EStG geltend gemacht wurde 960 000 € x 2 % x $^{120}/_{12}$ = [2002 = 1 Monat 2003 – 2011 = 9 x 12 = 108 Monate 2012 = 11 Monate]	+ 192 000 €
Gewinn aus der Veräußerung der Immobilie	590 000 €
Einkünfte	**590 000 €**

Zusammenstellung der Einkünfte

Untertassenhandel	156 342 €	
Schmacht GmbH / Kaltfuß GmbH	17 694 €	174 036 €
Einkünfte aus nichtselbständiger Arbeit		179 000 €
Einkünfte aus Kapitalvermögen		43 560 €
Einkünfte aus Vermietung und Verpachtung nach horizontalem Verlustausgleich i. S. von § 2 Abs. 3 EStG:		
a) Einfamilienhaus Düsseldorf	./. 94 019 €	
b) Grundstück Dortmund	64 900 €	
c) Mogli KG	./. 300 000 €	./. 329 119 €
Sonst. Einkünfte aus privaten Veräußerungsgeschäften		590 000 €
Summe der Einkünfte		**657 477 €**

III. Ermittlung des Einkommens

1. Sonderausgaben

Realsplitting, § 10 Abs. 1 Nr. 1 EStG

Die Unterhaltsleistungen an Petra Wüst sind bereits während der Zeit des dauernden Getrenntlebens nach § 10 Abs. 1 Nr. 1 EStG abzugsfähig. Dabei kommt es nicht darauf an, dass der Unterhalt zunächst freiwillig geleistet wird. Abzugsfähig ist allerdings nur der Ehegattenunterhalt, nicht der Kindesunterhalt. Die erforderliche Zustimmung der Petra Wüst ist erteilt.

800 € x 12 Monate	**./. 9 600 €**

HINWEIS:

Petra Wüst hat sonstige Einkünfte nach § 22 Nr. 1a EStG i. H. von 9 498 € (9 600 € ./. 102 € WK-PB, § 9a Nr. 3 EStG).

2. Außergewöhnliche Belastungen, §§ 33-33b EStG

a) Ingo: Freibetrag zur Abgeltung des Sonderbedarfs, § 33a Abs. 2 EStG

Ingo hat das 18. Lebensjahr im Juni 2012 vollendet und ist seit 8/2012 (5/12) auswärtig untergebracht, § 33a Abs. 2 Satz 1 EStG. Werner Wüst erhält den hälftigen Betrag, § 33a Abs. 2 Satz 4 EStG.

Höchstbetrag: 924 € x ½ x 5/12	**./. 193 €**

b) Vera

Ein solcher Freibetrag kann für Vera nicht gewährt werden, weil für sie die Voraussetzungen für Kinderfreibetrag/Kindergeld auf Grund ihres Alters nicht erfüllt sind.

Angesichts der offensichtlich schädlichen Höhe der eigenen Einkünfte und Bezüge der Vera kommt auch ein Unterhaltsfreibetrag nicht in Betracht, § 33a Abs. 1 EStG.

3. Zusammenstellung

Gesamtbetrag der Einkünfte	**657 477 €**
Vorsorgeaufwendungen	./. 5 069 €
Unterhaltsleistungen	./. 9 600 €
Ausbildungsfreibetrag Ingo	./. 193 €
Einkommen, § 2 Abs. 4 EStG	**642 615 €**

Die Günstigerprüfung nach § 31 EStG soll lt. Aufgabenstellung unterbleiben. Es sollte nur das Einkommen ermittelt werden.

Für Ingo wird der Kinderfreibetrag i. H. von 2 184 € gewährt, § 32 Abs. 1, Abs. 6 EStG.. Zusätzlich ist der Betreuungskostenfreibetrag für zwölf Monate zu berücksichtigen: 1 320 €. Aufgrund ihres Alters können für Vera weder Kinderfreibeträge noch Kindergeld gewährt werden, vgl. § 32 Abs. 4 Nr. 2a EStG. Ein Entlastungsbetrag für Alleinerziehende kann nicht gewährt werden, da die Voraussetzungen von § 24b EStG nicht erfüllt sind.

Aufgabenteil Nr. 2: Körperschaftsteuer

I. a) Sachliche und persönliche Steuerpflicht

Die Baumann GmbH gilt als Handelsgesellschaft (§ 13 Abs. 3 GmbHG). Sie ist damit zur Führung von Büchern verpflichtet (§ 6 Abs. 1, §§ 238 ff. HGB, §§ 41 ff. GmbHG). Der Gewinn ist nach § 5 EStG (Betriebsvermögensvergleich) zu ermitteln. Die Baumann GmbH ist gem. § 1 Abs. 1 Nr. 1 KStG unbeschränkt körperschaftsteuerpflichtig. Folglich erzielt sie gem. § 8 Abs. 2 KStG ausschließlich Einkünfte aus Gewerbebetrieb.

I. b) Ermittlung des zu versteuernden Einkommens

Die Körperschaftsteuer bemisst sich nach dem zu versteuernden Einkommen (§ 7 Abs. 1 KStG). Zu versteuerndes Einkommen ist gem. § 7 Abs. 2 KStG das Einkommen i. S. des § 8 Abs. 1 KStG, d. h. es sind die Vorschriften des EStG und des KStG zu beachten; vgl. auch R 29 KStR.

Die offene Gewinnausschüttung Mitte 2012 für 2011 beeinflusst gem. § 8 Abs. 3 Satz 1 KStG nicht das zu versteuernde Einkommen (Einkommensverwendung, erfolgsneutrale Buchung im Zeitpunkt der Ausschüttung!).

Ausgangspunkt für die Einkommensermittlung ist der Jahresüberschuss lt. Handelsbilanz (§ 266 Abs. 3 HGB A. V.) i. H. von	**240 391 €**

Dieser ist wie folgt zu korrigieren:

1.	Die **Investitionszulage** gehört nicht zu den Einkünften i. S. des EStG und ist damit im Rahmen der Einkommensermittlung zu kürzen (§ 13 InvZulG).	**./. 6 000 €**
2.	Die **Dividendenerträge** entstehen mit der Beschlussfassung und gehören grundsätzlich zu den steuerpflichtigen Einnahmen aus Gewerbebetrieb (§ 8 Abs. 2 KStG bzw. § 8 Abs. 1 KStG i. V. m. § 20 Abs. 8 EStG).	
	Gemäß § 8b Abs. 1 KStG bleiben Bezüge i. S. des § 20 Abs. 1 Nr. 1 EStG (insbesondere Dividenden und verdeckte Gewinnausschüttungen) außer Ansatz und damit grds. zu 100 % steuerfrei.	**./. 70 000 €**
	Gemäß § 8b Abs. 5 KStG sind jedoch 5 % von 70 000 € = 3 500 € als nicht abziehbare Betriebsausgaben zu qualifizieren:	**+ 3 500 €**
	Als nicht abziehbare Aufwendungen sind gem. § 10 Nr. 2 KStG zuzurechnen: KapSt und der Solz auf die KapSt! (17 500 + 963 €)	**+ 18 463 €**
3.	Die Körperschaftsteuervorauszahlungen sowie der Solidaritätszuschlag darauf sind gem. § 10 Nr. 2 KStG hinzuzurechnen.	**+ 57 200 €** **+ 3 146 €**
4.	Die Geldbuße ist als nicht abziehbare Betriebsausgabe gem. § 8 Abs. 1 KStG i. V. m. § 4 Abs. 5 Nr. 8 EStG hinzuzurechnen.	**+ 6 800 €**
5.	Der Verkauf des Grundstücks unter dem gemeinen Wert stellt eine verdeckte Gewinnausschüttung i. S. von § 8 Abs. 3 Satz 2 KStG dar, die das Einkommen nicht mindern darf.	
	Eine verdeckte Gewinnausschüttung ist eine Vermögensminderung oder verhinderte Vermögensmehrung, die durch das Gesellschaftsverhältnis	

veranlasst ist, sich auf die Höhe des Einkommens auswirkt und nicht auf einem den gesellschaftsrechtlichen Vorschriften entsprechenden Gewinnverteilungsbeschluss beruht (R 36 Abs. 1 Satz 1 KStR). Eine Veranlassung durch das Gesellschaftsverhältnis liegt dann vor, wenn ein ordentlicher und gewissenhafter Geschäftsleiter die Vermögensminderung oder verhinderte Vermögensmehrung gegenüber einer Person, die nicht Gesellschafter ist, unter sonst gleichen Umständen nicht hingenommen hätte (H 36 KStH „III. Veranlassung durch das Gesellschaftsverhältnis"); d. h. es ist ein Fremdvergleich durchzuführen. Im vorliegenden Fall zahlt der Gesellschafter einen Kaufpreis i. H. von 80 000 €, obwohl 120 000 € angemessen wären. Der Unterschiedsbetrag i. H. von 40 000 € ist bei der Einkommensermittlung außerhalb der Bilanz wieder hinzuzurechnen (H 37 KStH „StB-Gewinn"): **+ 40 000 €**

6. Die rückwirkende Gehaltsvereinbarung für die Monate Juli bis einschließlich Oktober stellt ebenfalls eine verdeckte Gewinnausschüttung dar, die das Einkommen nicht mindern darf (§ 8 Abs. 3 Satz 2 KStG, R 36 Abs. 2 KStR).

   Im Verhältnis zwischen Gesellschaft und beherrschendem Gesellschafter ist eine Veranlassung durch das Gesellschaftsverhältnis auch dann anzunehmen, wenn es an einer klaren und im Voraus abgeschlossenen Vereinbarung darüber fehlt, ob und in welcher Höhe ein Entgelt für eine Leistung des Gesellschafters zu zahlen ist (sog. Rückwirkungsverbot, H 36 KStH III. Veranlassung durch das Gesellschaftsverhältnis unter „Klare und eindeutige Vereinbarungen"). Die Angemessenheit ist in diesem Fall ohne Bedeutung.

   Bodo Baumann ist zu 80 % an der GmbH beteiligt und damit beherrschender Gesellschafter. Der Anstellungsvertrag wurde am 31. 10. 2012 rückwirkend zum 1. 7. 2012 geschlossen. Die auf diesen Zeitraum entfallenden Gehaltsnachzahlungen (4 Monate á 9 000 €) sind im Rahmen der Einkommensermittlung wieder hinzuzurechnen. **+ 36 000 €**

   Zu versteuerndes Einkommen für den Veranlagungszeitraum 2012 somit **329 500 €**

II. Berechnung der Körperschaftsteuer-Rückstellung und der endgültigen Steuerbilanz

1. Ermittlung der Körperschaftsteuer-Rückstellung:

Tarifbelastung 15 % von 329 500 € gem. § 23 Abs. 1 KStG	49 425 €
festzusetzende KSt (weder KSt-Erhöhung noch KSt-Minderung)	49 425 €
anzurechnende KapSt (§§ 31 KStG, 36 Abs. 2 Nr. 2 EStG)	./. 17 500 €
verbleibende KSt (R 30 Satz 1 Ziff. 9 KStR)	31 925 €
laufende KSt-Vorauszahlungen 2012	./. 57 200 €
KSt-Forderung zum 31. 12. 2012	25 275 €

2. Ermittlung der Solz-Rückstellung

festgesetzte KSt als Bemessungsgrundlage (§ 3 Abs. 1 Nr. 1 SolZG)	49 425 €
Höhe: 5,5 % (§ 4 SolZG)	2 718 €
anrechenbarer SolZ	./. 963 €
Vorauszahlungen 2012	./. 3 146 €
SolZ-Forderung zum 31. 12. 2012	1 391 €

3. Ermittlung des endgültigen Jahresüberschusses für 2012

Vorläufig	240 391 €
KSt-Forderung	25 275 €
Solidaritätszuschlag	1 391 €
Endgültig	267 057 €

ALLGEMEINER HINWEIS:

Die Abschlussbuchung zur KSt und SolZ führt zwar in der GuV zu einer Gewinnerhöhung, gleichzeitig vermindert sich jedoch das zu versteuernde Einkommen gem. § 10 Nr. 2 KStG wieder um den gleichen Betrag, so dass sich das ursprüngliche zu versteuernde Einkommen hierdurch nicht ändert.

4. Endgültige Handels- und Steuerbilanz

Zur Ermittlung der endgültigen Handels- und Steuerbilanz ist die Körperschaftsteuer/SolZ-Rückstellung zu Lasten des Jahresüberschusses in die Bilanz einzustellen. Danach ergibt sich folgende endgültige Bilanz:

Aktiva			**Passiva**
Verschiedene Aktiva	1 070 597 €	Stammkapital	200 000 €
		Gewinnrücklagen	180 000 €
KSt-Forderung	25 275 €	Gewinnvortrag	106 429 €
Solz-Forderung	1 391 €	Jahresüberschuss 2012	267 057 €
		Verschiedene Passiva	343 777 €
	1 097 263 €		1 097 263 €

III. Gesonderte Feststellungen

Eine gesonderte Feststellungen i. S. des § 27 KStG (Einlagekonto) ist in vorliegendem Fall zum 31. 12. 2012 nicht erforderlich, weil weder ein Vorjahresbestand vorhanden war, noch sich eine Änderung (z. B. Zugang durch verdeckte Einlage) in 2012 ergeben hat.

Aufgabenteil Nr. 3: Gewerbesteuer

I. Gewerbeertrag, § 7 GewStG

1. Steuerbilanzgewinn, § 15 Abs. 1 Nr. 1 EStG 300 000 €

2. Hinzurechnungen, § 8 GewStG

a) Entgelte für Schulden, § 8 Nr. 1 Buchst. a) GewStG

aa)	Darlehen der Volksbank Duisburg (Tz. 4)			
	Schuldzinsen		15 000 €	
	Damnum 300 000 € x 5 % ¼	+	3 750 €	
	Bereitstellungszinsen		0 €	
	Summe Volksbank Duisburg		18 750 €	
bb)	Darlehen der Sparkasse Duisburg (Tz. 5)	+	8 000 €	
cc)	Kontokorrent (Tz. 6)	+	7 000 €	
				33 750 €

b) Gewinnanteile stiller Gesellschafter, § 8 Nr. 1 Buchst. c) GewStG

Es handelt sich um eine atypisch stille Gesellschafterin, da eine Beteiligung an den stillen Reserven vorliegt. Bei Mitunternehmerschaften erfolgt keine Hinzurechnung, da vorab bei Annahme des zutreffend ermittelten Steuerbilanzgewinns auch keine Gewinnminderung eingetreten ist.

c) Miet- und Pachtzinsen für bewegliches Anlagevermögen, § 8 Nr. 1 Buchst. d) GewStG

aa)	Mieten für Spezialgeräte (Tz. 1) 1/5 von 3 600 €	720 €
bb)	Mieten für die Telefonanlage (Tz. 3) 1/5 von 6 000 €	1 200 €

d) Miet- und Pachtzinsen für unbewegliches Anlagevermögen, § 8 Nr. 1 Buchst. e) GewStG

Miete Parkplatz (Tz. 7) 1/2 von 1 200 €		**600 €**
Gesamt		36 270 €
abzgl. Freibetrag	./.	36 270 €
Hinzurechnung gesamt		0 €
Zwischensumme		**300 000 €**

3. Kürzungen, § 9 GewStG

a) Grundbesitz, § 9 Nr. 1 GewStG

1,2 % des betrieblich genutzten Grundbesitzes:

aa)	Betriebsgrundstück in Duisburg (Tz. 8)				
	Einheitswert 110 000 € x 140 %				154 000 €
bb)	Grund und Boden in Duisburg (Tz. 9)				
	kein Ansatz, Stand zu Beginn des Kalenderjahres				0 €
	ist maßgebend, § 20 Abs. 1 Satz 2 GewStDV				
cc)	Grundstück in Oberhausen (Tz. 10)				
	Einheitswert 60 000 € x 140 % x 16 %				
	vgl. § 20 Abs. 1 Satz 1 GewStDV			+	13 440 €
dd)	Betriebsgrundstück (Tz. 11)				
	Einheitswert 180 000 € x 140 % x 55 %	+	138 600 €		
	§ 20 Abs. 1 Satz 1 GewStDV				
	Summe Einheitswerte		306 040 €		<
	Kürzung mit 1,2 %			./.	**3 673 €**
	Gewerbeertrag				**296 327 €**
	abgerundet auf volle 100 €, § 11 Abs. 1 GewStG				296 300 €
	abzüglich Freibetrag, § 11 Abs. 1 Nr. 1 GewStG			./.	24 500 €
					271 800 €
	x 3,5 % Steuermesszahl				
	Steuermessbetrag nach dem Gewerbeertrag				**9 513 €**

II. Zerlegung des Steuermessbetrages, §§ 28 – 34 GewStG

Der einheitliche Steuermessbetrag i. H. von 9 513 € ist auf die beiden Betriebsstätten-Gemeinden Duisburg und Oberhausen im Wege des Zerlegungsverfahrens zu verteilen. Zerlegungsmaßstab ist das Verhältnis der Arbeitslöhne, die an der jeweiligen Betriebsstätte gezahlt werden:

Arbeitslöhne Betriebsstätte Duisburg	400 300 €	
Ausbildungsvergütungen, § 31 Abs. 2 GewStG	./. 16 000 €	
Anteil des Unternehmers: 25 000 € x 80 %, § 31 Abs. 5 GewStG	+ 20 000 €	
maßgebl. Arbeitslöhne Duisburg, gerundet, § 29 Abs. 3		**404 000 €**
Arbeitslöhne Betriebsstätte Oberhausen	250 200 €	
Tantieme, § 31 Abs. 4 GewStG	./. 20 000 €	
Anteil des Unternehmers: 25 000 € x 20 %	+ 5 000 €	
maßgebl. Arbeitslöhne Oberhausen, gerundet, § 29 Abs. 3		**235 000 €**
Summe aller Arbeitslöhne		**639 000 €**

Die Tantieme sowie die Ausbildungsvergütung bleiben außer Betracht, § 31 Abs. 2 und 4 GewStG. Der Unternehmerlohn i. H. von 25 000 € ist im Verhältnis der aufgewendeten Arbeitszeiten in den jeweiligen Betriebsstätten aufzuteilen, § 31 Abs. 5 GewStG.

Anteil Duisburg	404 000/639 000 x 100	63,22 %	
Anteil Oberhausen	235 000/639 000 x 100	36,78 %	
		100,00 %	
Gewerbesteuer Duisburg: **Einheitlicher Steuermessbetrag** 9 513 € x 63,22 %			27 063 €
= 6 014 € x Hebesatz 450 % Gewerbesteuer Oberhausen: **Einheitlicher Steuermessbetrag** 9 513 € x 36,78 %			14 695 €
= 3 499 € x Hebesatz 420 % **Summe Gewerbesteueraufwand**			**41 758 €**

Aufgabenteil Nr. 4: Umsatzsteuer

Klausur Nr. 1: „Raffi Rastlos"

1. Rastlos erbringt gegenüber allen Mietern sonstige Vermietungsleistungen gegen Entgelt im vereinbarten Leistungsaustausch, § 3 Abs. 9 UStG. Ort der sonstigen Vermietungsleistungen ist der Belegenheitsort des Grundstücks in Wesel, § 3a Abs. 3 Nr. 1a UStG.

   Die im Rahmen seines Unternehmens gegen Entgelt erbrachten sonstigen Leistungen sind steuerbar (§ 1 Abs. 1 Nr. 1 UStG) und grds. nach § 4 Nr. 12a UStG steuerfrei. Zu prüfen ist allerdings, ob Rastlos in zulässiger Art und Weise auf die USt-Befreiung verzichtet und eine Option zur Umsatzsteuerpflicht ausüben kann, vgl. § 9 UStG. Dieses Verfahren hätte für ihn den Vorteil, den Vorsteuerabzug geltend machen zu können bei Abwälzung der anfallenden Umsatzsteuer auf die jeweiligen Mieter.

   a) **Erdgeschoss**

      Eine Option kommt für das Erdgeschoss nicht in Betracht, da er gegenüber einem anderen Unternehmer (Versicherungsgesellschaft) vermietet, der das Grundstück ganz offensichtlich nicht ausschließlich zu Zwecken (§ 4 Nr. 10 UStG) verwendet, die den Vorsteuerabzug nicht ausschließen, § 9 Abs. 2 i. V. m. § 27 Abs. 2 Nr. 3 UStG.

      3. Obergeschoss

      Gegenüber dem Finanzamt Wesel ist eine Option ebenfalls nicht möglich, da die Behörde das 3. OG nicht für unternehmerische, sondern für hoheitliche Zwecke nutzt, § 9 Abs. 1 UStG.
      Daher sind die Vermietungsleistungen im EG und 3. OG endgültig steuerfrei, § 4 Nr. 12a UStG. Da er somit steuerfreie Umsätze bezogen auf zwei Etagen ausführt, ist ein Vorsteuerabzug insoweit anteilig nicht möglich, § 15 Abs. 2 Nr. 1 UStG.

      Die trotz der USt-Freiheit ausgewiesene Umsatzsteuer i. H. von 1 710 € (5 000 € + 4 000 € zu je 19 %) für Dezember 2013 schuldet Rastlos „als zu hoch ausgewiesene" Umsatzsteuer nach § 14c Abs. 1 UStG.

      Diese Umsatzsteuer entsteht nach § 13 Abs. 1 Nr. 3 UStG mit Ablauf des Voranmeldungszeitraums Dezember 2013. Diese USt ist nach § 14c Abs. 1 Satz 2 UStG berichtigungsfähig, wenn der USt-Ausweis im Mietvertrag beseitigt wird.

   b) **1. und 2. Obergeschoss**

      Sowohl der Steuerberater als auch der Tierarzt (vgl. insbesondere § 4 Nr. 14 Satz 4 UStG) erbringen ihren Mandanten/Patienten gegenüber als Unternehmer steuerpflichtige Umsätze. Sofern diese Tatsache von Rastlos nachgewiesen wird (vgl. § 9 Abs. 2 Satz 2 UStG), was zu unterstellen ist, hat er die Möglichkeit, zur Umsatzsteuerpflicht zu optieren, § 9 Abs. 2 UStG.

      Damit erbringt er gegenüber dem Steuerberater und dem Tierarzt steuerpflichtige Vermietungsumsätze in mtl. Teilleistungen zu einem Steuersatz von 19 %, § 12 Abs. 1 UStG.

Die Bemessungsgrundlage beträgt je Etage 4 000 € (insgesamt 8 000 €), § 10 Abs. 1 UStG. Die Umsatzsteuer beträgt je Etage 760 € (insgesamt 1 520 €) und entsteht mit Ablauf des jeweiligen Voranmeldungszeitraums, hier Dezember 2013, § 13 Abs. 1 Nr. 1a UStG.

Dem Rastlos steht aus allen, allgemein das Grundstück betreffenden Eingangsleistungen der Vorsteuerabzug zu (§ 15 Abs. 1 Nr. 1 UStG), soweit steuerpflichtige Ausgangsumsätze von diesem Grundstücksteil ausgehen (somit 50 %, nämlich zwei von vier Etagen): grds. abziehbare Vorsteuer: 342 000 € x 50 % = 171 000 €. Der Vorsteuerabzug ist erst im VAZ Dezember 2013 mit Erhalt der Rechnung möglich.

Eine Aufteilung des Vorsteuerabzugs nach § 15 Abs. 1b i.V.m. § 27 Abs. 16 UStG ist nicht erforderlich, da das Grundstück nicht für Zwecke verwendet wird, die außerhalb des Unternehmens des Rastlos liegen. Die monatlichen Anzahlungen an den Generalunternehmer ändern nichts am Zeitpunkt des Vorsteuerabzugs, da Rastlos nicht aufgrund einer Anzahlungsrechnung mit gesondert ausgewiesener Umsatzsteuer zahlte (lt. Sachverhalt nur mündliche Anzahlungsvereinbarung), § 15 Abs. 1 Nr. 1 Satz 2 UStG.

Bei der Überlassung der Gerüst- und Schalungsteile handelt es sich um einen Vorgang innerhalb seines unternehmerischen Bereiches, der als nicht steuerbarer Innenumsatz ohne umsatzsteuerliche Konsequenzen bleibt.

Sonderfrage

Die in fünf Jahren überlegte Nutzungsänderung des 2. OG (von bisher steuerpflichtigen, fremdberuflichen Zwecken des Steuerberaters zu Wohnzwecken der Tochter) wird zu steuerfreien Vermietungsleistungen führen, § 4 Nr. 12a UStG. Bei einer Nutzung zu Wohnzwecken ist eine Option zur Umsatzsteuerpflicht nach § 9 Abs. 1 UStG nicht zulässig.

Damit ändern sich die Verhältnisse i. S. des § 15a Abs. 1 UStG. Der zunächst anteilig geltend gemachte Vorsteuerabzug ist zu berichtigen, § 15a Abs. 1 UStG: Vorsteuer 2013: 171 000 € x 50 % (anteiliges 2. OG) = 85 500 €.

Unter Annahme eines zehnjährigen Berichtigungszeitraums ist folgende Berichtigung durchzuführen: 85 500 € Vorsteuern x 1/10 jährlich = 8 550 €.

Für die betroffenen Jahre der steuerfreien Nutzung (6. – 10. Jahr der Verwendung) ergibt sich ein jährlicher Berichtigungsbetrag i. H. von 8 550 € x 5 Jahre, insgesamt somit 42 750 €.

Der Berichtigungsbetrag wäre in der jeweiligen USt-Voranmeldung zu erfassen, da der Jahresbetrag 6 000 € übersteigt, § 44 Abs. 3 UStDV.

2. Aus den Aufwendungen für die betrieblich/unternehmerisch veranlasste Fortbildungsreise nach Hamburg können gem. § 15 Abs. 1 Nr. 1 UStG folgende Vorsteuerbeträge errechnet und abgezogen werden:

Teilnahmegebühr	228,00 €
Fahrtkosten Bundesbahn, §§ 34, 35 UStDV mit 19 %	63,87 €
Übernachtungskosten	21,00 €

Ein Vorsteuerabzug aus der Taxirechnung ist nicht möglich, weil keine Rechnung mit gesondertem Umsatzsteuerausweis vorliegt. Es handelt sich nicht um eine Kleinbetragsrechnung, da der Gesamtrechnungsbetrag höchstens 150 € betragen darf, § 33 UStDV.

Ein Vorsteuerabzug aus der Hotelrechnung ist gem. Ziffer 15.2 Abs. 1 S. 1 – 2 UStAE nur in Höhe der gesetzlich geschuldeten Umsatzsteuer möglich. Da Hotelübernachtungen nach dem 1. 1. 2010 gem. § 12 Abs. 2 Nr. 11 UStG nur noch zu 7 % steuerpflichtig sind, beträgt die gesetzlich geschuldete USt nur 21,00 €. Die zu hoch ausgewiesene USt i. H. v. 36 € schuldet der Unternehmer nach § 14c Abs. 1 UStG.

3. § 15 Abs. 1a Nr. 1 UStG verweist nicht auf § 4 Abs. 5 Nr. 5 EStG. Deshalb erhält Rastlos die Vorsteuer aus 55 € = 8,78 €. Dies gilt unabhängig davon, dass die einkommensteuerliche Betriebsausgabe mit 20 € pauschaliert wird.

4. Der Verkauf des Busses stellt eine Lieferung gegen Entgelt im vereinbarten Leistungsaustausch dar, § 3 Abs. 1 UStG. Der Ort der bewegten Lieferung ist Schermbeck bei Abholung (= Beförderung) durch den Leistungsempfänger, § 3 Abs. 6 Satz 1 UStG. Die Lieferung ist im Inland steuerbar, § 1 Abs. 1 Nr. 1 UStG. Es liegt – Ausfuhrnachweise (§ 6 Abs. 4 UStG) werden gem. Sachverhalt vorausgesetzt – eine steuerfreie Ausfuhrlieferung vor (§ 4 Nr. 1a UStG), da der Leistungsempfänger den Liefergegenstand in ein Drittland befördert (§ 6 Abs. 1 Nr. 2 UStG) und ein ausländischer Abnehmer ist, § 6 Abs. 2 Nr. 1 UStG.

   Die Bemessungsgrundlage des steuerfreien Umsatzes beträgt 80 000 €, § 10 Abs. 1 UStG.

   Die bei Erwerb des Busses ausgewiesene Umsatzsteuer des Magdeburger Unternehmers ist trotz der Umsatzsteuerfreiheit des Ausgangsumsatzes bei Herrn Rastlos i. H. von 9 500 € im April 2013 abzugsfähig, § 15 Abs. 3 Nr. 1 i. V. m. Abs. 1 Nr. 1 UStG. Der Vorsteuerausschluss gem. § 15 Abs. 2 Nr. 1 UStG wird über Abs. 3 Nr. 1a UStG aufgehoben.

5. Rastlos erbringt eine sonstige Leistung (durch Unterlassen) gegen Entgelt im vereinbarten Leistungsaustausch gegenüber dem Konkurrenten, in dem er es unterlässt, sich an einer Ausschreibung zu beteiligen, § 3 Abs. 9 UStG. Ort der sonstigen Leistung ist nach § 3a Abs. 2 UStG dort, wo der Leistungsempfänger, also der Konkurrent, sein Unternehmen betreibt = Amsterdam. Die Unterlassung ist nach § 1 Abs. 1 Nr. 1 UStG im Inland nicht steuerbar (aber in den Niederlanden). Das NL-Unternehmen hat die dem deutschen § 13b UStG entsprechende Regelung des NL-UStG „Wechsel der Steuerschuldnerschaft" zu beachten. Rastlos hat die sonstige Leistung gem. § 18b S. 1 Nr. 2 i. V. m. S. 3 UStG im VAZ 12/2013 zu erklären.

6. Es ist zu prüfen, ob Rastlos ein Vorsteuerabzug i. H. von 285 € zusteht. Zwar hat er eine Leistung für sein Unternehmen bezogen, und eine Rechnung mit gesondertem Ausweis der Umsatzsteuer liegt vor. Allerdings schuldet der leistende Unternehmer Gerd Gierig die ausgewiesene Umsatzsteuer nicht aufgrund eines steuerbaren und steuerpflichtigen Umsatzes (die Leistungen der Versicherungsvertreter sind gem. § 4 Nr. 11 UStG steuerfrei). Bei Gerd Gierig entsteht die Umsatzsteuer gem. § 14c Abs. 1 UStG nur aufgrund des zu hohen Ausweises der Steuer.

   Mit Urteil vom 2. 4. 1998 V R 34/97, BStBl 1998 II 695 hat der BFH entschieden, dass eine beim Rechnungsaussteller nach § 14c Abs. 1 UStG entstandene Umsatzsteuer beim Leistungsempfänger den Vorsteuerabzug ausschließt, Ziffer 15.2 Abs. 1 UStAE. Rastlos kann deshalb die in Rede stehenden Beträge nicht als Vorsteuer berücksichtigen.

Klausur Nr. 2: „Herbert Schnell“

Lösung zu Einzelsachverhalt 1

H. S. hat an den französischen Kunden (drei) Lieferungen (§ 3 Abs. 1 UStG) ausgeführt. Da die Fahrzeuge durch einen vom französischen Kunden beauftragten Spediteur bei H. S. abgeholt werden, ist die Beförderung der Liefergegenstände dem Abnehmer zuzurechnen. Es liegen mithin „bewegte“ Lieferungen vor, für die sich der Ort nach § 3 Abs. 6 Satz 1 UStG bestimmt (Essen).

Die im Inland ausgeführten Lieferungen sind steuerbar nach § 1 Abs. 1 Nr. 1 UStG und als innergemeinschaftliche Lieferungen nach § 4 Nr. 1b i. V. m. § 6a UStG steuerbefreit. Die Voraussetzungen des § 6a Abs. 1 Nr. 1 bis 3 UStG liegen vor: Die Fahrzeuge gelangen im Rahmen einer „bewegten“ Lieferung durch den Abnehmer vom Mitgliedstaat Deutschland in den Mitgliedstaat Frankreich (§ 6a Abs. 1 Nr. 1 UStG) und der französische Abnehmer ist Unternehmer, der die Fahrzeuge für sein Unternehmen erwirbt (§ 6a Abs. 1 Nr. 2 UStG). Insbesondere kann auch die Voraussetzung nach § 6a Abs. 1 Nr. 3 UStG als gegeben angesehen werden, da die beteiligten Unternehmer lt. Sachverhalt mit der USt-Id-Nr. (vgl. § 17c Abs. 1 UStDV) des Landes auftreten, in dem sie ansässig sind, H. S. daher davon ausgehen kann, dass die Fahrzeuge im Mitgliedstaat Frankreich der Erwerbsbesteuerung unterliegen.

Die Bemessungsgrundlage bestimmt sich nach § 10 Abs. 1 Satz 1 und 2 UStG und beträgt 34 500 €. Der Umsatz ist nach § 18b Satz 1 Nr. 1 und Satz 2 UStG in dem VAZ zu erklären, in dem die Rechnung erteilt worden ist (März 2013).

Bezüglich des Warenbezugs der Fahrzeuge aus Südkorea ist der Tatbestand der Einfuhr (§ 1 Abs. 1 Nr. 4 UStG) verwirklicht. Für die Besteuerung ist die Zollverwaltung zuständig.

Die entrichtete Einfuhrumsatzsteuer i. H. von 2 500 € ist für den VAZ 02/2013 als Vorsteuer nach § 15 Abs. 1 Nr. 2 UStG abzugsfähig.

Der Ausschluss vom Vorsteuerabzug nach § 15 Abs. 2 Nr. 1 UStG greift nicht ein, weil die Fahrzeuge zur Ausführung innergemeinschaftlicher Lieferungen verwendet werden (§ 15 Abs. 3 Nr. 1a UStG).

Lösung zu Einzelsachverhalt 2

Hinsichtlich der 200 Bücher bewirkt H. S. i. g. Erwerbe i. S. des § 1a UStG. Die Voraussetzungen des § 1a Abs. 1 Nr. 1 bis 3 UStG sind erfüllt. (Gelangen der Bücher vom Mitgliedstaat Österreich in den Mitgliedstaat Deutschland, H. S. erwirbt als Unternehmer für sein Unternehmen und der Verlag liefert im Rahmen seines Unternehmens und ist nicht Kleinunternehmer nach österreichischem Recht.)

Der Ort bestimmt sich nach § 3d Satz 1 UStG (Inland, Essen), mithin sind die am 31. 7. 2013 bewirkten i. g. Erwerbe steuerbar nach § 1 Abs. 1 Nr. 5 UStG und mangels Befreiung nach § 4b UStG auch steuerpflichtig.

Sie unterliegen zu einem Steuersatz i. H. von 7 % (§ 12 Abs. 2 Nr. 1 Satz 1 i. V. m. lfd. Nr. 49 der Anlage 2 zu § 12 Abs. 2 Nr. 1 UStG) der Erwerbsbesteuerung.

Die BMG beträgt 1 000 €, § 10 Abs. 1 UStG. Unter Zugrundelegung eines Steuersatzes i. H. von 7 % beträgt die darauf entfallende Steuer 70 €. Sie entsteht nach § 13 Abs. 1 Nr. 6 UStG grds. mit

Ausstellung der Rechnung, spätestens jedoch mit Ablauf des auf den Erwerb folgenden Monats, hier also am 31. 7. 2013.

Betragsidentisch und zeitgleich kann H. S. für den VAZ Juli 2013 Vorsteuer i. H. von 70 € geltend machen (§ 15 Abs. 1 Nr. 3 UStG), ein Ausschlussgrund nach § 15 Abs. 2 UStG ist nicht ersichtlich.

Die Lieferungen (§ 3 Abs. 1 UStG) der Bücher an die Mitglieder des KIA-Clubs fallen, obwohl H. S. normalerweise nicht mit Büchern, sondern mit Kfz handelt, als Hilfsgeschäft in den Rahmen des Unternehmens des H. S., weil sie vor der Veräußerung zum unternehmerischen Bereich des H. S. gehörten.

Die in Essen (§ 3 Abs. 6 Satz 1 UStG) gegen Entgelt ausgeführten Lieferungen sind steuerbar (§ 1 Abs. 1 Nr. 1 UStG) und mangels Steuerbefreiung nach § 4 UStG auch steuerpflichtig. Sie unterliegen dem ermäßigten Steuersatz von 7 % (§ 12 Abs. 2 Nr. 1 UStG i. V. m. lfd. Nr. 49 der Anlage 2 zu § 12 Abs. 2 Nr. 1 UStG).

Die nach § 10 Abs. 1 Sätze 1 und 2 UStG zu bestimmende Bemessungsgrundlage beträgt 2 149,53 €, die Umsatzsteuer hierauf 150,47 €. Die Steuer entsteht nach § 13 Abs. 1 Nr. 1a UStG mit Ablauf des VAZ September 2013.

Nannen hat mit dem Transport der Bücher von Salzburg nach Essen eine sonstige Leistung (§ 3 Abs. 9 UStG) erbracht. Für diese sonstige Leistung an den deutschen Unternehmer H. S. bestimmt sich der Ort nach § 3a Abs. 2 UStG.

Für die von Nannen in Essen erbrachte steuerbare und steuerpfl. Leistung hat H. S. die Regelungen des § 13b Abs. 1 UStG „Wechsel der Steuerschuldnerschaft" zu beachten (§ 13b Abs. 1, Abs. 5 UStG).

Nannen ist ein im übrigen Gemeinschaftsgebiet (Österreich) ansässiger Unternehmer i. S. des § 13b Abs. 7 UStG, die sonstige Leistung gilt nach § 3a Abs. 2 UStG als im Inland ausgeführt und erfolgte an H. S., der Unternehmer ist (§ 13b Abs. 5 UStG).

H. S. hat eine USt i. H. von 119 € x 19 % = 22,61 € mit Ablauf des VAZ der Leistungsausführung Juli 2013 seinem Finanzamt zu deklarieren. Gleichzeitig entsteht der betragsidentische Vorsteuerabzug (§ 15 Abs. 1 Nr. 4 UStG)

Nannen hat in Österreich die sonstige Leistung analog § 18b Satz 1 Nr. 2 UStG zu erklären.

Lösung zu Einzelsachverhalt 3

Mit dem Verkauf der Fahrzeuge bewirkt H. S. Lieferungen i. S. des § 3 Abs. 1 UStG. Über die Fahrzeuge haben mehrere Unternehmer, nämlich H. S., Schrott und die Gesellschaft in Russland Umsatzgeschäfte abgeschlossen und die Fahrzeuge gelangen im Rahmen des Transports unmittelbar vom ersten Unternehmer an den letzten Abnehmer. Mithin liegt ein Fall des § 3 Abs. 6 Satz 5 UStG (Reihengeschäft) vor; zur Bestimmung des Lieferorts ist die Warenbewegung nur einer der Lieferungen zuzurechnen. Grundsätzlich ist die Warenbewegung der Lieferbeziehung H. S. an Schrott zuzurechnen (§ 3 Abs. 6 Satz 6 1. Hs. UStG); dadurch jedoch, dass Schrott lt. Sachverhaltsvorgabe den Nachweis nach § 3 Abs. 6 Satz 6 2. Alternative führt, bestimmt sich der Lieferort für H. S. nach § 3 Abs. 7 Satz 2 Nr. 1 UStG (Essen).

Die gegen Entgelt ausgeführten Lieferungen sind somit steuerbar nach § 1 Abs. 1 Nr. 1 UStG. Eine Steuerbefreiung nach § 4 Nr. 1 i. V. m § 6 UStG kommt nicht in Betracht, weil im Rahmen der Lieferbeziehung H. S. an Schrott kein Warentransport über die Grenze hinweg stattfindet und damit die grundsätzliche Voraussetzung für eine steuerfreie Ausfuhrlieferung nicht erfüllt ist.

Die steuerpflichtigen Lieferungen unterliegen dem Regelsteuersatz i. H. von 19 % (§ 12 Abs. 1 UStG).

Die nach § 10 Abs. 1 Satz 1 und 2 UStG zu bestimmende BMG ermittelt sich wie folgt: 214 200 € : 1,19 = 180 000 €.

Die darauf entfallende Umsatzsteuer i. H. von 34 200 € entsteht mit Ablauf des VAZ Januar 2013 (§ 13 Abs. 1 Nr. 1a UStG).

Im VAZ März 2011 ist die Umsatzsteuer aufgrund des Skontoabzugs um 1 710 € zu mindern (§ 17 Abs. 1 Satz 1 i. V. m. § 17 Abs. 1 Satz 7 UStG).

Lösung zu Einzelsachverhalt 4

Die unentgeltliche Hingabe des KIA 1200 GLX an das Rote Kreuz stellt eine unentgeltliche Wertabgabe i. S. von § 3 Abs. 1b Nr. 1 UStG dar. Der zum Unternehmensvermögen des H. S. gehörende KIA wird für unternehmensfremde Zwecke entnommen.

Der Ort der nun gegen Entgelt fingierten Lieferung bestimmt sich nach § 3f Satz 1 UStG: Essen.

Der nach § 1 Abs. 1 Nr. 1 UStG steuerbare Umsatz ist mangels Steuerbefreiung nach § 4 UStG steuerpflichtig zum Steuersatz von 19 % (§ 12 Abs. 1 UStG).

Die Bemessungsgrundlage bestimmt sich nach § 10 Abs. 4 Nr. 1 UStG. Dabei kommt es auf den Einkaufspreis zum Zeitpunkt der Entnahme und nicht auf den ursprünglichen Einkaufspreis an. Bemessungsgrundlage mithin: 11 000 €, Umsatzsteuer hierauf: 2 090 €.

Sie entsteht nach § 13 Abs. 1 Nr. 2 UStG mit Ablauf des Monats März 2013.

M.E. vertretbare Alternativlösung

Unentgeltliche Wertabgabe nach § 3 Abs. 1b Nr. 3 UStG als Geschenk, mangels Vorsteuerabzug für höherwertige Geschenke (vgl. § 15 Abs. 1a Nr. 1 UStG) aber nicht steuerbar, vgl. § 3 Abs. 1b Satz 2 UStG. Sollte H. S. zunächst Vorsteuer gezogen haben, wäre diese nach § 17 EStG zu berichtigen.

Lösung zu Einzelsachverhalt 5

Die Überlassung des zum Unternehmensvermögen des H. S. gehörenden Kraftfahrzeugs durch H. S. an seinen Angestellten zur privaten Nutzung (Privatfahrten, Fahrten zwischen Wohnung und Arbeitsstätte sowie Familienheimfahrten aus Anlass einer doppelten Haushaltsführung), ist als entgeltliche Leistung i. S. des § 1 Abs. 1 Nr. 1 Satz 1 UStG (vgl. Ziffer 1.8 Abs. 1 UStAE) anzusehen. Die Gegenleistung des Arbeitnehmers besteht nach Auffassung der FinVerw in der anteiligen Arbeitsleistung, die er für die Privatnutzung des gestellten Kraftfahrzeugs erbringt. Die Überlassung des Kraftfahrzeugs ist als Vergütung für geleistete Dienste und damit als entgeltlich anzusehen, weil sie vertraglich geregelt ist (vgl. BMF-Schreiben vom 27. 8. 2004).

Ort der sonstigen Leistung ist nach § 3a Abs. 1 UStG am Unternehmenssitz des H. S. in Essen.

Bei einer entgeltlichen Fahrzeugüberlassung zu Privatzwecken des Arbeitnehmers liegt ein tauschähnlicher Umsatz (§ 3 Abs. 12 Satz 2 UStG) vor. Die Bemessungsgrundlage ist nach § 10 Abs. 2 Satz 2 i. V. m. § 10 Abs. 1 Satz 1 UStG der Wert der nicht durch den Barlohn abgegoltenen Arbeitsleistung.

Aus Vereinfachungsgründen lässt es die Finanzverwaltung zu, wenn für die umsatzsteuerliche Bemessungsgrundlage anstelle der tatsächlichen Kosten von den lohnsteuerlichen Werten ausgegangen wird. Diese Werte sind dann als Bruttowerte anzusehen, aus denen die Umsatzsteuer herauszurechnen ist (vgl. Ziffer 1.8 Abs. 8 UStAE).

Wird danach der lohnsteuerliche Wert der entgeltlichen Fahrzeugüberlassung für Privatfahrten und für Fahrten zwischen Wohnung und Arbeitsstätte nach § 8 Abs. 2 Satz 2 und 3 in Verbindung mit § 6 Abs. 1 Nr. 4 Satz 2 EStG mit dem vom Listenpreis abgeleiteten Pauschalwert angesetzt (vgl. R 8.1 Abs. 9 LStR), kann von diesem Wert auch bei der Umsatzbesteuerung ausgegangen werden.

Der umsatzsteuerliche Wert für Familienheimfahrten kann aus Vereinfachungsgründen mit 0,002 % des Listenpreises i. S. des § 6 Abs. 1 Nr. 4 Satz 2 EStG für jeden Kilometer der Entfernung zwischen dem Ort des eigenen Hausstands und dem Beschäftigungsort angesetzt werden.

Der Umsatzsteuer unterliegen die auf die Familienheimfahrten entfallenden Kosten auch dann, wenn ein lohnsteuerlicher Wert nach § 8 Abs. 2 Satz 5 EStG nicht anzusetzen ist. Aus dem so ermittelten Betrag ist die Umsatzsteuer herauszurechnen.

Ein pauschaler Abschlag von 20 % für nicht mit Vorsteuern belastete Kosten ist unzulässig, weil entgeltliche sonstige Leistungen nicht unter Art. 6 Abs. 2 Buchst. a, sondern unter Art. 6 Abs. 1 der 6. EG-Richtlinie fallen.

Die Umsatzsteuer für die Firmenwagenüberlassung ist mithin wie folgt zu ermitteln:

a)	für die allgemeine Privatnutzung	
	1 % von 30 000 € x 3 Monate =	900 €
b)	für Fahrten zwischen Wohnung und Arbeitsstätte	
	0,03 % von 30 000 € x 10 km x 3 Monate =	270 €
	lohnsteuerlicher geldwerter Vorteil =	1 170 €
c)	für Familienheimfahrten	
	0,002 % von 30 000 € x 150 km x 10 Fahrten =	900 €
	Bruttowert der sonstigen Leistung an den Arbeitnehmer =	2 070 €
	Die darin enthaltene USt beträgt 19/119 von 2 070 € = 330,50 €	

Die Steuer entsteht nach § 13 Abs. 1 Nr. 1a Satz 1 UStG mit Ablauf des jeweiligen VAZ 01 – 03/2013.

Lösung zu Einzelsachverhalt 6

H. S. hat am 10. 1. 2013 an Ingo Raser eine Lieferung (§ 3 Abs. 1 UStG) ausgeführt. Der Eigentumsvorbehalt ist umsatzsteuerlich unbeachtlich.

Die nach § 3 Abs. 6 Satz 1 UStG in Essen ausgeführte Lieferung ist steuerbar nach § 1 Abs. 1 Nr. 1 UStG und mangels Befreiung nach § 4 UStG auch steuerpflichtig zum Steuersatz von 19 %.

Bemessungsgrundlage nach § 10 Abs. 1 Satz 1 und 2 UStG 20 000 €, die Umsatzsteuer hierauf beträgt 3 800 € und entsteht, da H. S. seine Umsätze nach vereinbarten und nicht nach vereinnahmten Entgelten versteuert, nach § 13 Abs. 1 Nr. 1a UStG mit Ablauf des VAZ Januar 2013.

Am 25. 3. 2013 erfolgt eine Rückgängigmachung der Lieferung. In diesem Fall ist § 17 Abs. 1 UStG entsprechend anzuwenden (§ 17 Abs. 2 Nr. 3 UStG). Die Bemessungsgrundlage ist im VAZ März 2013 um 20 000 € zu mindern, die Umsatzsteuer um 3 800 € zu berichtigen (§ 17 Abs. 1 Satz 1 UStG).

Die Einbehaltung des Betrages von 1 190 € ist nicht Gegenleistung für eine Leistung des H. S. H. S. hat durch die Beschädigung des sich in seinem Eigentum befindlichen KIA einen Schaden erlitten, den er sich durch Verrechnung mit den zu erstattenden Raten vergüten lässt.

Alternativlösung:

Mit Schreiben vom 20. 2. 2006 (IV A 5 – S 7100 – 23/06) hat das Bundesfinanzministerium zur umsatzsteuerlichen Behandlung des Minderwertausgleichs bei der Rückgabe von Leasinggegenständen Stellung genommen.

Mit Urteil vom 1. 3. 2000 (Az.: VIII ZR 177/99) hat der BGH entschieden, dass ein Minderwertausgleich, der auf Grund eines Unfallschadens in Höhe der gutachterlich ermittelten Reparaturkosten vom Leasinggeber geltend gemacht wird, als Erfüllungsanspruch aus der Gebrauchsüberlassung und nicht als Ersatzanspruch wegen Verschlechterung des Leasinggegenstands zu beurteilen ist. Das BMF hat darauf hingewiesen, dass diese Entscheidung auch umsatzsteuerrechtlich zu beachten ist.

Die Zahlung eines Minderwertausgleichs ist nicht als Schadensersatz zu beurteilen, wenn der wertgeminderte Gegenstand zum Gebrauch im Rahmen eines Leasingvertrags überlassen wurde. Die Zahlung stellt in solchen Fällen vielmehr ein Entgelt für die vereinbarte Gebrauchsüberlassung dar.

Die Einbehaltung des weiteren Betrags von 3 570 € ist als Gegenleistung für die zwischenzeitliche Nutzung des KIA zu behandeln. H. S. hat insoweit eine sonstige Leistung (§ 3 Abs. 9 UStG) bewirkt; der Ort bestimmt sich nach § 3a Abs. 1 UStG. Die sonstige Leistung wird demnach in Essen ausgeführt.

Sie ist steuerbar (§ 1 Abs. 1 Nr. 1 UStG) und zu 19 % steuerpflichtig.

Die Bemessungsgrundlage nach § 10 Abs. 1 UStG beträgt 3 000 €, die Umsatzsteuer hierauf 570 €.

Die Umsatzsteuer ist mit Ablauf des VAZ der Ausführung (Beendigung) der Leistung = März 2013 entstanden (§ 13 Abs. 1 Nr. 1a UStG).

Aufgabenteil Nr. 5: Abgabenordnung

Sachverhalt 1

Eine Änderung des Einkommensteuerbescheides 01 ist nur zulässig, solange die Festsetzungsfrist noch nicht abgelaufen ist (§ 169 Abs. 1 Satz 1 AO) und eine Korrekturmöglichkeit nach der Abgabenordnung besteht.

Festsetzungsfrist

Im vorliegenden Fall ist zunächst zu prüfen, ob die Festsetzungsfrist bereits abgelaufen ist.

Die Festsetzungsfrist beginnt mit Ablauf des Kalenderjahres, in dem die Steuererklärung eingereicht worden ist (§ 170 Abs. 2 Nr. 1 AO). Die Festsetzungsfrist beginnt somit hier mit Ablauf des 31. 12. 02.

Sie beträgt 4 Jahre (§ 169 Abs. 2 Nr. 2 AO) und endet grds. mit Ablauf des 31. 12. 06. In diesem Zeitpunkt entfällt auch der Vorbehalt der Nachprüfung (§ 164 Abs. 4 Satz 1 und 2 AO, siehe unten).

Es bleibt jedoch zu prüfen, ob eine Ablaufhemmung i. S. von § 171 AO anzuwenden ist. Nach § 171 Abs. 10 Satz 1 AO endet die Festsetzungsfrist, soweit für die Festsetzung einer Steuer ein Feststellungsbescheid, ein Steuermessbescheid oder ein anderer Verwaltungsakt bindend ist (Grundlagenbescheid), nicht vor Ablauf von zwei Jahren nach Bekanntgabe des Grundlagenbescheides (= 20. 6. 07). Der Bescheid des Versorgungsamtes ist ein solcher Grundlagenbescheid (vgl. hierzu H 33b „Allgemeines“ EStH 2011). Somit endet die nach § 171 Abs. 10 AO maßgebende Frist am 20.6.09. Wegen der durch die Eheleute Müller erfolgten rechtzeitigen Antragstellung ist ggf. eine weitere Ablaufhemmung nach § 171 Abs. 3 AO zu beachten.

Korrekturmöglichkeit

Eine Änderung nach § 164 Abs. 2 AO kommt im Jahre 07 nicht mehr in Betracht, weil der Vorbehalt der Nachprüfung zum 31. 12. 06 entfallen ist; die Ablaufhemmung der Festsetzungsfrist nach § 171 Abs. 10 AO ist insoweit ausgeschlossen, § 164 Abs. 4 Satz 1 und 2 AO.

Der Einkommensteuerbescheid 01 kann aber dennoch im August 07 noch geändert werden. Maßgebende Vorschrift ist insoweit § 175 Abs. 1 Nr. 1 AO. Danach ist ein Steuerbescheid zu ändern, soweit ein Grundlagenbescheid (§ 171 Abs. 10), dem Bindungswirkung für diesen Steuerbescheid zukommt, erlassen, aufgehoben oder geändert wird.

Sachverhalt 2

Es ist zu prüfen, ob die in Betracht kommenden Zulässigkeitsvoraussetzungen erfüllt sind; mangelt es an einem dieser Erfordernisse, ist der Einspruch als unzulässig zu verwerfen (§ 358 AO).

Als Rechtsbehelf gegen den Einkommensteuerbescheid 05 ist nach § 347 Abs. 1 S. 1 Nr. 1 AO der Einspruch statthaft.

Gemäß § 350 AO ist David Tenbieg beschwert, weil er geltend macht, durch die zu hohe Steuerfestsetzung in seinen Rechten verletzt zu sein.

Der Einspruch ist nach § 357 Abs. 1 Satz 1 AO schriftlich und damit formgerecht eingelegt worden.

Der Einspruch ist innerhalb eines Monats nach Bekanntgabe des Verwaltungsaktes einzulegen, § 355 Abs. 1 S. 1 AO.

Der am 27. 09. 07 mit einfachem Brief zur Post gegebene Einkommensteuerbescheid gilt gemäß § 122 Abs. 2 Nr. 1 AO grundsätzlich am dritten Tag nach Aufgabe zur Post als bekannt gegeben, also am 30. 09. 07.

Lt. Sachverhalt ist der 30. 09. 07 jedoch ein Sonntag. Die Frist verlängert sich gemäß § 108 Abs. 3 AO auf den nächstfolgenden Werktag, wenn das nach § 122 Abs. 2 Nr. 1 AO zu bestimmende Fristende auf einen Sonntag, gesetzlichen Feiertag oder Sonnabend fällt; vgl. AEAO, Tz 2 zu § 108 AO. Somit gilt der Bescheid gegenüber David Tenbieg am Montag, den 01. 10. 07 als bekannt gegeben.

In diesem Zusammenhang ist unbeachtlich, dass der tatsächliche Zugang bereits am 28. 09. 07 (Freitag) erfolgt ist. Die Wirksamkeit des Verwaltungsaktes durch tatsächlichen Zugang ist zu trennen von der für die Berechnung der Einspruchsfrist maßgebenden Bekanntgabefiktion des § 122 Abs. 2 Nr. 1 AO.

Die Einspruchsfrist (§ 355 Abs. 1 AO) beginnt somit am 02. 10. 07 um 0.00 Uhr (§ 108 Abs. 1 AO i. V. m. § 187 Abs. 1 BGB) und endet grundsätzlich mit Ablauf des 01. 11. 07, § 108 Abs. 1 AO i. V. m. § 188 Abs. 2 BGB.

Weil der 01. 11. 07 jedoch in NRW ein gesetzlicher Feiertag ist, endet die Einspruchsfrist gemäß § 108 Abs. 3 AO erst mit Ablauf des 02. 11. 07 (Freitag).

Da das Einspruchsschreiben des David Tenbieg am 02. 11. 07 beim zuständigen Finanzamt Krefeld (§ 357 Abs. 2 S. 1 AO) einging, ist der Rechtsbehelf fristgerecht eingelegt worden und erfüllt somit die Zulässigkeitsvoraussetzungen.

Sachverhalt 3

Zu 1:

Zunächst ist zu prüfen, ob bei der OHG Feststellungsverjährung eingetreten ist, § 169 Abs. 1 Satz 1 AO. Die Vorschriften für die Besteuerung gelten im Feststellungsverfahren sinngemäß, § 181 Abs. 1 AO.

Die Feststellungserklärung der OHG wurde im Jahre 03 beim Finanzamt eingereicht. Somit beginnt die Feststellungsfrist mit Ablauf des 31. 12. 03, § 170 Abs. 2 Nr. 1 AO. Die Verjährungsfrist beträgt vier Jahre, § 169 Abs. 2 Nr. 2 AO. Sie endet mit Ablauf des 31. 12. 07. Somit war das Finanzamt berechtigt, vor Ablauf der Feststellungsverjährung einen gem. § 164 Abs. 2 AO geänderten Feststellungsbescheid zu erlassen. Die Wirkung des Vorbehalts der Nachprüfung läuft ebenfalls nicht vor dem 31. 12. 07 ab, § 164 Abs. 4 AO.

HINWEIS:

Besonderheiten aus der bei der OHG durchgeführten steuerlichen Außenprüfung ergeben sich nicht, da der aufgrund der Außenprüfung zu erlassende Feststellungsbescheid 01 vor Ablauf der regulären Feststellungsfrist (31. 12. 07, § 181 Abs. 1 i. V. m. §§ 170 Abs. 2 Nr. 1, 169 Abs. 2 Nr. 2 AO) zur Post gegeben worden ist. Insoweit ist eine Prüfung der Ablaufhemmung gem. § 171 Abs. 4 AO entbehrlich.

Zu 2:

Die Festsetzungsfrist für die Einkommensteuer des VZ 01 beginnt mit Ablauf des Jahres der Abgabe der Steuererklärung 02, mithin mit Ablauf des 31. 12. 02, § 170 Abs. 2 Nr. 1 AO.

Die Festsetzungsfrist beträgt ebenfalls 4 Jahre, § 169 Abs. 2 Nr. 2 AO. Die Festsetzungsfrist endet mit Ablauf des 31. 12. 06. Somit ist die reguläre Festsetzungsfrist für die Einkommensteuer 01 im Jahre 07 bereits abgelaufen.

Es ist aber zu prüfen, ob das Finanzamt die Bekanntgabe des geänderten Einkommensteuerbescheides 01 auf eine Ablaufhemmung i. S. des § 171 AO stützen kann. Einschlägig ist hier insbesondere § 171 Abs. 10 AO, wonach punktuell die Festsetzung eines Einkommensteuerbescheides, für die ein Feststellungsbescheid als Grundlagenbescheid bindend ist, nicht vor Ablauf von zwei Jahren nach Bekanntgabe des Grundlagenbescheides verjährt (vgl. § 108 Abs. 1 AO i. V. m. § 187 Abs. 1 und § 188 Abs. 2 BGB):

Feststellungsbescheid zur Post am	15. 03. 07 (Mo)
Bekanntgabe des Feststellungsbescheides am (vgl. § 122 Abs. 2 Nr. 1 AO)	18. 03. 07 (Do)
Lauf der Ablaufhemmung, § 171 Abs. 10 AO	2 Jahre
Ende der Ablaufhemmung – regulär –	18. 03. 09 (Samstag)
Verlängerung der Frist, § 108 Abs. 3 AO	20. 03. 09 (Montag)

Maßgeblich für die Wahrung der Festsetzungsfrist ist, dass der geänderte Einkommensteuerbescheid für 01 am 20. 03. 09 vom Finanzamt zur Post gegeben worden ist, § 169 Abs. 1 Satz 3 Nr. 1 AO. Nach dem eindeutigen Wortlaut der Vorschrift ist es unerheblich, dass der Bescheid erst am 21. 03. 09 in den Briefkasten des Onko einlegt worden ist bzw. am 23. 03. 09 als bekannt gegeben gilt (§ 122 Abs. 2 Nr. 1 AO).

Erforderlich ist jedoch, dass der vor Ablauf der Frist zur Post gegebene Steuerbescheid dem Empfänger nach Fristablauf tatsächlich zugeht (BFH v. 25. 11. 2002 GrS 2/01, BStBl 2003 II 548 und AEAO, Tz. 1 zu § 169). Diese Voraussetzung ist durch den Zugang am 21. 03. 09 zweifelsfrei erfüllt. Somit ist die ESt-Festsetzung 01 hinsichtlich der Erhöhung der Einkünfte aus der Beteiligung an der OHG noch nicht verjährt, weil der Bescheid am 20. 03. 09 zur Post gegeben und am 21. 03. 09 zugegangen ist.

Die Änderung des Einkommensteuerbescheides des Olaf Onko kann nicht gem. § 164 Abs. 2 AO erfolgen, weil der Vorbehalt gem. § 164 Abs. 4 Sätze 1 und 2 AO mit Ablauf der „regulären" Festsetzungsfrist entfallen ist. Die Ablaufhemmung des § 171 Abs. 10 AO ist für die Wirksamkeit des Vorbehalts der Nachprüfung nicht anzuwenden (§ 164 Abs. 4 Satz 2 AO).

Das Finanzamt muss die Korrektur daher nach § 175 Abs. 1 Nr. 1 AO begründen, weil der Einkommensteuerbescheid 01 im Verhältnis zum geänderten Feststellungsbescheid (Grundlagenbescheid) der OHG einen Folgebescheid darstellt.

Aufgabenteil Nr. 6: Erbschaftsteuer/Bewertungsrecht

Persönliche Steuerpflicht

Thomas Schmidt ist unbeschränkt erbschaftsteuerpflichtig, da sowohl er als Erwerber als auch der Erblasser als natürliche Personen zum Besteuerungszeitpunkt ihren Wohnsitz im Inland hatten, § 2 Abs. 1 Nr. 1 ErbStG.

Steuerpflichtiger Vorgang

Der Erwerb von Todes wegen ist nach § 1 Abs. 1 Nr. 1 ErbStG ein steuerpflichtiger Vorgang. Für Thomas Schmidt handelt es sich um einen Erwerb durch Erbanfall (§ 3 Abs. 1 Nr. 1 ErbStG i. V. m. § 1922 BGB). Nach den im Testament (§ 1937 BGB i. V. m. §§ 2229 ff. BGB) getroffenen Regelungen ist er Alleinerbe geworden.

Entstehung der Steuerschuld und Bewertungsstichtag

Die Steuer entsteht bei Erwerben von Todes wegen mit dem Tod des Erblassers (§ 9 Abs. 1 Nr. 1 ErbStG); somit am 30. 09. 2012. Für die Wertermittlung der Nachlassgegenstände sind daher die Verhältnisse zum 30. 09. 2012 maßgebend (§ 11 i. V. m. § 9 I Nr. 1 ErbStG).

Steuerklasse

Thomas Schmidt gehört als Kind des Erblassers der Steuerklasse I an, § 15 Abs. 1 ErbStG (Stkl I, Nr. 2).

Ermittlung des Wertes der Bereicherung

Bei Erwerben von Todes wegen gilt als Bereicherung der Betrag, der sich ergibt, wenn von dem nach § 12 ErbStG zu ermittelnden Wert des gesamten Vermögensanfalls, soweit er der Besteuerung nach dem ErbStG unterliegt, die Nachlassverbindlichkeiten (§ 10 Abs. 5 ErbStG) abgezogen werden, § 10 Abs. 1 Satz 2 ErbStG.

Tz 1. Einfamilienhaus in Bochum, Geierhorst 8

Das Einfamilienhaus ist grundsätzlich mit dem Grundbesitzwert von 500 000 € der Besteuerung zu unterwerfen (§ 12 Abs. 3 ErbStG i. V. m. § 151 Abs. 1 Nr. 1 BewG).

Der Erwerb des Einfamilienhauses ist gemäß § 13 Abs. 1 Nr. 4c ErbStG teilweise steuerfrei, weil es vom Erblasser zu eigenen Wohnzwecken genutzt worden und von dem Sohn als Alleinerben unverzüglich zur Selbstnutzung zu eigenen Wohnzwecken bestimmt ist. Die Wohnfläche des Einfamilienhauses von 250 qm überschreitet die auf 200 qm begrenzte Steuerbefreiung. Nach dem maßgebenden Verhältnis der Wohnfläche unterliegt der Grundbesitzwert somit im Umfang von 100 000 € (500 000 € x 50/250 qm) der Besteuerung.

Das auf dem Grundstück lastende Darlehen i. H. von 200 000 € ist gemäß § 10 Abs. 6 Satz 3 ErbStG nur im Umfang von 40 000 € (200 000 € x 50/250 qm) als Nachlassverbindlichkeit (§ 10 Abs. 5 Nr. 1 ErbStG) abzugsfähig, weil der Erwerb des Einfamilienhauses gem. § 13 Abs. 1 Nr. 4c ErbStG teilweise steuerfrei ist.

Tz 2. Bankguthaben

Das Bankguthaben ist nach § 12 Abs. 1 ErbStG i. V. m. § 12 Abs. 1 BewG mit dem Nennwert i. H. von 356 150 € anzusetzen.

Tz 3. Hausrat

Der Hausrat ist gem. § 12 Abs. 1 ErbStG i. V. m. § 9 BewG mit dem gemeinen Wert i. H. von 21 000 € anzusetzen. In diesem Zusammenhang ist die Steuerbefreiung des § 13 Abs. 1 Nr. 1a i. V. m. § 15 ErbStG zu beachten; nach dieser Vorschrift steht dem Sohn als Person der Steuerklasse I grundsätzlich ein Freibetrag von 41 000 € zu. Weil der gemeine Wert des Hausrats nur 21 000 € beträgt, bleibt er in vollem Umfang von der Besteuerung ausgenommen.

Für die ebenfalls nach § 12 Abs. 1 ErbStG i. V. m. § 9 BewG mit dem gemeinen Wert i. H. von 130 520 € anzusetzende Münzsammlung kommt eine Steuerbefreiung nach § 13 Abs. 1 ErbStG nicht in Betracht, weil derartige Gegenstände durch § 13 Abs. 1 Satz 3 ErbStG von der Vergünstigung ausgeschlossen sind.

Tz 4 Personenkraftwagen

Der privat genutzte Pkw ist nach § 12 Abs. 1 ErbStG i. V. m. § 9 BewG mit dem gemeinen Wert von 40 000 € anzusetzen. Für den Pkw ist die Steuerbefreiung des § 13 Abs. 1 Nr. 1b ErbStG zu beachten; nach dieser Vorschrift steht dem Erben als Person der Steuerklasse I ein Freibetrag von 12 000 € zu.

Die Darlehensschuld für die Anschaffung des Pkw ist mit dem Nennwert von 18 000 € als Nachlassverbindlichkeit gem. § 10 Abs. 5 Nr. 1 ErbStG zu berücksichtigen. In diesem Zusammenhang ist unerheblich, dass beim Erwerb des Pkw der Freibetrag nach § 13 Abs. 1 Nr. 1b ErbStG zu berücksichtigen ist; vgl. hierzu gleich lautender Ländererlass vom 25. 6. 2009 (BStBl I 2009, S. 713), § 10 ErbStG, Abschnitt 1, Abs. 3 Satz 2, Beck-StR Nr. 255.

Der Wert der Bereicherung ist wie folgt zu ermitteln:

Einfamilienhaus		100 000 €
Bankguthaben		296 150 €
Hausrat	21 000 €	
./. Freibetrag gem. § 13 Abs. 1 Nr. 1a ErbStG	21 000 €	0 €
Münzsammlung		130 520 €
Personenkraftwagen	40 000 €	
./. Freibetrag gem. § 13 Abs. 1 Nr. 1b ErbStG	12 000 €	28 000 €
Brutto-Wert der Nachlassgegenstände (Vermögensanfall)		554 670 €
./. Nachlassverbindlichkeiten gem. § 10 Abs 5 ErbStG		
Darlehen Einfamilienhaus		40 000 €
Nr. 1 (Erblasserschulden): Darlehen Pkw		18 000 €
Nr. 3 (Erbschaftsverwaltungskosten)		

Weil die nachgewiesenen Kosten (9 700 €) niedriger sind, ist nach § 10 Abs. 5 Nr. 3 Satz 2 ErbStG der Pauschbetrag zu berücksichtigen	10 300 €
Wert der Bereicherung	486 370 €

Ermittlung des steuerpflichtigen Erwerbs

Der steuerpflichtige Erwerb ist unter Berücksichtigung der dem Erwerber zustehenden Freibeträge zu ermitteln:

Wert der Bereicherung, § 10 Abs. 1 Satz 2 ErbStG	486 370 €
./. Persönlicher Freibetrag nach § 16 Abs. 1 Nr. 2 ErbStG	400 000 €
./. Besonderer Versorgungsfreibetrag nach § 17 Abs. 2 Nr. 5 ErbStG (Alter des Sohnes 26 Jahre)	10 300 €
Steuerpflichtiger Erwerb	76 070 €

Gemäß § 10 Abs. 1 Satz 6 ErbStG ist der stpfl. Erwerb auf volle hundert € und somit auf 76 000 € abzurunden.

Höhe der festzusetzenden Erbschaftsteuer

Steuerpflichtiger Erwerb	76 000 €
x Steuersatz, § 19 Abs. 1 ErbStG	11 %
Erbschaftsteuer gem. § 19 Abs. 1 ErbStG	8 360 €

Es kommt jedoch zu einer Herabsetzung der Erbschaftsteuer durch den in § 19 Abs. 3 Buchst. a ErbStG geregelten Härteausgleich, weil der maßgebende Grenzbetrag von 82 600 € unterschritten ist; vgl. hierzu H E „Tabelle der maßgebenden Grenzwerte für die Anwendung des Härteausgleichs" der ErbStR 2011.

Steuerpflichtiger Erwerb	76 000 €	
Wertgrenze der letztvorhergehenden Tabellenstufe	75 000 €	
hierauf entfallende Steuer 7 % von 75 000 €		5 250 €
Differenzbetrag	1 000 €	
Davon 50 % (regulärer Steuersatz von 11 %)		500 €
Erbschaftsteuer nach § 19 Abs. 3 ErbStG		5 750 €

Nach alledem ist die Erbschaftsteuer auf 5 750 € festzusetzen, weil der Härteausgleich des § 19 Abs. 3 ErbStG zu einer Herabsetzung der Steuer führt.

Aufgabenteil Nr. 7: Rechnungswesen

Teil I: Rechnungswesen

Sachverhalt I

1. Geschäftsgrundstück

a) Erbbaurecht

- Bei dem Erbbaurecht handelt es sich gem. H 5.5 EStH „Erbbaurecht" um ein grundstücksgleiches Recht. Das Erbbaurecht ist ein eigentumsähnliches Recht und damit ein materielles Wirtschaftsgut. Es gehört nicht zum Grund u. Boden (H 6b.1 EStH „Grund u. Boden") und ist auch nicht als immaterielles Wirtschaftsgut zu qualifizieren.
- Es besteht Aktivierungsgebot gem. § 5 Abs. 1 Satz 1 Halbsatz 1 EStG i. V. m. §§ 240 Abs. 1, 242 Abs. 1, 246 Abs. 1 HGB, da das Erbbaurecht ausschließlich betrieblichen Zwecken dient.
- Das Erbbaurecht ist dem unbeweglichen abnutzbaren Sachanlagevermögen zuzuordnen (R 6.1 Abs. 1 Satz 5 und R 7.1 Abs. 1 Nr. 3 EStR) und ist gem. § 6 Abs. 1 Nr. 1 Satz 1 EStG (bzw. § 253 Abs. 3 Satz 1 HGB) mit den fortgeführten Anschaffungskosten (AK ./. AfA) zu bewerten.
- Zu den Anschaffungskosten für das Erbbaurecht gehören die Notar- und Gerichtskosten, nämlich alles, was der Erbbauberechtigte aufwendet, um dieses selbständige WG zu erhalten (§ 255 Abs. 1 HGB), nicht jedoch die abziehbare Vorsteuer (§ 9b Abs. 1 EStG). Vgl. auch H 6.2 EStH „Erbbaurecht".

Kontenentwicklung:

AK 1. 3. 2012	12 000 €
2 % AfA (1/1 = 240 €) linear gem. § 7 Abs. 1 Satz 1 EStG, 10/12 und zeitanteilig gem. § 7 Abs. 1 Satz 4 EStG	./. 200 €
Bilanzansatz zum 31. 12. 2012	11 800 €

Die Erschließungskosten sind grds. vom Eigentümer des Grund und Bodens zu entrichten. Die Übernahme durch den Erbbauberechtigten stellt somit zusätzliches Entgelt für die Nutzung des Grundstücks und damit erbbauzinsähnlichen Aufwand dar.

Die im Voraus übernommenen Erschließungskosten sind als aktiver Rechnungsabgrenzungsposten zu aktivieren und auf die Restlaufzeit des Erbbaurechts zu verteilen (§ 5 Abs. 5 Satz 1 Nr. 1 EStG und H 5.6 EStH „bestimmte Zeit nach dem Abschlussstichtag liegt vor" zweiter Spiegelstrich). Die Übernahme der Erschließungskosten stellt nämlich eine Vorleistung des Erbbauberechtigten für eine zeitraumbezogene Gegenleistung des Grundstückseigentümers dar; vgl. insofern H 5.6 EStH „Erbbaurecht".

Kontenentwicklung:

Zugang a. RAP zum 1. 6. 2012	30 000 €
600 ./. 3 = 597 Monate insgesamt = 50,25 mtl. x 7	./. 352 €
Bilanzansatz zum 31. 12. 2012	29 648 €

b) Erbbauzinsen

Die Erbbauzinsen gehören nicht zu den Anschaffungskosten des Erbbaurechts, sondern stellen Entgelt für die laufende Nutzung des Grundstücks dar (schwebendes Geschäft). Die Erbbauzinsen stellen daher gem. § 4 Abs. 4 EStG sofort abziehbare Betriebsausgaben dar und sind zutreffend gebucht worden.

c) Lagerhalle/Bürogebäude

- Aufgrund des einheitlichen Nutzungs- und Funktionszusammenhangs stellen die Lagerhalle und das Bürogebäude ein einziges Wirtschaftsgut dar (R 4.2 Abs. 4 EStR).
- K. Ramba ist als Erbbauberechtigter juristischer Eigentümer des Bauwerks (§ 39 Abs. 1 AO), da das von ihm erstellte Bauwerk Bestandteil des Erbbaurechts (besonderes Grundbuch) ist. Vgl. nunmehr auch § 246 Abs. 1 Satz 2 erster Halbsatz HGB.
- Das Gebäude dient ausschließlich betrieblichen Zwecken und ist deshalb zwingend zu aktivieren (§ 5 Abs. 1 Satz 1 Halbsatz 1 EStG i. V. m. §§ 240 Abs. 1, 242 Abs. 1, 246 Abs. 1 HGB).
- Das Gebäude ist dem unbeweglichen abnutzbaren Anlagevermögen zuzuordnen (§ 247 Abs. 2 HGB, R 6.1 Abs. 1 Satz 5 und R 7.1 Abs. 1 Nr. 4 EStR) und ist gem. § 6 Abs. 1 Nr. 1 Satz 1 EStG (bzw. § 253 Abs. 3 Satz 1 HGB) mit den fortgeführten Herstellungskosten (HK ./. AfA) zu bewerten.
- Die AfA beginnt mit der Fertigstellung am 1. 12. 2012; vgl. § 11c Abs. 1 Satz 2 Nr. 2 EStDV und R 7.4 Abs. 1 EStR.

Kontenentwicklung:

Zugang am 1. 12. 2012 (§ 9a EStDV) zu Netto-HK:	400 000 €
Ohne die abziehbare Vorsteuer (§ 9b Abs. 1 EStG) 3 % AfA linear gem. § 7 Abs. 4 Satz 1 Nr. 1 EStG (Wirtschaftsgebäude: Betriebsvermögen, keine Wohnzwecke, Antrag auf Baugenehmigung nach dem 31. 3. 1985!) = 12 000 € p. a., 1/12 zeitanteilig (§ 7 Abs. 4 Satz 1 i. V. m § 7 Abs. 1 Satz 4 EStG)	./. 1 000 €
Bilanzwert zum 31. 12. 2012	399 000 €

ALLGEMEINER HINWEIS:

Die rechtliche Nutzungsdauer (Erbbaurecht läuft noch fast 50 Jahre) ist nicht kürzer als die vom Gesetzgeber typisierte Nutzungsdauer, so dass § 7 Abs. 4 Satz 2 EStG nicht zur Anwendung kommt.

d) Zinsen

Die Hypothekenschuld steht im wirtschaftlichen Zusammenhang mit dem Wirtschaftsgebäude und ist daher notwendiges passives Betriebsvermögen (H 4.2 Abs. 15 EStH „Betriebsschuld“). Die damit im Zusammenhang stehenden Zinsaufwendungen sind lfd. Betriebsausgaben und gem. § 252 Abs. 1 Nr. 5 HGB abzugrenzen.

In Höhe von 6 000 € liegt eine sonstige Verbindlichkeit vor, die zwingend zu passivieren ist (Passivierungsgebot, vgl. R 5.6 Abs. 3 Satz 2 EStR). Der Ansatz erfolgt gem. § 6 Abs. 1 Nr. 3 EStG mit den Anschaffungskosten = Nennwert (bzw. dem Rückzahlungsbetrag). Handelsrechtlich sind Verbindlichkeiten gem. § 253 Abs. 1 Satz 2 HGB mit ihrem Erfüllungsbetrag zu bewerten (der in diesem Fall dem Rückzahlungsbetrag entspricht).

Bilanzwert sonstige Verbindlichkeit zum 31. 12. 2012	6 000 €

Buchungen:

Erbbaurecht	12 000 €	an	sonstige betr. Aufwendungen	12 000 €
AfA	200 €		Erbbaurecht	200 €
a.RAP	29 648 €	an	außerordentliche u. periodenfremde Aufwendungen	29 648 €
AfA	1 000 €	an	Gebäude	1 000 €
Sonst. betriebliche Aufwendungen (Zinsaufwendungen)	6 000 €	an	sonst. Verbindlichkeiten	6 000 €

Gewinn (nach der GuV-Methode):

Minderung sonst. betriebl. Aufwendungen	+ 12 000 €
Minderung außerordentliche und periodenfremde Aufwendungen	+ 29 648 €
Erhöhung sonst. betriebl. Aufwendungen	./. 6 000 €
Erhöhung AfA Erbbaurecht	./. 200 €
Erhöhung AfA Gebäude	./. 1 000 €
	+ 34 448 €

NUR ALS EINMALIGER HINWEIS:

Kontrolle Bilanzposten-Methode:

			Änderung Betriebsvermögen
Erbbaurecht	richtig	11 800 €	
	bisher	0 €	+ 11 800 €
a. RAP	richtig	29 648 €	
	bisher	0 €	+ 29 648 €
Gebäude	richtig	399 000 €	
	bisher	400 000 €	./. 1 000 €
Sonst. Verb.	richtig	6 000 €	
	bisher	0 €	./. 6 000 €
BV-Änderung = Gewinn			+ 34 448 €

2. Betriebs- und Geschäftsausstattung

- Der mobile Lastenaufzug ist ein Wirtschaftsgut der Betriebs- und Geschäftsausstattung. Es besteht Aktivierungsgebot gem. § 5 Abs. 1 Satz 1 Halbsatz 1 EStG i. V. m. §§ 240 Abs. 1, 242 Abs. 1 u. 246 Abs. 1 HGB. Der mobile Lastenaufzug ist gem. R 7.1 Abs. 2 EStR dem beweglichen abnutzbaren Anlagevermögen zuzuordnen. Die Bewertung erfolgt gem. § 6 Abs. 1 Nr. 1 Satz 1 EStG (bzw. § 253 Abs. 3 Satz 1 HGB) mit den fortgeführten Anschaffungskosten (AK ./. AfA).

  Zu den Anschaffungskosten gehören sämtliche Einzelkosten, d. h. auch die Transportkosten. Wegen des Begriffs der Anschaffungskosten vgl. § 255 Abs. 1 HGB bzw. H 6.2 EStH. Nicht zu den Anschaffungskosten gehört die abziehbare Vorsteuer (§ 9b Abs. 1 EStG).

Kontenentwicklung:

Zugang September 2012 AK komplett	33 000 €
AfA:	
▶ linear gem. § 7 Abs. 1 Satz 1 EStG = 9,09 % p. a. = 3.000 € (Hinweis: die degressive AfA gem. § 7 Abs. 2 EStG ist nicht mehr möglich, da der Zugang nicht vor dem 1. 1. 2011 erfolgte)	
▶ AfA zeitanteilig gem. § 7 Abs. 1 Satz 4 EStG 4/12 von 3 000 €	./. 1 000 €
fortgeführte Anschaffungskosten zum 31. 12. 2012	32 000 €

Buchung:

AfA	1 000 €	an	sonst. betriebl. Aufw.	1 000 €

Gewinn:

Minderung sonstige betriebliche Aufwendungen	+ 1 000 €
Erhöhung AfA	./. 1 000 €

3. Fuhrpark (Pkw)

a) Bilanzansätze

- Der Pkw gehört gem. § 4 Abs. 1 EStG i. V. m. R 4.2 Abs. 1 Satz 4 EStR zum notwendigen Betriebsvermögen, da er zu mehr als 50 % (hier = 80 %) betrieblichen Zwecken dient.
- Der Pkw ist gem. R 7.1 Abs. 2 EStR dem beweglichen abnutzbaren Anlagevermögen zuzuordnen und ist gem. § 6 Abs. 1 Nr. 1 Satz 1 EStG (oder § 253 Abs. 3 Satz 1 HGB) grds. mit den fortgeführten Anschaffungskosten (AK ./. AfA) zu bewerten.
- Die Bezahlung des Kaufpreises aus privaten Mitteln stellt in 2012 gem. § 4 Abs. 1 Satz 8 EStG eine Geldeinlage i. H. von 11 360 € dar (bisher = 0 €).
- Die gem. § 15 Abs. 1 Nr. 1 UStG abziehbare Vorsteuer gehört gem. § 9b Abs. 1 EStG nicht zu den Anschaffungskosten des Pkw und ist deshalb um 6 460 € zu erhöhen.

Kontenentwicklung Pkw:

Zugang 1. 3. 2012	33 100 €
Nebenkosten, soweit Einzelkosten, (vgl. § 255 Abs. 1 HGB, H 6.2 EStH)	+ 900 €
Netto-Anschaffungskosten	34 000 €
AfA 16,67 % linear gem. § 7 Abs. 1 Satz 1 EStG Nutzungsdauer lt. AfA-Tabelle: 6 Jahre, somit 5 667 € p. a.	
AfA zeitanteilig gem. § 7 Abs. 1 Satz 4 EStG, 10/12	./. 4 723 €
fortgeführte Anschaffungskosten zum 31. 12. 2012	29 277 €

Buchung:

Pkw	7 452 €	an	Privateinlage	11 360 €
Vorsteuer	6 460 €		AfA	2 552 €

Gewinn:

Minderung AfA (Vergleich 4 723 € ./. 7 275 €)	+ 2 552 €

b) Private Pkw-Nutzung

- Die private Pkw-Nutzung i. H. von 20 % stellt ertragsteuerlich eine Nutzungsentnahme i. S. des § 4 Abs. 1 Satz 2 EStG i. V. m. H 4.3 Abs. 2 bis 4 EStH „Private Kraftfahrzeugnutzung" dar. Vgl. auch das BMF-Schreiben vom 18. 11. 2009, BStBl I S. 1326.

- Da der Pkw zu mehr als 50 % betrieblich genutzt wird, erfolgt die Bewertung gem. § 6 Abs. 1 Nr. 4 Satz 2 EStG monatlich mit 1 % des Listenneupreises zzgl. der Kosten der Sonderausstattung einschließlich Umsatzsteuer, abgerundet auf volle 100 €. Entnahmewert somit: 40 400 € x 1 % = 404 € x 10 Monate = 4 040 €.

- Die private Nutzung des Pkw ist aufgrund des vollen Vorsteuerabzugs jedoch als unentgeltliche Wertabgabe gem. § 3 Nr. 9a Satz 1 Nr. 1 UStG der Besteuerung zu unterwerfen. Aus Vereinfachungsgründen kann nach BMF vom 27. 8. 2004, BStBl 2004 I S. 864 von dem ertragsteuerlichen Wert ausgegangen werden:

Entnahmewert siehe oben	4 040 €
20 %ige Kürzung für nicht mit Vorsteuern belastete Kosten	./. 808 €
Bemessungsgrundlage für die USt	3 232 €
USt 19 % hiervon:	614 €

Die USt i. H. von 614 € darf gem. § 12 Nr. 3 EStG den Gewinn nicht mindern; sie stellt eine Privatentnahme i. S. des § 4 Abs. 1 Satz 2 EStG dar.

- Gemäß § 5 Abs. 5 Satz 1 Nr. 1 EStG sind darüber hinaus folgende Beträge aktiv abzugrenzen, da sie für eine bestimmte Zeit nach dem Stichtag gezahlt worden sind (vgl. R 5.6 Abs. 2 EStR):

Kfz-Steuer	360 €
Kfz-Versicherung	+ 600 €
davon entfallen 2/12	960 €
auf 2013 (1. 3. 2012 – 28. 2. 2013)	./. 160 €
10/12 Aufwand in 2012	800 €
Endbestand aktiver RAP zum 31. 12. 2012	160 €
	(bisher 0 €)

HINWEIS:

Obwohl eine private Nutzung vorliegt, sind 100 % abzugrenzen, denn in 2013 ist eine Änderung der Nutzung (z. B. 100 % betrieblich) möglich.

Buchungen:

aktiver RAP	160 €	an	Kfz-Kosten	160 €
Privatentnahmen	4 654 €	an	sonst. betriebl. Erträge	4 040 €
			USt	614 €

Gewinn:

Erhöhung Kto. Sonstige betriebliche Erträge	+ 4 040 €
Minderung Kfz-Kosten	+ 160 €

4. Unfertige Erzeugnisse

a) Außenfassade

- Hinsichtlich der unfertigen Erzeugnisse (halbfertigen Arbeiten) besteht Aktivierungsgebot gem. § 5 Abs. 1 Satz 1 Halbsatz 1 EStG und §§ 240 Abs. 1, 246 Abs. 1 HGB, sowie R 6.3 Abs. 7 EStR.
- Die unfertigen Erzeugnisse sind dem Umlaufvermögen zuzuordnen (vgl. Umkehrschluss aus § 247 Abs. 2 HGB bzw. R 6.1 Abs. 2 EStR).
- Die unfertigen Erzeugnisse sind grds. mit den Herstellungskosten zu bewerten (vgl. § 6 Abs. 1 Nr. 2 Satz 1 EStG oder § 253 Abs. 1 Satz 1 HGB). Zu den HK gehören gem. § 255 Abs. 2 Satz 1 HGB nur die tatsächliche Aufwendungen, d. h. die kalkulatorischen Kosten scheiden aus (vgl. auch H 6.3 EStH). Handelsrechtlich umfasst der Mindestansatz der Herstellungskosten gem. § 255 Abs. 2 Satz 2 HGB neben den Einzelkosten nunmehr auch die angemessenen Teile der Materialgemeinkosten, der Fertigungsgemeinkosten und des Wertverzehrs des Anlagevermögens (Wertuntergrenze in der HB). Gemäß § 255 Abs. 2 S. 3 HGB besteht hinsichtlich der Verwaltungskosten nach wie vor handelsrechtlich ein Ansatzwahlrecht (Wertobergrenze). Steuerrechtlich ergeben sich die Herstellungskosten gem. § 5 Abs. 6 i. V. m. § 6 Abs. 1 Nr. 2 S. 1 EStG und R 6.3 Abs. 1 EStR und den Rz. 6 und 8 des BMF-Schreibens vom 12. 3. 2010, wonach

nunmehr auch die Verwaltungskosten zwingend anzusetzen sind (das frühere Wahlrecht ist weggefallen, R 6.3 Abs. 4 EStR ist somit überholt!). Jedoch ist auf die BMF-Schreiben vom 22. 6. 2010 und 25. 03. 2013 hinzuweisen, wonach aus Vertrauensschutzgründen zum 31. 12. 2012 auch noch ein Bilanzansatz in Höhe von 118 500 € (ohne die Verwaltungskosten in Höhe von 11 850 €) zulässig ist; vgl. insofern auch die Übergangsregelung des neuen R 6.3 Abs. 9 EStÄR 2012. Dies entspricht auch der Aufgabenstellung, wonach der niedrigste steuerliche Gewinn auszuweisen ist.

HINWEIS:

Infolge der steuerlichen Bilanzierungspflicht der Verwaltungskosten läuft der Wunsch des Stpfl. bezüglich eines möglichst niedrigen Bilanzansatzes in der StB zukünftig ins Leere.

Ermittlung der HK:

Materialeinzelkosten		30 000 €
Materialgemeinkosten 15 %	+	4 500 €
Fertigungseinzelkosten	+	70 000 €
Fertigungsgemeinkosten 20 %	+	14 000 €
Herstellungskosten und Endbestand zum 31. 12. 2012 (HB = StB)		118 500 €
Verwaltungskosten (2012 noch einheitl. Wahlrecht!)	+	*11 850 €*
Auch möglich Herstellungskosten und Endbestand zum 31. 12. 2012 (HB = StB)		*130 350 €*

HINWEIS:

Soweit in der HB zukünftig die HK mit der Wertuntergrenze bilanziert werden, muss steuerlich die Differenz zur Wertobergrenze dem Gewinn außerbilanziell gem. § 60 Abs. 2 Satz 1 EStDV hinzugerechnet werden.

Buchung:

Halbfertige Erzeugnisse	118 500 €	an	Bestandsveränderungskonto	118 500 €

Gewinn:

Minderung Bestandsveränderungskonto (Aufwand)	+ 118 500 €

b) Vertragsstrafe

- K. Ramba muss für die voraussichtlich zu zahlende Entschädigung eine Rückstellung für ungewisse Verbindlichkeiten bilden; insofern besteht ein Passivierungsgebot gem. § 5 Abs. 1 Satz 1 Halbsatz 1 EStG i. V. m. § 249 Abs. 1 Satz 1 HGB; vgl. auch R 5.7 Abs. 1 und R 5.7 Abs. 2 EStR. Es liegt eine Verpflichtung gegenüber einem Dritten vor, die wirtschaftlich vor dem Bilanzstichtag entstanden ist und mit deren Inanspruchnahme K. Ramba auch ernsthaft rechnen muss und die Aufwendungen führen später auch nicht zu Anschaffungs- bzw. Herstellungskosten. Da bei Bilanzerstellung noch ungewiss ist, ob die Entschädigung der Höhe nach zutreffend geltend gemacht wird, scheidet ein Ausweis als konkrete Verbindlichkeit aus.

- Die Rückstellung ist gem. § 253 Abs. 1 Satz 2 HGB in Höhe des nach vernünftiger kaufmännischer Beurteilung notwendigen Erfüllungsbetrages anzusetzen. Eine Abzinsung gem. § 6 Abs. 1 Nr. 3a Buchst. e EStG bzw. § 253 Abs. 2 Satz 1 HGB kommt nicht in Betracht, weil die Laufzeit weniger als 12 Monate beträgt.
- K. Ramba muss immer noch mit einer Inanspruchnahme seitens des Auftraggebers i. H. von 31 Tagessätzen von 200 € = 6 200 € rechnen.

  Bilanzwert sonstige Rückstellung zum 31. 12. 2012 6 200 €

Buchung:

sonstige betriebliche Aufwendungen	6 200 €	an	sonstige Rückstellungen	6 200 €

Gewinn:

Erhöhung sonstige betriebliche Aufwendungen	./. 6 200 €

5. Fertige Arbeiten

- Mit der Fertigstellung und der Abnahme der Fliesenarbeiten am 22. 12. 2012 hat K. Ramba zivilrechtlich eine Forderung (§§ 640, 641 BGB) gegenüber Herrn Dr. G. Nau in Höhe des vereinbarten Auftragspreises von 29 000 €. Insofern besteht eindeutig Aktivierungsgebot gem. § 5 Abs. 1 Satz 1 Halbsatz 1 EStG i. V. m. §§ 240 Abs. 1, 242 Abs. 1, 246 Abs. 1 HGB.
- Das Realisationsprinzip bezüglich des bereits entstandenen Gewinns ist gem. § 252 Abs. 1 Nr. 4 HGB i. V. m. § 5 Abs. 1 Satz 1 Halbsatz 1 EStG zu beachten. Vgl. auch H 4.2 Abs. 1 EStH „Forderungen".
- Die dem Umlaufvermögen zuzuordnende Forderung (Umkehrschluss aus § 247 Abs. 2 HGB, alternativ gem. R 6.1 Abs. 2 EStR) ist gem. § 6 Abs. 1 Nr. 2 Satz 1 EStG (bzw. § 253 Abs. 1 Satz 1 HGB) mit den Anschaffungskosten = Nennwert zu bewerten.
- Bilanzwert Forderungen aus Lief. u Leistungen zum 31. 12. 2012 = 29 750 €
- Außerdem ist die Umsatzsteuer gem. § 13 Abs. 1 Nr. 1a UStG mit Fertigstellung des Werkes im Dezember 2012 entstanden.

Buchung:

Ford. aus Lief. und Leistungen	29 750 €	an	Erlöse	25 000 €
			USt-Schuld	4 750 €

Gewinn:

Erhöhung Erlöse	+ 25 000 €

6. Betriebsstoffe (Heizöl)

- Die ebenfalls zum notwendigen Betriebsvermögen gehörenden und gem. R 6.1 Abs. 2 EStR (bzw. Umkehrschluss aus § 247 Abs. 2 HGB) dem zum Umlaufvermögen zuzuordnenden Betriebsstoffe sind gem. § 6 Abs. 1 Nr. 2 Satz 1 EStG (§ 253 Abs. 1 Satz 1 HGB) grds. mit den Anschaffungskosten zu bewerten.
- Handelsrechtlich kann aus Vereinfachungsgründen bei der Ermittlung der durchschnittlichen Anschaffungskosten für vertretbare Wirtschaftsgüter eine bestimmte Verbrauchsfolge

unterstellt werden, vgl. § 240 Abs. 4 i. V. m. § 256 HGB (nur noch Fifo und Lifo!). Die Bewertung kann auch mit einem gewogenen Durchschnittswert erfolgen.

- Steuerrechtlich darf gem. § 5 Abs. 6 EStG i. V. m. § 6 Abs. 1 Nr. 2a EStG nur die Lifo-Methode in die Steuerbilanz übernommen werden. Eine Bindung an die HB besteht nicht, vgl. Rz. 16, 17 des BMF-Schreibens vom 12. 3. 2010 (BStBl I S. 239).
- Auch in der Steuerbilanz können die durchschnittlichen Anschaffungskosten gem. R 6.8 Abs. 3 Satz 3 EStR nach dem gewogenen Mittel wie folgt berechnet werden:

4 500 Liter	x 0,48 €	= 2 160 €
4 000 Liter	x 0,75 €	= 3 000 €
5 000 Liter	x 0,55 €	= 2 750 €
6 000 Liter	x 0,45 €	= 2 700 €
19 500 Liter		= 10 610 €

- Die durchschnittlichen AK nach dem gewogenen Mittel betragen (abgerundet) 0,54 € je Liter (10 610 € : 19 500 Liter).

  Der Endbestand betrüge danach 4 000 Liter x 0,54 € = 2 160 €.
- Die Anschaffungskosten nach der Perioden-Lifo-Methode (R 6.9 Abs. 4 EStR) betragen: 4 000 Liter x 0,48 € = 1 920 €.
- Nach der Aufgabenstellung (niedrigster möglicher Gewinn) ist dieser Wertansatz auch gleichzeitig der Bilanzwert zum 31. 12. 2012 (HB = StB). Der Grundsatz der Bewertungsstetigkeit ist zu beachten (§ 252 Abs. 1 Nr. 6 HGB); vgl. auch R 6.9 Abs. 5 EStR.
- Der Teilwert zum 31. 12. 2012 beträgt 3 280 € (Tagespreis 0,82 € x 4 000 Liter) und übersteigt die (durchschnittlichen) Anschaffungskosten und damit die Bewertungsobergrenze. Nicht realisierte Gewinne dürfen nicht ausgewiesen werden.

Buchung:

Bestandsveränderungskonto	1 360 €	an	Betriebsstoffe	1 360 €

Gewinn:

Erhöhung Bestandsveränderungskonto	./. 1 360 €

7. Verbindlichkeiten aus Lieferungen und Leistungen

- Die Verbindlichkeit aus der Warenlieferung gehört zum notwendigen passiven Betriebsvermögen (H 4.2 Abs. 15 EStH „Betriebsschuld"). Passivierungsgebot gem. § 5 Abs. 1 Satz 1 Halbsatz 1 EStG i. V. m. §§ 240 Abs. 1, 242 Abs. 1, 246 Abs. 1 HGB.

  In der HB sind auf fremde Währung lautende Verbindlichkeiten gem. § 256a HGB umzurechnen. Da die Laufzeit ein Jahr nicht überschreitet, bleibt gem. § 256a Satz 2 HGB das Anschaffungskosten- sowie das Realisationsprinzip außer Betracht. Das bedeutet, dass in der HB ein unrealisierter Gewinn in Höhe von 1 500 € entsteht (Differenz 57 500 € zu 56 000 €).

- Die Verbindlichkeit ist grds. mit den Anschaffungskosten = Nennwert zu bewerten (§ 5 Abs. 6 i. V. m. § 6 Abs. 1 Nr. 3 EStG, H 6.10 EStH „Anschaffungskosten"). Die Anschaffungskosten i. H. von 57 500 € stellen in der StB die Bewertungsuntergrenze dar.

  Bilanzansatz zum 31. 12. 2012 (50 000 sfr. x 1,12): 56 000 € (HB)

Buchung:

Verbindl. aus LuL	1 500 €	an	Erträge aus Währungsumrechnung	1 500 €

Gewinn:

Erhöhung Erträge aus Währungsumrechnung	+ 1 500 €

- Außerhalb der HB ist der steuerliche Gewinn gem. § 60 Abs. 2 Satz 1 EStDV um 1 500 € zu mindern.

8. Rückstellungen

a) Jahresabschluss und Betriebssteuererklärungen

- Die Kosten für den Jahresabschluss und die Erstellung der Betriebssteuererklärungen entstehen aufgrund gesetzlicher Verpflichtungen (u. a. § 140 AO, § 238 HGB), so dass K. Ramba hierfür eine Rückstellung für ungewisse Verbindlichkeiten bilden muss (Passivierungsgebot gem. § 5 Abs. 1 Satz 1 Halbsatz 1 EStG i. V. m. § 249 Abs. 1 Satz 1 HGB). Die sich hierauf beziehenden gesetzlichen Verpflichtungen sind auch wirtschaftlich in 2012 verursacht (R 5.7 Abs. 5 EStR).
- Rückstellungen sind in der Steuerbilanz vorrangig gem. § 5 Abs. 6 i. V. m. § 6 Abs. 1 Nr. 3a EStG zu bewerten. Für die Betriebssteuererklärungen bemisst sich die Rückstellung nach dem vereinbarten Honorar. Nicht passivierungsfähig sind die Kosten für die Einkommensteuererklärung gem. § 12 Nr. 3 EStG (H 5.7 Abs. 4 EStH „Rückstellungen für öffentlich-rechtliche Verpflichtungen sind nicht zulässig für"). Da es sich bei der Erstellung des Jahresabschlusses um eine Sachleistungsverpflichtung handelt, bei der eigene Arbeitskräfte mitgewirkt haben, sind nicht nur die hierauf entfallenden Einzelkosten i. H. von 3 000 € (Löhne einschließlich Personalnebenkosten), sondern gem. § 6 Abs. 1 Nr. 3a Buchst. b EStG auch die angemessenen Teile der Gemeinkosten i. H. von 1 000 € rückstellungsfähig.
- Der Bilanzansatz beträgt zum 31. 12. 2012 somit insgesamt 6 400 € (2 400 € Honorar für Betriebssteuererklärung zzgl. 4 000 € Gesamtkosten für die Jahresabschlussarbeiten).
  Da bereits 3 200 € in die Rückstellung eingestellt worden sind, ergibt sich die folgende Korrekturbuchung:

Buchung:

Sonstige betriebliche Aufwendungen	3 200 €	an	sonstige Rückstellungen	3 200 €

Gewinn:

Erhöhung sonstige betriebliche Aufwendungen	./. 3 200 €

b) Sonstiges (Urlaub)

- Hinsichtlich der Urlaubsverpflichtung besteht seitens des Arbeitsgebers am Bilanzstichtag ein Erfüllungsrückstand (R 5.7 Abs. 8 EStR). Es handelt sich um eine ungewisse Verbindlichkeit im Sinne des § 249 Abs. 1 Satz 1 HGB i.V.m. § 5 Abs. 1 Satz 1 Halbsatz 1 EStG, die zum 31. 12. 2012 zwingend zu passivieren ist.
- Die Bewertung erfolgt gem. § 253 Abs. 1 Satz 2 HGB in Höhe des nach vernünftiger kaufmännischer Beurteilung notwendigen Erfüllungsbetrages. Rückständige Urlaubsverpflichtungen sind in Höhe des Urlaubsentgelts zu passivieren, das der Arbeitgeber hätte aufwenden müssen, wenn er seine Zahlungsverpflichtung bereits am Bilanzstichtag erfüllt hätte. Jährlich vereinbarte Sondervergütungen (hier: Tantieme und das Weihnachtsgeld) bleiben bei der Berechnung unberücksichtigt; vgl. H 6.11 EStH „Urlaubsverpflichtung". Allerdings ist auf das Urteil des FG Rheinland Pfalz vom 15. 3. 2006 hinzuweisen, wonach das Weihnachtsgeld, soweit es sich um einen festen Bestandteil der Bezüge (13. Monatsgehalt!) handelt, zu berücksichtigen ist. Dies trifft in vorliegendem Fall nicht zu, da das Weihnachtsgeld jährlich freiwillig gezahlt wird. Im Übrigen ist nach der Aufgabenstellung der Auffassung der Finanzverwaltung zu folgen.
- Somit ist der tarifliche Jahresarbeitslohn in Höhe von 60 000 € durch die regulären Arbeitstage von 240 zu teilen, so dass sich ein Tageskostensatz von 250 € ergibt. Die Urlaubsrückstellung für 10 Tage beträgt somit zum 31. 12. 2012 2 500 €.

Buchung:

Sonstige betriebliche Aufwendungen	2 500 €	an	sonstige Rückstellungen	2 500 €

Gewinn:

Erhöhung sonstige betriebliche Aufwendungen	./. 2 500 €

9. Geldbuße

- Bei der Geldbuße handelt es sich steuerrechtlich gem. § 4 Abs. 5 Nr. 8 EStG (R 4.13 Abs. 1 EStR) um eine nicht abzugsfähige Betriebsausgabe.
- Sie ist dem Handelsbilanzgewinn 2012 gem. § 5 Abs. 6 EStG i. V. m. § 60 Abs. 2 Satz 1 EStDV außerhalb der Buchführung und der Bilanz wieder hinzuzurechnen. Eine Buchung ist deshalb beim Jahresabschluss nicht erforderlich.

Gewinn:

Minderung der außerordentlichen Aufwendungen	+ 3 000 €

Sachverhalt II (G. Witter)

Die Überschussrechnung ergibt einen anderen **Periodengewinn** als der Bestandsvergleich, deshalb müssen Korrekturen vorgenommen werden, damit der Totalgewinn stimmt.

Abnutzbares Anlagevermögen:	**Gewinnkorrektur:**
Die AfA nach § 7 EStG ist bei beiden Gewinnermittlungsarten anzuwenden; deshalb ist keine Gewinnkorrektur erforderlich. Der Ansatz in der Eröffnungsbilanz erfolgt mit den fortgeführten AK (H 4.6 EStH „Bewertung von Wirtschaftsgütern").	0 €
Warenbestand:	
Die Warenbestände wurden bereits im Rahmen der Gewinnermittlung gem. § 4 Abs. 3 EStG als Betriebsausgaben geltend gemacht. Hierbei wird unterstellt, dass die gekaufte Ware bereits vollständig bezahlt ist; vgl. hierzu Anlage zu R 4.6 des amtlichen ESt-Handbuches. Durch den BV-Vergleich gem. § 5 EStG wirkt sich die verkaufte Ware nochmals über den Wareneinsatz als Aufwand aus (doppelte Gewinnminderung!).	+ 72 000 €
Debitoren:	
Die ausstehenden Forderungen haben mangels Zahlung noch nicht zu Betriebseinnahmen geführt. Auch im Rahmen des BV-Vergleichs würden die Forderungseingänge nicht mehr zu Betriebseinnahmen führen, da sich die Begleichung der Forderungen buchtechnisch als erfolgsneutraler Vorgang darstellt.	+ 3 000 €
Aktiver Rechnungsabgrenzungsposten:	
Die Kfz-Versicherung stellte im Rahmen der Einnahme-Überschussrechnung im Zeitpunkt der Zahlung in 2012 bereits eine Betriebsausgabe dar. Durch die Auflösung der Rechnungsabgrenzung im Jahre 2013 ergibt sich nochmals eine Gewinnminderung.	+ 800 €
Kreditoren:	
Die Kreditoren haben bei der Gewinnermittlung nach § 4 Abs. 3 EStG mangels Zahlung bisher noch nicht zu Betriebsausgaben geführt. Die Begleichung der Rechnung stellt sich beim BV-Vergleich buchtechnisch (Kreditoren an Bank) ebenfalls als erfolgsneutraler Vorgang dar. Wenn man unterstellt, dass die noch nicht bezahlte Ware bereits vollständig veräußert ist, kann sich der Verkauf nicht mehr über den Wareneinsatz auswirken. Ohne Berichtigung würde der Vorgang nicht ergebniswirksam.	./. 8 500 €
Bankschulden:	
Keine Auswirkung auf den Übergangsgewinn (vgl. H 4.5 Abs. 2 EStH „Darlehen"). Zugeflossene Beträge bei Darlehensaufnahme sind keine Betriebseinnahmen, Tilgung keine Betriebsausgaben.	0 €

USt-Schuld:

Bei der Überschussrechnung hätte die Bezahlung in 2013 zu Betriebsausgaben geführt (die Betriebseinnahmen wurden brutto erfasst bzw. die Debitoren brutto zugerechnet, vgl. H 9b EStH).

Beim BV-Vergleich gem. § 5 EStG ist die USt-Zahlung in 2013 erfolgsneutral zu buchen. Deshalb muss eine Gewinnkorrektur erfolgen, sonst würde der Totalgewinn nicht stimmen. ./. 1 300 €

Übergangsgewinn 66 000 €

Zur Vermeidung von Härten kann der Übergangsgewinn auf Antrag des Stpfl. nach R 4.6 Abs. 1 Satz 4 EStR gleichmäßig auf das Jahr des Übergangs (2013) und das Folgejahr oder das Jahr des Übergangs und die beiden folgenden Jahre verteilt werden.

Die Hinzurechnung erfolgt außerhalb der Buchführung und der Bilanz.

Teil II: Jahresabschlussanalyse

Beständedifferenzenbilanz (in T€)			
Aktivseite		**Passivseite**	
Anlagevermögen		Eigenkapital	
Sachanlagen	+ 40	Kapitalrücklage	+ 10
		Jahresüberschuss	− 13
Finanzanlagen	− 11	Rückstellungen Fremdkapital	− 5
Umlaufvermögen		Darlehen	+ 46
Vorräte	+ 60	Verbindlichkeiten LuL	+ 63
Forderungen LuL	− 5	Sonstige Verbindlichkeiten	− 5
Wertpapiere	+ 3		
Liquide Mittel	+ 9		
Saldo: Vermögen	**96**	**Saldo: Kapital**	**96**

zu 1) Bewegungsbilanz

Mittelverwendung in T€		Mittelherkunft in T€	
Aktivzunahmen		Passivzunahmen	
Sachanlagen	40		
Vorräte	60	Kapitalrücklage	10
Wertpapiere	3	Darlehen	46
Liquide Mittel	9	Verbindlichkeiten LuL	63

Passivabnahmen		Aktivabnahmen	
Jahresüberschuss	13	Finanzanlagen	11
Rückstellungen	5	Forderungen LuL	5
Sonstige Verbindlichkeiten	5		
Gesamte Mittelverwendung (Nettoveränderungen)	135	Gesamte Mittelherkunft (Nettoveränderungen)	135

zu 2) Finanzierung Sachanlagevermögen

Die Zunahme des Aktivpostens Sachanlagevermögen beträgt 40 T€ (Mittelverwendung). Die Summe der Investitionen im Anlagevermögen korrespondiert mit einer fast deckungsgleichen Erhöhung der langfristigen Mittel. (Kapitalherkunft).

Das Anlagevermögen wurde demnach mit einer Aufnahme von langfristigen Darlehen finanziert.

Finanzierungsvorräte

Die für das Unternehmen beträchtliche Erhöhung der Vorräte von 60 T€ (Mittelverwendung) ist hinreichend erkennbar durch eine Zunahme der Verb. aus LuL (Mittelherkunft) finanziert worden.

zu 3) Kennzahlen 31. 12. 02

a) Eigenkapitalquote

$$\frac{\text{EK} \times 100}{\text{Gesamtkapital}} = \frac{174 \times 100}{668} = 26{,}05\ \%$$

b) Eigenkapitalrentabilität

$$\frac{\text{JÜ} \times 100}{\text{EK}} = \frac{22 \times 100}{174} = 12{,}64\ \%$$

c) Gesamtkapitalrentabilität

$$\frac{\text{JÜ} + \text{Zinsaufwand} \times 100}{\text{Gesamtkapital}} = \frac{(22 + 8) \times 100}{668} = 4{,}49\ \%$$

d) Umsatzrentabilität

$$\frac{\text{JÜ} \times 100}{\text{Gesamtleistung}} = \frac{22 \times 100}{1010} = 2{,}18\ \%$$

Teil III: Gesellschaftsrecht

Zu Frage 1:

Die Neugründung der M & S GmbH & Co. KG verläuft in zwei Stufen, wobei zunächst die GmbH gegründet werden muss, damit diese als Gesellschafterin auftreten kann.

Zu Frage 2:

a) GmbH (1. Stufe)

Die GmbH ist eine juristische Person mit eigener Rechtspersönlichkeit (§§ 1, 13 GmbHG).

Der Gesellschaftsvertrag bedarf gem. § 2 Abs. 1 GmbHG des Abschlusses in notarieller Form.

Ein Musterprotokoll gem. § 2 Abs. 1a GmbHG kommt hier nicht zur Anwendung, da die neue GmbH zwar nur 2 Gesellschafter, aber mehr als einen Geschäftsführer haben soll.

Die zu leistende Bareinlage gem. § 5 Abs. 1 GmbHG beträgt 12 500 € je Gesellschafter, so dass das gesetzliche Mindestkapital von 25 000 € zutreffend erbracht wird.

b) GmbH & Co. KG (2. Stufe)

Die M & S GmbH & Co KG ist eine Personengesellschaft im Sinne des § 161 Abs. 1 HGB; sie besitzt gem. § 161 Abs. 2 i.V.m. § 124 Abs. 1 HGB Teilrechtsfähigkeit.

Bei einer reinen Bargründung ist der Abschluss des Gesellschaftsvertrages formfrei, die Schriftform ist jedoch in der Praxis üblich und aus Beweisgründen auch zweckmäßig.

Auch wenn die GmbH erst mit der Eintragung in das Handelsregister zivilrechtlich entsteht (§ 11 Abs. 1 GmbHG), kann sie als sog. Vor-GmbH bereits den Gesellschaftsvertrag mit der GmbH & Co. KG abschließen.

Bei der GmbH & Co. KG als Personengesellschaft ist keine gesetzliche Mindest-Einlagepflicht vorhanden.

Zu Frage 3:

Im Außenverhältnis ist die M & S GmbH & Co. KG in vorliegendem Fall gem. § 161 Abs. 2 i.V.m. § 123 Abs. 1 HGB mit der Eintragung in das Handelsregister entstanden.

Zu Frage 4:

Die Kommanditisten M und S sind gem. § 164 HGB von der Führung der Geschäfte ausgeschlossen und gem. § 170 HGB nicht zur Vertretung der M & S GmbH & Co. KG ermächtigt.

Zur Geschäftsführung (Innenverhältnis) und Vertretung (Außenverhältnis) ist nur die Komplementärin, d.h., die GmbH berechtigt, die gem. §§ 6, 35 GmbHG nur durch ihre natürlichen, unbeschränkt geschäftsfähigen Geschäftsführer M und S handeln kann (Ausschlussgründe i.S.d. § 6 Abs. 2 S. 2 GmbHG liegen laut Sachverhalt nicht vor).

Durch die Beteiligung einer GmbH als Komplementärin an der KG könnte die Geschäftsführungsbefugnis gem. § 6 Abs. 3 GmbHG auch von fremden Dritten (also Nichtgesellschaftern) ausgeübt werden.

Zu Frage 5:

Die GmbH haftet zwar als einziger Komplementärin formell unbeschränkt (§ 161 Abs. 1 letzter Halbsatz HGB), die Realisierung der Gläubigeransprüche wird jedoch gem. § 13 Abs. 2 GmbHG durch das Gesellschaftsvermögen (Stammkapital) begrenzt.

Da die Kommanditisten ihre Einlage bereits geleistet haben, ist die Haftung für sie gem. § 171 Abs. 1 Halbsatz 2 HGB ausgeschlossen.

Klausursatz Nr. 3

Aufgabenteil Nr. 1: Einkommensteuer

A. Persönliche Verhältnisse

Die Eheleute Paul (geb. am 1. 7. 1948) und Bärbel (geb. am 28. 8. 1957) Pille, beide konfessionslos, wohnen gemeinsam in Duisburg.

Zu ihrem Haushalt gehören ihre leiblichen Kinder Peter (geb. am 1. 5. 1994) und Paulchen (geb. am 1. 4. 1986).

Peter lebt bei seinen Eltern und besucht in Duisburg eine weiterführende Schule. In den Monaten Juni bis Dezember des Jahres 2012 hat Peter aushilfsweise als Kellner auf Lohnsteuerkarte (Bruttoarbeitslohn 2 000 €, darin nicht enthalten sind Trinkgelder i. H. von 500 €) gearbeitet.

Paulchen hat sein Studium in München im August 2012 abgeschlossen. Bis dahin ist er von seinen Eltern mit monatlich 600 € unterstützt worden. Er arbeitete regelmäßig als Aushilfe in einer Wirtschaftsprüfungsgesellschaft. Aus dieser Tätigkeit hat er monatlich 200 € bis August 2012 bezogen, die von seinem Arbeitgeber pauschal versteuert worden sind. Seit 1. 9. 2012 arbeitet er als Prüfungsassistent in dieser Wirtschaftsprüfungsgesellschaft mit einem Bruttoarbeitslohn von monatlich 3 000 €. Paulchen hatte seinen Zivildienst vor seinem Studium in 15 Monaten abgeleistet.

Auf Grund eines schweren Verkehrsunfalls ist Frau Pille seit dem 15. 5. 2012 zu 80 % schwerbehindert. Der Grad der Behinderung wurde ihr aber erst mit Bescheid vom 1. 2. 2013 vom Versorgungsamt Duisburg mitgeteilt, obwohl der Antrag auf Feststellung der Behinderung bereits im Oktober 2012 gestellt worden war. Aufgrund des Unfalles ist sie auch in erheblichem Maße in ihrer Erwerbsfähigkeit beeinträchtigt. Sie erhält deshalb von der Berufsgenossenschaft seit Juni 2012 eine Rente i. H. von monatlich 500 €.

B. Einkünfte

I. Selbständiger Apotheker

Herr Pille führt seit vielen Jahren eine Apotheke in Oberhausen. Seinen Gewinn ermittelt er anhand einer nicht zu beanstandenden Buchführung. Er erstellt jährlich auf den 31. 12. Bilanzen. Für 2012 hat er einen vorläufigen Gewinn i. H. von 94 947 € ermittelt.

Bei der Vorbereitung der Steuererklärungen wurden die folgenden, bisher nicht bzw. wie angegeben berücksichtigten Sachverhalte festgestellt. Die Beteiligten sind sich unsicher, inwieweit sich Auswirkungen auf den o. g. vorläufigen Gewinn ergeben. Losgelöst von allen Gestaltungsüberlegungen wünscht Herr Pille für 2012 einen möglichst niedrigen Gewinn:

Tz. 1

Zur Finanzierung einer neuen, speziell für Apotheker entwickelten Ladeneinrichtung hat Herr Pille ein betriebliches Darlehen i. H. von 100 000 € aufgenommen. Die Laufzeit des Fälligkeitsdarlehens beträgt 10 Jahre bei einem Zinssatz von 8 %. Der Zinssatz wurde auf fünf Jahre festgeschrieben. Nach Ablauf der fünfjährigen Zinsbindungsfrist wird über die Höhe des Zinssatzes neu verhandelt. Die Bank hat hierfür ein Damnum i. H. von 5 000 € einbehalten, welches über Aufwand verbucht worden ist.

Die neue Ladeneinrichtung war am 22. 2. 2012 für Herrn Pille in vollem Umfang nutzbar. Dementsprechend rechnete die Lieferfirma zum 25. 2. 2012 die vereinbarten 100 000 € zzgl. 19 000 € Umsatzsteuer ab. Am 1. 3. 2012 bezahlte Herr Pille unter Abzug von Skonto 116 620 € und unter gleichzeitigem Abruf des o. g. Darlehens.

Auf Grund einer zutreffend ermittelten Nutzungsdauer der Ladeneinrichtung von 12,5 Jahren ist eine Abschreibung i. H. von 5 800 € als Aufwand verbucht worden.

Die Darlehenszinsen berücksichtigte Herr Pille nicht, weil er den Erläuterungstexten seines letzten Einkommensteuerbescheids entnommen hatte, dass private Zinsen seit einigen Jahren keine abziehbaren Sonderausgaben mehr darstellen.

Tz. 2

Bei einem Einbruch in seine Apotheke ist am 5. 4. 2012 das betriebliche Faxgerät des Herrn Pille (Buchwert am 1. 1. 2012: 600 €), welches ohnehin zum 31. 12. 2012 voll abgeschrieben wäre, entwendet worden.

Die Versicherung des Herrn Pille erstattete den Zeitwert des Faxgerätes i. H. von 1 500 €. Bereits am 11. 4. 2012 erwarb Herr Pille ein neues Faxgerät für 1 375 € zzgl. 261 € Umsatzsteuer.

Bisher hat Herr Pille aus diesem Vorgang nur insoweit Schlussfolgerungen gezogen, als dass er für das neue Faxgerät 413 € degressive Abschreibung geltend gemacht hat. Die Nutzungsdauer des Faxgerätes beträgt drei Jahre.

Tz. 3

Am 23. 12. 2012 hat Herr Pille einen betrieblichen Pkw entnommen und seiner Schwester Inge (geb. 1946) zu Weihnachten geschenkt. Der Buchwert des Pkw im Zeitpunkt der Schenkung beträgt 5 000 €. Auf Grund mehrerer, durch Angestellte der Apotheke verursachte Unfälle ist der Teilwert mit nur noch 2 000 € anzunehmen.

Der Vorgang wurde wie folgt verbucht:

Privat	5 950 €	an	Pkw	5 000 €
			Umsatzsteuer	950 €

Inge hat keine eigenen Einkünfte und kein eigenes Vermögen. Sie erhält ferner aus privaten Mitteln einen mtl. Barunterhalt von ihrem Bruder Paul i. H. von 1 000 €.

Tz. 4

Bei der Inventur auf den 31. 12. 2012 wurden bestimmte Arzneimittel (AK 16 000 €) mit 20 000 € bewertet. Der unbestrittene, dauerhafte Teilwert beträgt 12 000 €.

II. Duisburger Stahlhandel OHG

Frau Pille ist an der Duisburger Stahlhandel OHG seit einigen Jahren mit einem 20 %igen Anteil am Betriebsvermögen beteiligt. Die OHG erstellt ihre Jahresabschlüsse auf den 30. 9. eines Jahres. Für das Wirtschaftsjahr 2011/2012 erzielte die OHG einen Gewinn von 280 000 €; für das Wirtschaftsjahr 2012/2013 erzielte die OHG einen Gewinn von 250 000 €.

Zum 30. 9. 2012 hat Frau Pille ihren Anteil fristgerecht und in Abstimmung mit den übrigen Gesellschaftern gekündigt.

Das Kapitalkonto der Frau Pille bei der OHG betrug zu diesem Zeitpunkt 200 000 €. Frau Pille ist mit einer einmaligen Zahlung i. H. von 280 000 € abgefunden worden.

Ebenfalls zum 30. 9. 2012 wurde das von Frau Pille der OHG zu marktüblichen Konditionen (Zinssatz 8 %) gegebene Darlehen i. H. von 50 000 € zzgl. der Zinsen für die Zeit vom 1. 10. 2011 – 30. 9. 2012 zurückgezahlt.

III. Stadtverwaltung Duisburg

Bis zu ihrem Unfall ist Frau Pille als Angestellte der Duisburger Stadtverwaltung tätig gewesen. Ihre Lohnsteuerbescheinigung 2012 dokumentiert folgende, als zutreffend zu unterstellende Werte:

Bruttoarbeitslohn	50 000 €
Lohnsteuer	5 000 €
Solidaritätszuschlag	275 €
Arbeitnehmeranteil Sozialversicherung (davon KV ohne Krankengeldanspruch und PV 1 500 €)	2 000 €
Arbeitnehmeranteil Rentenversicherung	4 900 €
Arbeitgeberanteil Rentenversicherung	4 900 €

Auf Grund ihres Unfalls war Frau Pille zunächst mehrere Monate arbeitsunfähig. Von der Krankenkasse erhielt sie deshalb ein Krankengeld i. H. von insgesamt 10 000 €. Frau Pille ist an 150 Arbeitstagen 8,8 km mit dem Pkw von ihrer Wohnung zur Arbeitsstätte gefahren. Davon entfallen 62 Tage auf die Monate September bis Dezember 2012.

Darüber hinaus erklärt sie noch folgende Kosten:

Beiträge an die Gewerkschaft Verdi	500 €
Rechnungen über den Kauf von 3 repräsentativen Kleidern, die sie auf Grund ihrer beruflichen Stellung benötigte	2 000 €
Fortbildungslehrgang „Kommunales Baurecht"	1 000 €
Pkw-Kosten inkl. Versicherungen bei einer Gesamtfahrleistung von 16 000 km	10 000 €

IV. Wertpapierkonto

Aus einem gemeinsamen Wertpapierkonto werden den Steuerpflichtigen 2012 8 000 € Zinsen auf ihrem privaten Girokonto gutgeschrieben. Freistellungsaufträge sind von den Steuerpflichtigen bei der Bank nicht eingereicht worden.

Am 15. 10. 2012 legt Paul Pille 80 000 € bei seiner Hausbank in ein festverzinsliches Wertpapier zu einem Zinssatz von 3 % an. Die Zinsen werden jährlich am 1. 7. eines jeden Jahres (Gesamtlaufzeit 1. 7. 2012 bis 30. 6. 2016) gezahlt. Die Bank erteilte bei Erwerb folgende Abrechnung:

Wertpapierkauf zum Kurs von 98 %	78 400 €
Maklergebühr	+ 392 €
Bankspesen	+ 8 €
Gezahlte Stückzinsen	+ 600 €
	79 400 €

V. Lustig-GmbH

Aus ihrer Beteiligung an der Lustig-GmbH (Stammkapital 50 000 €), die sie am 30. 12. 2010 für 80 000 € (für eine Beteiligung am Stammkapital i. H. von 7 000 €) erworben hatte, erhielt Frau Pille eine Dividendengutschrift für das Geschäftsjahr 2011 auf ihrem privaten Girokonto i. H. von 15 000 € (Wertstellung 12. 1. 2013). Die einschlägigen Bescheinigungen liegen vor.

Zum Besuch der Gesellschafterversammlung am 26. 11. 2012, auf der der Gewinnverteilungsbeschluss gefasst worden ist, sind Frau Pille unstreitig Aufwendungen i. H. von 80 € entstanden.

Ferner hat Frau Pille der GmbH am 20. 7. 2012 den beschädigten Pkw (Restwert 20 000 €), mit dem sie ihren schweren Unfall hatte, rechtswirksam übertragen. Frau Pille ist sehr abergläubisch und möchte das Unfallfahrzeug nicht länger nutzen. Da die Gewinnaussichten der GmbH nachhaltig positiv eingeschätzt werden, nahm sie das unwiderstehliche Angebot eines französischen Geschäftsmanns an und veräußerte ihm ihre Anteile zum 1. 10. 2012 für 140 000 €. Der Betrag floss am 5. 1. 2013 zu.

VI. Grundstück in Dinslaken

Herr Pille erwarb mit Notarvertrag vom 9. 3. 2012 (Umschreibung im Grundbuch am 22. 4. 2012, Übergang von Nutzen und Lasten am 1. 4. 2012) das Mietwohngrundstück in Dinslaken, Friedrich-Ebert-Str., für 800 000 €. Im Kaufpreis ist ein Grund- und Bodenanteil i. H. von 25 % enthalten.

Das Haus enthält sechs gleich große Einheiten. Zwei Einheiten zu je 100 qm sind jeweils an einen Steuerberater und an einen Rechtsanwalt für deren freiberuflichen Praxen zu monatlich 3 450 € vermietet worden. Der Steuerberater hat zusätzlich am 28. 12. 2012 Herrn Pille einen Scheck über 37 950 € übergeben als „Mietvorauszahlung für Januar bis November 2013".

Drei Einheiten (je 100 qm) sind an private Mieter für deren Wohnzwecke zu monatlich 1 000 € zzgl. 200 € Nebenkosten vermietet. Eine Einheit hat Herr Pille seinem verwitweten Vater ab April 2012 für eine monatliche Miete von 300 € zuzüglich 100 € Nebenkosten zur Verfügung gestellt. Dennoch besteht auch für diese Wohnung Überschusserzielungsabsicht. Alle Mieten sind monatlich vorschüssig fällig.

Es sind noch folgende Kosten angefallen:

Damnum, gezahlt am 1. 4. 2012 (Zinsbindung 4 Jahre)	20 000 €
Darlehenszinsen	30 000 €
Grundbesitzabgaben sowie Heizkosten	5 000 €
Kleinere Reparaturen in den Wohnungen für insgesamt	15 000 €

Grunderwerbsteuer	28 000 €
Notar- u. Gerichtskosten (Eintragungen der Hypothek ins Grundbuch)	1 000 €
Notar- u. Gerichtskosten (Eigentumsumschreibung im Grundbuch)	2 000 €
Notarkosten für die Beurkundung des Grundstückskaufvertrages	5 000 €
Fenstererneuerung	37 000 €
Erneuerung der Bäder	48 000 €
Erneuerung der Fassade	28 000 €

Das Gebäude hat noch eine nachgewiesene Nutzungsdauer von 30 Jahren, da es bereits 1910 errichtet worden ist. Eventuelle Umsatzsteuer-/Vorsteuerbeträge sind aus Vereinfachungsgründen zu vernachlässigen.

VII. Grundstück in Oberhausen

Mit notariellem Kaufvertrag vom 15. 8. 2012 (Übergang von Nutzungen und Lasten 1. 12. 2012) veräußerte Herr Pille das unbebaute Grundstück Centroblick in Oberhausen zu einem Kaufpreis von 600 000 €. Der Kaufpreis floss i. H. von 500 000 € mit Übergang von Nutzungen und Lasten; die restlichen 100 000 € überwies der Erwerber am 26. 1. 2013. Dem Makler, der das Geschäft vermittelt hat, überwies Herr Pille am 30. 1. 2013 die verdiente Vermittlungsprovision i. H. von 18 000 €. Die übrigen Nebenkosten trug der Erwerber.

Das Grundstück hatte Herr Pille bereits im Jahre 1988 erworben (Anschaffungskosten 70 000 €). Er beabsichtigte, auf diesem Grundstück später einmal ein Gebäude zur Nutzung durch seine Apotheke zu errichten, weshalb er das Grundstück auch aktivierte. Als Mitte der 90er-Jahre aber eine Bebauung der Umgebung mit dem „Centro Oberhausen" geplant und durchgeführt wurde, verwarf er seine Pläne und entnahm die Immobilie im Jahre 2008 mit ihrem Teilwert i. H. von 450 000 € in sein Privatvermögen.

C. Sonstige Angaben

Im Haushalt der Eheleute arbeitet halbtags die Hauswirtschaftsmeisterin Bettina Blank. Sie erhielt 2012 einen Bruttoarbeitslohn i. H. von 30 000 €.

Die Steuerpflichtigen geben ihnen noch Belege über folgende Aufwendungen und bitten um günstigste steuerliche Berücksichtigung:

Risikolebensversicherungsbeiträge	9 000 €
Rentenversicherungsbeiträge i. S. von § 10 Abs. 1 Nr. 2b EStG (lebenslange Leibrente ab dem 63. Lebensjahr)	4 081 €
Unfallversicherungsbeiträge	1 000 €
Krankenversicherungsbeiträge (Basisabsicherung ohne Komfortleistungen)	5 000 €
Hausratversicherungsbeiträge	800 €
Pferdehaftpflichtversicherung	500 €
Kfz-Haftpflicht Frau Pille	800 €
Kfz-Kasko Frau Pille	1 500 €

Bausparkassenbeiträge Herr Pille	5 000 €
gutgeschriebene Bausparzinsen (Freistellungsauftrag lag in Höhe von 800 € vor)	1 400 €
Stundungszinsen Einkommensteuer 2010	500 €
Spende an eine politische Partei	15 000 €
Spenden für wissenschaftliche Zwecke	10 000 €

Die Eheleute haben am 1. 2. 2012 ein Einfamilienhaus in Duisburg fertig gestellt und sogleich bezogen. Der Bauantrag für dieses Objekt ist am 24. 11. 2009 gestellt worden. Es sind folgende Kosten entstanden:

Anschaffungskosten Grund und Boden	200 000 €
Baukosten (davon 60 % in 2012 gezahlt)	500 000 €
Schuldzinsen in der Zeit vom 1. 7. – 31. 12. 2012	12 000 €
Damnum, gezahlt am 1. 7. 2012	10 000 €
Grundbesitzabgaben 2012	1 000 €

In einem Raum (15 % der Nutzfläche) des Hauses erledigt Herr Pille in wöchentlich zehn Stunden diverse Büroarbeiten im Zusammenhang mit seiner Apotheke. Weitere vier Stunden wöchentlich kümmert er sich in diesem Raum um seine über die Landesgrenzen hinweg bekannte private Schrumpfkopfsammlung.

D. Aufgabe

Es ist das zu versteuernde Einkommen der Eheleute Pille für 2012 zu ermitteln. Dabei sind zur Begründung die einschlägigen Gesetzes- oder Richtlinienzitate notwendig. Sowohl Ansätze als auch Nichtansätze sind zu begründen. Eine Vorsorgepauschale ist nicht zu ermitteln. Es ist keine Günstigerprüfung nach § 10 Abs. 4a EStG und § 10c EStG durchzuführen. Gehen Sie davon aus, dass die neue Rechtslage günstiger ist.

Dabei ist folgende Reihenfolge einzuhalten:

I. Persönliche Einkommensteuerpflicht
II. Veranlagungsart
III. Ermittlung des Gesamtbetrages der Einkünfte
IV. Ermittlung des Einkommens
V. Ermittlung des zu versteuernden Einkommens

Sollten sich aus dem Sachverhalt Anhaltspunkte für die Gewährung von Steuerermäßigungen ergeben, so sind diese – wenn einfach ermittelbar – betragsmäßig unter Angabe der gesetzlichen Vorschriften zu nennen.

Alle notwendigen Anträge nach § 32d EStG gelten als gestellt.

Aufgabenteil Nr. 2: Körperschaftsteuer

A. Sachverhalt

Die Pharos GmbH wurde 1995 gegründet und hat ihren Sitz in Düsseldorf. In ihrem nach handelsrechtlichen Grundsätzen erstellten Jahresabschluss zum 31. 12. 2012 (Wirtschaftsjahr = Kalenderjahr) weist sie einen vorläufigen Bilanzgewinn i. H. von 1 748 562 € aus.

Der Bilanzgewinn entwickelt sich wie folgt:

Bilanzgewinn 2011	800 000 €
Ausschüttung (vgl. unter 7.)	./. 500 000 €
Vorläufiger Jahresüberschuss 2012	+ 1 448 562 €
Vorläufiger Bilanzgewinn 2012	1 748 562 €

Ausschüttungen an die Gesellschafter sind in den letzten Jahren nicht erfolgt. Die Pharos GmbH tätigt keine den Vorsteuerabzug ausschließende Umsätze.

Folgende Geschäftsvorfälle sind bei der Erstellung des Jahresabschlusses 2012 berücksichtigt worden:

1. Die Pharos GmbH ist mit einem Anteil von 60 % an der IN-GmbH mit Sitz in Köln beteiligt. Die IN-GmbH hat in ihrer Gesellschafterversammlung vom 10. 5. 2012 die Ausschüttung des Bilanzgewinns 2011 zum 30. 9. 2012 beschlossen. An die Pharos GmbH wurde entsprechend ihrem Anteil am Ergebnis am 30. 9. 2012 die Nettodividende i. H. von 55 219 € durch Gutschrift auf das Bankkonto ausbezahlt. Die erforderlichen Bescheinigungen wurden zum selben Termin an die Pharos GmbH durch eingeschriebenen Brief übermittelt. In der Buchführung Pharos GmbH wurde diese Ausschüttung durch folgende Buchung am 30. 9. 2012 berücksichtigt:

Bank	55 219 €			
Steuern vom Einkommen u. Ertrag (KSt)	18 750 €			
Steuern vom Einkommen u. Ertrag (Solz)	1 031 €	an	Erträge aus Beteiligungen	75 000 €

2. Im Rechnungswesen 2012 wurden die Kosten für Werbemaßnahmen i. H. von 380 000 € zusammen mit Aufwendungen für Werbegeschenke an Geschäftsfreunde i. H. von 23 000 € (die Vorsteuer wurde abgezogen) auf dem Buchführungskonto „Werbekosten" belastet. Eine Empfängerliste, aus der sich ergibt, dass Werbegeschenke nur bis zur Höhe von 35 € pro Person ausgehändigt wurden, liegt im Unternehmen vor.

3. Nach Erteilung ordnungsgemäßer Honorarabrechnungen wurden an den Aufsichtsrat der Pharos GmbH für die Überwachungstätigkeit 238 000 € vergütet. An ein Mitglied des Aufsichtsrats war 2012 daneben eine Sondervergütung von 35 700 € gezahlt worden, weil es die Pharos GmbH in Finanzierungsfragen sehr erfolgreich beraten hatte. Die genannten Beträge beinhalten die gesetzliche – gesondert ausgewiesene – Umsatzsteuer.

4. In den Steueraufwendungen lt. Gewinn- und Verlustrechnung 2012 sind folgende Beträge ausgewiesen:

Körperschaftsteuer-Vorauszahlungen	600 000 €
Solidaritätszuschlag KSt-VZ	33 000 €
Säumniszuschlag zur Umsatzsteuer	500 €
Gewerbesteuer	525 007 €
Aussetzungszinsen für eine strittige KSt-Nachzahlung	3 500 €

5. In 2012 hatte die Pharos GmbH von der IN-GmbH (vgl. Tz. 1) Verpackungsmaterial zu einem Preis i. H. von 52 000 € (netto) bezogen. Der reguläre Verkaufspreis (netto) dieses Verpackungsmaterials bei der IN-GmbH beträgt 80 000 €. Betriebliche Gründe für die Einräumung der Sonderkonditionen liegen nicht vor.

HINWEIS:

Umsatzsteuerliche Auswirkungen sind außer Betracht zu lassen.

6. Die Pharos GmbH hat 2012 folgende Spenden geleistet:

für wissenschaftliche Zwecke	50 000 €
für kirchliche Zwecke	20 000 €
an verschiedene politische Parteien	30 000 €

   Ordnungsgemäße Spendenbestätigungen liegen vor. Die Pharos GmbH hat die geleisteten Zahlungen dem Konto sonstige betriebliche Aufwendungen belastet.

7. Auf Grund der guten Geschäftsentwicklung hatte die Pharos GmbH bereits im März des Jahres 2012 nach erfolgter Beschlussfassung einen Gewinn i. H. von 500 000 € ausgeschüttet. Diese Ausschüttung wurde zu Lasten des Bilanzgewinns 2011 verbucht. Darüber hinaus hat die Pharos GmbH im Mai 2013, nach Beschlussfassung im April 2013, 700 000 € an ihre Gesellschafter ausgeschüttet.

8. Gesonderte Feststellungen waren zum 31. 12. 2011 waren zutreffend nicht erfolgt, weil kein Bestand beim Einlagekonto vorhanden ist.

9. Das zum 31. 12. 2012 – nach vom Finanzamt erhaltener Zahlung der 5. Rate in Höhe von 8 000 € p. a. (1/10 von 80 000 €) – noch verbleibende KSt-Guthaben im Nennwert von 40 000 € wurde als Forderung aktiviert. Da es sich um einen unverzinslichen Anspruch handelt, wurde der Barwert zutreffend auf der Grundlage des Marktzinses am Bilanzstichtag ermittelt und angesetzt.

   Gehen Sie davon aus, dass die Pharos GmbH die sich hierdurch ergebenden Gewinnauswirkungen bereits zutreffend neutralisiert hat.

B. Aufgabe

I. Nehmen Sie kurz Stellung zur sachlichen und persönlichen Körperschaftsteuerpflicht der Pharos GmbH.

II. Ermitteln Sie für 2012 das zu versteuernde Einkommen der Pharos GmbH.

III. Berechnen Sie für den Veranlagungszeitraum 2012 die Rückstellungen (oder evtl. Forderungen) hinsichtlich der Körperschaftsteuer und des Solidaritätszuschlages. Die Ermittlung des Barwertes für das verbleibende KSt-Guthaben zum 31. 12. 2012 ist nicht vorzunehmen (vgl. Ziffer 9 des Sachverhaltes).

Die Erstellung eines endgültigen Jahresabschlusses (Gewinn- und Verlustrechnung und Bilanz) ist nicht erforderlich.

IV. Stellen Sie ferner für die Pharos GmbH, soweit erforderlich, die gesonderten Feststellungen zum 31. 12. 2012 dar.

HINWEIS:

Auf mögliche Auswirkungen auf die Gewerbesteuer der Pharos GmbH ist nicht einzugehen!

Auf mögliche Auswirkungen auf der Ebene der Gesellschafter ist ebenfalls nicht einzugehen!

Aufgabenteil Nr. 3: Gewerbesteuer

Sachverhalt G. Rümpel

Der Stpfl. G. Rümpel erwirbt mit Kaufvertrag vom 3. 1. 2012 ein leerstehendes Mehrfamilienhaus in Düsseldorf. Der Übergang von Nutzungen und Lasten wurde am 31. 1. 2012 vollzogen; an diesem Tag wurde auch der Kaufpreis i. H. von 2,5 Mio. € gezahlt.

G. Rümpel hat folgende Aufwendungen im Februar 2012 bezahlt:

Notar- und Gerichtskosten hinsichtlich der Eigentumsumschreibung im Grundbuch, die Ende Februar 2012 stattfand	10 000 €
Notarkosten hinsichtlich des notariellen Kaufvertrages	18 000 €
Grunderwerbsteuer	87 500 €
Maklerprovisionen	40 000 €

Gemeinsam mit dem befreundeten Architekten H. Nebüchen gelingt es G. Rümpel im Oktober 2012, eine Teilungserklärung durchzusetzen, wonach das Mietwohngrundstück in acht Eigentumswohnungen aufgeteilt wird. In diesem Zusammenhang sind folgende Aufwendungen entstanden:

Architektenkosten	35 000 €
Bauamt Stadt Düsseldorf	8 000 €
Grundbuchamt	6 000 €

G. Rümpel gelingt es bis Ende November 2012, sämtliche Eigentumswohnungen zu einem Preis von jeweils 420 000 € zu veräußern. Die vereinbarten Kaufpreise flossen noch im Dezember 2012 in voller Höhe zu. Die Veräußerungskosten wurden jeweils von den Käufern getragen.

Aufgabe

Stellen Sie fest, ob der oben genannte Sachverhalt einen steuerlichen Einkünftetatbestand auslöst. Sollte dies der Fall sein, bestimmen Sie bitte die Einkunftsart und ermitteln Sie die Einkünfte für 2012.

HINWEISE:

Auf Auswirkungen hinsichtlich Umsatzsteuer- bzw. Vorsteuerbeträge ist nicht einzugehen. Eine eventuelle Gewerbesteuer ist nicht zu berechnen.

Aufgabenteil Nr. 4: Umsatzsteuer

Klausur Nr. 1 „Metall-GmbH"

I. Allgemeiner Sachverhalt

Die Metall-GmbH mit Sitz in Hünxe produziert Metallteile, die sie selbst international vermarktet. Daneben handelt sie mit Metallteilen sowie Stahl aus fremder Produktion. Ihre Umsätze betragen jährlich rund 20 Mio. €. Sie versteuert ihre Umsätze nach vereinbarten Entgelten. Umsatzsteuervoranmeldungen gibt die GmbH monatlich ab.

II. Aufgabe

Die vorliegenden Einzelsachverhalte sind unter Nennung der einschlägigen gesetzlichen Bestimmungen umsatzsteuerlich für 2013 zu bearbeiten.

Dabei gelten erforderliche Anträge stets als gestellt, Buch- und Belegnachweise als vorgelegt, Rechnungen als vollständig. Soweit nichts anderes erwähnt wird, treten die im Sachverhalt genannten Unternehmer mit der USt-Identifikations-Nr. ihres Heimatlandes auf.

III. Einzelsachverhalte

1. Stahlimport

Die GmbH hat am 10. 10. 2013 Stahl bei einer norwegischen Firma mit Sitz in Oslo bestellt, der von der polnischen Firma am 20. 10. 2013 mit eigenem Lkw von Oslo nach Hünxe transportiert wurde. Die norwegische Firma zahlte an der Grenze Einfuhrumsatzsteuer i. H. von zutreffend 10 000 €, die sie der GmbH unter Übergabe der Einfuhrpapiere weiterbelastete.

2. Metallrohlinge

Am 5. 4. 2013 erhält die GmbH von ihrem französischen Lieferanten eine Tonne Metallrohlinge für umgerechnet 60 000 €. 10 Tage später kann die GmbH 300 Kilogramm dieser Metallrohlinge an die Fiat-AG in Turin für 30 000 € sowie 600 Kilogramm an das Produktionswerk der Firma Skoda in Russland für 58 000 € zzgl. USt weiterliefern. In beiden Fällen lieferte die GmbH die Rohlinge über eine Transportgesellschaft aus.

Die verbleibenden 100 Kilogramm Metallrohlinge lieferte sie ebenfalls im April 2013 an einen Baumarkt in Dinslaken für 10 000 € zzgl. USt. Diese Lieferung nahm sie mit einem eigenen Lkw vor.

3. Metallzylinder

In einer finsteren Herbstnacht im Oktober 2013 drangen Diebe in die Lagerhalle der GmbH ein und erbeuteten hochwertige Metallzylinder der Marke „Korodent" im Wert von 20 000 €. Im November 2013 ging überraschend ein Briefumschlag mit zwanzig 500 €-Scheinen bei der GmbH ein mit folgendem, aus Zeitungsschnipseln gefertigten Anschreiben:

„Eure Zylinder haben wir nicht mehr. Hier habt ihr Geld. Wir machen reinen Tisch. Hoffentlich reicht die Knete aus. Die Diebe!"

Das polizeiliche Ermittlungsverfahren wurde einige Monate später ohne Ergebnis eingestellt.

4. Metallzaun und Anbau

Im Juni 2013 installierte die GmbH mit eigenen Mitarbeitern um das private Einfamilienhaus des Bauunternehmers Mike Mörtel in Oberhausen einen Metallzaun. Diese Zäune werden von der GmbH selbst hergestellt und haben sich zu einem echten Verkaufserfolg entwickelt. Einen Monat später errichtet Mike Mörtel einen Anbau an die bisherige Lagerhalle der GmbH. Mörtel erstellte im September 2013 folgende Endabrechnung (Anzahlungen waren vereinbarungsgemäß nicht zu leisten), deren Vorgehensweise im Vorhinein vereinbart war:

Erstellung Anbau wie vereinbart	60 000 €
abzüglich von Ihnen gelieferter Metallzaun	./. 19 000 €
Zwischensumme	41 000 €
zzgl. 19 % USt	+ 7 790 €
von Ihnen zu zahlen	48 790 €

Die GmbH bezahlte die Rechnung noch im September 2013.

HINWEISE:

Es ist davon auszugehen, dass § 13b Abs. 2 Nr. 4 UStG nicht greift.

5. Metallgitter

Der Geschäftsführer der GmbH, Herr Erwin Ernst, arbeitet aktiv im Vorstand des Tennisclubs STV Hünxe mit. Auf Anfrage seiner Vorstandskollegen lieferte die GmbH im März 2013 Metallgitter zur Abwehr von Einbrüchen in das Clubhaus.

Die Gitter wurden von Vereinsmitgliedern unentgeltlich angebracht. Auf Initiative des Erwin Ernst verlangte die GmbH lediglich eine Abgeltung der eigenen Selbstkosten i. H. von 1 000 €.

6. Lkw

Im Februar 2013 erwarb die GmbH direkt von der Firma Renault in Paris einen fabrikneuen Lkw (Tachostand bei Auslieferung: 10 km) für 160 000 €. Bei Anmeldung des Lkw verlangte das Straßenverkehrsamt Wesel eine Kopie des Kaufvertrages. Im März 2013 gelang es der GmbH zufällig, diesen Lkw für 200 000 € an den russischen Lieferanten Igor weiterzuverkaufen, der den Lkw vor lauter Begeisterung sofort mitnahm.

Im Zusammenhang mit der Veräußerung fielen 450 € Vorsteuer an.

7. Pkw

Zum 30. 6. 2013 ist dem leitenden Verkäufer der GmbH Uwe Untreu wirksam gekündigt worden. Der ihm zu beruflichen Zwecken überlassene Pkw, den er vereinbarungsgemäß am 28. 6. 2013 auf dem Hof der GmbH abstellte, war am 15. 3. 2013 für 35 000 € zzgl. 19 % USt fabrikneu erworben und ist 4 000 km gefahren worden. Zum 2. 7. 2013 konnte das Fahrzeug, für das die GmbH keine Verwendung mehr hatte, an den holländischen Privatmann Oranje für 30 000 € zzgl. 19 % USt verkauft werden. Der Holländer holte den Pkw am gleichen Tag ab.

Klausur Nr. 2 „Stefan Span"

I. Allgemeiner Sachverhalt

Der selbständige Schreinermeister Stefan Span (S.) betreibt in der sehr waldreichen Gemeinde Hünxe eine gut gehende Schreinerei (Wirtschaftsjahr vom 1. 1. – 31. 12.). Die Schreinerei stellt Möbel und sonstige Holzteile her, erstellt komplette Innenausbauten und handelt mit Hölzern aller Art. Er ermittelt seinen Gewinn nach § 5 EStG und versteuert seine Umsätze nach vereinbarten Entgelten. Seine Umsätze betrugen in der Vergangenheit jährlich rd. 3 Mio. €.

Daneben gilt S. als ausgewiesener Experte für umweltbewusste und schadstoffarme Produktion von Holzprodukten. In 2013 hat er deshalb folgende Vorträge gehalten:

1. Vor dem Bauaufsichtsamt in Düsseldorf sprach er im Juli 2013 zum Thema „Dachisolation aus Kokosflocken". S. erhielt von der Behörde als Honorar einen Scheck über 5 000 €. Er ließ den Scheck seinem betrieblichen Festgeldkonto gutschreiben und zog ansonsten keine steuerlichen Konsequenzen.

2. Im schweizerischen Davos referierte S. im Dezember 2013 im Auftrag des örtlichen Liftbetreibers zum Thema „Sessellifte aus Tropenholz". Der Vortrag wurde in bar i. H. von 3 000 US-$ (1 US-$ = 1,00 €) honoriert.

Seine Vortrags- und Praxiserfahrung hatte er bereits 1998 in seinem Buch „Der Holzbock" niedergelegt. Im Dezember 2013 überwies ihm der französische Verlag mit Sitz in Paris, der die europaweite Veröffentlichung übernommen hatte, Autorenhonorare i. H. von 15 000 €. Da er das Buch während seines damaligen Urlaubs in Kanada geschrieben hatte, können seiner Meinung nach umsatzsteuerliche Konsequenzen mangels Unternehmereigenschaft nicht eingetreten sein.

II. Aufgabe

Bearbeiten Sie den allgemeinen Sachverhalt sowie die Einzelsachverhalte umsatzsteuerlich für 2013. Halten Sie dabei folgende Gliederung ein:

- Steuerbarkeit (insbesondere Ort der Leistung)
- Steuerpflicht, Steuerfreiheit
- Steuersatz
- Bemessungsgrundlage
- Höhe und Entstehung der Umsatzsteuer
- Vorsteuer

Sollten Ihnen bei der Bearbeitung der Einzelsachverhalte Nachweise fehlen, gelten diese als vorgelegt, sofern der Sachverhalt nichts anders aussagt. Im Zweifel treten alle im Sachverhalt genannten Unternehmer unter der Verwendung ihrer im Heimatland erteilten USt-Identifikationsnummer auf.

III. Einzelsachverhalte

1. Prämie

Die Fachmesse „Ökobau" hatte den Wettbewerb „Ideen im Naturholzbau" öffentlich ausgeschrieben, an dem sich auch S. beteiligte. Anlässlich der alljährlichen in Essen stattfindenden Messeausstellung wurde sein Entwurf mit dem zweiten Platz prämiert. S. erhielt einen Scheck über 10 000 €.

2. Transportkosten

S. verkauft einmal jährlich im November die in seinem Betrieb anfallenden Sägespäne, Holzabfälle etc. an die Firma Presswerk in Paderborn. S. beauftragte den Duisburger Spediteur Raffael Rasant mit dem Transport nach Paderborn. Rasant holte die Container am 6. 11. 2013 mit eigenen Lkw in Hünxe ab und transportierte sie unmittelbar nach Paderborn. S. rechnete wie folgt ab:

2 Container zu je 3 000 €	6 000 €
19 % Umsatzsteuer	+ 1 140 €
	7 140 €
zzgl. Transportkosten	+ 1 100 €
Gesamtsumme	8 240 €

3. Vortragsunterlagen

Im August 2013 hat er seinen drei leitenden Mitarbeitern die Arbeitsunterlagen seines vor der Handwerkskammer Düsseldorf (s. o.) gehaltenen Vortrags kopiert und unentgeltlich übergeben. Die sorgfältig ausgearbeiteten Unterlagen wären einem fremden Dritten mit 200 € netto berechnet worden. Es sind anteilige Kosten (ohne Unternehmerlohn) i. H. von 60 € entstanden.

4. Treppengeländer

Am 16. 12. 2013 lieferte er seiner Ehefrau, der in Wesel ein Mietwohngrundstück gehört, ein hölzernes Treppengeländer, welches in seiner Werkstatt hergestellt und von seinen Mitarbeitern vor Ort installiert worden ist. Dieser Auftrag belastete seine Firma nicht sonderlich, da er in eine auftragsarme Zeit fiel. Von daher berechnete er seiner Ehefrau nur die Materialkosten i. H. von 20 000 € zu seinem Einkaufspreis. Von seiner Ehefrau erhielt er den Scheck über 20 000 € erst im Februar 2014. Einem fremden Dritten hätte S. insgesamt 60 000 € berechnet. An Kosten sind S. 40 000 € inkl. Material entstanden.

5. Klettergerüst

Mit dem Kindergarten St. Albertus Magnus in Hünxe-Bruckhausen wurde im April 2013 ein Vertrag über die Erstellung eines Klettergerüstes „Der hölzerne Dino" geschlossen. Vereinbarter Liefertermin war der 30. 9. 2013 zu einem Festpreis von 60 000 € zzgl. Umsatzsteuer. Für jeden Tag des Liefervollzugs ist der Betreiber des Kindergartens berechtigt, 800 € Nachlass abzuziehen.

Tatsächlich wurde das Gerüst erst mit 10 Tagen Verzug am 10. 10. 2013 unter geselliger Mitwirkung des Bürgermeisters seiner Bestimmung übergeben.

S. stellte am 28. 11. 2013 folgende Rechnung:

„Der hölzerne Dino" – Festpreis	60 000 €
Nachlass wegen Verzug: 10 Tage à 800 €	./. 8 000 €
	52 000 €
zzgl. Umsatzsteuer 19 %	+ 9 880 €
zu zahlen	61 880 €

Der Betreiber des Kindergartens zahlte am 2. 12. 2013 unter Abzug von vereinbarten 2 % Skonto 60 642,40 €.

6. Holzlieferung

Im Februar 2013 erhielt S. von seinem italienischen Holzlieferanten Wurmi eine größere Menge bereits entrindetes Rohholz. Wurmi lieferte das Holz mit eigenem Lkw nach Hünxe und berechnete noch im Februar umgerechnet 30 000 € netto.

7. Dachstuhl

Mit dem kaufmännischen Angestellten Rudi Rübe kam S. überein, den Dachstuhl seines (des Rudi Rübe) in Bau befindlichen privaten Einfamilienhauses zu liefern. Den Vereinbarungen zufolge wollte Rübe das nötige Holz selbst beschaffen und von Mitarbeitern des S. montieren lassen. Da das von Rübe aufgelesene Material unter massivem Holzbockbefall litt, kamen Rübe und S. überein, dass S. den Auftrag im Juli 2013 unter Verwendung eigenen Holzes zu Ende führte. Das von Rübe beschaffte Holz nahm S. ab und rechnete es auf den Rechnungsbetrag wie folgt an:

Dachstuhl	30 000 €
abzüglich Materialbeistellung durch Rübe	./. 5 000 €
	25 000 €
x 7 % Umsatzsteuer	+ 1 750 €
	26 750 €

Aufgabenteil Nr. 5: Abgabenordnung

Sachverhalt 1

Der steuerlich nicht beratene Martin Max hat seine Einkommensteuererklärung für 02 im Mai 03 beim zuständigen Finanzamt eingereicht. Im Rahmen der Erklärung hat er erstmalig Aufwendungen für doppelte Haushaltsführung als Werbungskosten bei den Einkünften aus nichtselbständiger Arbeit geltend gemacht.

Das Finanzamt ließ diese Aufwendungen jedoch wegen – seiner Ansicht nach – privater Veranlassung unberücksichtigt. Der endgültig ergangene Einkommensteuerbescheid für 02 erging am 10. 07. 03, ohne dass eine entsprechende Erläuterung über die Nichtberücksichtigung der Aufwendungen gegeben wurde. Martin Max heftete den Bescheid zunächst in seinen Unterlagen ab.

Im Rahmen der Vorbereitung seiner Steuererklärung für 03 im September 04 erkannte Max, dass in 02 nicht alle beantragten Aufwendungen berücksichtigt worden waren. Anlässlich einer telefonischen Rückfrage beim Finanzamt am 20. 09. 04 erläuterte der zuständige Bearbeiter die Abweichung von der eingereichten Steuererklärung. Max ist weiterhin der Auffassung, dass die Aufwendungen in vollem Umfang als Werbungskosten zu berücksichtigen sind.

Max legt noch am 20. 09. 04 (Eingang beim zuständigen Finanzamt) schriftlich Einspruch gegen den Einkommensteuerbescheid 02 ein. Unter Verweis auf das am gleichen Tage geführte Telefonat begründet er den Rechtsbehelf mit der ausschließlichen beruflichen Veranlassung der doppelten Haushaltsführung. Max verweist ergänzend darauf, dass er mangels Hinweisen des Finanzamts bis zu dem am 20. 09. 04 geführten Telefonat von einem antragsgemäß erteilten Einkommensteuerbescheid 02 ausgegangen sei.

Aufgaben

1. Prüfen Sie die Erfolgsaussichten des Einspruchs und nehmen Sie insbesondere – unter Beachtung der von Max vorgebrachten Gründe – zur Wirksamkeit des Bescheides und zur Einspruchsfrist Stellung.

2. Besteht eine Möglichkeit, den Einkommensteuerbescheid 02 im September 04 nach Maßgabe der in Betracht kommenden Korrekturvorschriften zu ändern?

Sachverhalt 2

Die Brüder Reich und Arm haben von ihrer Großmutter Gnädig im Januar 01 ein vermietetes Mehrfamilienhaus in Düsseldorf, Königsallee 13 geerbt. Die Mieteinnahmen belaufen sich auf ca. 150 000 €/Jahr.

Nachdem das Finanzamt Düsseldorf-Mitte Kenntnis von dem o. a. Vorgang erhalten hat, fordert es die an der Erbengemeinschaft beteiligten Reich und Arm im Mai 02 in getrennten Schreiben zur Abgabe einer Erklärung zur gesonderten und einheitlichen Feststellung von Besteuerungsgrundlagen für 01 auf. Gleichzeitig bittet es die Beteiligten, eine Person zu benennen, an den die Feststellungsbescheide bekannt zu geben sind. Mit von Reich und Arm unterschriebenem Schriftsatz vom 20. 06. 02 wird Reich zur Entgegennahme der Bescheide bevollmächtigt.

Da die Beteiligten trotz wiederholter Aufforderung seitens des Finanzamts keine Feststellungserklärung abgeben, werden die Einkünfte aus Vermietung und Verpachtung mit gemäß § 164 Abs. 1 AO unter dem Vorbehalt der Nachprüfung ergangenen Feststellungsbescheid 01 vom 08. 09. 03 (Tag der Aufgabe zur Post) auf 120 000 € geschätzt und Reich und Arm jeweils zur Hälfte zugerechnet. Der Bescheid wird Reich mit einfachem Brief an seine Wohnsitzadresse bekannt gegeben. Im Bescheid wird darauf hingewiesen, dass die Bekanntgabe für und gegen alle Beteiligte erfolge.

Arm erhält von diesem Bescheid erst Kenntnis, als er am 15. 11. 03 bei Reich vorspricht und dieser ihm den Bescheid vorlegt. Reich bittet Arm, sich der Sache anzunehmen. Arm ist der Auffassung, dass das Finanzamt auch ihm eine Ausfertigung des Feststellungsbescheides hätte bekannt geben müssen und schildert dies am 01. 12. 03 anlässlich einer Vorsprache beim zuständigen Bearbeiter im Finanzamt. Gleichzeitig übergibt er die Feststellungserklärung 01 mit einem materiell zutreffenden Überschuss von 90 000 €.

Aufgaben

1. Prüfen Sie, ob der Feststellungsbescheid vom 08. 09. 03 allen Beteiligten wirksam bekannt gegeben worden ist.
2. Kann durch die Abgabe der Feststellungserklärung 01 am 01. 12. 03 noch eine Korrektur des Schätzungsbescheides vom 08. 09. 03 erreicht werden?

Aufgabenteil Nr. 6: Erbschaftsteuer/Bewertungsrecht

A. Sachverhalt

I. Persönliche Verhältnisse

Der verwitwete Fritz Brand (FB) ist am 15. 06. 2012 im Alter von 63 Jahren verstorben. FB hatte seinen Wohnsitz in Stuttgart. FB ist leiblicher Vater von Lukas Brand und Bastian Brand. Durch eigenhändig errichtetes und unterschriebenes Testament vom 12. 1. 2007 hat er folgende Regelung getroffen:

Zu meinem Alleinerben berufe ich meinen Sohn Lukas Brand (geb. 21. 3. 1978), wohnhaft in Nürnberg.

Lukas Brand hat das Erbe angenommen.

II. Nachlass des FB

1. Anteile an der Firma EM-GmbH

FB war seit 1972 Alleingesellschafter der GmbH. Das voll eingezahlte Stammkapital der in Freiburg ansässigen GmbH beträgt 200 000 €. Der gemäß §§ 151, 157 BewG auf den Todestag festgestellte und nach den §§ 11 Abs. 2, 199 ff. BewG ermittelte gemeine Wert der Anteile beträgt 2 000 000 €. Das im gemeinen Wert enthaltene Verwaltungsvermögen beläuft sich auf einen Betrag von 20 %.

2. Anteile an der Firma WM-GmbH

FB war seit 1990 mit 30.000 € am Stammkapital der GmbH von 100 000 € beteiligt. Mit notariell beurkundeten Vertrag vom 2. 1. 2009 hat er mit Wirkung vom gleichen Tage einen Anteil am Stammkapital von 10 000 € an seinen Mitgesellschafter veräußert. Der gemäß §§ 151, 157 BewG auf den Todestag festgestellte und nach den §§ 11 Abs. 2, 199 ff. BewG ermittelte gemeine Wert der FB am Todestag zuzurechnenden Anteile beträgt 240 000 €. Das im gemeinen Wert enthaltene Verwaltungsvermögen beläuft sich auf einen Betrag von 5 %.

3. Kapitalvermögen

Das Bankguthaben einschließlich Zinsen beträgt am Todestag 311 000 €.

III. Weiteres Vermögen

Zu Gunsten von Bastian Brand (geb. 31. 5. 1991) hatte der Erblasser eine Lebensversicherung bei der Provinzial Versicherungsgesellschaft abgeschlossen. Als Bezugsberechtigter in der Police ist ausdrücklich Bastian Brand benannt worden. Mit dem Tode von FB hat Bastian Brand (wohnhaft in Passau) gegenüber der Provinzial Anspruch auf folgende Leistungen:

- Sofort fälliger Betrag i. H. von 600 000 €
- Lebenslänglich zu zahlende Rente i. H. von 1 500 €/Monat

IV. Sonstige Angaben

1. Der Wert des Hausrats liegt unter dem gesetzlichen Freibetrag.
2. Die Kosten der standesgemäßen Beerdigung des FB betrugen insgesamt 12 000 € und sind vom Alleinerben Lukas Brand getragen worden. Die Aufwendungen sind bei der Erbschaftsteuerveranlagung des Lukas Brand nach Maßgabe der gesetzlichen Vorschriften zu berücksichtigen.
3. Lukas Brand und Bastian Brand unterliegen als Inländer der persönlichen Steuerpflicht gem. § 2 Abs. 1 Nr. 1 Buchstabe a ErbStG.
4. Lukas Brand und Bastian Brand sind gem. § 15 Abs. 1 ErbStG jeweils der Steuerklasse I zuzuordnen.
5. Vorschenkungen an Lukas Brand und Bastian Brand innerhalb der letzten 10 Jahre liegen nicht vor.
6. Weil er sich mit den ihm zustehenden Ansprüchen aus der Lebensversicherung ausreichend bedacht fühlt, hat Bastian Brand keine Pflichtteilsansprüche geltend gemacht. Auch sind keine weiteren pflichtteilsberechtigten Verwandten des FB vorhanden.
7. Lukas Brand und Bastian Brand haben anlässlich des Todes ihres Vaters keinen Anspruch auf steuerfreie Versorgungsbezüge.

B. Aufgaben

1. Ermittlung der festzusetzenden Erbschaftsteuer für Lukas Brand.
2. Ermittlung der festzusetzenden Erbschaftsteuer für Bastian Brand.

Sofern Bastian Brand ein Wahlrecht bei der Besteuerung zusteht, ist auf beide in Betracht kommenden Möglichkeiten einzugehen. In diesem Zusammenhang ist auf die Kürzungsmethode nicht einzugehen.

Ausführungen zum steuerpflichtigen Vorgang, zur persönlichen Steuerpflicht, zur Entstehung der Steuerschuld und zum Bewertungsstichtag sind nicht erforderlich.

Aufgabenteil Nr. 7: Rechnungswesen

Teil I: Rechnungswesen

A. Aufgabe

1. Nehmen Sie zu den einzelnen Sachverhalten unter Hinweis auf die gesetzlichen Bestimmungen (HGB, EStG) und den EStR/EStH aus handels- und steuerrechtlicher Sicht kurz Stellung. Bei rechtlichen Zweifelsfällen ist der Verwaltungsauffassung zu folgen. Auf etwaige Übergangsvorschriften zum BilMoG (Art. 67 EGHGB) ist nicht einzugehen.

   Soweit in den einzelnen Sachverhalten besonders darauf hingewiesen wird, dass Bilanzposten bereits korrekt erfasst sind, brauchen diese nicht mehr angesprochen zu werden.

2. Entwickeln Sie zum 31. 12. 2012 die jeweiligen Bilanzansätze (beim abnutzbaren Anlagevermögen ist eine Kontenentwicklung in Staffelform vorzunehmen). K. Lauer strebt – soweit möglich – die Erstellung einer einheitlichen Bilanz (HB = StB) an. Sollten die Bilanzansätze in der HB und der StB jedoch zwingend voneinander abweichen, sind die jeweiligen Bilanzansätze nebeneinander darzustellen (2 Kontenentwicklungen).

   Gehen Sie bei etwaigen Bilanzierungs- und Bewertungswahlrechten davon aus, dass der Unternehmer K. Lauer für das Wirtschaftsjahr (= Kj.) 2012 den steuerlich niedrigsten Gewinn erzielen möchte; handelsrechtlich soll dies nur bedingt gelten, denn K.Lauer wünscht vorrangig die Erstellung einer einheitlichen Bilanz (HB = StB).

   Sollte die degressive AfA in Betracht kommen oder in Vorjahren in Anspruch genommen worden sein, ist aus Vereinfachungsgründen davon auszugehen, dass diese AfA-Methode auch handelsrechtlich den Wertverzehr des betreffenden Wirtschaftsgutes sachgerecht darstellt.

   Eventuelle Änderungen bei der Vorsteuer und bei der Umsatzsteuer sind bei den betreffenden Sachverhalten betragsmäßig anzugeben (die Ermittlung des Endbestandes ist nicht erforderlich). Etwaige Auswirkungen auf latente Steuern sind nicht zu beurteilen. Auf die Gewerbesteuer-Rückstellung für 2012 ist ebenfalls <u>nicht</u> einzugehen.

3. Erstellen Sie ferner die für den Jahresabschluss zum 31. 12. 2012 erforderlichen Korrektur- bzw. Ergänzungsbuchungen.

4. Soweit sich eine Gewinnänderung für 2012 ergibt, ist diese unter Benennung der einzelnen Gewinn- und Verlustposten anzugeben. Steuerliche Abweichungen sind gesondert darzustellen. Eine Zusammenstellung sämtlicher Änderungen (Ermittlung eines endgültigen Gewinns) ist nicht erforderlich.

B. Sachverhalt

Allgemeines

K. Lauer betreibt seit Jahren in Düsseldorf, Kölner Str. 1, ein Dachdeckergeschäft sowie einen Handel mit Dachbaustoffen in gemieteten Räumen. Die Firma ist im Handelsregister eingetragen.

K. Lauer versteuert seine Umsätze nach vereinbarten Entgelten und tätigt ausschließlich Umsätze, die den Vorsteuerabzug zulassen. Der Vorjahresumsatz betrug 3 500 000 €.

K. Lauer übergibt Ihnen die von seinem Buchhalter am 10. 6. 2013 erstellte vorläufige Handelsbilanz per 31. 12. 2012, die einen Gewinn (Jahresüberschuss) von 220 500 € ausweist. Das Unternehmen des K. Lauer erfüllt nicht die Voraussetzungen des § 7g EStG.

1. Grundstück Krefelder Str. 2

Am 1. 10. 2012 erwarb K. Lauer zwecks Betriebserweiterung ein Grundstück mit aufstehendem Gebäude, das ausschließlich eigenbetrieblichen Zwecken dienen soll.

Die Fertigstellung des Gebäudes erfolgte bereits im März 2012 (Antrag auf Baugenehmigung: 10. 6. 2010). Der Übergang von Gefahr, Nutzungen und Lasten wurde vertraglich zum 1. 11. 2012 vereinbart, die Umschreibung im Grundbuch erfolgte jedoch erst am 10. 1. 2013.

Die Begleichung des Kaufpreises i. H. von 600 000 € erfolgte, wie im Kaufvertrag vereinbart, am

- 15. 11. 2012 i. H. von 200 000 € vom betrieblichen Bankkonto,
- 15. 1. 2013 i. H. von 200 000 € aus privaten Mitteln und
- 15. 2. 2013 i. H. von 200 000 € durch Hypothekenkreditbank.

Der Antrag auf Gewährung einer Hypothek i. H. von 200 000 € wurde bereits im Oktober 2012 gestellt. Zinsen hierfür sind erst ab 15. 2. 2013 zu zahlen. Vom Kaufpreis entfielen unstreitig 150 000 € auf den Grund und Boden.

Um den im Erdgeschoss noch vorhandenen Mieter, die A & K-GmbH, zum vorzeitigen Auszug am 30. 10. 2012 zu bewegen, musste K. Lauer eine Abfindungszahlung i. H. von 24 000 € zzgl. 19 % Umsatzsteuer an die A & K-GmbH leisten. Der Mietvertrag der A & K-GmbH hatte, vom 1. 11. 2012 an gerechnet, noch eine Restlaufzeit von vier Jahren.

Buchung im Zeitpunkt der Zahlung am 1. 11. 2012:

Sonstige betriebliche Aufwendungen	24 000 €			
Vorsteuer	4 560 €	an	Bank	28 560 €

Neben dem Kaufpreis musste K. Lauer 2012 noch folgende Nebenkosten aufwenden:

Grunderwerbsteuer	21 000 €
Gerichtskosten	1 800 €
Notarkosten (Kaufvertrag)	6 200 €
USt auf Notarkosten	1 178 €

Der Erwerbsvorgang wurde wie folgt gebucht:

a)	Geschäftsgebäude	450 000 €	an	Privateinlagen	200 000 €
	Grund und Boden	150 000 €		Bank	200 000 €
				sonstige Verbindlichkeiten	200 000 €
b)	Sonstige betriebliche Aufwendungen	29 000 €			
	Vorsteuer	1 178 €	an	Bank	30 178 €

Weitere Buchungen sind bisher nicht erfolgt.

2. Einfriedung

Noch im November 2012 ließ K. Lauer einen Teil des neu erworbenen Grundstücks Krefelder Str. 2 durch eine Mauer einfrieden. Die dafür entstandenen Herstellungskosten wurden K. Lauer nach Fertigstellung und Abnahme am 15. 12. 2012 von der Baufirma Fix-GmbH wie folgt in Rechnung gestellt:

Auftragspreis wie vereinbart,	34 000 €
Umsatzsteuer 19 %	6 460 €
zahlbar bis 14. 1. 2013, ohne Abzug	40 460 €

Gebucht wurde:

Sonstige betriebliche Aufwendungen	34 000 €			
Vorsteuer	6 460 €	an	sonstige Verbindlichkeiten	40 460 €

Die nicht zu beanstandende voraussichtliche Nutzungsdauer der Mauer (Einfriedung) beträgt 17 Jahre.

3. Baustoffhandlung

Zur Erweiterung des Handelsgeschäftes konnte K. Lauer am 2. 4. 2012 die Baustoffhandlung von Herrn Peter Stein erwerben, die in gemieteten Räumen mit Lagerplatz betrieben wird.

Der Kaufpreis überstieg unstreitig die Summe der Vermögensgegenstände abzüglich der Schulden um insgesamt 63 000 €.

Da K. Lauer mit der vorstehend genannten Differenz bilanziell nichts anzufangen wusste, ist der Betrag von 63 000 € im Zeitpunkt der Zahlung dem Konto „außerordentliche Aufwendungen" belastet worden.

4. Betriebs- und Geschäftsausstattung

Am 3. 1. 2012 erwarb K. Lauer einen neuen Gabelstapler (betriebsgewöhnliche Nutzungsdauer 9 Jahre) für 54 000 € zzgl. 19 % Umsatzsteuer.

Gebucht wurde:

Betriebs- u. Geschäftsausstattung	54 000 €			
Vorsteuer	10 260 €	an	Bank	64 260 €
AfA	6 000 €	an	Betriebs- und Geschäftsausstattung	6 000 €

Weitere Buchungen sind bisher nicht erfolgt.

K. Lauer hat zum 31. 12. 2011 eine Rücklage für Ersatzbeschaffung (Sonderposten mit Rücklageanteil) i. H. von 8 000 € in einem besonderen steuerlichen Verzeichnis aufgeführt. Ein Ausweis in der HB war nicht erfolgt.

Die Bildung der steuerlichen Rücklage für Ersatzbeschaffung erfolgte im Kalenderjahr 2011 zulässigerweise nach R 6.6 EStR und wurde der Höhe nach auch zutreffend berechnet.

Die vorgesehene Ersatzbeschaffung war mit der Anschaffung des neuen Gabelstaplers beendet. Die in 2011 ausbezahlte und zutreffend gebuchte Entschädigungssumme der Versicherung betrug 42 000 €.

5. Stahlgerüstteile

Für die technisch aufeinander abgestimmten und genormten Stahlgerüstteile des Sachanlagevermögens hat K. Lauer seit Jahren einen Festwert gebildet. Die Bestandsaufnahme vom 31. 12. 2007 ergab einen Wert von 24 000 € (40 % der Anschaffungskosten), der zutreffend noch in der Bilanz zum 31. 12. 2011 ausgewiesen ist. Der Wert beträgt seit Jahren durchschnittlich etwa 3 % der Bilanzsumme.

Lauer achtet darauf, dass immer etwa eine gleiche Menge vorhanden ist und füllt bei Verlust oder Verbrauch der Teile die Mindestmenge stets wieder auf. Die zum 31. 12. 2012 durchgeführte Bestandsaufnahme führte unter Beachtung der handels- und steuerrechtlichen Bewertungsvorschriften zu einem nicht zu beanstandenden Wert von 28 000 € (= 40 % der Anschaffungskosten).

Im Geschäftsjahr 2012 wurden verbrauchte Teile i. H. von netto 3 000 € ersetzt und das Konto „Sonstige betriebliche Aufwendungen" belastet.

6. Halbfertige und fertige Arbeiten

a) Firma Wurm & Co. KG

K. Lauer hat den Auftrag, den Neubau des Verwaltungsgebäudes und der Ausstellungshalle der Möbel Wurm & Co. KG einzudecken. Die Arbeiten waren bis zum 31. 12. 2012 noch nicht fertig gestellt. Die Abnahme des fertigen Werkes erfolgte am 20. 1. 2013.

Bis zum Abschlussstichtag sind folgende Kosten angefallen:

Material	50 000 €
Löhne	90 000 €

Aus dem Betriebsabrechnungsbogen (BAB) ergeben sich ferner die folgenden Gemeinkostenzuschläge:

Materialgemeinkosten	20 %
Lohngemeinkosten	120 %

Außerdem entfallen auf den Auftrag die nachstehenden Kosten:

anteilige Kosten der Geschäftsleitung	4 000 €
anteilige Kosten des Personalbüros und des Rechnungswesens	8 000 €
anteiliger kalkulatorischer Unternehmerlohn	30 000 €

Für die Vermittlung dieses Auftrages wurde dem Vertreter Schnell eine Provision von 4 000 € zzgl. USt gezahlt. Die Provision i. H. von 4 000 € wurde in 2012 als Aufwand (Konto „Verkaufsprovisionen") gebucht, die Umsatzsteuer zutreffend dem Vorsteuerkonto belastet. Auf den Wertverzehr des Anlagevermögens und die Gewerbesteuer ist nicht einzugehen.

Weitere Buchungen sind beim Jahresabschluss noch nicht erfolgt.

b) Firma Stark & Co. KG

Auf dem Konto „Teilfertige Arbeiten" befindet sich noch ein Betrag i. H. von 80 000 €, der bereits im Dezember 2012 im Zuge der vorläufigen Abschlussarbeiten der Höhe nach zutreffend aktiviert worden ist.

Es handelt sich hierbei um einen Auftrag der Firma Stark & Co. KG, bei der das Dach ihres Lagergebäudes neu eingedeckt worden ist. Die Fertigstellung und Abnahme des fertigen Werkes ist am 29. 12. 2012 erfolgt. Abschlagzahlungen wurden hierauf nicht geleistet.

Die Rechnungserteilung über den vereinbarten Auftragspreis i. H. von 100 000 € zzgl. 19 000 € Umsatzsteuer erfolgte am 12. 1. 2013, so dass K. Lauer eine Buchung dieses Vorgangs bisher nicht vornahm, zumal die Zahlung in ungekürzter Höhe erst am 2. 2. 2013 einging.

c) Sonstige Leistungen

Im Juni 2012 haben zwei Arbeitnehmer K. Lauers am Dach des Hauses seiner Tochter Reparaturarbeiten durchgeführt. Hierbei sind die folgenden Kosten entstanden:

Löhne einschl. Gemeinkosten	5 200 €
Material einschl. Gemeinkosten	+ 800 €
Selbstkosten	6 000 €
Üblicher Gewinnaufschlag	1 500 €

Auf Anweisung K. Lauers soll eine Weiterbelastung dieser Kosten nicht erfolgen, eine Rechnung wurde deshalb auch nicht erteilt. Eine Buchung dieses Vorgangs ist unterblieben.

7. Forderungen aus Lieferungen und Leistungen

Der vorläufige Bilanzansatz i. H. von 190 400 € enthält eine Forderung i. H. von 11 900 € gegenüber der Merkur-GmbH, deren Geschäftsführer Anfang Januar 2013 ein Insolvenzverfahren anmelden musste.

Die Lager- und Fabrikräume der GmbH waren Ende November 2012 abgebrannt, ohne dass eine Versicherungsentschädigung zu erwarten war, weil die Versicherungsprämie versehentlich nicht gezahlt worden war. Das Insolvenzverfahren wurde am 11. 1. 2013 mangels Masse eingestellt.

Obwohl K. Lauer dies erst vor Bilanzerstellung erfuhr und er auch mit weiteren Forderungsausfällen von nachweislich 3 % rechnete, ist eine buch- und bilanzmäßige Schlussfolgerung hieraus bisher nicht gezogen worden. Im Zeitpunkt der Bilanzerstellung sind bis auf 3 570 € (einschließlich 19 % Umsatzsteuer) sämtliche Forderungen, mit Ausnahme der Forderung gegenüber der Merkur-GmbH, bezahlt worden.

8. Vorräte

Im Warenbestand der vorläufigen Handelsbilanz sind u. a. zwei verschiedene Warengruppen enthalten, die K. Lauer mit 45 000 € bewertet hat.

Gruppe A:	Netto-Anschaffungskosten in 2012	25 000 €
	Netto-Wiederbeschaffungskosten 31. 12. 2012	28 000 €
Gruppe B:	Netto-Anschaffungskosten in 2012	20 000 €
	Netto-Wiederbeschaffungskosten 31. 12. 2012	20 000 €
	Netto-Verkaufspreis, ursprünglich kalkuliert	30 000 €
	Netto-Verkaufspreis, voraussichtlich erzielbar	24 000 €

K. Lauer musste die bittere Erfahrung machen, dass sich die Warengruppe B Ende 2012 nur noch sehr zögernd verkaufen ließ. Gegenüber dem ursprünglichen Verkaufspreis haben sich die Verkaufspreise in den ersten beiden Monaten des Jahres 2013 nachweisbar um 20 % verringert. K. Lauer kann nachweisen, dass der Preisverfall bis zum Verkauf der Warengruppe bzw. bis zur Bilanzerstellung angehalten hat.

Für die Warengruppe B rechnet K. Lauer ab dem Bilanzstichtag bis zur Veräußerung noch mit anfallenden Verwaltungs- und Vertriebskosten i. H. von 2 400 €. Der durchschnittlich zu erzielende Reingewinn beträgt 15 % des tatsächlichen Netto-Verkaufspreises.

Weil K. Lauer sich nicht sicher ist, ob der Wertansatz der Vorräte in seiner vorläufigen Handelsbilanz zutreffend erfasst wurde, sind weitere Buchungen zu diesem Vorgang nicht erfolgt.

9. Darlehen

Dieses Darlehen hatte K. Lauer am 1. 12. 2011 bei einem ausländischen Geschäftsfreund (kein Euroland) für betriebliche Zwecke aufgenommen. Das Darlehen ist am 1. 4. 2014 in einer Summe zurückzuzahlen. Der Wert der Schuld valutiert nach dem jeweiligen Wechselkurs:

am Tag der Darlehensaufnahme (1. 12. 2011)	5 400 €
am 31. 12. 2011	5 300 €
am 31. 12. 2012	5 200 €

In der Bilanz zum 31. 12. 2011 hat K. Lauer diese Schuld mit 5 400 € ausgewiesen.

Beim Jahresabschluss 2012 ließ K. Lauer wie folgt buchen:

Darlehensschuld	200 €	an	sonstige betriebliche Erträge	200 €

Die für dieses Darlehen zu zahlenden Zinsen sind buchmäßig zutreffend erfasst worden.

10. Sonstige Rückstellungen

Bis zum Bilanzstichtag hatte K. Lauer erhaltene Kundenwechsel i. H. von insgesamt 200 000 € an seine Lieferanten weitergegeben. Wegen des am Bilanzstichtag vorhandenen Risikos aus den weitergegebenen, aber noch nicht eingelösten Kundenwechseln wurde zum 31. 12. 2012 – entsprechend den Erfahrungen der Vergangenheit – eine Pauschalrückstellung von 3 % = 6 000 € gebildet.

Im Zeitpunkt der Aufstellung der Bilanz am 10. 6. 2013 waren bereits Kundenwechsel i. H. von 196 000 € eingelöst worden.

Gebucht wurde:

Sonstige betriebliche Aufwendungen	6 000 €	an	sonstige Rückstellungen	6 000 €

Gehen Sie bitte davon aus, dass der Anfangsbestand vom 1. 1. 2012 buchmäßig zutreffend behandelt wurde.

Teil II: Finanzierung

A. Sachverhalt:

1. Bitte vervollständigen Sie das nachstehende Modell, indem Sie in jedes der vier Felder unterhalb der Außen- und Innenfinanzierung mindestens zwei Beispiele eintragen:

Kapitalherkunft:	**Außenfinanzierung:**	**Innenfinanzierung:**
Fremdfinanzierung:		
Eigenfinanzierung:		

2.a) Nehmen Sie Stellung zur Fremdfinanzierung, in dem Sie hierzu jeweils 2–3 Beispiele zu Vor- und Nachteilen des Finanzierungsleasings in die nachstehende Tabelle eintragen.

2.b) Bezüglich der Eigenfinanzierung sind zu den Vor- und Nachteilen dieser Finanzierungsart ebenfalls jeweils 2–3 Beispiele in die nachstehende Tabelle einzutragen.

Fremdfinanzierung:	**Vorteile**	**Nachteile**
Finanzierungsleasing		
Eigenfinanzierung	**Vorteile**	**Nachteile/Gefahr**

Teil III: Gesellschaftsrecht

Vier junge Unternehmer wollen zum 1. 1. 2013 gemeinsam die Möglichkeit nutzen, sich durch Gründung einer Aktiengesellschaft (AG) und den anschließenden Börsengang mit Kapital einzudecken („Neuer Markt"). Der Sitz der AG soll in Düsseldorf sein.

Die Unternehmer wollen diesbezüglich unter Hinweis auf die maßgeblichen gesetzlichen Vorschriften von Ihnen die folgenden Fragen beantwortet wissen:

1. Beschreiben Sie kurz den Ablauf einer einfachen Gründung einer Aktiengesellschaft.
2. Welche Funktion hat das Grundkapital?
3. Wer kann Mitglied des Vorstands sein und welches sind seine wesentlichen Aufgaben? Worin liegt ein wesentlicher Unterschied zur Rechtsform der GmbH?
4. Welches sind die wesentlichen Zuständigkeiten des Aufsichtsrates?
5. Welches sind die wichtigsten Aufgaben der Hauptversammlung?

Lösungshinweise – Klausursatz Nr. 3

Aufgabenteil Nr. 1: Einkommensteuer

I. Persönliche Einkommensteuerpflicht

Die Eheleute Pille sind unstreitig unbeschränkt persönlich einkommensteuerpflichtig, § 1 Abs. 1 Satz 1 EStG. Sie haben als natürliche Personen ihren Wohnsitz im Inland (Duisburg).

II. Veranlagungsart/Tarif

Die Eheleute Pille erfüllen die einzelnen Voraussetzungen des § 26 Abs. 1 Satz 1 EStG. Sie sind rechtsgültig verheiratet, leben nicht dauernd getrennt voneinander und sind beide unbeschränkt einkommensteuerpflichtig. Ganz offensichtlich führt die Zusammenveranlagung zum günstigsten Ergebnis, § 26b EStG. Da kein Antrag auf Zusammenveranlagung gestellt wurde, wird nach § 26 Abs. 3 EStG die Zusammenveranlagung unterstellt. Für die Ehegatten findet der Splittingtarif nach § 32a Abs. 5 EStG Anwendung.

III. Ermittlung des Gesamtbetrages der Einkünfte

Einkünfte Paul Pille

1. Apotheke, Einkünfte aus Gewerbebetrieb, § 15 Abs. 1 Nr. 1 EStG

vorläufiger Gewinn 2012		94 947 €	
Bei dem beruflich genutzten Raum im EFH der Ehegatten handelt es sich wg. der hohen privaten Mitnutzung schon begrifflich um kein Arbeitszimmer = keine Betriebsausgaben; ansonsten würde eine Berücksichtigung an § 4 Abs. 5 Nr. 6b EStG scheitern.			
Ladeneinrichtung			
AK nach Abzug von Skonto	116 620 €		
abzüglich Umsatzsteuer, § 9b EStG als Vorsteuer abzugsfähig	./. 18 620 €		
Anschaffungskosten netto	98 000 €		
AfA linear, § 7 Abs. 1 EStG mit 8 %, Nutzungsdauer 12,5 Jahre (w/Anschaffung nach dem 31. 12. 2010 nicht degressiv)			
Zeitanteilig, § 7 Abs. 1 Satz 4 EStG 98 000 € x 11/12 x 8 %			./. 7 187 €
zzgl. bisher berücksichtigter AfA			+ 5 800 €
Darlehenszinsen			
(als Betriebsausgaben, nicht Sonderausgaben, § 4 Abs. 4 EStG) 100 000 € x 8 % Jahreszins x 10/12 (ab März 2012)			./. 6 667 €
Damnum = aktiver Rechnungsabgrenzungsposten, Verteilung über die Zinsbindungsfrist von 5 Jahren: vgl. H 6.10 „Zinsfestschreibung" EStH: 5 000 € x 1/5 x 10/12			./. 834 €
Rückgängigmachung der bisherigen Behandlung			+ 5 000 €

Faxgerät Buchwert 1. 1. 2012	600 €	
AfA (§ 7 Abs. 1 EStG) bis zum Diebstahl	./. 200 €	./. 200 €
über Aufwand abzusetzender Restwert	400 €	./. 400 €
Versicherungserstattung:		+ 1 500 €
Übertragung nach R 6.6 Abs. 1 und Abs. 2 EStR		
Diebstahl = höhere Gewalt		
Berechnung: neues Faxgerät AK 1 375 €		
nur anteilige Übertragbarkeit nach H 6.6 Abs. 3 EStH		
1 100 Stille Reserven x 1 375 € AK		./. 1 009 €
Versicherungserstattung 1 500 €		
AK neues Faxgerät	1 375 €	
Übertragung nach R 6.6 Abs. 1 EStR	./. 1 009 €	
endgültige AK	366 €	
Die Anschaffungskosten sind als GWG gemäß § 6 Abs. 2 EStG in 2012 sofort abzugsfähig.		./. 366 €
die Vorsteuer ist abzugsfähig		
Die bisher vorgenommenen Abschreibungen sind rückgängig zu machen		+ 413 €
Pkw-Entnahme: Erlöse i. H. des Teilwerts		+ 2 000 €
Restbuchwert		./. 5 000 €

HINWEIS:

Es ist der relativ seltene Fall der Gewinnminderung durch Entnahme entstanden; bei Gewinnermittlung gem. § 4 Abs. 1 EStG wirkt die USt auf die Entnahme erfolgsneutral; aus Vereinfachungsgründen wird auf eine außergewöhnliche Abschreibung wg. des Unfalls verzichtet.)

Inventur, Niederstwertprinzip = Bilanzansatz	12 000 €	
bisheriger, unzutreffender Bilanzansatz	./. 20 000 €	
§ 6 Abs. 1 Nr. 2 EStG		./. 8 000 €
Einkünfte aus Gewerbebetrieb		**79 997 €**

2. Grundstück in Dinslaken, Einkünfte aus Vermietung und Verpachtung, § 21 Abs. 1 Nr. 1 EStG

Monatliche Mieteinnahmen ab 1. 4. 2012

Steuerberater, Rechtsanwalt: je 3 450 € x 2 x 9 Monate		62 100 €
Mietvorauszahlung mit Scheckübergabe	37 950 €	
(§ 11 Abs. 2 Satz 3 i. V. m. § 11 Abs. 1 Satz 3 EStG greift nicht, da die VZ weniger als fünf Jahre umfasst)		

Miete für Januar 2013 ist in 2013 zu erfassen, Zufluss weniger als 10 Tage vor dem Jahr der wirtschaftl. Zugehörigkeit, § 11 Abs. 1 Satz 2 EStG:	./. 3 450 €	
restl. Miet-VZ, Zuflussprinzip, § 11 Abs. 1 Satz 1 EStG		+ 34 500 €

HINWEIS:

In Anlehnung an H 11 „Allgemeines" EStH wird akzeptiert, wenn alle auf 2013 entfallenden Mieten im Jahre 2013 erfasst werden.

drei Wohnungen zu je 1 200 € x 3 x 9 Monate		+ 32 400 €
Wohnung „Vater" 400 € x 9 Monate		+ 3 600 €
Summe der Mieteinnahmen		132 600 €

Werbungskosten, §§ 9, 11 Abs. 2 EStG

Damnum, keine Aufteilung	20 000 €	
Darlehenszinsen	30 000 €	
Grundbesitzabgaben, Heizkosten	5 000 €	
Kleinere Reparaturen	15 000 €	
Notar- und Gerichtskosten, Hypothek	1 000 €	
Summe	71 000 €	
davon voll abzugsfähig 5/6 (vollentgeltlich vermietet)	./. 59 167 €	
Die anteiligen Werbungskosten, die auf die Wohnung des Vaters entfallen, sind nach § 21 Abs. 2 EStG nur in Höhe der entgeltlichen Vermietung abzugsfähig. Nach R 21.3 EStR erfolgt der Vergleich anhand der Kaltmiete zuzüglich der Umlagen (Bruttomiete):		
400/1 200 = 33,33 % von 1/6 von 71 000 € (< 66 %)		./. 3 945 €

Prüfung § 6 Abs. 1 Nr. 1a EStG:

Wenn innerhalb von 3 Jahren nach Anschaffung erhebliche Erhaltungsaufwendungen anfallen (mehr als 15 % der Anschaffungskosten), handelt es sich um anschaffungsnahe Aufwendungen, die in die AfA-Bemessungsgrundlage mit einfließen. Die Prüfung der 15 %-Grenze erfolgt mit den Netto-Erhaltungsaufwendungen.

Die kleineren Reparaturaufwendungen bleiben bei der Prüfung jedoch außer Ansatz (Erhaltungsarbeiten, die jährlich üblicherweise anfallen).

Fenster	37 000 €
Renovierung Bäder	48 000 €
Erneuerung Fassade	28 000 €
Gesamt Bruttoaufwand	113 000 €

Prüfung erfolgt aber mit den Nettokosten:

113 000 € : 1,19 = 94 958 €

15 % von den Anschaffungskosten des Gebäudes (15 % von 626 250 €) = 93 937 €.

Da die Grenze überschritten wird, handelt es sich insgesamt um Anschaffungskosten.

Abschreibung: Kaufpreis	800 000 €
Grunderwerbsteuer	+ 28 000 €
Notar- und Gerichtskosten (Eigentum)	+ 2 000 €
Notarkosten, Kaufvertrag	+ 5 000 €
Anschaffungskosten	835 000 €
Gebäudeanteil zu 75 %	626 250 €
§ 6 Abs. 1 Nr. 1a EStG	+ 113 000 €
Gesamt Anschaffungskosten	739 250 €

Der AfA-Satz ergibt sich aus der tatsächlichen Nutzungsdauer, nicht nach § 7 Abs. 4 Nr. 2b EStG:

1/30, § 7 Abs. 4 Satz 2 EStG	24 642 €	
zeitanteilig 9/12: AfA-Betrag 2012	18 482 €	
voll abzugsfähig zu 5/6		./. 15 402 €
anteilig abzugsfähig (s. o.) zu 1/6 x 33,33 %		./. 1 027 €
Einkünfte aus Vermietung und Verpachtung		**53 059 €**

3. Einkünfte aus Kapitalvermögen, § 20 Abs. 1 Nr. 7 EStG

Zwar gelten die Zinseinnahmen über § 43 Abs. 5 EStG mit der Kapitalertragsteuer als abgegolten, da aber der Freistellungsauftrag nicht in voller Höhe beantragt wurde, wird nach § 32d Abs. 3 + 4 EStG eine Veranlagung auf Antrag durchgeführt. Der Steuersatz beträgt nach § 32d Abs. 1 EStG 25 % zzgl. Solidaritätszuschlag von 5,5 %. Die Einkünfte werden nicht mit in die Veranlagung einbezogen.
Es erfolgt eine separate Berechnung (siehe am Schluss).

Bausparzinsen (Konto Herr Pille)	1 400 €	
zzgl. 26,375/73,625 von 600 € (für 800 € lag ein Freistellungsauftrag vor)	215 €	
Wertpapierkonto, Anteil Herr Pille zu 1/2	4 000 €	
26,375/73,625 Zinsabschlag/SolZ v. 4 000 €	1 433 €	
gezahlte Stückzinsen (H 20.2 „Stückzinsen“ als negative Einnahmen)	./. 600 €	
Summe Zinseinnahmen		6 448 €
Sparer-Pauschbetrag Herr Pille, § 20 Abs. 9 EStG		./. 801 €
Einkünfte aus Kapitalvermögen		**5 647 €**

Makler und Bankspesen sind keine Werbungskosten, sondern Anschaffungskosten bzw. Anschaffungsnebenkosten des Wertpapiers. Die laufenden Bankspesen zur Depotverwaltung stellen nach R 20.1 Abs. 1 EStR Werbungskosten dar, hier werden diese aber für den Erwerb aufgewendet. Sofern es Werbungskosten wären, so gelten diese über § 20 Abs. 9 EStG als abgegolten.

4. Veräußerung des Grundstücks in Oberhausen

Bei der Veräußerung des Grundstücks handelt es sich um sonstige Einkünfte aus einem privaten Veräußerungsgeschäft i. S. von § 23 Abs. 1 Nr. 1 i. V. m. § 22 Nr. 2 EStG. Zwar findet die Veräußerung im Jahre 2012 mehr als zehn Jahre nach der (tatsächlichen) Anschaffung im Jahre 1988 statt; allerdings gilt die Entnahme aus seinem Betriebsvermögen im Jahre 2008 als Anschaffung, § 23 Abs. 1 Satz 2 EStG.

Ermittlung der Einkünfte, § 23 Abs. 3 EStG:

In 2012 zugeflossener Veräußerungspreis, § 11 Abs. 1 EStG	500 000 €
Die Veräußerungskosten (Makler) sind trotz Abfluss in 2013 bereits mit Zufluss der ersten Kaufpreisrate zu berücksichtigen, vgl. H 23 „Werbungskosten" EStH	./. 18 000 €
Anschaffungskosten, hier: Entnahmewert, § 23 Abs. 3 Satz 3 EStG	./. 450 000 €
Sonstige Einkünfte aus einem privaten Veräußerungsgeschäft	**32 000 €**

Die erst in 2013 zufließende Kaufpreisrate wird mit ihrem Zufluss berücksichtigt. Die Anschaffungskosten sind nicht im Verhältnis der zugeflossenen Einnahmen abzusetzen.

Einkünfte Frau Pille

1. Einkünfte aus Kapitalvermögen, § 20 Abs. 1 Nr. 7 EStG

Zwar gelten die Zinseinnahmen über § 43 Abs. 5 EStG mit der Kapitalertragsteuer als abgegolten, da aber der Freistellungsauftrag nicht in voller Höhe in Anspruch genommen wurde, wird nach § 32d Abs. 4 EStG eine Veranlagung auf Antrag durchgeführt. Der Steuersatz beträgt nach § 32 Abs. 1 EStG 25 % zzgl. Solidaritätszuschlag von 5,5 %. Die Einkünfte werden nicht mit in die Veranlagung einbezogen. Es erfolgt eine separate Berechnung (siehe am Schluss).

Einnahmen Wertpapierkonto Anteil Frau Pille zu 1/2	4 000 €	
zzgl. 26,375/73,625 Zinsabschlag/SolZ	1 433 €	
Zinseinnahmen		5 433 €
Sparer-Pauschbetrag § 20 Abs. 9 EStG		./. 801 €
Einkünfte aus Kapitalvermögen		**4 632 €**

2. Duisburger Stahlhandel OHG, § 15 Abs. 1 Nr. 2 EStG

Als Mitunternehmerin einer gewerblich tätigen OHG erzielt Frau Pille Einkünfte aus Gewerbebetrieb nach § 15 Abs. 1 Nr. 2 EStG. Ihr Gewinnanteil ergibt sich mit 20 % aus dem Wirtschaftsjahr, welches im Kalenderjahr 2012 geendet hat, § 4a Abs. 2 Nr. 2 EStG:

2011/2012: OHG-Gewinn 280 000 € x 20 %	56 000 €
Zinsen aus der Darlehensgewährung an die OHG gehören als Sonderbetriebseinnahmen zu den Einkünften aus Gewerbebetrieb, § 15 Abs. 1 Nr. 2 EStG: 50 000 € x 8 %	+ 4 000 €
laufende Einkünfte aus Gewerbebetrieb	**60 000 €**

Hinsichtlich der Rückzahlung des Darlehns handelt es sich um einen Vorgang auf der einkommensteuerlich nicht relevanten Vermögensebene.

Mit Kündigung und Abfindung ihres Gesellschaftsanteils (Mitunternehmeranteil) erzielt Frau Pille Einkünfte aus Gewerbebetrieb (Veräußerung eines Mitunternehmeranteils) nach § 16 Abs. 1 Nr. 2 EStG.

Veräußerungspreis	280 000 €
Kapitalkonto	./. 200 000 €
Veräußerungsgewinn	80 000 €

Auf Grund ihres Alters (Vollendung des 55. Lebensjahres am 27. 8. 2012, § 108 Abs. 1 AO § 187 BGB und § 188 BGB) erhält Frau Pille den Freibetrag gem. § 16 Abs. 4 EStG.

Eine Aufteilung im Verhältnis der Beteiligungshöhe wird nicht vorgenommen. Ein Veräußerungsgewinn i. H. von 136 000 € ist unschädlich. Somit wird auf Antrag ein Freibetrag i. H. von 45 000 € gewährt.

Freibetrag, § 16 Abs. 4 EStG	./. 45 000 €
Einkünfte aus Veräußerung der Mitunternehmerschaft	**35 000 €**

Der somit steuerpflichtige Veräußerungsgewinn i. S. des § 16 EStG i. H. von 35 000 € wird auf Antrag nach § 34 Abs. 1, Abs. 2 Nr. 1 EStG ermäßigt besteuert. Sofern das 55. Lebensjahr vollendet ist, werden 56 % des durchschnittlichen Steuersatzes angesetzt, mindestens aber 14 %.

3. Angestelltentätigkeit bei der Stadtverwaltung Duisburg, Einkünfte aus nichtselbständiger Arbeit, § 19 Abs. 1 Nr. 1 EStG

Bruttoarbeitslohn	50 000 €
Fahrten Wohnung/Arbeitsstätte vor Behinderung 15. 5. 2012, § 9 Abs. 1 Nr. 4 EStG 88 Tage x 8 km x 0,30	./. 212 €
ab Behinderung, § 9 Abs. 2 EStG, Einzelnachweis möglich; 62 Tage x 8 km x 1,25 € (10/16, hin und zurück)	./. 620 €
Gewerkschaftsbeiträge, § 9 Abs. 1 Nr. 3 EStG	./. 500 €
Fortbildungslehrgang, § 9 Abs. 1 EStG	./. 1 000 €
Einkünfte aus nichtselbständiger Arbeit	**47 668 €**

- Das Krankengeld ist als Lohnersatzleistung steuerfrei, § 3 Nr. 1a EStG. Es löst aber den (den Steuersatz erhöhenden) Progressionsvorbehalt aus, § 32b Abs. 1 Nr. 1b EStG.
- Die Rente aus der gesetzlichen Unfallversicherung (Berufsgenossenschaft) ist steuerfrei, § 3 Nr. 1a EStG.
- Bürgerliche Bekleidung ist nicht als Berufsbekleidung den Werbungskosten zuzuordnen, § 12 Nr. 1 EStG.

4. Lustig GmbH

Frau Pille hat eine Beteiligung i. S. von § 17 Abs. 1 Satz 1 EStG an der Lustig GmbH (7 000/50 000 € = 14 %). Somit sind Veräußerungsgewinne nach § 17 Abs. 1 EStG als Einkünfte aus Gewerbebetrieb zu versteuern. Eine Gewerbesteuerpflicht entsteht dabei nicht.

§ 20 Abs. 2 Nr. 1 EStG greift nicht, da über § 20 Abs. 8 EStG § 17 EStG vorgeht (Subsidiaritätsprinzip). Dabei ist das Teileinkünfteverfahren zu beachten, §§ 3 Nr. 40 Buchst. c, 3c Abs. 2 EStG.

Die Pkw-Schenkung stellt körperschaftsteuerlich eine verdeckte Einlage dar, da Frau Pille der Gesellschaft aus Gründen, die durch das Gesellschaftsverhältnis veranlasst sind, einen Vermögensvorteil zuwendet, R 40 Abs. 1 KStR (zu bewerten mit dem Teilwert, R 40 Abs. 4 KStR).

Im Zusammenhang mit § 17 EStG wirkt sich die verdeckte Einlage als nachträgliche Anschaffungskosten auf die Beteiligung an der Lustig GmbH aus und mindert den Veräußerungsgewinn, H 17 Abs. 5 „Verdeckte Einlage" EStH.

Berechnung, § 17 Abs. 2 EStG:

Veräußerungspreis (Entstehungsprinzip, Zufluss nicht maßgeblich):

vgl. H 17 Abs. 7 „Stichtagsbewertung" EStH)	140 000 € zu 60 %	84 000 €
Anschaffungskosten	./. 80 000 € zu 60 %	./. 48 000 €
verdeckte Einlage Pkw	./. 20 000 € zu 60 %	./. 12 000 €
Veräußerungsgewinn		**24 000 €**

Die unschädliche Freigrenze von 5 054 € (36 100 € Veräußerungsgewinn x 14 %) wird durch die Höhe des Veräußerungsgewinns deutlich überschritten, sodass der Freibetrag von 1 269 € (9 060 € x 14 %) nicht zu gewähren ist, § 17 Abs. 3 EStG.

Nachtrag zu den Einkünften aus Kapitalvermögen

Die Gewinnausschüttung der Lustig-GmbH ist erst mit Zufluss in 2013 als Einkünfte aus Kapitalvermögen zu erfassen, § 20 Abs. 1 Nr. 1 EStG, § 11 Abs. 1 Satz 1 EStG, vgl. auch H 20.2 „Zuflusszeitpunkt" EStH. Dabei wäre das Teileinkünfteverfahren nicht zu berücksichtigen.

Die Gewinnausschüttung würde durch die Kapitalertragsteuer abgegolten sein, § 43 Abs. 5 EStG. Eine Veranlagung und damit das Teileinkünfteverfahren könnte nur über § 32d Abs. 2 Nr. 3 EStG erfolgen. Da Frau Pille weder mit 25 % noch mit 1 % beteiligt und für die Gesellschaft tätig ist, kann keine Veranlagung nach § 32d Abs. 2 Nr. 3 EStG erfolgen.

Ein Abzug der tatsächlich angefallenen Werbungskosten i. H. von 80 €, veranlasst durch den Besuch der Gesellschafterversammlung, ist gemäß § 20 Abs. 9 Satz 1 EStG ausgeschlossen.,

Zusammenstellung der Einkünfte:	**Ehemann**	**Ehefrau**	
Einkünfte aus Gewerbebetrieb (Apotheke)	79 997 €		
Einkünfte gem. § 21 (Grundstück Dinslaken)	53 059 €		
Einkünfte gem. §§ 22 Nr. 2, 23 EStG	32 000 €		
Einkünfte aus Gewerbebetrieb (lfd.)		60 000 €	
Einkünfte gem. § 16 EStG (begünstigt)		35 000 €	
Einkünfte aus nichtselbständiger Arbeit		47 668 €	
Einkünfte § 17 EStG		24 000 €	
Summe der Einkünfte	**165 056 €**	**166 668 €**	
Gesamtbetrag der Einkünfte			**331 724 €**

Ein Altersentlastungsbetrag ist für Herrn Pille nicht zu gewähren, weil er sein 64. Lebensjahr erst am 30. 6. 2012 vollendet und damit nicht vor Beginn des VZ 2012, § 24a Satz 3 EStG.

IV. Ermittlung des Einkommens

Sonderausgaben:

Versicherungsbeiträge:

Rentenversicherung, § 10 Abs. 1 Nr. 2 Buchst. b EStG	4 081 €
Rentenversicherungsbeiträge (Arbeitgeber)	4 900 €
Rentenversicherungsbeiträge (Arbeitnehmer)	4 900 €
übrige Sozialversicherungsbeiträge (Arbeitnehmer)	2 000 €
Risikolebensversicherungsbeiträge	9 000 €
Unfallversicherungsbeiträge	1 000 €
Krankenversicherungsbeiträge (Basisabsicherung)	5 000 €
Pferdehaftpflichtversicherung	500 €
Kfz-Haftpflicht zu 93,8 % (s. unten)	750 €
Summe Versicherungsbeiträge	32 131 €

Altersvorsorgeaufwendungen nach	
§ 10 Abs. 3 EStG	
Rentenversicherung, § 10 Abs. 1 Nr. 2 Buchst. b EStG	4 081 €
Arbeitnehmeranteil Rentenversicherung	4 900 €
§ 10 Abs. 1 Nr. 2 Buchst. a EStG	4 900 €
Arbeitgeberanteil Rentenversicherung	
§ 10 Abs. 1 Nr. 2 Buchst. a EStG	
Gesamt Aufwendungen	
Maximal zu berücksichtigende Altervorsorgeaufwendungen 40 000 €	**13 881 €**
abzüglich fiktiver Gesamtbeitrag RV Ehefrau	10 272 €
19,6 % von 50 000 € = 9 800 €	4 900 €
verbleiben 30 200 €	**5 372 €**
Zu berücksichtigen 74 % des geringeren Betrages, hier von 13 881 €	

Abzüglich steuerfreier Arbeitgeberanteil
zur gesetzlichen Rentenversicherung
§ 10 Abs. 3 Satz 5 EStG

Sonstige Vorsorgeaufwendungen, § 10 Abs. 4 EStG

Kranken-, Pflegeversicherungen
Unfall- und Haftpflichtversicherung
Risikolebensversicherung

Summe sonstige Versicherungen	18 250 €	
Höchstbetrag 2 800 € und 1 900 € nach § 10 Abs. 4 Sätze 1 und 2 EStG	**4 700 €**	
Aber mindestens die Basisabsicherung von 6 500 €, Ansatz daher **6 500 €**		
Abzugsfähige Vorsorgeaufwendungen gesamt		**./. 11 872 €**

Bausparbeiträge sind seit VZ 1996 nicht mehr abzugsfähig.

Die Beiträge für die Hausratversicherung und für die Kfz-Kasko sind als Sachversicherung nicht abzugsfähig.

Die Kfz-Haftpflichtversicherungsbeiträge sind aufzuteilen, da sie sich über den Einzelnachweis bei den Fahrten zwischen Wohnung und Arbeitsstätte ab Behinderung steuerlich bereits ausgewirkt haben, R 10.5 Satz 2 EStR. Die Berechnung ist wie folgt vorzunehmen:

Auswirkung bei den Werbungskosten aus nichtselbständiger Arbeit bei 62 Fahrten mit 8 km x 2 = 992 km/16 000 Gesamt-km = 6,2 %.

Die Spende an eine politische Partei wird nach § 10b Abs. 2 EStG wie folgt berücksichtigt:

Spendenbeiträge	15 000 €		
	./. 3 300 €	x 50 % = 1 650 € Steuerermäßigung gem. § 34g EStG	
verbleiben	11 700 €		
davon max. Sonderausgaben, § 10b Abs. 2 EStG			**./. 3 300 €**

Übrige Spenden sind gem. § 10b Abs. 1 EStG bis zur Höhe von 20 % des Gesamtbetrags der Einkünfte absetzbar (331 724 € x 20 % = 66 345 €).

Übrige Spenden in tatsächlicher Höhe abzugsfähig: **./. 10 000 €**

Außergewöhnliche Belastungen:

Behinderten-Pauschbetrag Frau Pille, 80 %, § 33b Abs. 3 EStG **./. 1 060 €**

Für das Jahr der erstmaligen Berücksichtigung kommt es nicht auf das Jahr der Bescheiderteilung durch das Versorgungsamt an, sondern auf das Jahr, ab dem die Behinderung amtlich (wenn auch nachträglich mit Rückwirkung) festgestellt wird, vgl. auch § 175 Abs. 1 Nr. 1 AO und H 33b „Allgemeines..." EStH.

Nach H 33.1 – 33.4 „Fahrtkosten behinderter Menschen" EStH sind ab einem Grad der Behinderung von 80 auch private Fahrten in angemessener Höhe als zwangsläufig anzusehen. Angemessen sind 3 000 km zu 0,30 € (Einzelnachweis nicht möglich); kein Abzug wegen zumutbarer Eigenbelastung.

Gemäß § 33a Abs. 2 Satz 1 EStG ist für Peter Pille kein Freibetrag für Ausbildungssonderbedarf zu gewähren. Zwar hat er das 18. Lebensjahres am 30. 4. 2012 vollendet (§ 108 Abs. 1 AO), aber er ist nicht auswärtig untergebracht.

Für Paulchen Pille wird der Ausbildungsfreibetrag für sechs Monate gewährt, vgl. Ausführungen zu den Kinderfreibeträgen. Bis Juni 2012 wird somit ein Ausbildungsfreibetrag (§ 33a Abs. 2 EStG) bei seinen Eltern gewährt. Er ist auswärtig untergebracht, sodass sich der Höchstbetrag wie folgt ermittelt:

924 € x 6/12=	462 €	
abzugsfähiger Ausbildungsfreibetrag		**./. 462 €**

In den Monaten Juli und August, in denen keine Kinderfreibeträge zu gewähren sind, ist allerdings ein Unterhaltsfreibetrag anzusetzen, da eine gesetzliche Unterhaltspflicht besteht, § 33a Abs. 1 EStG:

Höchstbetrag 8 004 € x 2/12		1 334 €	
eigene Bezüge: 200 € x 2 Monate	400 €		
Kostenpauschale: 180 € x 2/8 (R 32.10 Abs. 4 EStR)	./. 45 €		
Summe eigene Bezüge	355 €		
unschädlich 624 € x 2/12	./. 104 €		
schädlich		./. 251 €	
Möglicher Unterhaltsfreibetrag		1 083 €	
abzugsfähig ist max. der von den Eltern gezahlte Unterhalt: 600 € x 2 Monate = 1 200 € max.			**./. 1 083 €**

Ein Unterhaltsfreibetrag kommt hinsichtlich der Unterhaltsleistungen an Herrn Pilles Schwester Inge nicht in Betracht, weil keine gesetzliche Unterhaltspflicht besteht, § 33a Abs. 1 Satz 1 EStG, R 33a.1 Abs. 1 EStR.

Einkommen	**303 947 €**

V. Ermittlung des zu versteuernden Einkommens

Kinderfreibetrag Peter, § 32 EStG

7 008 € x 4/12, solange das 18. Lj. noch nicht vollendet worden ist, § 32 Abs. 3 EStG	2 336 €	
7 008 € x 8/12, ab Vollendung des 18. Lj. und Berufsausbildung, § 32 Abs. 4 Nr. 2a EStG	4 672 €	
		./. 7 008 €

Kinderfreibetrag Paulchen, § 32 EStG

Paulchen hat das 25. Lebensjahr am 31. 3. 2011 vollendet, § 108 Abs. 1 AO. Grundsätzlich wird bei in Ausbildung befindlichen Kindern der Kinderfreibetrag/das Kindergeld bis zur Vollendung des 25. Lj. gewährt, vgl. § 32 Abs. 4 Nr. 2a EStG. Allerdings verlängert sich der Begünstigungszeitraum um den 15-monatigen Wehrdienst, § 32 Abs. 5 Nr. 1 EStG, somit bis zum 30. 6. 2012:

7 008 € x 6/12	**./. 3 504 €**

HINWEIS AUF GÜNSTIGERPRÜFUNG:

Die Darstellung der Günstigerprüfung unterbleibt hier aus Vereinfachungsgründen, da der Kinderfreibetrag angesichts der Höhe des Einkommens offensichtlich günstiger als das Kindergeld ist, § 31 EStG.

zu versteuerndes Einkommen	**293 435 €**

HINWEIS AUF STEUERERMÄSSIGUNGEN:

Der somit steuerpflichtige Veräußerungsgewinn i. S. des § 16 EStG wird auf Antrag nach § 34 Abs. 1, Abs. 2 Nr. 1 EStG ermäßigt besteuert. Sofern das 55. Lebensjahr vollendet ist, werden 56 % des durchschnittlichen Steuersatzes angesetzt, mindestens aber 14 %.

Die Frau Pille anteilig zuzurechnenden GewSt-Messbeträge der Stahlhandel OHG mindern mit dem 3,8-fachen die tarifliche Einkommensteuer, § 35 EStG.

Das bezogene Kindergeld ist der festzusetzenden Einkommensteuer hinzuzurechnen, § 2 Abs. 6 Satz 3 EStG.

Haushaltshilfe:

Für das haushaltsnahe Beschäftigungsverhältnis ist eine Steuerermäßigung nach § 35a Abs. 2 Satz 1 EStG zu gewähren. Sie berechnet sich wie folgt:

Höhe der Aufwendungen	30 000 €

Davon mindern 20 % die tarifliche Einkommensteuer, aber höchstens 4 000 € pro Jahr.

20 % von 30 000 € = 6 000 €, aber max. 4 000 €.

Die tarifliche Einkommensteuer wird um 4 000 € gemindert.

Einkünfte aus Kapitalvermögen mit besonderem Steuersatz nach § 32d Abs. 1 EStG

Herr Pille:	5 647,00 €
Frau Pille:	4 632,00 €
gesamt	10 279,00 €

davon 25 % =	2 569,75 €	Soli:	141,34 €
bereits einbehalten	203,79 €		11,21 €
bereits einbehalten	2 716,58 €		149,42 €
Erstattung	350,62 €		19,29 €

Aufgabenteil Nr. 2: Körperschaftsteuer

I. Sachliche und persönliche Körperschaftsteuerpflicht

Die Pharos GmbH gilt gem. § 13 Abs. 3 GmbHG als Handelsgesellschaft. Die GmbH ist deshalb Kaufmann kraft Rechtsform und nach handelsrechtlichen Vorschriften zur Führung von Büchern verpflichtet (§§ 6 Abs. 1, 238 ff. HGB). Der Gewinn ist gem. § 5 EStG (Betriebsvermögensvergleich) zu ermitteln. Da die Pharos GmbH darüber hinaus gem. § 1 Abs. 1 Nr. 1 KStG auch unbeschränkt körperschaftsteuerpflichtig ist, sind ihre gesamten Einkünfte gem. § 8 Abs. 2 KStG als Einkünfte aus Gewerbebetrieb zu qualifizieren.

II. Ermittlung des zu versteuernden Einkommens und der Tarifsteuer

Die Körperschaftsteuer bemisst sich gem. § 7 Abs. 1 KStG nach dem zu versteuernden Einkommen. Das zu versteuernde Einkommen ermittelt sich nach den Vorschriften des EStG und des KStG (§ 7 Abs. 2, § 8 Abs. 1 KStG; vgl. auch R 29 KStR).

Ausgangsgröße für die Ermittlung des zu versteuernden Einkommens ist der Jahresüberschuss lt. Gewinn- und Verlustrechnung 2012 i. H. von 1 448 562 €.

Auf Grund der im Sachverhalt geschilderten Geschäftsvorfälle ergeben sich folgende Änderungen:

1. Die Ausschüttung der IN-GmbH gehört zu den betrieblichen Erträgen (s. o.). Der Anspruch auf Dividende ist mit der Beschlussfassung entstanden und zutreffend buchmäßig erfasst worden. Gemäß § 8b Abs. 1 KStG bleiben Bezüge i. S. des § 20 Abs. 1 Nr. 1 (insbesondere Dividenden und verdeckte Gewinnausschüttungen) jedoch bei der Ermittlung des Einkommens außer Ansatz und damit steuerfrei.

   Somit sind bei der Ermittlung des zu versteuernden Einkommens 75 000 € zu kürzen.

   Gemäß § 8b Abs. 5 KStG erfolgt eine fiktive Kürzung der Betriebsausgaben i. H. von 5 % der Bezüge gem. § 8b Abs. 1 KStG, so dass das Einkommen um 3 750 € zu erhöhen ist.

   Daneben wurden die anrechenbare Kapitalertragsteuer und der Solidaritätszuschlag auf die Kapitalertragsteuer als Aufwand verbucht. Diese sind i. H. von 19 781 € im Rahmen der Einkommensermittlung gem. § 10 Nr. 2 KStG wieder hinzuzurechnen. Die Kapitalertragsteuer wird auf die Körperschaftsteuerschuld und der Solidaritätszuschlag auf den Solidaritätszuschlag der GmbH angerechnet (§ 31 Abs. 1 KStG i. V. m. § 36 Abs. 2 Nr. 2 EStG; vgl. unter III.).

2. Die Kosten für Werbegeschenke sind nicht als Betriebsausgaben zu berücksichtigen, da sie trotz Beachtung der Begrenzung auf 35 € pro Empfänger nicht getrennt und gesondert von den übrigen Aufwendungen aufgezeichnet wurden (§ 8 Abs. 1 KStG i. V. m. § 4 Abs. 5 Nr. 1, Abs. 7 EStG). Somit sind 23 000 € im Rahmen der Einkommensermittlung hinzuzurechnen.

   Die nicht abziehbare Betriebsausgabe für die Geschenke führt umsatzsteuerlich zu einer Korrektur des bereits vorgenommenen Vorsteuerabzugs, vgl. § 15 Abs. 1a Nr. 1 UStG. Die sich ergebende Umsatzsteuer mindert zunächst den handelsrechtlichen Jahresüberschuss: 23 000 € x 19 % = 4 370 €. Insofern muss noch eine Abschlussbuchung beim Jahresabschluss über die GuV: Konto „Sonstige Steuern“ erfolgen.

Dieser Betrag ist jedoch im Rahmen der Einkommensermittlung gem. § 10 Nr. 2 KStG wieder hinzuzurechnen.

3. Die Aufwendungen für den Aufsichtsrat sind zur Hälfte nicht abziehbar (§ 10 Nr. 4 KStG, R 50 Abs. 1 KStR). Sondervergütungen für eine Finanzierungsberatung stellen dabei keine Vergütung für eine Sondertätigkeit dar und sind deshalb in die Hinzurechnung mit der Hälfte einzubeziehen (H 50 KStH „Finanzierungsberatung einer AG"). Anzusetzen sind nur die Aufwendungen; die in den Vergütungen enthaltene Vorsteuer ist bei Berechtigung zum Vorsteuerabzug kein Bestandteil der Aufwendungen (R 50 Abs. 2 KStR). Somit sind im Rahmen der Einkommensermittlung hinzuzurechnen 50 % von 200 000 € = 100 000 €, sowie 50 % von 30 000 € = 15 000 €; insgesamt: + 115 000 €.

4. Steuern vom Einkommen, sonstige Personensteuern und steuerliche Nebenleistungen auf diese Steuern dürfen das steuerpflichtige Einkommen nicht mindern (§ 10 Nr. 2 KStG).

   Daher ergeben sich folgende Korrekturen:

   Die Körperschaftsteuer-Vorauszahlungen 2012 i. H. von 600 000 € sowie der Solidaritätszuschlag darauf i. H. von 33 000 € sind hinzuzurechnen.

   Der Säumniszuschlag auf die Umsatzsteuervorauszahlung fällt nicht unter die Hinzurechnungsregelung und ist deshalb als Aufwand berücksichtigungsfähig. Vgl. hierzu auch R 48 Abs. 2 KStR.

   Die Gewerbesteuer ist ab 2008 keine Betriebsausgabe mehr (§ 8 Abs. 1 KStG i. V. m. § 4 Abs. 5b EStG (außerbilanzielle Korrektur: + 525 007 €).

   Die Aussetzungszinsen (§ 237 AO) auf die Körperschaftsteuernachzahlung sind als steuerliche Nebenleistung hinzuzurechnen (§ 10 Nr. 2 KStG).
   + 3 500 €

5. Die Lieferung des Verpackungsmaterials unter Preis durch die IN-GmbH an die Pharos GmbH stellt eine verdeckte Gewinnausschüttung dar, die bei der **IN-GmbH** das Einkommen nicht mindern darf (§ 8 Abs. 3 Satz 2 KStG).

   Eine verdeckte Gewinnausschüttung ist eine Vermögensminderung oder verhinderte Vermögensmehrung, die durch das Gesellschaftsverhältnis veranlasst ist, sich auf die Höhe des Einkommens auswirkt und nicht auf einem den gesellschaftsrechtlichen Vorschriften entsprechenden Gewinnverteilungsbeschluss beruht (R 36 Abs. 1 Satz 1 KStR). Eine Veranlassung durch das Gesellschaftsverhältnis liegt dann vor, wenn ein ordentlicher und gewissenhafter Geschäftsleiter die Vermögensminderung gegenüber einer Person, die nicht Gesellschafter ist, unter sonst gleichen Umständen nicht hingenommen hätte (H 36 KStH „III. Veranlassung durch das Gesellschaftsverhältnis").

   Im vorliegenden Fall hätte ein ordentlicher und gewissenhafter Geschäftsleiter für den Verkauf des Verpackungsmaterials den üblichen Kaufpreis i. H. von 80 000 € verlangt. Die verdeckte Gewinnausschüttung ist in Höhe der Differenz zum tatsächlich gezahlten Kaufpreis anzusetzen:

   80 000 € ./. 52 000 € = + 28 000 €

   Sie stellt bei der Pharos GmbH einen Beteiligungsbetrag i. S. von § 20 Abs. 1 Nr. 1 EStG dar.

Gemäß § 8b Abs. 1 KStG bleiben Bezüge i. S. des § 20 Abs. 1 Nr. 1 (insbesondere auch verdeckte Gewinnausschüttungen) bei der Ermittlung des Einkommens außer Ansatz und damit steuerfrei: ./. 28 000 €.

Die vorstehende Steuerbefreiung tritt jedoch nur dann ein, wenn die vGA das Einkommen der leistenden Körperschaft (hier: IN GmbH) nicht gemindert hat (sog. Materielle Korrespondenz). Wegen der formellen Korrespondenz vgl. § 32a KStG.

Gemäß § 8b Abs. 5 KStG erfolgt eine fiktive Kürzung der Betriebsausgaben i. H. von 5 % der Bezüge gem. § 8b Abs. 1 KStG, so dass das Einkommen um 1 400 € zu erhöhen ist.

Diese steuerliche Behandlung führt dazu, dass das Liefergeschäft im Ergebnis wie unter fremden Dritten abgewickelt gilt. Die verdeckte Gewinnausschüttung i. H. von 28 000 € verbraucht sich somit in gleicher Höhe wieder als Betriebsausgabe (Erhöhung Materialeinsatz bzw. Bestandsveränderungskonto).

6. Die Höhe der im Rahmen der körperschaftsteuerlichen Einkommensermittlung abziehbaren Spenden ergibt sich aus § 9 KStG und R 47 Abs. 1 KStR.

   Gemäß § 9 Abs. 1 Nr. 2 KStG sind Zuwendungen zur Förderung steuerbegünstigter Zwecke im Sinne der §§ 52 – 54 AO i. H. von 20 % vom Einkommen abziehbar. Als Einkommen i. S. dieser Vorschrift gilt das Einkommen vor Spendenabzug (§ 9 Abs. 2 KStG). Aus diesem Grund sind im Rahmen der Einkommensermittlung zunächst sämtliche geleisteten Spendenzahlungen wieder hinzuzurechnen. Der sich danach ergebende Betrag ist die Bemessungsgrundlage zur Anwendung der nunmehr einheitlichen 20 %-Regelung.

   Spenden an politische Parteien sind in § 9 Abs. 1 Nr. 2 KStG nicht erwähnt, d. h., sie sind bei der Körperschaftsteuer nicht abziehbar. R 47 Abs. 1 KStR verweist deshalb auch nur auf R 10b.1 und R 10b.3 der EStR, nicht jedoch auf R 10b.2 EStR, worin die Zuwendungen an politische Parteien geregelt sind. Ferner handelt es sich gem. § 8 Abs. 1 KStG i. V. m. § 4 Abs. 6 EStG um nicht abziehbare Betriebsausgaben. Deshalb sind die 30 000 € im Rahmen der Einkommensermittlung endgültig erhöhend zu berücksichtigen.

7. Die offene Ausschüttung in 2012 i. H. von 500 000 € beeinflusst gem. § 8 Abs. 3 Satz 1 KStG nicht das zu versteuernde Einkommen (Einkommensverwendung, erfolgsneutrale Buchung im Zeitpunkt der Ausschüttung: Konto Bilanzgewinn an Bankkonto!). Die offene Gewinnausschüttung in 2013 für 2012 hat für den Veranlagungszeitraum 2012 keinerlei Bedeutung.

► Die Einkommensermittlung stellt sich somit wie folgt dar:

Jahresüberschuss als Ausgangsbasis		1 448 562 €
Beteiligungsertrag (Tz. 1)		
– anrechenbare Kapitalertragsteuer	+	18 750 €
– Solidaritätszuschlag	+	1 031 €
– steuerfreie Ausschüttung	./.	75 000 €
– fiktive BA-Kürzung gem. § 8b Abs. 5 KStG	+	3 750 €
Geschenke (Tz. 2)		
– Geschenkaufwendungen	+	23 000 €

– Gewinnminderung durch die Umsatzsteuer		./.	4 370 €
– Umsatzsteuer (Vorsteuerkürzung), § 10 Nr. 2 KStG		+	4 370 €
½ Aufsichtsratsvergütung (Tz. 3)		+	115 000 €
Körperschaftsteuer-Vorauszahlung (Tz. 4)		+	600 000 €
– Solidaritätszuschlag		+	33 000 €
GewSt (Tz. 4)		+	525.007 €
– Aussetzungszinsen (Tz. 4)		+	3 500 €
– empfangende vGA		+	28 000 €
– steuerfreie vGA gem. § 8b Abs. 1 KStG		./.	28 000 €
– fiktive BA-Kürzung gem. § 8b Abs. 5 KStG		+	1 400 €
– Verbrauch vGA als Betriebsausgabe		./.	28 000 €
– Spenden (Tz. 6), § 9 Abs. 2 Satz 1 KStG		+	100 000 €
Einkommen vor Spendenabzug			2 770 000 €
Spendenabzug (Tz. 6):	70 000 €		
Für steuerbegünstigte Zwecke			
20 % v. 2 770 000 € max.	70 000 €	./.	70 000 €
zu versteuerndes Einkommen 2012			**2 700 000 €**

III. Ermittlung des endgültigen Jahresüberschusses

1. Ermittlung der KSt-Rückstellung/-Forderung

Tarifsteuer, 15 % von 2 700 000 € gem. § 23 Abs. 1 KStG	405 000 €
Eine KSt-Minderung findet entgegen § 37 Abs. 2 und Abs. 2a Nr. 2 KStG für den VZ 2012 nicht mehr statt, da die Geltendmachung des KSt-Anspruchs gem. § 37 Abs. 4 ff. KStG neu konzipiert worden ist. Die Auszahlung erfolgt erstmals ab dem VZ 2008 in 10 gleichen Raten (vgl. § 37 Abs. 5 KStG).	0 €
festzusetzende KSt (R 30 Satz 1 Ziff. 7 KStR)	405 000 €
anrechenbare Kapitalertragsteuer (§ 31 Abs. 1 KStG i. V. m. § 36 Abs. 2 Nr. 2 EStG)	./. 18 750 €
verbleibende KSt (vgl. R 30 Satz 1 Ziff. 9 KStR)	386 250 €
KSt-Vorauszahlungen	./. 600 000 €
Körperschaftsteuerforderung zum 31. 12. 2012	213 750 €

2. Ermittlung des Solidaritätszuschlags

Festgesetzte KSt als Bemessungsgrundlage (§ 3 Abs. 1 Nr. 1 SolZG)	405 000 €
Höhe 5,5 % (§ 4 SolZG)	22 275 €
SolZ auf Kapitalertragsteuer	./. 1 031 €
SolZ-Vorauszahlungen	./. 33 000 €
Forderung zum 31. 12. 2012	11 756 €

HINWEIS:

Die Abschlussbuchung zur KSt und zum SolZ führen zwar zu einer Gewinnerhöhung in der Gewinn- und Verlustrechnung, gleichzeitig erfolgt eine Kürzung beim zu versteuernden Einkommen gem. § 10 Nr. 2 KStG, so dass sich das ursprüngliche zu versteuernde Einkommen der Pharos GmbH der Höhe nach nicht ändert!

IV. Gesonderte Feststellungen

Eine gesonderte Feststellung ist zum 31. 12. 2012 nur noch für das Einlagekonto durchzuführen (§ 27 KStG). Da kein Vorjahresbestand vorhanden ist und auch keine Veränderung in 2012 (Einlagen, die nicht in das Nennkapital geleistet worden sind) eingetreten ist, beträgt der Endbestand zum 31. 12. 2012 unverändert 0 €.

HINWEISE:

In der Bilanz zum 31. 12. 2012 ist der verbleibende Forderungsanspruch aus dem (früheren) KSt-Guthaben der Pharos GmbH mit dem abgezinsten Barwert angesetzt worden, da der Anspruch gem. § 37 Abs. 5 Satz 7 KStG nicht verzinslich ist. Eine Ermittlung des bereits zutreffend abgezinsten Betrages war nach der Aufgabenstellung nicht erforderlich.

Eine Auswirkung auf das zu versteuernde Einkommen ergibt sich jedoch nicht, da die hierdurch bedingten Gewinnauswirkungen laut Sachverhalt bereits außerbilanziell wieder zutreffend neutralisiert worden sind (§ 37 Abs. 7 KStG).

Hinsichtlich der bilanziellen Behandlung des KSt-Guthabens wird auf das BMF-Schreiben vom 14. 1. 2008, BStBl I S. 280 verwiesen.

Aufgabenteil Nr. 3: Gewerbesteuer

Im vorliegenden Sachverhalt ist zu prüfen, ob ein gewerblicher Grundstückshandel vorliegt. Die Prüfung erfolgt anhand des BMF-Schreibens vom 26. 3. 2004 – IV A 6–S 2240–46/04, BStBl 2004 I S. 434 (bitte unbedingt durcharbeiten!) und der jüngeren Rechtsprechung des Bundesfinanzhofs.

Die Abgrenzung zwischen privater Vermögensverwaltung und einem gewerblichen Grundstückshandel erfolgt im vorliegenden Fall anhand der so genannten Drei-Objekt-Grenze. Ständige Rechtsprechung des BFH sowie die Finanzverwaltung kommen zu der Erkenntnis, dass bei der Anschaffung und Veräußerung von nur drei Wohneinheiten (z. B. von Eigentumswohnungen) innerhalb von fünf Jahren ein gewerblicher Grundstückshandel noch nicht vorliegt (dies gilt zumindest dann, wenn eine bedingte Veräußerungsabsicht sich auch nicht aus anderen Merkmalen des Sachverhalts ergibt). Sobald aber innerhalb eines Zeitraumes von rund fünf Jahren mehr als drei Objekte angeschafft / errichtet und veräußert werden, ist der Bereich der privaten Vermögensverwaltung überschritten und es handelt sich um einen gewerblichen Grundstückshandel. Bereits bei Erwerb ist von einer bedingten Veräußerungsabsicht mit der Absicht der BV-Mehrung auszugehen. (Auf Grund des Verhaltens des Mandanten im vorliegenden Fall wäre wohl auch bei weniger als vier Objekten Gewerblichkeit zu unterstellen, da er ganz offensichtlich die Teilung und sofortige Veräußerung bereits bei Anschaffung geplant hat → sog. unbedingte Veräußerungsabsicht.)

Rechtsfolge:

Die Veräußerung der acht Eigentumswohnungen erfolgt im Rahmen eines gewerblichen Grundstückshandels; es liegen Einkünfte aus Gewerbebetrieb vor, § 15 Abs. 2, Abs. 1 Nr. 1 EStG.

Ein Problem hinsichtlich der Gewinnermittlungsmethode entsteht hier tatsächlich nicht, da sich der gesamte Sachverhalt rechtlich, wirtschaftlich sowie auch hinsichtlich der Geldzu- und -abflüsse in 2012 ereignet. Dabei ist zu beachten, dass es sich hinsichtlich der Grundstücke um Umlaufvermögen („Ware“) handelt. Im Zweifel ist bei einem gewerblichen Grundstückshandel der Gewinn gem. § 4 Abs. 1 EStG nach BV-Vergleich zu ermitteln.

Die ermittelten Einkünfte unterliegen vollständig der Gewerbesteuerpflicht gem. § 2 Abs. 1 GewStG. Eine Gewerbesteuerberechnung soll laut Sachverhalt nicht erfolgen.

Es kann sich nicht um ein steuerliches privates Veräußerungsgeschäft handeln: Zwar erfolgen Kauf und Verkauf innerhalb der Zehn-Jahres-Frist (§ 23 Abs. 1 Nr. 1 EStG); allerdings gehen gem. § 23 Abs. 2 EStG die Einkünfte aus Gewerbebetrieb diesen sonstigen Einkünften vor (Subsidiaritätsprinzip).

Die Einkünfte aus Gewerbebetrieb ermitteln sich im vorliegenden Sachverhalt wie folgt:

Betriebseinnahmen

Einnahmen aus der Veräußerung der acht Eigentumswohnungen 420 000 € x 8	3 360 000 €

Betriebsausgaben

Anschaffungskosten/Kaufpreis	./. 2 500 000 €	
Notar- und Gerichtskosten	./. 10 000 €	
Notarkosten notarieller Kaufvertrag	./. 18 000 €	
Grunderwerbsteuer	./. 87 500 €	
Maklerprovisionen	./. 40 000 €	
Architektenkosten	./. 35 000 €	
Bauamt Stadt Düsseldorf	./. 8 000 €	
Grundbuchamt	./. 6 000 €	
Einkünfte aus Gewerbebetrieb		**655 500 €**

Die Einkünfte aus Gewerbebetrieb sind nicht tarifbegünstigt i. S. von §§ 16, 34 EStG. Nach ständiger Rechtsprechung des Bundesfinanzhofes ist entweder nicht von einer Betriebsveräußerung/Betriebsaufgabe im Ganzen auszugehen oder aber es handelt sich um einen nicht begünstigten Verkauf von Umlaufvermögen, weil es sich um normale laufende Geschäfte handelt, H 16 Abs. 9 „Gewerblicher Grundstückshandel" EStH.

Aufgabenteil Nr. 4: Umsatzsteuer

Klausur Nr. 1 „Metall-GmbH"

1. Stahlimport

Da die Warenbewegung nicht von einem Mitgliedstaat der EU in die BR Deutschland durchgeführt wird, kann kein innergemeinschaftlicher Erwerb nach § 1a Abs. 1 Nr. 1 UStG vorliegen.

Vielmehr handelt es sich um eine steuerbare Einfuhr gem. § 1 Abs. 1 Nr. 4 UStG. Da es sich um deutsche Einfuhrumsatzsteuer handelt und diese Einfuhrumsatzsteuer für die GmbH entrichtet worden ist, hat die GmbH nach § 15 Abs. 1 Satz 1 Nr. 2 UStG die Einfuhrumsatzsteuer als Vorsteuer abzuziehen. Der Vorsteuerabzug erfolgt in der Voranmeldung Oktober 2013.

2. Metallrohlinge

Die GmbH führt in allen drei Fällen steuerbare Lieferungen aus, § 3 Abs. 1 UStG. Ort der bewegten Lieferungen ist mit Übergabe an den Versender (betr. Lieferung an Fiat und Skoda) sowie mit Beginn der Beförderung (Baumarkt in Dinslaken) jeweils in Hünxe, § 3 Abs. 6 Satz 1 UStG. Alle drei Lieferungen sind nach § 1 Abs. 1 Nr. 1 UStG steuerbar, da sich der Ort der Lieferung im Inland befindet und die Lieferungen ansonsten im Rahmen des Unternehmens gegen Entgelt im vereinbarten Leistungsaustausch ausgeführt werden.

a) Lieferung an Fiat

Die Lieferung an die Firma Fiat ist nach § 4 Nr. 1 Buchst. b UStG als innergemeinschaftliche Lieferung steuerfrei: Die GmbH versendet als Unternehmer den Gegenstand an einen unternehmerischen Abnehmer im Gemeinschaftsgebiet, der selbst der Erwerbsbesteuerung unterliegt, § 6a Abs. 1 UStG. Die Bemessungsgrundlage des steuerfreien Umsatzes beträgt 30 000 €. Die an die Rechnungen anknüpfenden Voraussetzungen gelten als nachgewiesen. Hinsichtlich des Zeitpunkts der Erklärung der i. g. Lieferung wird auf § 18b Satz 1 Nr. 1 und Satz 2 UStG verwiesen.

b) Lieferung an die Firma Skoda

Es handelt sich um eine steuerfreie Ausfuhrlieferung gem. § 4 Nr. 1 Buchst. a UStG. Der Liefergegenstand wird von der GmbH in das Drittlandsgebiet versendet, § 6 Abs. 1 UStG. Die Bemessungsgrundlage des steuerfreien Umsatzes beträgt 58 000 €.

Die in der Rechnung gesondert ausgewiesene USt schuldet die GmbH (allerdings mit Berichtigungsmöglichkeit) nach § 14c Abs. 1 UStG (vgl. Ziffer 14c.1 Abs. 1 Satz 5 Nr. 2 UStAE). Diese USt i. H. von 11 020 € entsteht mit Ablauf des VZ 4/2013, § 13 Abs. 1 Nr. 3 UStG.

c) Lieferung an den Baumarkt in Dinslaken

Die Lieferung ist mangels Steuerbefreiung (§ 4 UStG) steuerpflichtig zu 19 %, § 12 Abs. 1 UStG. Bemessungsgrundlage ist das Entgelt, § 10 Abs. 1 UStG:

10 000 € x 19 % Umsatzsteuer = 1 900 €

Die Umsatzsteuer entsteht mit Ablauf des Voranmeldungszeitraums April 2013, § 13 Abs. 1 Nr. 1 Buchst. a UStG.

Mit dem Erhalt der Lieferung der Metallrohlinge liegt ein innergemeinschaftlicher Erwerb vor, da die Metallrohlinge von Frankreich nach Deutschland gelangen, § 1a Abs. 1 UStG. Der Ort des innergemeinschaftlichen Erwerbs ist nach § 3d Satz 1 UStG dort, wo sich der Liefergegenstand am Ende der Beförderung befindet: Hünxe, Deutschland. Es handelt sich somit um einen steuerbaren innergemeinschaftlichen Erwerb, § 1 Abs. 1 Nr. 5 UStG.

Die nach Italien und Russland weiter gelieferten Rohlinge führen auf der Ebene des Eingangsumsatzes trotz ihrer Steuerfreiheit (s. o.) dazu, dass der Ausschluss vom Vorsteuerabzug nicht eintreten würde, vgl. § 15 Abs. 3 UStG. Dies kann aber dahin gestellt bleiben, da nach § 4b Nr. 4 UStG der innergemeinschaftliche Erwerb insoweit steuerfrei ist: 60 000 € x 900/1000 = 54 000 €.

Es wird aus Vereinfachungsgründen jedoch nicht beanstandet, den eigentlich steuerfreien innergemeinschaftlichen Erwerb steuerpflichtig zu behandeln, Ziffer 4b.1 Abs. 3 Satz 2 UStAE. Bei dieser Gestaltung hätte die GmbH zeit- und betragsidentisch Anspruch auf Vorsteuer, § 15 Abs. 1 Satz 1 Nr. 3 UStG.

Lediglich der Erwerb der 100 kg Rohlinge, die nach Dinslaken veräußert werden, ist mangels Steuerbefreiung zu 19 % (§ 12 Abs. 1 UStG) steuerpflichtig. Die Bemessungsgrundlage für den innergemeinschaftlichen Erwerb ergibt sich nach § 10 Abs. 1 UStG aus dem Entgelt: 6 000 € x 19 % = 1 140 € USt.

Die Umsatzsteuer entsteht mit Ablauf des Voranmeldungszeitraums April 2013 (Grundsatz: Monat der Rechnungsstellung; spätestens mit Ablauf des dem Erwerb folgenden Monats), § 13 Abs. 1 Nr. 6 UStG.

Im gleichen Voranmeldungszeitraum hat die GmbH aus dem innergemeinschaftlichen Umsatz einen Vorsteueranspruch i. H. von 1 140 €, § 15 Abs. 1 Satz 1 Nr. 3 UStG.

3. Metallzylinder

Für die Annahme eines steuerbaren Umsatzes nach § 1 Abs. 1 Nr. 1 UStG ist Voraussetzung, dass der Unternehmer willentlich eine Leistung erbringt.

Der Diebstahl der Metallzylinder erfolgte gegen den Willen der GmbH, so dass mangels Leistungswillen der GmbH kein steuerbarer Vorgang vorliegen kann.

4. Metallzaun und Anbau

Mit Erstellung des Metallzaunes erbringt die GmbH eine Werklieferung (§ 3 Abs. 1 und Abs. 4 UStG), da die GmbH eigene Hauptstoffe verwendet. Es handelt sich um eine unbewegte Lieferung, § 3 Abs. 7 Satz 1 UStG. Der Leistungsort bestimmt sich gem. § 3 Abs. 7 Satz 1 UStG danach, wo sich der Gegenstand im Zeitpunkt der Verschaffung der Verfügungsmacht (= Abnahme) befindet: Oberhausen. Durch Anrechnung der Werklieferung auf die Anbauarbeiten des Mike Mörtel ist die Werklieferung entgeltlich erbracht (Tausch mit Baraufgabe, § 3 Abs. 12 UStG) und somit steuerbar, § 1 Abs. 1 Nr. 1 UStG. Mangels Umsatzsteuerbefreiung (§ 4 UStG) ist die Werklieferung umsatzsteuerpflichtig zu 19 %, § 12 Abs. 1 UStG.

Bemessungsgrundlage ist nach § 10 Abs. 1 UStG das Entgelt, welches sich wie folgt ermittelt:

gemeiner Wert Anbau	71 400 €
abzgl. Baraufgabe	./. 48 790 €
verbleiben	22 610 €
abzgl. USt / 1,19	./. 3 610 €
Bemessungsgrundlage	19 000 €

Die Umsatzsteuer i. H. von 3 610 € entsteht mit Ablauf des VZ Juni 2013, § 13 Abs. 1 Nr. 1 Buchst. a UStG.

Der Anbau durch die Firma Mörtel ist durch das Unternehmen der GmbH veranlasst. Der GmbH steht im September 2013 (Leistung ist erbracht und Rechnung liegt vor) ein Vorsteueranspruch i. H. von 7 790 € zu, § 15 Abs. 1 Satz 1 Nr. 1 UStG. Die Rechnung der Firma Mörtel ist insoweit nicht zutreffend, als dass er seine USt auf seine Leistung ohne vorherige Verrechnung mit der Leistung der GmbH hätte beziehen müssen.

Solange die Rechnung von Mörtel aber nicht wirksam berichtigt ist, kann die GmbH höchstens die ausgewiesene USt als Vorsteuer abziehen.

5. Metallgitter

Die GmbH erbringt gegenüber dem STV Hünxe eine Lieferung, § 3 Abs. 1 UStG. Ort der Lieferung ist Hünxe im März 2013, § 3 Abs. 6 Satz 1 UStG. Die Lieferung erfolgt gegen Entgelt im vereinbarten Leistungsaustausch und ist damit steuerbar, § 1 Abs. 1 Nr. 1 UStG. Auf ein angemessenes Verhältnis zwischen Leistung und Gegenleistung kommt es zunächst nicht an. Auch ist ein Gewinn des Unternehmers für das Merkmal der Steuerbarkeit nicht maßgebend.

Mangels Umsatzsteuerbefreiung (§ 4 UStG) ist der Umsatz steuerpflichtig zu 19 %, § 12 Abs. 1 UStG. Bemessungsgrundlage ist zunächst nach § 10 Abs. 1 UStG das Entgelt:

	1 000,00 €
abzüglich 19 % Umsatzsteuer	./. 159,66 €
Bemessungsgrundlage	840,34 €

Da die Lieferung der GmbH durch die Privatsphäre des Geschäftsführers Ernst veranlasst ist, ist nach § 10 Abs. 5 Nr. 1 UStG die Mindestbemessungsgrundlage gem. § 10 Abs. 4 Satz 1 Nr. 1 UStG zu prüfen. Diese Bemessungsgrundlage beträgt 1 000 € (offensichtlich entsprechen die Selbstkosten den Wiederbeschaffungskosten) x 19 % = 190 € USt.

Die Umsatzsteuer i. H. von 190 € entsteht mit Ablauf März 2013, § 13 Abs. 1 Nr. 1 Buchst. a UStG.

6. Lkw

Da der Liefergegenstand von Frankreich in das Inland gelangt, liegt ein innergemeinschaftlicher Erwerb vor, § 1a Abs. 1 UStG. Ort des innergemeinschaftlichen Erwerbs ist Hünxe, § 3d Satz 1 UStG im Februar 2013. Der Erwerb ist steuerbar, § 1 Abs. 1 Nr. 5 UStG.

Es handelt sich nicht um einen Erwerb eines neuen Fahrzeugs i. S. von § 1b UStG, da die Vorschrift des § 1a UStG vorgeht.

Der Weiterverkauf des Lkw ist unstreitig im Rahmen eines Hilfsgeschäfts steuerbar nach § 1 Abs. 1 Nr. 1 UStG und als Ausfuhrlieferung (§ 6 Abs. 1 und Abs. 2 Nr. 1 UStG) steuerfrei. Die Bemessungsgrundlage der steuerfreien Ausfuhrlieferung beträgt 200 000 €.

Aufgrund dieser Steuerfreiheit ist der o. g. innergemeinschaftliche Erwerb ebenfalls steuerfrei, § 4b Nr. 4 UStG. Die Bemessungsgrundlage des steuerfreien innergemeinschaftlichen Erwerbs beträgt 160 000 €.

Die im Zusammenhang mit der Veräußerung entstandene Vorsteuer i. H. von 450 € bleibt trotz der Steuerfreiheit des Ausgangsumsatzes (Ausfuhr) abzugsfähig, § 15 Abs. 3 Nr. 1 Buchst. a UStG.

7. Pkw

Die Rückgabe des Pkw durch Untreu an die GmbH ist kein umsatzsteuerlich relevanter Vorgang. Bei Anschaffung des Pkw im März 2013 hat die GmbH einen Vorsteueranspruch i. H. von 6 650 €, § 15 Abs. 1 Nr. 1 UStG. Die Lieferung (§ 3 Abs. 1 UStG) an den Holländer ist unstreitig steuerbar, § 1 Abs. 1 Nr. 1 UStG.

Der Pkw erfüllt die tatbestandsmäßigen Voraussetzungen der § 1b Abs. 3 UStG entsprechenden Vorschrift des holländischen UStG, so dass der holländische Privatmann den Erwerb des Pkw in Holland zu versteuern hat (Neufahrzeug: weniger als 6 000 km, erste Inbetriebnahme vor weniger als 6 Monaten). Aus diesem Grund ist die Lieferung des Pkw durch die GmbH eine steuerfreie (§ 4 Nr. 1 Buchst. b UStG) innergemeinschaftliche Lieferung, § 6a Abs. 1 UStG.

Die ausgewiesene Umsatzsteuer i. H. von 5 700 € schuldet die GmbH nach § 14c Abs. 1 im Juli 2013, § 13 Abs. 1 Nr. 3 UStG. Durch Berichtigung der Rechnung kann diese USt i. H. von 5 700 € berichtigt werden, § 14c Abs. 1 Satz 2 UStG.

HINWEIS:

Die steuerfreie Pkw-Veräußerung würde angesichts der bisher USt-pflichtigen Verwendung des Pkw § 15a UStG auslösen. Allerdings ändert sich wegen § 15 Abs. 3 Nr. 1 Buchst. a UStG die VoSt-Beurteilung nicht. Folglich unterbleibt eine VoSt-Berichtigung.

Klausur Nr. 2 „Stefan Span"

I. Allgemeines

Stefan Spans Rahmen des Unternehmen besteht nicht nur aus seiner Schreinerei, sondern auch aus seinen unternehmerischen Tätigkeiten als Dozent (Vorträge) sowie Buchautor, § 2 Abs. 1 UStG.

Vortrag Bauaufsichtsamt Düsseldorf

In Gestalt des Vortrages erbringt S. gegenüber der Handwerkskammer Düsseldorf eine sonstige Leistung gegen Entgelt im vereinbarten Leistungsaustausch, § 3 Abs. 9 UStG. Ort der sonstigen Leistung ist nach § 3a Abs. 3 Nr. 3a UStG dort, wo S. wesentlich tätig wird. Die ab dem 01. 01. 2011 geltenden Einschränkungen sind hier erfüllt. Die Leistung wird an das Bauaufsichtsamt (Behörde) erbracht, welches weder Unternehmer ist, noch eine USt-Identifikationsnummer besitzt. Die Leistung wird somit in Düsseldorf ausgeführt.

Somit ist die Vortragstätigkeit nach § 1 Abs. 1 Nr. 1 UStG steuerbar und mangels Steuerbefreiung (§ 4 UStG) auch steuerpflichtig. Eine Steuerbefreiung ergibt sich insbesondere nicht nach § 4 Nr. 21 oder 22 UStG. Der Steuersatz beträgt nach § 12 Abs. 1 UStG 19 %. Bemessungsgrundlage ist nach § 10 Abs. 1 UStG das Entgelt:

Scheck	5 000,00 €
abzüglich 19 % Umsatzsteuer	./. 798,32 €
Bemessungsgrundlage	4 201,68 €

Die Umsatzsteuer i. H. von 798,32 € entsteht mit Ablauf des Voranmeldungszeitraums, in dem die Vortragsleistung erbracht worden ist (§ 13 Abs. 1 Nr. 1 Buchst. a UStG), somit Juli 2013.

Vortrag im schweizerischen Davos

Dieser ebenfalls als sonstige Leistung nach § 3 Abs. 9 UStG einzuordnende Vortrag gilt grundsätzlich dort als erbracht, wo S. wesentlich tätig wird, § 3a Abs. 3 Nr. 3a UStG. Dies gilt jedoch ab dem 01. 01. 2011 nur noch dann, wenn die Leistung an einen Empfänger ausgeführt wird, der weder ein Unternehmer, noch eine nicht unternehmerische juristische Person mit USt-Id-Nr. ist. Da der schweizerische Liftbetreiber jedoch Unternehmer ist, gilt die Leistung gem. § 3a Abs. 2 UStG dort als ausgeführt, von wo aus der Empfänger sein Unternehmen betreibt, somit in Davos, Schweiz.

Mangels Leistungsort im Inland ist der Umsatz in Deutschland nicht steuerbar.

Autorentätigkeit

Der Ort der Autorentätigkeit befindet sich nach § 3a Abs. 2 UStG dort, wo der Leistungsempfänger seinen Sitz hat: in Frankreich. Mangels Leistungsort im Inland sind die Autorenhonorare nicht steuerbar. Die sonstige Leistung ist gem. § 18b S. 1 Nr. 2 i. V. m. S. 3 UStG im VAZ 12/2013 gesondert zu erklären.

II. Einzelsachverhalte

1. Prämie

Durch Beteiligung an dem Wettbewerb hat S. gegenüber dem Veranstalter eine sonstige Leistung erbracht, § 3 Abs. 9 UStG. Diese sonstige Leistung wird durch die Prämie i. H. von 10 000 € steuerbar, da nunmehr ein Entgelt feststeht. Der Ort befindet sich nach § 3a Abs. 2 UStG dort, wo der Messeveranstalter seinen Sitz hat, Essen. Somit ist der Umsatz steuerbar nach § 1 Abs. 1 Nr. 1 UStG und mangels Steuerbefreiung (§ 4 UStG) steuerpflichtig.

Der Steuersatz beträgt nach § 12 Abs. 1 UStG 19 %. Die Bemessungsgrundlage ist nach § 10 Abs. 1 UStG das Entgelt:

Scheck	10 000,00 €
abzüglich 19 % Umsatzsteuer	./. 1 596,64 €
Bemessungsgrundlage	8 403,36 €

Die Umsatzsteuer i. H. von 1 596,64 € entsteht mit Ablauf des Voranmeldungszeitraums, in dem der S. seine Leistung erbracht hat, § 13 Abs. 1 Nr. 1 Buchst. a UStG.

2. Transportkosten

Durch den Verkauf der Sägespäne, Holzabfälle etc. erbringt S. eine Lieferung gegen Entgelt im vereinbarten Leistungsaustausch gem. § 3 Abs. 1 UStG. Ort der bewegten Lieferung durch Versenden ist nach § 3 Abs. 6 Satz 1 UStG dort, wo die Container dem Spediteur übergeben werden, offensichtlich in Hünxe. Der Umsatz ist somit im Inland steuerbar (§ 1 Abs. 1 Nr. 1 UStG) und mangels Steuerbefreiung (§ 4 UStG) steuerpflichtig.

Der Steuersatz beträgt nach § 12 Abs. 2 Nr. 1 UStG i. V. m. der Anlage 2 zum UStG lfd. Nr. 48b 7 %. Die Bemessungsgrundlage ist nach § 10 Abs. 1 UStG das Entgelt. Die Transportleistung des S. teilt umsatzsteuerrechtlich das Schicksal der Hauptleistung (Lieferung von Holzabfällen). Es gilt der Grundsatz der Einheitlichkeit der Leistung, Ziffer 3.10 Abs. 5 UStAE.

Erhaltener Bruttobetrag inkl. Transportkosten	8 240,00 €
abzüglich 7 % Umsatzsteuer	./. 539,07 €
Bemessungsgrundlage	7 700,93 €

Nach § 14c Abs. 1 UStG (mit der Möglichkeit der Rechnungsberichtigung) entsteht aber mindestens die Steuer, die der Unternehmer in Rechnungen ausgewiesen hat, in diesem Fall also 1 140 €. Die Umsatzsteuer i. H. von 1 140 € entsteht nach § 13 Abs. 1 Nr. 1 Buchst. a und 3 UStG im Voranmeldungszeitraum November 2013.

HINWEIS:

Die Firma Presswerk kann nur die USt als Vorsteuer abziehen, die aufgrund der Lieferung geschuldet wird, mithin 539,07 €, vgl. Ziffer 15.2 Abs. 1 UStAE.

3. Vortragsunterlagen

Ein steuerbarer Umsatz nach § 1 Abs. 1 Nr. 1 UStG liegt mangels Entgelt offensichtlich nicht vor. Es ist zu prüfen, ob eine fiktive Lieferung des Unternehmers an seine Arbeitnehmer i. S. des § 3 Abs. 1b Nr. 2 UStG vorliegt. Da die Überlassung der Vortragsunterlagen aber im ausschließlich betrieblichen Interesse (Fortbildung) und nicht für den privaten Bedarf erfolgt, kann hiernach keine Besteuerung durchgeführt werden.

4. Treppengeländer

Seine Ehefrau gilt nach § 2 Abs. 1 UStG selbst als selbständige Unternehmerin. Somit kann begrifflich ein nicht steuerbarer Innenumsatz nicht vorliegen. Vielmehr handelt es sich um einen steuerbaren Umsatz nach § 1 Abs. 1 Nr. 1 UStG, da S. eine Werklieferung (§ 3 Abs. 4 UStG) gegen Entgelt im Leistungsaustausch erbringt. Dass die Ehefrau ein gemindertes Entgelt zu zahlen hat, ist hier zunächst unerheblich. Der Ort der Lieferung ohne Warenbewegung bestimmt sich nach § 3 Abs. 7 Satz 1 UStG: Wesel. Der steuerbare Umsatz ist mangels Steuerbefreiung (§ 4 UStG) steuerpflichtig. Der Steuersatz beträgt nach § 12 Abs. 1 UStG 19 %. Die Bemessungsgrundlage ist zunächst das Entgelt, § 10 Abs. 1 UStG:

Scheck	20 000,00 €
abzüglich 19 % Umsatzsteuer	./. 3 193,28 €
Bemessungsgrundlage	16 806,72 €

Zu prüfen ist allerdings die Mindestbemessungsgrundlage nach § 10 Abs. 5 Nr. 1 UStG, da der Unternehmer einen Umsatz an eine ihm nahestehende Person ausgeführt hat. Bei der Mindestbemessungsgrundlage gilt § 10 Abs. 4 Nr. 1 UStG analog: Anzusetzen sind die Wiederherstellungskosten im Zeitpunkt des Umsatzes, also 40 000 €: Wiederherstellungskosten 40 000 € x 19 % = 7 600 € USt.

Die Umsatzsteuer i. H. von 7 600 € entsteht nach § 13 Abs. 1 Nr. 1 Buchst. a UStG mit Ablauf des Voranmeldungszeitraumes der Werklieferung, Dezember 2013.

Der Zeitpunkt der Vereinnahmung ist bei Versteuerung nach vereinbarten Entgelten unbedeutend.

5. Klettergerüst

Gegenüber dem Kindergarten erbringt S. eine Werklieferung (§ 3 Abs. 4 UStG), da er das Gerüst aus selbstbeschafften Hauptstoffen hergestellt und montiert hat. Ort ist bei dieser unbewegten Lieferung nach § 3 Abs. 7 Satz 1 UStG dort, wo die Verfügungsmacht verschafft wird, Hünxe. Der Umsatz ist nach § 1 Abs. 1 Nr. 1 UStG steuerbar und mangels Steuerbefreiung (§ 4 UStG) steuerpflichtig.

Der Steuersatz beträgt nach § 12 Abs. 1 UStG 19 %. Die Bemessungsgrundlage ist nach § 10 Abs. 1 UStG das Entgelt; das Entgelt wird nicht gemindert durch die Verzugszinsen i. H. von 8 000 €, Ziffer 10.3 Abs. 2 Satz 10 UStAE: 60 000 € x 19 % = 11 400 € USt.

Die Umsatzsteuer i. H. von 11 400 € entsteht mit Ablauf des Voranmeldungszeitraums der Lieferung, Oktober 2013, § 13 Abs. 1 Nr. 1 Buchst. a UStG. Auf den VZ der Rechnungserteilung kommt es nicht an.

Die Zahlung unter Abzug von 2 % Skonto führt zu einer Minderung der Bemessungsgrundlage nach § 17 Abs. 1 Satz 1 UStG in 12/2013, § 13 Abs. 1 Nr. 5 UStG:

60 000 € ./. 2 % Skonto = Bemessungsgrundlage	./. 1 200 €
x 19 % Umsatzsteuer	./. 228 €

6. Holzlieferung

Als Lieferungsempfänger der Holzsendung verwirklicht S. einen innergemeinschaftlichen Erwerb nach § 1a Abs. 1 UStG. Ort des innergemeinschaftlichen Erwerbs ist nach § 3d Satz 1 UStG dort, wo die Beförderung endet, in Hünxe. Der Umsatz ist somit nach § 1 Abs. 1 Nr. 5 UStG im Inland steuerbar. Mangels Steuerfreiheit ist der innergemeinschaftliche Erwerb steuerpflichtig.

Der Steuersatz beträgt nach § 12 Abs. 1 UStG 19 %; der ermäßigte Steuersatz nach § 19 Abs. 2 Nr. 1 i. V. m. der Anlage 2 zum UStG lfd. Nr. 48 ist nicht anwendbar, da nur die Lieferung von a)

Brennholz oder b) Holzabfällen etc. dem ermäßigten Steuersatz unterliegt. Die Lieferung von entrindetem Holz, das zur Weiterverarbeitung im Unternehmen des S. bestimmt ist, fällt dagegen nicht unter den ermäßigten Steuersatz.

Bemessungsgrundlage ist nach § 10 Abs. 1 UStG das Entgelt:

30 000 € x 19 % = 5 700 € Umsatzsteuer

Die Umsatzsteuer i. H. von 5 700 € entsteht mit Ablauf des Voranmeldungszeitraums der Ausstellung der Rechnung Februar 2013, § 13 Abs. 1 Nr. 6 UStG.

Im gleichen Voranmeldungszeitraum hat S. einen Vorsteueranspruch i. H. von 5 700 €, § 15 Abs. 1 Nr. 3 UStG.

7. Dachstuhl

S. erbringt gegenüber Rudi Rübe im Ergebnis eine Werklieferung nach § 3 Abs. 4 UStG, da er eigene Hauptstoffe beschafft und dem R. liefert. Das von R. gelieferte Holz, welches tatsächlich aber zur Leistungserfüllung durch S. nicht verwendet worden ist, führt zu einer sog. unechten Materialbeistellung. Dadurch bewirkt S. gegenüber R. insgesamt einen Tausch mit Baraufgabe (§ 3 Abs. 12 Satz 1 UStG), da das Entgelt für seine Werklieferung in Geld (Baraufgabe) und der Holzlieferung des R. (Tausch) besteht.

Ort der unbewegten Lieferung ist nach § 3 Abs. 7 Satz 1 UStG dort, wo das fertige Werk übergeben wird: Grundstück des Rudi Rübe.

Der Umsatz ist nach § 1 Abs. 1 Nr. 1 UStG steuerbar und mangels Steuerbefreiung (§ 4 UStG) steuerpflichtig. Entgegen der Annahme des S. beträgt der Steuersatz 19 %, § 12 Abs. 1 UStG.

Die Bemessungsgrundlage ist das Entgelt (alles, was S. erhält, abzgl. Umsatzsteuer):

Gemeiner Wert des beigestellten Materials	5 000,00 €
zzgl. Baraufzahlung brutto	+ 26 750,00 €
Summe	31 750,00 €
abzgl. Umsatzsteuer 19 %	./. 5 069,33 €
Bemessungsgrundlage	26 680,67 €

Die Umsatzsteuer i. H. von 5 069,33 € entsteht mit Ablauf des Voranmeldungszeitraumes der Lieferung (§ 13 Abs. 1 Nr. 1a UStG): Juli 2013.

Aufgabenteil Nr. 5: Abgabenordnung

Sachverhalt 1

Wirksamkeit des Einkommensteuerbescheides 02

Bevor ein Verwaltungsakt erlassen wird, der in die Rechte eines Beteiligten eingreift, soll diesem Gelegenheit gegeben werden, sich zu den für die Entscheidung erheblichen Tatsachen zu äußern. Dies gilt insbesondere, wenn von dem in der Steuererklärung erklärten Sachverhalt zuungunsten des Steuerpflichtigen wesentlich abgewichen werden soll (§ 91 Abs. 1 AO).

Danach hätte im vorliegenden Fall das Finanzamt Martin Max hinsichtlich der beabsichtigten Nichtberücksichtigung der Aufwendungen für doppelte Haushaltsführung vor Erlass des Einkommensteuerbescheides rechtliches Gehör gewähren müssen.

Ein ohne rechtliches Gehör erlassener Steuerbescheid ist jedoch nicht nichtig, sondern wird als fehlerhafter Verwaltungsakt mit seiner Bekanntgabe wirksam (§§ 125, 124 Abs. 1 Satz 2 AO). Es handelt sich um einen bis zum Abschluss eines außergerichtlichen Rechtsbehelfsverfahrens heilbaren Verfahrensfehler (§ 126 Abs. 1 Nr. 2 u. 3, Abs. 2 AO).

Einspruchsverfahren

Somit bleibt zunächst zu prüfen, ob der Einkommensteuerbescheid 02 noch angefochten werden kann. Als Rechtsbehelf käme der Einspruch in Betracht (§ 347 Abs. 1 Nr. 1 AO). Ein Einspruch ist aber nur zulässig, wenn er innerhalb der Einspruchsfrist von einem Monat eingelegt wird (§§ 355 Abs. 1, 358 AO).

Der Einkommensteuerbescheid 02 erging am 10. 07. 03 und galt am 13. 07. 03 als bekannt gegeben (§ 122 Abs. 2 Nr. 1 AO). Die Einspruchsfrist ist eine Ereignisfrist. In diesem Fall zählt der Ereignistag (= Bekanntgabe des Steuerbescheides) bei der Fristberechnung nicht mit. Die Einspruchsfrist begann somit am 14. 07. 03 0.00 Uhr (§§ 108 Abs. 1 AO i. V. m. 187 Abs. 1 BGB). Sie endet mit Ablauf des Tages, der zahlenmäßig dem Ereignistag entspricht (§§ 108 Abs. 1 AO i. V. m. 188 Abs. 2 BGB), somit mit Ablauf des 13. 08. 03.

Die Einspruchsfrist ist daher im September 04 bereits abgelaufen. Es bleibt jedoch zu prüfen, ob Wiedereinsetzung in den vorigen Stand gem. § 110 AO in Betracht kommt.

War jemand ohne Verschulden verhindert, eine gesetzliche Frist einzuhalten, so ist ihm auf Antrag Wiedereinsetzung in den vorigen Stand zu gewähren (§ 110 Abs. 1 AO).

Der Antrag ist innerhalb eines Monats nach Wegfall des Hindernisses zu stellen; die versäumte Handlung ist nachzuholen. Die für den Antrag auf Wiedereinsetzung in den vorigen Stand maßgebenden Tatsachen sind innerhalb der Frist glaubhaft zu machen (§ 110 Abs. 2 AO).

Fehlt einem Verwaltungsakt die erforderliche Begründung oder ist die erforderliche Anhörung eines Beteiligten vor Erlass des Verwaltungsakts unterblieben und ist dadurch die rechtzeitige Anfechtung des Verwaltungsakts versäumt worden, so gilt die Versäumung der Einspruchsfrist als nicht verschuldet. Das für die Wiedereinsetzungsfrist maßgebende Ereignis tritt im Zeitpunkt der Nachholung der unterlassenen Verfahrenshandlung ein (§ 126 Abs. 3 AO).

Die unterlassene Anhörung eines Beteiligten ist im Allgemeinen nur dann für die Versäumung der Einspruchsfrist ursächlich, wenn die notwendigen Erläuterungen auch im Verwaltungsakt selbst unterblieben sind (BFH v. 13. 12. 1984 – VIII R 19/81, BStBl 1985 II 601). Für den vorliegenden Fall bedeutet dies, dass grds. Wiedereinsetzung in den vorigen Stand gewährt werden kann. Das für die Antragsfrist von einem Monat (§ 110 Abs. 2 AO) maßgebende Ereignis ist die telefonische Rückfrage beim Finanzamt am 20. 09. 04.

Jedoch findet die Wiedereinsetzung in den vorigen Stand eine zeitliche Beschränkung in § 110 Abs. 3 AO. Danach kann nach einem Jahr seit dem Ende der versäumten Frist die Wiedereinsetzung nicht mehr beantragt oder die versäumte Handlung nicht mehr nachgeholt werden.

Die Einspruchsfrist endete, wie bereits dargestellt, mit Ablauf des 13. 08. 03. Der Antrag auf Wiedereinsetzung in den vorigen Stand hätte somit bis spätestens zum 13. 08. 04 gestellt werden müssen. Somit kann am 20. 09. 04 keine Wiedereinsetzung in den vorigen Stand mehr gewährt werden und der Einspruch ist als unzulässig zu verwerfen (§ 358 AO).

Korrekturvorschriften

Eine Herabsetzung der Einkommensteuer 02 käme nur noch in Betracht, wenn eine der Korrekturvorschriften der AO Anwendung finden würde.

Dies ist jedoch nicht ersichtlich, denn es handelt sich bei dem Rechtsfehler weder um eine offenbare Unrichtigkeit i. S. von § 129 AO noch gemäß § 173 Abs. 1 Nr. 2 AO um eine neue Tatsache für die zuständige Dienststelle des Finanzamts.

Sachverhalt 2

1. Gemäß § 181 Abs. 1 und Abs. 2 Nr. 1 i. V. m. § 180 Abs. 1 Nr. 2a AO waren Arm und Reich zur Abgabe einer Erklärung zur einheitlichen und gesonderten Feststellung der Einkünfte verpflichtet. An den Einkünften aus dem Mehrfamilienhaus sind mehrere Personen im Rahmen einer Erbengemeinschaft beteiligt und die Einkünfte sind ihnen jeweils zur Hälfte zuzurechnen; vgl. auch § 179 Abs. 2 Satz 2 AO.

   Die Bekanntgabe von einheitlichen und gesonderten Feststellungsbescheiden richtet sich abweichend von der Grundvorschrift des § 122 AO nach der Spezialvorschrift des § 183 AO.

   Im Rahmen des § 183 Abs. 1 AO bestehen mehrere Möglichkeiten, den Feststellungsbescheid ordnungsgemäß bekannt zu geben. Nach dem hier vorgegebenen Sachverhalt ist die Bekanntgabe gemäß § 183 Abs. 1 Satz 1 AO erfolgt, weil die Beteiligten einvernehmlich den Reich als gemeinsamen Empfangsbevollmächtigten bestellt haben.

   Somit ist die am 11. 09. 03 (§ 122 Abs. 2 Nr. 1 AO) an Reich als Empfangsbevollmächtigten erfolgte Bekanntgabe mit Wirkung für und gegen alle Feststellungsbeteiligten erfolgt; der Bescheid enthält einen entsprechenden Hinweis im Sinne von § 183 Abs. 1 Satz 5 AO. Dieses bedeutet, dass – unabhängig von einer tatsächlichen Kenntnisnahme – der Bescheid an diesem Tage auch gegenüber Arm wirksam bekannt gegeben worden ist und für alle Beteiligten Rechtswirkungen entfaltet. Auch bei einer Schätzung der Besteuerungsgrundlagen gelten die Grundsätze des § 183 AO.

2. Eine Änderung im Rahmen eines Einspruchsverfahrens kommt zweifelsfrei nicht mehr in Betracht, weil die Einspruchsfrist unter Hinweis auf die vorstehenden Ausführungen bereits mit Ablauf des 11. 10. 03 geendet hat, §§ 355 Abs. 1 und 122 Abs. 2 Nr. 1 AO.

Jedoch kann der Schätzungsbescheid vom 08. 09. 03 noch gemäß § 164 Abs. 2 AO geändert werden; die Vorschriften über die Steuerfestsetzung sind nach § 181 Abs. 1 AO sinngemäß für das Feststellungsverfahren anzuwenden.

Der Ablauf der Einspruchsfrist ist in diesem Zusammenhang unbeachtlich; solange der Vorbehalt der Nachprüfung noch wirksam ist, kann der Feststellungsbescheid jederzeit in vollem Umfang bis zum Ablauf der Feststellungsfrist geändert werden, § 164 Abs. 4 AO. Die Feststellungsfrist endet erst mit Ablauf des Jahres 07, §§ 170 Abs. 2 Nr. 1, 169 Abs. 2 Nr. 2 AO.

Aufgabenteil Nr. 6: Erbschaftsteuer/Bewertungsrecht

1. Ermittlung der festzusetzenden Erbschaftsteuer für Lukas Brand

Anteile an der Firma EM-GmbH

Die Anteile an der GmbH sind nach § 12 Abs. 2 ErbStG i. V. m. § 11 Abs. 2 BewG mit dem gemeinen Wert von 2 000 000 € anzusetzen.

Bei den Anteilen an der GmbH handelt es sich um begünstigtes Vermögen gemäß § 13a Abs. 1 Satz 1 i. V. m. § 13b Abs. 1 Nr. 3 ErbStG, weil der Erblasser zu mehr als 25 % unmittelbar am Stammkapital der Gesellschaft beteiligt war. Das Verwaltungsvermögen i. S. des § 13b Abs. 2 ErbStG beträgt 20 % und unterschreitet daher die schädliche 50 %-Grenze. Somit sind die GmbH-Anteile im Rahmen der Regelverschonung wie folgt begünstigt:

Gemeiner Wert		2 000 000 €
./. Verschonungsabschlag von 85 %, § 13b Abs. 4 ErbStG		1 700 000 €
Nicht begünstigtes Vermögen		300 000 €
./. Abzugsbetrag gemäß § 13a Abs. 2 ErbStG:		
Ungekürzter Betrag, § 13a Abs. 2 Satz 1 ErbStG 150 000 €		
./. Kürzung, § 13a Abs. 2 Satz 2 ErbStG		
300.000 ./. 150.000 = 150.000 x 50 %	75 000 €	75 000 €
Zu versteuernder Wert		225 000 €

Die sog. Optionsverschonung und damit die vollständige Befreiung des Betriebsvermögens gemäß § 13a Abs. 8 ErbStG kommt nicht in Betracht, weil das Verwaltungsvermögen die 10-%-Grenze übersteigt (§ 13a Abs. 8 Nr. 3 ErbStG).

Anteile an der Firma WM-GmbH

Die Anteile an der GmbH sind nach § 12 Abs. 2 ErbStG i. V. m. § 11 Abs. 2 BewG mit dem gemeinen Wert von 240 000 € anzusetzen.

Die Voraussetzungen für eine sachliche Steuerbefreiung gemäß § 13a Abs. 1 Satz 1 i. V. m. § 13b Abs. 1 Nr. 3 ErbStG liegen nicht vor, weil der Erblasser nach den maßgebenden Verhältnissen zum Todestag nur mit einem Anteil von 20 % und damit nicht zu mehr als 25 % an der GmbH beteiligt war.

Kapitalvermögen

Das Bankguthaben ist gemäß § 12 Abs. 1 ErbStG i. V. m. § 12 Abs. 1 BewG mit dem Nennwert von 311 000 € anzusetzen.

GmbH-Anteile Firma EM-GmbH	225 000 €
GmbH-Anteile Firma WM-GmbH	240 000 €
Kapitalvermögen	311 000 €
Bruttowert der Nachlassgegenstände	776 000 €
./. Kosten der Bestattung, § 10 Abs. 5 Nr. 3 ErbSG	12 000 €

Wert der Bereicherung	764 000 €
./. Freibetrag, § 16 Abs. 1 Nr. 2 ErbStG	400 000 €
Steuerpflichtiger Erwerb	364 000 €
x Steuersatz, § 19 Abs. 1 ErbStG	15 %
Festzusetzende Erbschaftsteuer	54 600 €

Eine Herabsetzung der Erbschaftsteuer gemäß § 19 Abs. 3 ErbStG kommt nicht in Betracht.

2. Ermittlung der festzusetzenden Erbschaftsteuer für Bastian Brand

Die Ansprüche aus der Lebensversicherung fallen nicht in die Erbmasse, weil es sich um einen Erwerb aus einem Vertrag zu Gunsten Dritter handelt, §§ 328, 331 BGB. Dieser Erwerb unterliegt gemäß § 3 Abs. 1 Nr. 4 ErbStG der Besteuerung.

Sofort fälliger Betrag

Die Forderung gegenüber der Provinzial ist gemäß § 12 Abs. 1 ErbStG i. V. m. § 12 Abs. 1 BewG mit dem Nennwert anzusetzen	600 000 €

Lebenslänglich zu zahlende Rente

Kapitalwert der lebenslänglichen Ansprüche aus der Lebensversicherung, § 12 Abs. 1 ErbStG i. V. m. §§ 14 Abs. 1, 15 Abs. 1 BewG und dem BMF-Erlass vom 26. 09. 2009, BStBl I 2011, S. 834:

Jahreswert der Versicherungsleistung (12 x 1 500 €) 18 000		
x Vervielfältiger (21 Jahre, männlich)	17,802	320 436 €
Wert der Bereicherung		920 436 €
./. Freibetrag nach § 16 Abs. 1 Nr. 2 ErbStG		400 000 €
./. Freibetrag nach § 17 Abs. 2 Nr. 5 ErbStG (Alter 21 Jahre)		10 300 €
Stpfl. Erwerb		510 136 €

Der steuerpflichtige Erwerb ist nach § 10 Abs. 1 Satz 6 ErbStG auf volle 100 € und somit auf einen Betrag von 509 800 € abzurunden.

Steuerpflichtiger Erwerb	510 100 €
x Steuersatz (Steuerklasse I)	15 %
Erbschaftsteuer	76 515 €

Hinsichtlich der Ansprüche aus den monatlichen Zahlungen der Versicherungsgesellschaft handelt es sich um lebenslänglich wiederkehrende Leistungen. Insoweit räumt § 23 ErbStG dem Erwerber ein Wahlrecht ein, die Erbschaftsteuer entweder – einmalig – vom Kapitalwert (320 436 €) oder jährlich im Voraus von dem Jahreswert zu entrichten.

Bei der Besteuerung nach dem Jahreswert ist zu beachten, dass das Wahlrecht des § 23 ErbStG sich nur auf die Rente und nicht auf das übrige Vermögen bezieht; für dieses ist zwingend die Sofortversteuerung durchzuführen. Dieses gilt im vorliegenden Fall für den sofort fälligen Anspruch aus der Lebensversicherung i. H. v. 600 000 €.

Maßgebend ist der Steuersatz, der sich nach § 19 ErbStG bei der Besteuerung nach dem Kapitalwert für den gesamten Erwerb einschließlich des Kapitalwerts der Rente ergibt, § 23 Abs. 1 Satz 2 ErbStG. Somit beträgt der bei Anwendung der Besteuerung nach dem Kapitalwert ermittelte und auch im Rahmen der Erhebung der Jahressteuer maßgebende Steuersatz 15 %.

Die Besteuerung ist entsprechend den – auch nach Inkrafttreten des ErbStRG weiter geltenden Regelungen – in H 84 ErbStH 2003 vorzunehmen. Aus Vereinfachungsgründen ist der Abzug der Freibeträge gemäß §§ 16 und 17 ErbStG vorrangig bei dem Vermögen vorzunehmen, das der Sofortversteuerung unterliegt, H 84 Satz 1 ErbStH.

Sofortsteuer

Nennwert der sofort fälligen Zahlung aus dem Versicherungsvertrag	600 000 €
./. Freibetrag nach § 16 Abs. 1 Nr. 2 ErbStG	400 000 €
./. Freibetrag nach § 17 Abs. 2 Nr. 5 ErbStG (Alter 21 Jahre)	10 300 €
Verbleibender Betrag	189 700 €
x Steuersatz für den Gesamterwerb	15 %
Sofort fällige Erbschaftsteuer	28 455 €

Jahressteuer

Die Jahressteuer ist von Beginn an jährlich in voller Höhe zu erheben, weil der Freibetrag durch das der Sofortversteuerung unterliegende Vermögen bereits aufgebraucht worden ist, § 23 Abs. 1 Satz 1 ErbStG.

Jahreswert der Rente	18 000 €
./. Freibetrag nach §	
x Steuersatz nach § 19 Abs. 1 ErbStG	15 %
Jahressteuer	2 700 €

Die Jahressteuer ist jährlich im Voraus bis zum Erlöschen des Rechts durch Tod des Erwerbers zu entrichten. Jährlich im Voraus i. S. des § 23 ErbStG bedeutet nicht Kalenderjahr, sondern dass die Jahressteuer vom jeweiligen Bewertungsstichtag ab zu entrichten ist. Der jeweilige Fälligkeitstag für die Jahressteuer ist im vorliegenden Fall der 15. 06. 2012, jedoch nicht vor Erlass und Bekanntgabe des Erbschaftsteuerbescheides.

Der Erwerber hat gemäß § 23 Abs. 2 ErbStG das Recht, die Jahressteuer zum jeweils nächsten Fälligkeitstermin mit ihrem Kapitalwert abzulösen.

Aufgabenteil Nr. 7: Rechnungswesen

Teil I: Rechnungswesen

1. Krefelder Str. 2

Ertragsteuerlich sind bei der Bilanzierung und Bewertung des bebauten Grundstücks zwei Wirtschaftsgüter (Grund u. Boden und das Gebäude) getrennt zu beurteilen.

K. Lauer ist bereits am 1. 11. 2012 wirtschaftlicher Eigentümer geworden. Mit dem Übergang der Gefahr, Nutzen und Lasten ist ihm das Grundstück am Bilanzstichtag zuzurechnen, denn die spätere Eintragung (zivilrechtlicher Eigentumsübergang gem. § 873 BGB mit der Auflassung und Eintragung in das Grundbuch) ist gem. § 39 Abs. 2 Nr. 1 AO unmaßgeblich. Vgl. nunmehr auch § 246 Abs. 1 Satz 2 HGB.

Hinsichtlich des ausschließlich betrieblich genutzten bebauten Grundstücks besteht Aktivierungsgebot gem. § 5 Abs. 1 Satz 1 Halbsatz 1 EStG i. V. m. §§ 240 Abs. 1, 242 Abs. 1 und § 246 Abs. 1 HGB (alternativ: das Grundstück gehört gem. § 4 Abs. 1 EStG i. V. m. R 4.2 Abs. 7 EStR zum notwendigen Betriebsvermögen).

Grund und Boden

Der Grund und Boden ist gem. R 6.1 Abs. 1 Satz 6 EStR dem nicht abnutzbaren Anlagevermögen zuzuordnen und ist gem. § 6 Abs. 1 Nr. 2 Satz 1 EStG (bzw. § 253 Abs. 1 Satz 1 HGB) grds. mit den Anschaffungskosten zu bewerten.

Zu den Anschaffungskosten gehören gem. § 255 Abs. 1 HGB (bzw. H 6.2 EStH) sämtliche Aufwendungen, um den Vermögensgegenstand zu erwerben, einschließlich der Nebenkosten:

lt. Kaufvertrag	150 000 €
Nebenkosten 1/4 von 29 000 €	+ 7 250 €
AK und Bilanzwert am 31. 12. 2012	157 250 €

Die abziehbare Vorsteuer gehört nicht zu den AK (§ 9b Abs. 1 EStG). Die Umsatzsteuer auf Notarkosten ist gem. § 15 Abs. 1 Nr. 1 UStG abziehbar, weil sie nicht mit steuerfreien Ausschlussumsätzen im Zusammenhang steht.

Gebäude

Das Gebäude ist dem unbeweglichen abnutzbaren Anlagevermögen zuzuordnen (R 6.1 Abs. 1 Satz 5 und R 7.1 Abs. 1 Nr. 4 EStR) und ist gem. § 6 Abs. 1 Nr. 1 Satz 1 EStG grds. mit den fortgeführten Anschaffungskosten (AK ./. AfA) zu bewerten (so auch § 253 Abs. 3 Satz 1 HGB).

Kontenentwicklung:

Anschaffungskosten lt. Vertrag (75 %)	450 000 €
anteilige Nebenkosten, netto 75 % von 29 000 € (§ 255 Abs. 1 HGB)	+ 21 750 €
Anschaffungskosten 1. 11. 2012	471 750 €
AfA linear, 3 % = 14 152 € p. a., 2/12 zeitanteilig gem. § 7 Abs. 1 Satz 4 EStG	./. 2 358 €
fortgeführte AK zum 31. 12. 2012	469 392 €

Die gesetzliche lineare AfA beträgt gem. § 7 Abs. 4 Satz 1 Nr. 1 EStG 3 %, da es sich um ein Wirtschaftsgebäude handelt, d. h. das Gebäude gehört zum Betriebsvermögen, dient nicht zu Wohnzwecken, und der Antrag auf Baugenehmigung wurde nach dem 31. 3. 1985 gestellt.

Die AfA ist mit Beginn des wirtschaftlichen Übergangs am 1. 11. 2012 vorzunehmen (vgl. § 11c Abs. 1 EStDV und R 7.4 Abs. 1 EStR).

Begleichung Kaufpreis

Da der Kaufpreis am Stichtag noch nicht vollständig bezahlt ist, liegt insofern eine sonstige Verbindlichkeit (bzw. Hypothekenschuld) vor, die zwingend gem. § 5 Abs. 1 Satz 1 Halbsatz 1 EStG i. V. m. §§ 240 Abs. 1, 242 Abs. 1, 246 Abs. 1 HGB zu passivieren ist. Sie steht in wirtschaftlichem Zusammenhang mit dem Wirtschaftsgebäude (H 4.2 Abs. 15 EStH „Betriebsschuld").

Der Ansatz zum 31. 12. 2012 erfolgt gem. § 6 Abs. 1 Nr. 3 EStG und H 6.10 EStH mit den Anschaffungskosten (= Nennwert). Dies entspricht dem Rückzahlungsbetrag bzw. Erfüllungsbetrag (§ 5 Abs. 1 Satz 1 Halbsatz 1 EStG i. V. m. § 253 Abs. 1 Satz 2 HGB).

Sonstige (kurzfristige) Verbindlichkeiten lt. Firma:	200 000 €
Korrektur der Privateinlage	+ 200 000 €
Bilanzansatz zum 31. 12. 2012	400 000 €

Die Begleichung des Kaufpreises aus teilweise privaten Mitteln stellt im Zeitpunkt der Zahlung (2013) eine Geldeinlage i. S. des § 4 Abs. 1 Satz 8 EStG dar.

Buchungen:

Geschäftsgebäude	21 750 €			
Grund und Boden	7 250 €	an	sonst. Aufwand	29 000 €
AfA	2 358 €	an	Geschäftsgebäude	2 358 €
Privateinlagen	200 000 €	an	sonstige Verbindl.	200 000 €

Gewinn:

Minderung sonst. Aufwendungen	+ 29 000 €
Erhöhung AfA	./. 2 358 €

Abfindungszahlung

Es handelt sich hierbei um ein aktivierungspflichtiges immaterielles Wirtschaftsgut (vgl. § 5 Abs. 2 EStG i. V. m. R 5.5 Abs. 1 Satz 1 EStR). Die Möglichkeit der eigenbetrieblichen Nutzung vor Ablauf des gültigen Mietvertrages ist für K. Lauer ein sonstiger greifbarer Vorteil. Die Abfindungszahlung stellt keine Anschaffungskosten des Gebäudes dar, weil ein Fall des H 6.4 EStH „Entschädigungs- oder Abfindungszahlungen an Mieter oder Pächter", nämlich der Abbruch eines Gebäudes mit anschließendem Neubau, nicht vorliegt. Es ist auch kein aktiver Rechnungsabgrenzungsposten gegeben, da die Zahlung nicht für eine bestimmte Zeit nach dem Stichtag geleistet worden ist.

Dieser sonstige Vorteil ist dem abnutzbaren Anlagevermögen zuzuordnen und ist gem. § 6 Abs. 1 Nr. 1 Satz 1 EStG (bzw. § 253 Abs. 3 Satz 1 HGB) mit den fortgeführten Anschaffungskosten (AK ./. AfA) zu bewerten. Die Aufwendungen sind auf die Restlaufzeit des Mietvertrages zu verteilen.

Die AfA darf gem. R 7.1 Abs. 1 Nr. 2 EStR nur linear und gem. § 7 Abs. 1 Satz 4 EStG zeitanteilig vorgenommen werden.

Entwicklung Bilanzansatz:

Netto-AK am 1. 11. 2012	24 000 €
ohne abziehbare Vorsteuer (§ 9b Abs. 1 EStG)	
AfA 25 % (§ 7 Abs. 1 S. 1 EStG), 2/12 zeitanteilig	./. 1 000 €
fortgeführte Anschaffungskosten zum 31. 12. 2012	23 000 €

Buchung:

Sonstiger Vorteil	23 000 €			
AfA	1 000 €	an	sonst. betriebl. Aufwendungen	24 000 €

Gewinn:

Minderung sonst. betriebl. Aufwendungen	+ 24 000 €
Erhöhung AfA	./. 1 000 €

2. Einfriedung

- Es handelt sich hierbei um ein selbständiges Wirtschaftsgut, welches zwingend zu bilanzieren ist. Die Außenanlage gehört weder zum Gebäude (keine Herstellungskosten des Gebäudes, vgl. H 6.4 EStH) noch zum Grund und Boden (vgl. H 6b.1 EStH „Grund und Boden"). Die Einfriedung ist auch nicht als Betriebsvorrichtung i. S. der R 4.2 Abs. 3 Satz 3 Nr. 1 EStR und R 7.1 Abs. 3 EStR zu qualifizieren, weil ein unmittelbarer Zusammenhang mit dem Betrieb fehlt. Vgl. auch H 7.1 EStH „Ausführungen zu den unbeweglichen Wirtschaftsgütern, die keine Gebäude oder Gebäudeteile sind".
- Die Einfriedung ist gem. R 7.1 Abs. 1 Nr. 3 EStR dem unbeweglichen abnutzbaren Anlagevermögen zuzuordnen und gem. § 6 Abs. 1 Nr. 1 Satz 1 EStG (bzw. § 253 Abs. 3 Satz 1 HGB) grds. mit den fortgeführten Herstellungskosten (HK ./. AfA) zu bewerten:

Netto-HK am 15. 12. 2012	34 000 €
AfA nur linear gem. § 7 Abs. 1 Satz 1 EStG und zeitanteilig gem. § 7 Abs. 1 Satz 4 EStG	
ND: 17 Jahre = 2 000 € p. a., 1/12 =	./. 167 €
Bilanzwert zum 31. 12. 2012	33 833 €

Buchung:

Außenanlagen	33 833 €			
AfA	167 €	an	sonstige betriebliche Aufwendungen	34 000 €

Gewinn:

Minderung sonstige betriebliche Aufwendungen	+ 34 000 €
AfA (Firma bisher 0 €)	./. 167 €

3. Baustoffhandlung

Der entgeltlich erworbene Geschäfts- oder Firmenwert gilt gem. § 246 Abs. 1 Satz 4 HGB in der Fassung des BilMoG abweichend von der früheren Beurteilung als zeitlich begrenzt nutzbarer Vermögensgegenstand und ist deshalb auch in der HB zu aktivieren.

Steuerlich besteht gem. § 5 Abs. 2 EStG für das immaterielle WG „Firmenwert" bei entgeltlichem Erwerb nach wie vor ein Aktivierungsgebot. Insofern besteht kein Unterschied mehr zur Handelsbilanz.

Der Firmenwert ist als immaterielles WG dem abnutzbaren Anlagevermögen zuzuordnen (§ 247 Abs. 2 HGB, R 6.1 Abs. 1 Satz 4, 5 EStR und R 7.1 Abs. 1 Nr. 2 EStR).

Der Firmenwert ist gem. § 6 Abs. Nr. 1 Satz 1 EStG (bzw. § 253 Abs. 3 Satz 1 HGB) grds. mit den fortgeführten Anschaffungskosten (AK ./. AfA) zu bewerten.

Die AfA darf nur linear vorgenommen werden, da der Firmenwert als immaterielles WG kein bewegliches WG ist; Umkehrschluss aus R 7.1 Abs. 2 EStR.

Wegen der handelsrechtlichen Nutzungsdauer (ND) vgl. § 285 Satz 1 Nr. 13 HGB = 5 Jahre (Erläuterungspflicht bei einer Nutzungsdauer über 5 Jahre; längere steuerliche Nutzungsdauer reicht als Begründung nicht aus).

Gemäß § 5 Abs. 6 EStG sind die steuerlichen Vorschriften stets dann vorrangig, wenn sie zwingend etwas anderes vorschreiben. § 7 Abs. 1 S. 3 EStG fingiert die betriebsgewöhnliche Nutzungsdauer des Firmenwerts mit 15 Jahren.

Kontenentwicklung:

	HB	StB
Zugang Firmenwert zum 2. 4. 2012 mit AK:	63 000 €	63 000 €
AfA linear, § 7 Abs. 1 S. 1 EStG,		
HB 1/5 = 12 000 € p. a., davon 9/12		
StB 1/15 = 4 200 € p. a.		
9/12 gem. § 7 Abs. 1 S. 4 EStG	./. 9 450 €	./. 3 150 €
Bilanzwert zum 31. 12. 2012	53 550 €	59 850 €

Buchung (HB):

Firmenwert	53 550 €	an	sonstige betriebl. Aufwendungen	63 000 €
AfA	9 450 €			

Gewinn:

Erhöhung AfA	./. 9 450 €
Minderung außerordentliche Aufwendungen	+ 63 000 €

Steuerlich ist der Gewinn außerhalb der Buchführung gem. § 60 Abs. 2 Satz 1 EStDV um 6 300 € (AfA-Differenz) wieder zu erhöhen!

4. Betriebs- und Geschäftsausstattung

- Der Gabelstapler ist zwingend zu aktivieren (Aktivierungsgebot) und ist dem beweglichen abnutzbaren Anlagevermögen zuzuordnen (§ 247 Abs. 2 HGB, R 7.1 Abs. 2 EStR). Die Bewertung erfolgt gem. § 6 Abs. 1 Nr. 1 Satz 1 EStG (bzw. § 253 Abs. 3 Satz 1 HGB) grds. mit den fortgeführten Anschaffungskosten. Aufgrund der Aufgabenstellung ist die degressive AfA zu wählen, die in vorliegendem Fall auch handelsrechtlich zulässig ist.
- Der zum 31. 12. 2011 in das besondere steuerliche Verzeichnis eingestellte Sonderposten mit Rücklageanteil (Rücklage für Ersatzbeschaffung) kann auf das Ersatzwirtschaftsgut (R 6.6 Abs. 1 Satz 2 Nr. 2 EStR) übertragen werden. Da die AK die Entschädigungssumme übersteigen, ist eine volle Übertragung der stillen Reserven möglich (Hinweis auf H 6.6 Abs. 3 EStH „Mehrentschädigung").
- Das steuerliche Wahlrecht nach R 6.6 EStR konnte in 2011 gem. § 5 Abs. 1 Satz 1 Halbsatz 2 EStG unabhängig von der Handelsbilanz ausgeübt werden. Vgl. insofern auch die Rz. 12–14 des BMF-Schreibens vom 12. 3. 2010. In 2012 ist die Rz. 22 des BMF-Schreibens zu beachten. Mit der Auflösung des Sonderpostens und der Ausübung des steuerlichen Wahlrechtes sind die verminderten AK des neuen Wirtschaftsgutes in das besondere, laufend zu führende Verzeichnis aufzunehmen; vgl. R 6.6 Abs. 1 Nr. 3 EStR.
- Der steuerliche Sonderposten mit Rücklageanteil ist gem. R 6.6 Abs. 4 Satz 8 EStR wie folgt aufzulösen:

Sonderposten mit Rücklageanteil 1. 1. 2012 (Rücklage für Ersatzbeschaffung)	8 000 €
Übertragung auf Ersatzwirtschaftsgut	./. 8 000 €
Wertansatz im besonderen steuerlichen Verzeichnis zum 31. 12. 2012	0 €

Kontenentwicklung Gabelstapler:

	HB	StB
Zugang am 2. 1. 2012 mit den Netto-AK	54 000 €	54 000 €
Rücklage für Ersatzbeschaffung, 1/1	– €	./. 8 000 €
AfA-Bemessungsgrundlage (für die StB vgl. R 7.3 Abs. 4 EStR)	54 000 €	46 000 €
AfA:		
11,11 % linear gem. § 7 Abs. 1 EStG = 6 000 € p. a. in HB, StB: 5 110 €		
(Hinweis: die degressive AfA gem. § 7 Abs. 2 EStG kommt nicht mehr in Betracht, da der Zugang nach 1. 1. 2011 erfolgt ist!)		
1/1 AfA, da Zugang im Januar 2012!	./. 6 000 €	./. 5 110 €
Bilanzwert zum 31. 12. 2012	48 000 €	40 890 €

Da der in der HB zum 31. 12. 2011 kein Sonderposten mit Rücklagenanteil ausgewiesen worden ist, unterbleibt insofern eine Buchung. Bezüglich der AfA ist keine Korrekturbuchung erforderlich, da diese bereits zutreffend erfolgt ist.

Buchungen/Gewinnauswirkung in HB: Keine!

Außerhalb der Handelsbilanz ist der steuerliche Gewinn infolge der Übertragung der stillen Reserven nach R 6.6 EStR gem. § 60 Abs. 2 Satz 1 EStDV wie folgt zu korrigieren:

AfA-Differenz	+ 890 €

5. Stahlgerüstteile

Die Stahlgerüstteile sind zu aktivieren (Aktivierungsgebot gem. § 5 Abs. 1 Satz 1 Halbsatz 1 EStG i. V. m. §§ 240 Abs. 1, 242 Abs. 1, 246 Abs. 1 HGB). Sie sind dem abnutzbaren Anlagevermögen zuzuordnen. Geringwertige Wirtschaftsgüter liegen nicht vor, da es an der selbständigen Nutzungsfähigkeit fehlt (vgl. H 6.13 EStH: „ABC der nichtselbständig nutzungsfähigen WG").

Für diesen Bilanzposten kann handelsrechtlich ein Festwert gebildet werden (vgl. § 240 Abs. 3 HGB i. V. m. § 256 Satz 2 HGB). Soweit ein entsprechender Ausweis in der HB erfolgt, ist dieser steuerlich gem. § 5 Abs. 1 Satz 1 Halbsatz 1 EStG (Maßgeblichkeit) bindend; Rz. 7 des BMF-Schreibens vom 12. 03. 2010. Der Gesamtwert dieser Wirtschaftsgüter ist für das Unternehmen bei einer Bilanzsumme von ca. 3 % auch eindeutig von nachrangiger Bedeutung ist (vgl. H 6.8 EStH „Festwert", BMF-Schreiben vom 8. 3. 1993, BStBl 1993 I S. 276). Die Höhe des Festwerts richtet sich grds. nach den Anschaffungskosten. Bei dem hier vorliegenden abnutzbaren Anlagevermögen sind jedoch wegen der altersmäßigen Schichtung der Gerüstteile nur 40 % der Anschaffungskosten anzusetzen.

Grundsätzlich ist gem. R 5.4 Abs. 3 Satz 1 EStR an jedem 3. Bilanzstichtag, spätestens jedoch an jedem 5. Bilanzstichtag, eine körperliche Bestandsaufnahme erforderlich:

Festwert am 31. 12. 2007	24 000 €
Inventurwert 31. 12. 2012	28 000 €
Abweichung mehr als 10 %	4 000 €

Nach R 5.4 Abs. 3 Satz 2 und 3 EStR ist somit eine Aufstockung des Festwerts ab 2012 wie folgt vorzunehmen:

Festwert zum 31. 12. 2011	24 000 €
Zukauf in 2012	+ 3 000 €
Bilanzwert zum 31. 12. 2012	27 000 €

(nur als Hinweis: Die restlichen 1 000 € sind aus dem Zukauf des Wj. 2013 aufzustocken.)

Buchung:

Stahlgerüstteile (Festwert)	3 000 €	an	sonstige betriebliche Aufwendungen	3 000 €

Gewinn:

Minderung sonstige betriebl. Aufwendungen	+ 3 000 €

6. Halbfertige und fertige Arbeiten

a) Firma Wurm & Co. KG

- Hinsichtlich der teilfertigen Arbeiten besteht Aktivierungsgebot gem. § 5 Abs. 1 Satz 1 Halbsatz 1 EStG i. V. m. §§ 240 Abs. 1, 242 Abs. 1, 246 Abs. 1 HGB. Vgl. insofern auch R 6.3 Abs. 8 EStR.

- Die teilfertigen Arbeiten sind dem Umlaufvermögen zuzuordnen (Umkehrschluss aus § 247 Abs. 2 HGB, bzw. R 6.1 Abs. 2 EStR) und sind gem. § 6 Abs. 1 Nr. 2 Satz 1 EStG (bzw. § 253 Abs. 1 Satz 1 HGB) grds. mit den Herstellungskosten zu bewerten.

  Zu den HK gehören gem. § 255 Abs. 2 Satz 1 HGB nur tatsächliche Aufwendungen; kalkulatorische Kosten scheiden aus (Unternehmerlohn: H 6.3 EStH „Kalkulatorische Kosten"). Ferner gehören die Vertriebskosten (hier: Provision) gem. § 255 Abs. 2 Satz 6 HGB nicht zu den HK (vgl. auch R 6.3 Abs. 6 Satz 3 EStR).

  Handelsrechtlich umfasst der Mindestansatz der Herstellungskosten gem. § 255 Abs. 2 Satz 2 HGB nunmehr neben den Einzelkosten auch die angemessenen Teile der Materialgemeinkosten, der Fertigungsgemeinkosten und des Werteverzehrs des Anlagevermögens (Wertuntergrenze in der HB).

  Gemäß § 255 Abs. 2 Satz 3 HGB besteht hinsichtlich der Verwaltungskosten handelsrechtlich nach wie vor ein Ansatzwahlrecht (Wertobergrenze in der HB).

Steuerrechtlich ergeben sich die Herstellungskosten gem. § 5 Abs. 6 i. V. m. § 6 Abs. 1 Nr. 2 Satz 1 EStG und R 6.3 EStR und den Rz. 6 und 8 des BMF-Schreibens vom 12. 3. 2010, wonach nunmehr auch die Verwaltungskosten zwingend anzusetzen sind (das frühere Wahlrecht ist weggefallen, R 6.3 Abs. 4 EStR ist somit grds. überholt!). Es ist jedoch auf die BMF-Schreiben vom 22. 6. 2010 und 25. 3. 2013 hinzuweisen, wonach aus Vertrauensschutzgründen zum 31. 12. 2012 auch noch ein Bilanzansatz in Höhe von 258 000 € (ohne die Verwaltungskosten in Höhe von 12 000 €) zulässig ist; vgl. insofern auch die Übergangsregelung des neuen R 6.3 Abs. 9 EStÄR 2012. Dies entspricht auch der Aufgabenstellung, wonach der niedrigste steuerliche Gewinn auszuweisen ist.

HINWEIS:

Infolge der steuerlichen Bilanzierungspflicht der Verwaltungskosten läuft der Wunsch des Stpfl. bezüglich eines möglichst niedrigen Bilanzansatzes in der StB zukünftig ins Leere. Soweit deshalb in der HB die HK mit der Wertuntergrenze bilanziert werden, muss steuerlich die Differenz zur Wertobergrenze dem steuerlichen Gewinn außerbilanziell gem. § 60 Abs. 2 Satz 1 EStDV wieder hinzugerechnet werden.

Herstellungskosten der teilfertigen Arbeiten:

Materialeinzelkosten	50 000 €
Materialgemeinkosten 20 %	+ 10 000 €
Fertigungseinzelkosten (Löhne)	+ 90 000 €
Fertigungsgemeinkosten 120 %	+ 108 000 €

Herstellungskosten in der HB und StB (Untergrenze); Bilanzwert 31. 12. 2012	258 000 €
Verwaltungskosten (Geschäftsleitung, Personalbüro, RW) – 2012 noch einheitliches Wahlrecht!)	*+ 12 000 €*
auch zulässiger Bilanzansatz zum 31. 12. 2012 (HB = StB)	270 000 €

Buchung:

Halbfertige Erzeugnisse	258 000 €	an	Bestandsveränderungskonto	258 000 €

Gewinn:

Minderung Bestandsveränderungskonto	+ 258 000 €

b) Firma Stark & Co. KG

Mit der Fertigstellung und der Abnahme am 29. 12. 2012 hat K. Lauer eine Forderung in Höhe des vereinbarten Auftragspreises von 119 000 €. Realisationsprinzip: § 252 Abs. 1 Nr. 4 HGB. Vgl. auch H 4.2 Abs. 1 EStH „Forderungen".

Da die Forderung zivilrechtlich bereits entstanden ist, besteht zum Bilanzstichtag auch ein Aktivierungsgebot gem. § 5 Abs. 1 Satz 1 Halbsatz 1 EStG i. V. m. §§ 240 Abs. 1, 242 Abs. 1, 246 Abs. 1 HGB. Die Forderung ist dem Umlaufvermögen zuzuordnen (Umkehrschluss aus § 247 Abs. 2 HGB, oder R 6.1 Abs. 2 EStR) und ist gem. § 6 Abs. 1 Nr. 2 Satz 1 EStG (bzw. § 253 Abs. 1 Satz 1 HGB) mit den Anschaffungskosten (= Nennwert) zu bewerten.

Bilanzansatz zum 31. 12. 2012: + 119 000 €

(Hinweis auf Tz. 7)

Die Umsatzsteuer ist gem. § 13 Abs. 1 Nr. 1a UStG ebenfalls mit der Fertigstellung des Werkes im Dezember 2012 entstanden.

Buchung:

Forderungen aus Lief. u. Leistungen	119 000 €	an	teilfertige Arbeiten	80 000 €
			Erlöse	20 000 €
			USt-Schuld	19 000 €

alternativ:

Bestandsveränderungskonto	80 000 €	an	teilfertige Arbeiten	80 000 €
Forderungen aus Lieferungen und Leistungen	119 000 €	an	Erlöse	100 000 €
			USt-Schuld	19 000 €

Gewinn:

Erhöhung Erlöse	+ 20 000 €

alternativ:

Erhöhung Bestandsveränderungskonto	./. 80 000 €
Erhöhung Erlöse	+ 100 000 €

c) Sonstige Leistungen

Bei der im Juni 2012 für den außerbetrieblichen Bereich ausgeübten Tätigkeit handelt es sich um eine Leistungsentnahme i. S. des § 4 Abs. 1 Satz 2 EStG.

Die Leistungsentnahme ist gem. § 6 Abs. 1 Nr. 4 EStG und H 6.12 EStH „Nutzungen" mit den Selbstkosten i. H. von 6 000 € zu bewerten.

Umsatzsteuerrechtlich ist ein steuerbarer Tatbestand gem. § 3 Abs. 1b Nr. 2 i. V. m. § 3 Abs. 9a Nr. 2 UStG verwirklicht (fiktive sonstige Leistung), die mangels Befreiung gem. § 4 UStG auch steuerpflichtig ist. Bemessungsgrundlage sind die entstandenen Kosten (§ 10 Abs. 4 Nr. 3 UStG, Abschnitt 10.6 Abs. 3 UStAE). Die Umsatzsteuer für Entnahmen erhöhen gem. § 12 Nr. 3 EStG die Privatentnahmen.

Die Berechnung der Privatentnahmen entwickelt sich demnach wie folgt:

Selbstkosten:	6 000 €
19 % USt	+ 1 140 €
Privatentnahmen insgesamt:	7 140 €

Buchung:

Privatentnahmen	7 140 €	an	sonstige betriebl. Erträge	6 000 €
			USt-Schuld	1 140 €

Gewinn:

Erhöhung sonstige betriebliche Erträge	+ 6 000 €

7. Forderungen aus Lieferungen und Leistungen

Die aktivierungspflichtigen Forderungen sind dem Umlaufvermögen zuzuordnen (Umkehrschluss aus § 247 Abs. 2 HGB) und sind gem. § 6 Abs. 1 Nr. 2 Satz 1 EStG (bzw. § 253 Abs. 1 Satz 1 HGB) grds. mit den Anschaffungskosten (= Nennwert) zu bewerten.

a) Einzelwertberichtigung

Die Forderung i. H. von 11 900 € ist bereits zum 31. 12. 2012 uneinbringlich geworden. Unter Berücksichtigung der besseren Erkenntnis – Wertaufhellungstheorie gem. § 252 Abs. 1 Nr. 4 HGB (Ursache bzw. Ereignis = Brand im alten Jahr) – ist diese Forderung in voller Höhe abzuschreiben.

Nach dem strengen Niederstwertprinzip gem. § 253 Abs. 4 Satz 2 HGB beträgt der Teilwert (bzw. beizulegende Wert) zum 31. 12. 2012 eindeutig 0 €. Nicht realisierte Verluste müssen in der HB ausgewiesen werden.

§ 6 Abs. 1 Nr. 2 Satz 2 EStG steht dem auch nicht entgegen, weil es sich eindeutig um eine voraussichtlich dauernde Wertminderung handelt. Vgl. insofern auch die Rz. 23, 32 und 33 des BMF-Schreibens vom 25. 2. 2000, BStBl 2000 I S. 372.

Gemäß § 5 Abs. 1 Satz 1 Halbsatz 2 EStG i. V. m. Rz. 15 des BMF-Schreibens vom 12. 3. 2010 besteht jedoch steuerlich kein Abwertungszwang mehr (§ 6 Abs. 1 Nr. 2 Satz 2 EStG, wonach der niedrigere Teilwert angesetzt werden kann). Aufgrund der Aufgabenstellung ist jedoch auch steuerlich eine Teilwertabschreibung vorzunehmen.

Die USt-Schuld ist gem. § 17 Abs. 2 UStG im Falle des Insolvenzverfahrens um 1 900 € zu mindern, und zwar spätestens im Zeitpunkt der Eröffnung des Insolvenzverfahrens (Januar 2013); vgl. Abschnitt 17.1 Abs. 5 S. 5 des UStAE.

b) Pauschalwertberichtigung

Die Rechtsprechung und die GoB lassen ein gemischtes Verfahren zu (vorsichtige Bewertung; § 252 Abs. 1 Nr. 4 HGB).

Berechnung:

Forderungsbestand zum 31. 12. 2012	190 400 €
Forderung aus Tz. 6b	+ 119 000 €
einzeln wertberichtigte Forderungen	./. 11 900 €
verbleiben	297 500 €
Umsatzsteuer: Kürzung erst bei tatsächlichem Ausfall, vgl. Abschnitt 17.1 Abs. 5 Satz 8 UStAE	./. 47 500 €
Bemessungsgrundlage	250 000 €
hiervon nachweislich 3 %, Delkredere:	7 500 €

Da jedoch im Zeitpunkt der Bilanzerstellung nur noch Außenstände i. H. von netto 3 000 € vorhanden sind, ist das Delkredere auf diesen Betrag zu begrenzen (Wertaufhellung gem. § 252 Abs. 1 Nr. 4 HGB). Eine voraussichtlich dauernde Wertminderung i. S. des § 6 Abs. 1 Nr. 2 Satz 2 EStG ist m. E. auch bei der Pauschalwertberichtigung zu bejahen, weil insofern ein permanentes Ausfallrisiko besteht. Insofern wird auf die Rz. 23 ff. des BMF-Schreibens vom 25. 2. 2000, BStBl 2000 I S. 372, verwiesen.

§ 247 Abs. 1 HGB lässt eine indirekte Abschreibung nicht mehr zu, so dass sich der Bilanzansatz Forderungen zum 31. 12. 2012 wie folgt entwickelt:

verbleibende Forderungen	297 500 €
Pauschalwertberichtigung	./. 3 000 €
Bilanzwert Forderungen zum 31. 12. 2012	294 500 €

Buchungen:

Abschreibungen auf Forderungen	10 000 €		
USt-Schuld	1 900 €	an Forderungen	11 900 €
Abschreibungen auf Forderungen	3 000 €	an Forderungen	3 000 €

Gewinn:

Erhöhung Abschreibungen auf Forderungen	./. 10 000 €
Erhöhung Abschreibungen auf Forderungen	./. 3 000 €

8. Vorräte

Die aktivierungspflichtigen Waren sind dem Umlaufvermögen zuzuordnen (Umkehrschluss aus § 247 Abs. 2 HGB bzw. R 6.1 Abs. 2 EStR) und sind wie folgt einzeln zu bewerten:

Gruppe A:

Waren sind gem. § 6 Abs. 1 Nr. 2 Satz 1 EStG (bzw. § 253 Abs. 1 Satz 1 HGB) grds. mit den Anschaffungskosten zu bewerten. Der höhere Teilwert (= Netto-Wiederbeschaffungskosten; vgl. H 6.7 EStH „Teilwertvermutungen") von 28 000 € darf nicht angesetzt werden. Die Anschaffungskosten stellen stets die Bewertungsobergrenze dar. Nicht realisierte Gewinne dürfen nicht ausgewiesen werden. Der Bilanzansatz entspricht den Anschaffungskosten von 25 000 €.

Gruppe B:

Eine Teilwertabschreibung kann auch bei fallenden Verkaufspreisen in Betracht kommen (vgl. H 6.7 EStH „Teilwertvermutungen Nr. 4"). Fallende Verkaufspreise rechtfertigen eine Teilwertabschreibung jedoch erst dann, wenn die voraussichtlich erzielbaren Verkaufserlöse die Selbstkosten zuzüglich des durchschnittlichen Unternehmergewinns nicht erreichen. Der Teilwert ist gem. R 6.8 Abs. 2 Satz 3 EStR i. V. m. H 6.8 EStH „Subtraktionsmethode" EStH wie folgt retrograd zu ermitteln:

voraussichtlich erzielbarer Verkaufspreis	24 000 €
noch anfallende Verwaltungs- und Vertriebskosten	./. 2 400 €
beizulegender Wert (§§ 253 Abs. 4 Satz 2, § 255 Abs. 4 HGB)	21 600 €
durchschnittlich erzielbarer Unternehmergewinn, 15 % von 24 000 €	./. 3 600 €
steuerrechtlicher Teilwert zum 31. 12. 2012	18 000 €

Handelsrechtlich brauchte der durchschnittliche Unternehmergewinn bisher bei der Ermittlung des beizulegenden Wertes nicht abgezogen zu werden (sog. verlustfreie Bewertung). Der steuerrechtlich zwingend gebotene Abzug ist handelsrechtlich jedoch nach dem BilMoG nicht mehr zulässig, da § 254 HGB a. F. weggefallen ist.

Da der beizulegende Wert nicht die ursprünglichen Anschaffungskosten von 20 000 € unterschreitet, bleibt es im vorliegenden Fall in der HB bei einem Bilanzansatz von 20 000 €. Unabhängig von der HB kann steuerlich gem. § 5 Abs. 1 Satz 1 Halbsatz 2 EStG i. V. m. § 6 Abs. 1 Nr. 2 Satz 2 EStG eine Teilwertabschreibung vorgenommen werden (Rz. 12–15 BMF-Schreiben vom 12. 3. 2010); vgl. auch R 6.8. Abs. 1 Satz 3 EStR. Da die Verkaufspreise bis zur Veräußerung unverändert geblieben sind, handelt es sich auch um eine voraussichtlich dauernde Wertminderung i. S. des § 6 Abs. 1 Nr. 2 Satz 2 EStG (Tz. 23 des BMF-Schreibens vom 25. 2. 2000, BStBl 2000 I S. 372). In Höhe von 2 000 € kann deshalb eine Teilwertabschreibung (bzw. außerplanmäßige Abschreibung) vorgenommen werden. Nach der Aufgabenstellung muss sie vorgenommen werden.

Der endgültige Bilanzansatz beträgt:	HB	StB
Warengruppe A	25 000 €	25 000 €
Warengruppe B	+ 20 000 €	+ 18 000 €
Bilanzwert zum 31. 12. 2012	45 000 €	43 000 €

Eine Buchung in der HB ist nicht erforderlich.

Steuerlich erfolgt eine außerbilanzielle Korrektur infolge der Erhöhung der Teilwertabschreibung gem. § 60 Abs. 2 EStDV: ./. 2 000 €

9. Darlehen

Dieses Darlehen gehört zum notwendigen passiven Betriebsvermögen (H 4.2 Abs. 15 EStH „Betriebsschuld"). Es besteht Passivierungsgebot gem. § 5 Abs. 1 Satz 1 Halbsatz 1 EStG i. V. m. §§ 240 Abs. 1, 242 Abs. 1, 246 Abs. 1 HGB.

Das Darlehen ist steuerlich gem. § 6 Abs. 1 Nr. 3 EStG grds. mit den Anschaffungskosten = Nennwert zu bewerten (H 6.10 EStH „Anschaffungskosten"). Die Anschaffungskosten i. H. von 5 400 € stellen die Bewertungsuntergrenze dar.

In der HB sind auf fremde Währung lautende Verbindlichkeiten gem. § 256a Satz 1 HGB grds. umzurechnen. Da die Restlaufzeit aber 1 Jahr überschreitet, ist gem. § 256a Satz 2 HGB das Anschaffungs- sowie das Realisationsprinzip zu beachten; d. h., in diesem Fall dürfen nicht realisierte Gewinne auch nicht in der HB ausgewiesen werden. Die Buchung der Firma ist deshalb zu stornieren.

Bilanzansatz zum 31. 12. 2012 (HB = StB): 5 400 €

Buchung:

Sonstige betriebliche Erträge	200 €	an Darlehensschuld	200 €

Gewinn:

Minderung sonstige betriebliche Erträge ./. 200 €

10. Sonstige Rückstellungen

- Für die ungewisse Verbindlichkeit aus dem Wechselobligo besteht ein Passivierungsgebot gem. § 5 Abs. 1 Satz 1 Halbsatz 1 EStG i. V. m. § 249 Abs. 1 Satz 1 HGB. Die Voraussetzungen der R 5.7 Abs. 2 Nr. 1 – 4 EStR sind erfüllt, denn es handelt sich um eine Verbindlichkeit gegenüber einem Dritten, die vor dem Bilanzstichtag wirtschaftlich verursacht und mit einer Inanspruchnahme ernsthaft zu rechnen ist.
- Die Bewertung erfolgt gem. § 5 Abs. 1 Satz 1 Halbsatz 1 EStG i. V. m. § 253 Abs. 1 Satz 2 HGB in Höhe des nach vernünftiger kaufmännischer Beurteilung notwendigen Erfüllungsbetrages. Hinsichtlich der Steuerbilanz ist § 5 Abs. 6 i. V. m. § 6 Abs. 1 Nr. 3a EStG zu beachten. Eine Abzinsung gem. § 6 Abs. 1 Nr. 3a Buchst. e EStG unterbleibt (Laufzeit weniger als 12 Monate); dies gilt gem. § 253 Abs. 2 Satz 1 HGB auch für die HB.
- Maßgeblich für die Höhe der Rückstellung sind die Verhältnisse am Bilanzstichtag. Dabei sind alle bis zum Tage der Bilanzerstellung eingetretenen oder bekannt gewordenen Umstände zu berücksichtigen, die Rückschlüsse auf die Bonität der Kundenwechsel am Bilanzstichtag zulassen (Aufhellungstheorie, § 252 Abs. 1 Nr. 4 HGB). Eine wertaufhellende Tatsache liegt grds. auch dann vor, wenn ein Wechsel bis zum Tage der Bilanzaufstellung eingelöst worden ist. Sind alle weitergegebenen Wechsel, für die eine Pauschalrückstellung gebildet werden soll, im Zeitpunkt der Bilanzaufstellung eingelöst worden, so scheidet die Bildung einer Rückstellung aus.

Sind die weitergegebenen Kundenwechsel – wie im vorliegenden Fall – nur zum Teil eingelöst worden, so darf die Rückstellung die Gesamtsumme der bei der Bilanzaufstellung noch nicht eingelösten Kundenwechsel nicht übersteigen.

Ermittlung Bilanzansatz:

Gesamtbetrag der Kundenwechsel	200 000 €
Pauschalrückstellung 3 %	6 000 €
Begrenzung auf noch nicht eingelöste Kundenwechsel i. H. von 4 000 €	./. 2 000 €
Bilanzwert sonstige Rückstellung zum 31. 12. 2012	4 000 €

HINWEIS:

Nach dem Grundsatz der Bewertungsstetigkeit sind die Erfahrungssätze grds. beizubehalten (§ 252 Abs. 1 Nr. 6 HGB).

Buchung:

Sonstige Rückstellungen	2 000 €	an	sonstige betriebl. Aufwendungen	2 000 €

Gewinn:

Minderung sonstige betriebliche Aufwendungen	+ 2 000 €

Teil II: Finanzierung

Zu Frage 1:

Kapitalherkunft:	**Außenfinanzierung:**	**Innenfinanzierung:**
Fremdfinanzierung:	Kapitalzuführung von außen erfolgt durch Gläubiger in Form von ► Fremdkapital und zwar aus Krediten und Darlehen (Gesellschafterdarlehen) ► bzw. Leasing, Factoring	Stille Selbstfinanzierung erfolgt insbesondere durch ► langfristige Rückstellungen (Pensionsrückstellungen) ► bzw. durch Verkauf von Anlagen, Lagerabbau (zur Stärkung der Kerngeschäftsfelder des Unternehmens!)

Eigenfinanzierung:	Kapitalzuführung von außen erfolgt durch Gesellschafter in Form Eigenkapital, z.B. ► Kapitalerhöhung durch Ausgabe junger Aktien (AG), ► Einlagenerhöhung (OHG, KG, GmbH), ► Aufnahme neuer Gesellschafter ► bzw. durch Einlagen des Einzelunternehmers	Offene Selbstfinanzierung erfolgt durch ► Einbehaltung des in der GuV ausgewiesenen Jahresüberschusses durch Gutschrift auf dem Kapitalkonto und Verzicht auf Entnahmen (bei PersGes u. Einzelkaufleuten) ► bzw. durch Einstellung in die offenen Rücklagen oder in den Gewinnvortrag bei KapGes Stille Selbstfinanzierung erfolgt durch ► Bildung stiller Reserven (Unterbewertung der Aktiva, Überbewertung der Passiva durch Ausnutzung von Bilanzierungs- und Bewertungswahlrechten! Beachte: durch BilMoG stark eingeschränkt!) ► bzw. aus Abschreibungsgegenwerten

Soweit die vorstehend aufgezählten Beispiele die jeweils geforderten 2 Benennungen übersteigen, sind diese alternativ anzuerkennen!

Zu Frage 2a und 2b vgl. die nachstehende Tabelle:

2a) Fremdfinanzierung:	Vorteile	Nachteile
Finanzierungsleasing	▶ Investition ohne unmittelbaren Kapitaleinsatz (EK/FK), Schonung von EK (Verbesserung der EK-Quote) und Kreditlinien ▶ Keine Kreditsicherheiten nötig (Sicherungsübereignung, Grundschuld, Bürgschaft) ▶ Flexible Anpassung an den technischen Fortschritt bei kurz- bzw. mittelfristiger Vertragsbindung ▶ Finanzierungsraten sind grds. in voller Höhe abzugsfähige Betriebsausgaben ▶ Verbesserung der Bilanzkennzahlen (niedrigeres Anlagevermögen: „goldene Bilanzregel")	▶ Leasing verursacht in der Regel hohe Gesamtkosten (zusätzliche Verwaltungskosten, Risikoprämie, Gewinnmarge), die in relativ kurzer Zeit aufzubringen sind ▶ Kein Eigentum am Leasinggegenstand (damit keine AfA, keine Investitionszulagen, keine Bildung stiller Reserven) ▶ Bei längerer Grundmietzeit keine Kündigungsmöglichkeit
2b) Eigenfinanzierung	**Vorteile**	**Nachteile/Gefahr**
	▶ Unabhängigkeit des Unternehmens wird gefördert ▶ Keine Ansprüche durch Kapitalgeber ▶ Keine Stellung von Kreditsicherheiten ▶ Steigerung der Kreditwürdigkeit (bei offener Selbstfinanzierung) ▶ Stärkung der Eigenkapitalbasis des Unternehmens ▶ Keine Liquiditätsbelastung durch laufende Zins- und Tilgungszahlungen	▶ Investitionsprojekte können ggf. weniger genau geprüft werden, als dies bei einer Kreditfinanzierung der Fall wäre (Kapital wird fehlgeleitet) ▶ Mittel werden dem Kapitalmarkt entzogen (und unterliegen damit nicht der Lenkungsfunktion des Marktes) ▶ Eigenfinanzierungsmittel werden als kostenlos angesehen

Soweit die vorstehend aufgezählten Beispiele die jeweils geforderten 2–3 Benennungen übersteigen, sind diese alternativ anzuerkennen!

Teil III: Gesellschaftsrecht

Zu Frage 1:

Die einfache Gründung einer AG erfolgt in folgenden Schritten:

- Feststellung der Satzung in notarieller Form, § 23 Abs. 1 AktG; die Satzung muss **insbesondere** folgende Angaben enthalten:
  - die Gründer
  - bei Nennbetragsaktien der Nennbetrag, bei Stückaktien die Zahl
  - den eingezahlten Betrag des Grundkapitals
  - die Firma und den Sitz der Gesellschaft
  - den Unternehmensgegenstand
  - die Höhe des Grundkapitals
  - die Mitgliederzahl des Vorstandes

Mit der Übernahme der Aktien durch die vier Gründer ist die AG errichtet (§ 29 AktG).

Die Gründer bestellen gem. § 30 Abs. 1 AktG die Mitglieder des ersten Aufsichtsrates und die Abschlussprüfer für das 1. Wirtschaftsjahr. Der Aufsichtsrat bestellt gem. § 30 Abs. 4 AktG danach den Vorstand.

Anschließend ist ein Gründungsbericht (§ 32 AktG) zu erstellen, der als Grundlage für die Prüfung durch den Vorstand und den Aufsichtsrat dient (§ 33 Abs. 1 AktG).

Vor der Anmeldung zum Handelsregister muss gem. § 36 Abs. 2 AktG auf jede Aktie der eingeforderte Betrag ordnungsgemäß eingezahlt werden; auf § 36a Abs. 1 AktG wird verwiesen, wonach bei Bargründung die Einzahlung eines Teils des Kapitals ausreicht.

Erst die Eintragung in das Handelsregister entfaltet für die AG eine konstitutive Wirkung (§§ 39, 41 Abs. 1 AktG).

Zu Frage 2:

Das Grundkapital ist der von den Gründern aufzubringende Kapitalbetrag. Dieser beträgt gem. § 7 AktG mindestens 50 000 €.

Die AG haftet für ihre Verbindlichkeiten den Gläubigern nur mit ihrem Gesellschaftsvermögen (§ 1 Abs. 1 AktG). Je nach Gewinn- oder Verlustsituation ist dies jedoch keine feste Größe. Deshalb übernimmt das Grundkapital als fester Rechnungsposten eine Garantiefunktion zugunsten der Gläubiger als Mindesthaftungsstock.

Zu Frage 3:

Da die AG selbst nicht handlungsfähig ist, liegt die wesentliche Aufgabe des Vorstandes gem. § 76 Abs. 1 AktG darin, das er die AG in eigener Verantwortung zu leiten hat.

Der Vorstand kann gem. § 76 Abs. 2 AktG aus einer oder mehreren Personen bestehen; die Vorstandsmitglieder müssen natürliche unbeschränkt geschäftsfähige Personen sein. Nicht erforderlich ist, dass die Vorstandsmitglieder Aktionäre sind. Im Gegensatz zur GmbH (Selbstorganschaft) ist bei einer AG die Fremdorganschaft die Regel.

Der Aufgabenbereich des Vorstandes stellt sich insbesondere wie folgt dar:

- Gemäß §§ 77, 78 AktG ist der Vorstand zur Geschäftsführung und Vertretung befugt (bei mehrgliedrigem Vorstand gem. § 77 AktG grds. Gesamtgeschäftsführung, Satzung kann hiervon abweichen).
- Der Vorstand hat dem Aufsichtsrat u. a. über die beabsichtigte Geschäftspolitik und die Rentabilität der Gesellschaft Bericht zu erstatten (§ 90 Abs. 1 AktG).
- Die Vorstandsmitglieder haben gem. § 93 AktG bei ihrer Geschäftsführung die Sorgfalt eines ordentlichen und gewissenhaften Geschäftsleiters anzuwenden.
- Der Vorstand muss dafür sorgen, dass die erforderlichen Handelsbücher geführt werden, ein Überwachungssystem eingerichtet wird (§ 91 AktG) und er muss bei Verlust, Überschuldung oder Zahlungsunfähigkeit gem. § 92 AktG entsprechend unverzüglich handeln (Einberufung einer Hauptversammlung, Eröffnung eines Insolvenzverfahrens beantragen).

Zu Frage 4:

Der Aufsichtsrat der AG ist das Kontrollorgan.

Die wichtigsten Aufgaben des Aufsichtsrates sind:

- Bestellung und Abberufung der Vorstandsmitglieder (§ 84 AktG)
- Laufende Überwachung der Geschäftsführung des Vorstandes (§ 111 AktG)
- Vertretung der AG gegenüber Vorstandsmitgliedern (§ 112 AktG)
- Prüfung und Feststellung des Jahresabschlusses (§§ 171, 172 AktG)

Zu Frage 5:

Die Aktionäre sind die Anteilseigner der AG. Sie üben ihre Rechte gem. § 118 Abs. 1 AktG in der Hauptversammlung aus. Die Hauptversammlung ist damit das Basisorgan der AG.

Die Rechte der Hauptversammlung ergeben sich aus § 119 AktG. Insbesondere hat die Hauptversammlung den Aufsichtsrat und die Abschlussprüfer zu bestellen, die Verwendung des Bilanzgewinns sowie Satzungs- und Kapitaländerungen zu beschließen. Ferner beschließt sie über die Entlastung der Mitglieder des Vorstandes und des Aufsichtsrates und sie kann auch die Auflösung der Gesellschaft bestimmen.

Klausursatz Nr. 4

Aufgabenteil Nr. 1: Einkommensteuer

A. Persönliche Verhältnisse

Kurt und Katja Kutowski, beide Jahrgang 1956 und konfessionslos, sind seit 1981 verheiratet und leben in Düsseldorf. Aus der Ehe sind die Kinder Karl (geb. 1983) und Katrin (geb. 1985) hervorgegangen.

Karl ist seit seiner Geburt körperlich so schwer behindert, dass er sich nicht selbst unterhalten kann und ständig auf fremde Hilfe angewiesen ist. Seine Mutter hat sich deshalb weitestgehend aus dem Berufsleben zurückgezogen, um für Karl ständig da zu sein. Eine Berufsausbildung hat Karl nie begonnen.

Katrin studiert in Münster Betriebswirtschaftslehre (Erststudium). Sie ist von ihren Eltern finanziell unabhängig, da sie als seriös arbeitendes Fotomodell bei Modemessen in 2012 Gagen auf Honorarbasis i. H. von 30 000 € (bei 5 000 € Kosten) eingenommen hat. Gleichwohl zahlten die Eltern die Wohnungsmiete in Münster (monatlich 500 €).

B. Einkünfte

I. Rechtsanwaltsbüro

Herr Kutowski hat in Düsseldorf, Berliner Allee, eine gut gehende Rechtsanwaltspraxis mit mehreren Angestellten. Er ermittelt seinen Gewinn nach § 4 Abs. 3 EStG. Er möchte dabei einen möglichst geringen Gewinn ermitteln. Die Umsatzsteuer ist, sofern nichts Gegenteiliges erwähnt wird, zutreffend behandelt. Aus seiner vorläufigen Gewinnermittlung ergeben sich

Betriebseinnahmen i. H. von	1 400 000 €
Betriebsausgaben i. H. von	1 199 466 €

Bei der Ermittlung des endgültigen Gewinns ergeben sich bei den folgenden Sachverhalten Probleme, die von Ihnen zu lösen sind:

1. Miete

In den Betriebsausgaben sind monatlich 8 000 € Miete für die Büroräume Berliner Allee enthalten (vgl. II. Grundstück Berliner Allee).

2. Büromöbel

Zum Einzug in das neue Büro erwarb Herr Kutowski im März 2012 acht neue Schreibtische von dem Büromöbelhändler Hans Holz. Der Händler berechnete:

	3 500 €
zzgl. 19 % Umsatzsteuer	+ 665 €
	4 165 €

Herr Kutowski zog bei Bezahlung vereinbarungsgemäß 10 % Sofortzahlungsrabatt ab und überwies am gleichen Tag 3 748,50 €. Er geht zu Recht von einer achtjährigen betriebsgewöhnlichen Nutzungsdauer aus. Deshalb erfasste er eine AfA i. H. von 469 € als Betriebsausgabe.

3. Honorare

a) Ein am 28. 12. 2012 in Rechnung gestelltes Honorar i. H. von 10 000 € aus einer Verkehrsrechtsache ging bereits am 2. 1. 2013 auf seinem Konto ein. Deswegen erfasste er es in nach seiner Meinung korrekter Auslegung des § 11 Abs. 1 Satz 2 EStG in 2012 (Jahr der wirtschaftlichen Zugehörigkeit).

b) Herr Kutowski hatte seit Sommer 2012 eine Honorarforderung über netto 40 000 € gegen ein Autohaus. Bei einer weiteren Rechtsberatung vor Ort im Dezember 2012 entdeckte er ein herrliches Cabrio, welches er seiner Tochter Katrin schenken möchte. Er brachte das Fahrzeug noch am gleichen Abend nach Münster. Gegenüber dem Autohaus verzichtete er auf die Forderung, während das Autohaus von einer Rechnungserteilung absah, weil man von der Gleichwertigkeit der Ansprüche überzeugt ist.

4. Haftungsfall

Gegenüber dem Mandanten Ernst Ekel (Scheidungssache) hat Herr Kutowski noch eine Honorarforderung über 15 000 €. Da der Mandant vom Unterhaltsurteil des Gerichts enttäuscht war, weigerte er sich, das Honorar an Herrn Kutowski zu bezahlen. Des Weiteren machte Herr Ekel Schadenersatzansprüche gegen Herrn Kutowski i. H. von 20 000 € wegen angeblich schlechter Beratung geltend. Gezahlt wurde in 2012 weder das Honorar noch ein eventueller Schadenersatz.

Da Herr Kutowski sich in dieser Sache tatsächlich einen Fehler eingestehen musste, ging er davon aus, dass auch ein Gericht die Vorwürfe des Herrn Ekel als begründet anerkennen würde. Er berücksichtigte den Vorgang deshalb wie folgt:

Abschreibung Honorarforderung: Betriebsausgabe	15 000 €
Schadenersatzrückstellung: Betriebsausgabe	20 000 €

Herr Kutowski teilt mit, dass er seine Berufshaftpflichtversicherung in dieser Sache nicht in Anspruch nehmen möchte.

5. Computerleasing

Die jährlich zum 31. 12. fällige Leasingrate für seine komplette Computeranlage i. H. von 10 000 € zahlte er am 5. 1. 2013, sodass er in 2012 diesbezüglich keine Betriebsausgabe mehr erfasste.

II. Grundstück Düsseldorf, Berliner Allee

Dieses Objekt hat Herr Kutowski mit Kaufvertrag vom 1. 10. 2011 (Übergang von Nutzungen und Lasten am 1. 3. 2012, Eintragung im Grundbuch am 5. 5. 2012) im teilfertigen Zustand von der Düsseldorfer Bauträgergesellschaft Flinck Bau GmbH zum Kaufpreis von 2 Mio. € zzgl. 380 000 € Umsatzsteuer erworben.

Der Grund- und Bodenanteil beträgt 30 %. Der Kaufpreis war mit Übergang von Nutzungen und Lasten fällig. Das Gebäude wurde zum 1. 3. 2012 von der Flinck-Bau-GmbH endgültig fertig gestellt (Bauantrag 2008) und sofort wie folgt genutzt:

Erdgeschoss: vermietet an ein Reisebüro, monatliche Miete zzgl. USt	15 000 €
1. Obergeschoss: eigene Rechtsanwaltspraxis, Mietwert monatlich	8 000 €
2. Obergeschoss: eigene private Wohnung, Mietwert monatlich	3 000 €
3. – 5. Obergeschoss (je eine Wohnung): fremde Wohnzwecke, monatlich vereinnahmte Miete jeweils	3 000 €

Alle Etagen sind in Größe (je 300 qm) und Ausstattung vergleichbar. Die an das Finanzamt zu zahlende Umsatzsteuer für das Erdgeschoss wurde fristgerecht gezahlt (keine Dauerfristverlängerung). Herr Kutowski würde gerne das Gebäude im Privatvermögen belassen. Von einer „Bilanzierung" soll, wenn möglich, abgesehen werden

Sonstige Aufwendungen:

Grunderwerbsteuer (zutreffend ermittelt, Berücksichtigung v. FinMin. Niedersachsen gleich lautend v. 23. 4. 1981)	81 396 €
Notarkosten (Kaufvertrag/Eigentumsumschr.) zzgl. USt	15 000 €
Gerichtskosten wegen Eigentumsumschreibung	3 000 €
Notar- und Gerichtskosten wegen Hypothekeneintragung	8 000 €
zzgl. Umsatzsteuer aus dieser Notarrechnung, gezahlt 1. 2. 2012	600 €
Schuldzinsen 1. 2. – 28. 2. 2012	6 000 €
Schuldzinsen 1. 3. – 31. 12. 2012	55 000 €
Damnum (Zinsbindung 4 Jahre), am 1. 2. 2012 gezahlt	40 000 €
sonstige lfd. Kosten, mtl. ab 1. 3. 2012	1 000 €

III. Aufsichtsratstätigkeit

Seit 1990 sitzt Herr Kutowski im Aufsichtsrat der Filz AG. In 2012 sind ihm Aufsichtsratsvergütungen i. H. von 20 000 € zugeflossen. Herr Kutowski hat der AG in 2012 eine sehr günstige Umlaufvermögen-Finanzierung vermitteln können. Hierfür erhielt er ein Sonderhonorar i. H. von 10 000 € bei 200 € eigenen Kosten. Weitere derartige Vermittlungsgeschäfte strebt er nicht an und hat er auch in der Vergangenheit nicht getätigt.

IV. Müsli KG

Kurt Kutowski ist seit 1999 als Kommanditist (Hafteinlage lt. Handelsregister 200 000 €) an der gewerblich tätigen Müsli KG in Mettmann beteiligt. Seine Gewinn- und Verlustbeteiligungsquote beträgt 30 %, sein Kapitalkonto zum 31. 12. 2011 200 000 €. Die KG, deren Wirtschaftsjahr mit dem Kalenderjahr übereinstimmt, erlitt 2012 einen Verlust i. H. von 950 000 €.

V. Glasklar KG

Frau Kutowski war bis zur Geburt ihres behinderten Sohnes Komplementärin der Glasklar Gebäudereinigungs-KG (Wirtschaftsjahr vom 1. 7. – 30. 6. eines Jahres). Sie hat bereits 1981 ihre Gesellschaftsrechte neu geordnet. Seitdem ist sie lediglich mit einem 20 %igen Kommanditanteil (gleichzeitig auch Gewinnbeteiligungsquote) beteiligt.

Die KG erzielte folgende Ergebnisse:

Wirtschaftsjahr 2011/2012	Gewinn	100 000 €
Wirtschaftsjahr 2012/2013	Verlust	60 000 €

Frau Kutowski steht der KG regelmäßig (sofern es die Betreuung ihres Sohnes zulässt) für kaufmännische Arbeiten zur Verfügung. Hierfür hat sie monatlich 1 000 € Vergütung (auf Lohnsteuerkarte) erhalten, die in den jeweiligen Wirtschaftsjahren bei der KG über Aufwand verbucht worden ist.

VI. Grundstück Dresden, Sachsenallee

Frau Kutowski wurde im Juli 1999 das unbebaute Grundstück in Dresden, Sachsenallee, rückübereignet (Teilwert 500 000 €). Früherer Eigentümer waren ihre Eltern, bis sie seinerzeit nach DDR-Recht enteignet worden sind.

Nach langwierigen Verhandlungen konnte sie das Grundstück mit Kaufvertrag vom 17. 2. 2012 (Übergang von Nutzungen und Lasten 1. 4. 2012, Umschreibung im Grundbuch am 16. 6. 2012) für 800 000 € an eine Investorengruppe veräußern.

VII. Kapitalanlagen

a) Herr Kutowski kaufte bei der Stadtsparkasse Düsseldorf zum 1. 11. 2012 festverzinsliche Wertpapiere mit Zinsschein. Die Zinsen werden jährlich zum 31. 1. eines Jahres ausgezahlt.

   Die Stadtsparkasse Düsseldorf verlangte bei Erwerb Gebühren i. H. von 200 €. Am 31. 1. 2013 wurden ihm 9 033 € Guthabenzinsen überwiesen. Freistellungsanträge waren nicht gestellt worden.

b) Frau Kutowski ist mit 30 000 € am Stammkapital der Moos GmbH (Stammkapital: 50 000 €) beteiligt. Die GmbH schüttete folgende Beträge aus:

   - am 25. 1. 2013 für 2011 8 000 € (Gutschrift auf dem Girokonto, Ausschüttungsbeschluss vom 10. 12. 2012),
   - am 16. 5. 2013 für 2012 12 000 € (Gutschrift auf dem privaten Girokonto, Ausschüttungsbeschluss vom 10. 5. 2013).

Frau Kutowski sind für 2012 unstreitig 200 € Werbungskosten entstanden.

VIII. Angestelltenverhältnis Herr Kutowski

Herr Kutowski ist seit dem Ende seines Studiums bei einem Rechtsanwalt angestellt. Da sein Arbeitgeber mit ihm sehr zufrieden ist, hat dieser auch keine Einwendungen gehabt, dass sich Herr Kutowski selbständig gemacht hat. Obwohl das Rechtsanwaltsbüro von Herrn Kutowski sehr gut läuft, kündigt er nicht sein Arbeitsverhältnis, da sich im Laufe der Zeit mit seinem Arbeitgeber ein freundschaftliches Verhältnis entwickelt hat. Beide sind mit der getroffenen Vereinbarung einverstanden und die Lohnsteuerkarte von Herr Kutowski hat folgende Eintragungen:

Bruttoarbeitslohn	71 795 €
Lohnsteuer	12 500 €
Solidaritätszuschlag	686 €
Arbeitnehmeranteil zur Sozialversicherung (davon KV ohne Krankengeldanspruch und PV 1 200 €)	1 500 €
Arbeitnehmeranteil zur Rentenversicherung	7 035 €
Arbeitgeberanteil zur Rentenversicherung	7 035 €

IX. Angestelltenverhältnis Frau Kutowski

Frau Kutowski ist noch bei einem kleinen Schreibbüro als Schreibkraft tätig, sofern die Betreuung ihres Sohnes dies zulässt. Ihr Arbeitgeber ist dahingehend sehr großzügig und Frau Kutowski kann die meiste Arbeit zu Hause erledigen. Sie bekommt allerdings auch nur ein kleines Entgelt aus dieser Tätigkeit, doch für sie ist es eine angenehme Abwechslung neben der Betreuung ihres Sohnes.

Die Lohnsteuerkarte enthält folgende Angaben:

Bruttoarbeitslohn	10 000 €
Lohnsteuer	1 500 €
Solidaritätszuschlag	83 €
Arbeitnehmeranteil zur Sozialversicherung (davon KV ohne Krankengeldanspruch und PV 550 €)	650 €
Arbeitnehmeranteil zur Rentenversicherung	980 €
Arbeitgeberanteil zur Rentenversicherung	980 €

C. Allgemeine Angaben

1. Die Eheleute machen noch folgende Angaben:

Hausratversicherungsbeiträge	300 €
Rentenversicherung (lebenslange Leibrente ab dem 63. Lebensjahr), Neuvertrag i. S. von § 10 Abs. 1 Nr. 2b EStG	3 306 €
Risikolebensversicherungsbeiträge seit 1982	500 €
Kapitallebensversicherungsbeiträge seit 1982	4 000 €
Krankenversicherungsbeiträge (Wahlleistungen)	1 500 €
Einkommensteuer-Vorauszahlung 2012	60 000 €

2. Seit 1995 unterstützen die Eheleute den vermögenslosen Vater des Herr Kutowski finanziell mit monatlich 500 €. Der Vater erhält eine monatliche Rente i. H. von 300 €.

3. Der Vater ist am 15. 11. 2012 verstorben. Die von Herrn Kutowski organisierte Beerdigung kostete 18 000 €, wovon die Sterbegeldversicherung in 2013 vertragsgemäß 2 000 € erstattete.

D. Aufgabe

Es ist das zu versteuernde Einkommen der Eheleute Kutowski für 2012 zu ermitteln. Dabei sind zur Begründung die einschlägigen Gesetzes- bzw. Richtlinienzitate notwendig. Sowohl Ansätze als auch Nichtansätze sind zu begründen. Eine Vorsorgepauschale ist nicht zu ermitteln. Es ist keine Günstigerprüfung nach § 10 Abs. 4a EStG und § 10 c EStG durchzuführen. Gehen Sie davon aus, dass die neue Rechtslage günstiger ist.

Sollten sich aus dem Sachverhalt Anhaltspunkte für die Gewährung von Steuerermäßigungen ergeben, so sind diese betragsmäßig unter Angabe der gesetzlichen Vorschriften zu nennen.

Sollten sich aus dem Sachverhalt Ansprüche auf Kinderfreibeträge ergeben, so ist davon auszugehen, dass für die gleichen Zeiträume auch das Kindergeld in gesetzlich zutreffender Höhe gezahlt worden ist.

ALLGEMEINER HINWEIS:

Die Eheleute Kutowski erzielten 2011 eine positive Summe der Einkünfte i. H. von 200 000 €.

Sofern möglich soll das Teileinkünfteverfahren angewandt werden.

Aufgabenteil Nr. 2: Körperschaftsteuer

Die Handelsbilanz der in Ratingen ansässigen AVUS GmbH zeigt zum 31. 12. 2011 (**Vorjahr**) folgendes (verkürztes) Bild:

Aktiva	**Bilanz AVUS GmbH zum 31. 12. 2011**		**Passiva**
Anlagevermögen	520 000 €	Stammkapital	100 000 €
Umlaufvermögen	195 000 €	Kapitalrücklagen	50 000 €
Bank	80 000 €	Gewinnrücklagen	140 000 €
ARAP	5 000 €	Gewinnvortrag	160 000 €
		Rückst./Verbindlichkeiten	350 000 €
	800 000 €		800 000 €

Die AVUS GmbH besteht seit dem 2. 1. 2000. Sitz und Geschäftsleitung befinden sich in Ratingen. Sie produziert und vertreibt chemische Produkte. Das Wirtschaftsjahr ist mit dem Kalenderjahr identisch.

Im Oktober 2012 nahm die AVUS GmbH eine handelsrechtlich zulässige offene Gewinnausschüttung (oGA) i. H. von 160 000 € an ihren Alleingesellschafter Max Müller vor, der die Beteiligung in seinem Privatvermögen hält. Beschlussfassung am 29. 9. 2012, Auszahlung am 12. 10. 2012, Auszahlungsbetrag = 117 800 €. Buchung: „Konto Gewinnvortrag an Konto Bank“.

Die AVUS GmbH verzeichnete darüber hinaus im Jahr 2012 in der Gewinn- und Verlustrechnung einen Jahresüberschuss von 144 340 €.

Als Aufwendungen sind u. a. die folgenden Beträge abgezogen worden:

Zuführung zur Rückstellung für drohende Verluste aus schwebenden Geschäften	15 500 €
KSt-Vorauszahlungen 2012	12 000 €
SolZ-Vorauszahlungen 2012	660 €
Geldbuße gegen die AVUS GmbH wegen Verstoß gegen Umweltschutzbestimmungen	2 500 €
Tantieme an Gesellschafter-Geschäftsführer Max Müller	40 000 €

Die AVUS GmbH hat am 1. September 2012 den bisher von Max Müller gefahrenen PKW dessen Ehefrau unentgeltlich übertragen. Zu diesem Zeitpunkt hatte der PKW einen gemeinen Wert von 29 750 € (entspricht den Brutto-Wiederbeschaffungskosten).

Der Buchwert in Höhe von 16 000 € (Anlagenabgang) wurde von der AVUS GmbH zutreffend gewinnmindernd gebucht.

Gehen Sie davon aus, dass die AVUS beim Kauf des PKW die in Rechnung gestellte Vorsteuer in voller Höhe abgezogen hat und die Kfz-Nutzung durch den Gesellschafter-Geschäftsführer Max Müller zutreffend steuerlich behandelt worden ist.

Ende Dezember 2012 hat die Gesellschafterversammlung aufgrund des guten Geschäftserfolges des Wirtschaftsjahres 2012 beschlossen, ihrem alleinigen Gesellschafter-Geschäftsführer Max Müller erstmals eine Tantieme i. H. von 40 000 € zu zahlen (Auszahlung 29. 12. 2012). Gehen Sie davon aus, dass die Gesamtausstattung sich im angemessenen Gehaltsrahmen befindet.

In 2013 ist keine Ausschüttung (oGA) vorgesehen.

Gesonderte Feststellung:

zum 31. 12. 2011	Einlagekonto	50 000 €

Aufgabenstellung

1. Nehmen Sie Stellung zur sachlichen und persönlichen Körperschaftsteuerpflicht der AVUS GmbH.
2. Ermitteln Sie für den Veranlagungszeitraum 2012 das zu versteuernde Einkommen.
3. Ermitteln Sie die KSt- und SolZ-Rückstellung zum 31. 12. 2012 (bzw. den evtl. Erstattungsanspruch zum 31. 12. 2012). Die Erstellung eines endgültigen Jahresabschlusses ist nicht erforderlich.

   Eine Berechnung der Gewerbesteuer-Rückstellung ist nicht vorzunehmen!
4. Stellen Sie, soweit erforderlich, die gesonderten Feststellungen zum 31. 12. 2012 dar.

Aufgabenteil Nr. 3: Gewerbesteuer

Sachverhalt

G. Scheit gehört seit Jahren ein Grundstück (Einheitswert 200 000 €) in Essen. Das Grundstück ist mit einer Lagerhalle, einem Produktionsgebäude und einem Bürotrakt bebaut und seit Fertigstellung im Jahre 1998 im Ganzen an die Holz-GmbH verpachtet. Der Bauantrag wurde bereits am 15. 12. 1994 gestellt; mit dem Bau konnte jedoch erst einige Jahre später begonnen werden, da sich die Finanzierung schwieriger darstellte, als zunächst gedacht. Die monatliche Pacht beträgt angemessene 12 000 €. Die Holz-GmbH produziert Holzkonstruktionen aller Art, die dann direkt beim Kunden eingebaut werden. Alleiniger Gesellschafter und Geschäftsführer der Holz-GmbH ist G. Scheit. Er erhält von Januar bis Dezember 2012 ein mtl. Geschäftsführergehalt von brutto 9 500 €. Angemessen wäre ein mtl. Gehalt i. H. von 9 000 €.

Die GmbH nahm folgende Ausschüttungen vor:

Ausschüttung für	Beschluss am	ausgezahlt am	Zuflusshöhe
2011	28. 12. 2012	15. 1. 2013	31 560,00 €
2012	16. 12. 2013	20. 12. 2013	36 562,50 €

Hinsichtlich des Grundstücks liegen folgende Angaben vor:

AK Grund und Boden	250 000 €
HK Gebäude 1998 (nachgewiesene Nutzungsdauer: 70 Jahre)	1 000 000 €
laufende Kosten, mtl.	1 000 €
Fremdfinanzierung seit 1. 4. 1998: Nennbetrag des Darlehens	800 000 €
Zinsbindungsfrist: 20 Jahre; Tilgung über eine kapitalbildende Lebensversicherung im Jahr 2028, mtl. Beitrag	500 €
Disagio 1998	40 000 €
Schuldzinsen mtl.	3 500 €

Aufgabe

Ermitteln Sie die Einkünfte des G. Scheit für 2012 aus den im Sachverhalt gemachten Angaben. Geben Sie dabei auch an, welche weiteren Beträge im Rahmen der Einkommensteuer-Erklärung des G. Scheit von Bedeutung sind.

ALLGEMEINER HINWEIS:

Die Einkünfte sollen (wie in der Vergangenheit auch) so niedrig wie möglich ermittelt werden.

Unterstellen Sie dabei einen Gewerbesteuer-Hebesatz der Stadt Essen von 450 %.

Aufgabenteil Nr. 4: Umsatzsteuer

Klausur Nr. 1 „Marius Müller“

Allgemeiner Sachverhalt

Marius Müller (M. M.) ist Inhaber eines Groß- und Einzelhandelsgeschäfts für Schneidewaren und Werkzeuge in Solingen. Ferner ist er Eigentümer eines Wohn- und Geschäftshauses in Wuppertal, in dem er auch eine Reparaturwerkstatt für Schneidewerkzeuge betreibt.

Müller versteuert seine Umsätze nach vereinbarten Entgelten. Er reicht seine USt-Voranmeldungen monatlich beim Finanzamt ein und hat gegenüber dem Finanzamt in allen möglichen Fällen auf Steuerbefreiungen verzichtet.

Darüber hinaus ist in allen Fällen des innergemeinschaftlichen gewerblichen Waren- und Dienstleistungsverkehrs davon auszugehen, dass die beteiligten Unternehmer die USt-Identifikations-Nr. des Landes verwendet haben, aus dem sie kommen.

Es ist davon auszugehen, dass alle Formvorschriften erfüllt sind. Alle erforderlichen Belege, Nachweise und Aufzeichnungen sind vorhanden und, soweit sich aus dem Sachverhalt nichts Gegenteiliges ergibt, ordnungsgemäß.

Aufgabe

Beurteilen Sie die nachfolgend geschilderten Vorgänge aus umsatzsteuerlicher Sicht, sofern sie den Besteuerungszeitraum 2013 und den Unternehmer Marius Müller betreffen.

Ein sog. Vorspann ist nicht erforderlich.

Bei Ihren Ausführungen gehen Sie bitte, soweit der Sachverhalt dies erfordert, in folgender Reihenfolge vor:

- Steuerbarkeit (Art, Umfang, Ort des Umsatzes)
- Steuerbefreiung / Steuerpflicht
- Steuersatz, Bemessungsgrundlage
- Höhe der Umsatzsteuer und Zeitpunkt der Entstehung
- Vorsteuerabzug (Berechtigung zum Vorsteuerabzug, Höhe des Vorsteuerabzugs, Zeitpunkt des Vorsteuerabzugs)

Sachverhalt 1

Im Februar 2013 konnte Müller günstig einen Posten von 30 Brotschneidemaschinen von dem Unternehmer Lambadi aus Mailand erwerben. Lambadi ließ die Brotschneidemaschinen am 4. 2. 2013 mit der Bahn zu Müller nach Solingen transportieren. Die Rechnung über 2 400 € zzgl. 200 € Transportversicherung, ausgestellt am 28. 2. 2013, ging erst am 10. 3. 2013 bei Müller ein, der sie am 2. 4. 2013 per Banküberweisung beglich.

Müller gelang es, die Brotschneidemaschinen noch im Februar 2013 an eine Reisegruppe aus Frankreich zum Gesamtpreis von 5 355 € zu veräußern, wobei die Mitglieder der Reisegruppe (Nichtunternehmer) die Brotschneidemaschinen nach ihrem Besuch auf Schloss Burg im

Geschäft des Müller abholten, den Kaufpreis bei Übergabe entrichteten und danach die Heimreise nach Frankreich antraten.

Sachverhalt 2

Im März 2013 erwarb Müller bei einem Großhändler in Offenbach acht Besteckkoffer Marke „FMW". Müller holte die Besteckkoffer am 20. 3. 2013 selbst in Offenbach ab. Die Rechnung über 1 904 € (8 x 200 € = 1 600 € zzgl. 304 € offen ausgewiesener USt), ausgestellt am 30. 3. 2013, ging am 1. 4. 2013 bei Müller ein. Der Rechnungsbetrag wurde erst am 10. 5. 2013 unter Abzug von 3 % Skonto per Banküberweisung beglichen.

Die Besteckkoffer wurde im Juni 2013 an einen Schweizer Kunden (Privatmann) verkauft. Auf Wunsch des Kunden wurden die Koffer von einem Verkäufer des Müllers nach Bern (Schweiz) transportiert. Im Juli 2013 erteilte Müller folgende Rechnung:

8 Besteckkoffer zu je 250 €	2 000 €
Transportkosten	100 €
	2 100 €
zzgl. 19 % Umsatzsteuer	399 €
insgesamt	2 499 €

Den Kaufpreis überwies der Kunde am 10. 8. 2013.

Sachverhalt 3

Müller kaufte im März 2013 500 Messersets der Marke „Schneider" bei einem Lieferanten in der Türkei ein. Er ließ die Messersets in der Türkei durch einen durch ihn beauftragten Spediteur abholen und zu seinem Lager nach Solingen transportieren.

Die bei der Einfuhr im März angefallene Einfuhrumsatzsteuer i. H. von 9 000 € bezahlte Müller noch Ende März an das zuständige Zollamt. Im Mai 2013 bestellte ein langjähriger gewerblicher Kunde aus Wien bei Müller 500 Messersets der Marke „Schneider".

Am 18. 7. 2013 wurden die Messersets in Solingen durch einen von Müller beauftragten italienischen Spediteur Luigi abgeholt und nach Wien gebracht. Den von Müller mit Rechnung vom 18. 7. 2013 geforderten Rechnungsbetrag i. H. von 75 000 € zahlte der österreichische Kunde im August 2013.

Luigi rechnete am 10. 8. 2013 wie folgt ab:

Transport Solingen – Wien	4 000 €

Müller zahlte den angeforderten Rechnungsbetrag am 2. 9. 2013.

Sachverhalt 4

Im März 2013 wurde an einer zum Unternehmen des Müller gehörenden Fräsmaschine zur Herstellung von Schneidewerkzeugen (österreichisches Sonderfabrikat der Marke Puch) eine spezielle Reparatur am Elektromotor erforderlich. Trotz seiner gut ausgestatteten Werkstatt konnte Müller die Reparatur nicht selbst durchführen. Die Fräsmaschine wurde daher mit einem Lkw des

Müller durch einen eigenen Fahrer zum österreichischen Hersteller Puch nach Linz gebracht und dort am 22. 3. 2013 instand gesetzt. Am 23. 3. 2013 kehrte der Fahrer mit dem Lkw, der reparierten Maschine sowie mehrerer Sensen nach Solingen in den Betrieb des Müller zurück.

Puch hatte Müller darum gebeten, mehrere Sensen, mit denen Puch die Naturwiese vor seinem Werksgelände in Linz zweimal jährlich mähen ließ, neu zu schleifen.

Ende April 2013 berechnete Puch die in Linz ausgeführte Reparaturmaßnahme mit 1 000 €. Die Rechnung von Puch weist Umsatzsteuer nicht gesondert aus.

Anfang Mai 2013 sandte Müller die geschliffenen Sensen mit Kurierdienst zurück nach Linz und berechnete Puch hierfür 200 €, die dieser am 20. 5. 2013 auf das Geschäftskonto des Müller überwies.

Sachverhalt 5

Der norwegische Kommissionär Tonder holte am 10. 7. 2013 bei Müller in Solingen Nagelscheren ab, um sie in Norwegen zu veräußern.

Der Verkauf findet im Verlaufe des Monats August 2011 statt. Die Erwerber in Norwegen haben umgerechnet 23 000 € gezahlt. Davon überweist Tonder noch im August 2013 14 400 € an Müller.

Aus dem Ankauf der Nagelscheren hat Müller bislang noch nicht die gesondert ausgewiesene Umsatzsteuer i. H. von 1 600 € abgezogen.

Sachverhalt 6

1. Allzweckmesser

Ein Allzweckmesser mit 46 Funktionen entnahm Müller im April 2013 für seinen privaten Bedarf. Anlässlich seines Hüttenurlaubs in der Schweiz nahm er das Messer mit. Der Hüttenwirt, bei dem Müller nächtigte, war von dem Messer so begeistert, dass er Müller überredete, ihm das Messer für 230 € zu verkaufen; die Übergabe erfolgte am 28. 4. 2013 auf der Berghütte. Müller hatte das Messer im Januar 2013 für 100 € zzgl. 19 € offen ausgewiesener Umsatzsteuer eingekauft. Bis April 2013 war für Messer gleicher Bauart ein Preisanstieg i. H. von 20 % zu verzeichnen.

2. Wurstschneidemaschine

Am 15. 5. 2013 hat Müller eine Wurstschneidemaschine für den Privatbedarf bei einem Händler in Rosenheim gekauft. Die ordnungsgemäße Rechnung über 2 000 € zzgl. 380 € USt wurde von Müller noch am gleichen Tage per Scheck beglichen.

Im August 2013 erkannte Müller die Vorzüge dieser Wurstschneidemaschine für den Einsatz in seinem Geschäft. Er stellte die Maschine somit ab 1. 9. 2013 in das Schaufenster seines Geschäfts in Solingen, um sie als Ausstellungsstück künftig ausschließlich betrieblich zu nutzen.

Klausur Nr. 2 „Käthe Kruse“

Aufgabe

Beurteilen Sie die nachfolgend geschilderten Vorgänge aus umsatzsteuerlicher Sicht, sofern sie den Besteuerungszeitraum 2013 und die Unternehmerin Käthe Kruse (KK) betreffen. Nehmen Sie in einem sog. Vorspann (Tz. 1) Stellung

- zur Unternehmereigenschaft und zum Rahmen des Unternehmens der KK,
- zur persönlichen Berechtigung zum Vorsteuerabzug der KK.

Bei Ihren Ausführungen zu den Textziffern 2 – 7 gehen Sie bitte, soweit der Sachverhalt dies erfordert, in folgender Reihenfolge vor:

- Steuerbarkeit (Art, Umfang, Ort des Umsatzes),
- Steuerbefreiung / Steuerpflicht,
- Steuersatz, Bemessungsgrundlage bzw. Höhe des steuerfreien Umsatzes
- Höhe der Umsatzsteuer und Zeitpunkt der Entstehung,
- Vorsteuerabzug.

ALLGEMEINER HINWEIS:

§ 3 Abs. 8, § 19, § 20 und § 25a UStG sind nicht anzuwenden.

- Alle Unternehmer treten im Zweifel mit der USt-Id-Nr. ihrer Heimatländer auf.
- Eine umsatzsteuerliche Organschaft soll nicht vorliegen.
- Für die Errechnung der Bemessungsgrundlage aus Bruttobeträgen ist anzuwenden:
  - bei einem Steuersatz von 19 % der Divisor 1,19;
  - bei einem Steuersatz von 7 % der Divisor 1,07.

Sachverhalt 1

Käthe Kruse (KK) betreibt seit Jahren auf eigenem Grundstück in Wuppertal, Grüner Weg 1, einen Einzelhandel mit Marionetten, Puppen aller Art und Zubehör. Darüber hinaus ist sie dafür bekannt, dass sie in eigener Reparaturwerkstatt insbesondere alte, besonders wertvolle Einzelstücke repariert und aufarbeitet.

Außerdem ist sie alleinige Gesellschafter-Geschäftsführerin der Käthe Kruse GmbH, Versandhandel mit Puppen aller Art. KK vermittelt gelegentlich die Lieferung von Puppen bekannter deutscher Puppenhersteller in das benachbarte Ausland.

In ihrer Freizeit bietet KK nur gegen Erstattung ihrer Kosten Puppenbastelkurse für Eltern im örtlichen Kindergarten an. Die Eltern, die dieses Angebot häufig und gerne nutzen, haben die Möglichkeit, das benötigte Bastelmaterial bei KK zu erwerben.

Einzelhandel und Reparaturwerkstatt sind im Erdgeschoß des Gebäudes am Grünen Weg 1 untergebracht, im 1. OG wohnt KK mit ihrer Familie selbst.

Auf dem ihnen gehörenden Nachbargrundstück haben die Eheleute Kruse vor 3 Jahren ein gemischt genutztes Gebäude errichtet, das sie an verschiedene Mieter vermieten.

Sachverhalt 2

Auf einer Verkaufsausstellung im Rahmen des Vohwinkeler Flohmarkts am 25. 9. 2013 bot KK im Rahmen ihres Einzelhandelsgeschäfts Puppen und Zubehör an. Dazu hatte ihr das Ordnungsamt der Stadt Wuppertal einen Standplatz zugewiesen. Eine Stammkundin bestellte am Stand drei Perücken für Marionetten einer Haarfarbe, die KK leider nicht vorrätig hatte. Die Kundin bat um schnelle Auslieferung. Daraufhin bat KK ihren Lieferanten in Osnabrück per Handy noch am gleichen Tage, die Perücken sofort per Kurierdienst an die Privatanschrift der Kundin zu versenden.

Dies geschah am 28. 9. 2013. Das Paket wurde der Kundin per Kurierdienst durch UPS am 29. 9. 2013 zugestellt.

Am gleichen Tag erhielt KK eine Rechnung ihres Lieferanten, die lautete (auszugsweise):

Wie telefonisch vereinbart übersandten wir am 28. 9. 2013 drei Perücken...
...dafür berechnen wir Ihnen

3 x 30 € =	*90,00 €*
zzgl. 19 % USt	*17,10 €*
Summe	*107,10 €*

KK schrieb ihrer Stammkundin am 29. 9. 2013 folgende Rechnung (auszugsweise):

...Ich lieferte Ihnen drei Perücken zum Preis von

3 x 50 € =	*150,00 €*
zzgl. 19 % USt	*28,50 €*
Summe	*178,50 €*

Zahlbar innerhalb einer Woche mit Abzug von 9,00 € Skonto oder innerhalb von 4 Wochen ohne Abzug.

Die Kundin zahlte am 30. 9. 2013 169,50 € in bar.

Die Firma UPS stellte für den Transport am 2. 10. 2013 wie folgt in Rechnung:

Paketsendung	30,00 €
19 % USt	+ 5,70 €
	35,70 €

Sachverhalt 3

Während des Vohwinkeler Flohmarkts begeisterte sich am 25. 9. 2013 eine Rentnerin für eine Marionette, die KK für 476 € anbot. Der Preis überstieg die finanziellen Möglichkeiten der alten Dame. Da sie aber unbedingt die Marionette als Geschenk für ihre Enkelin erwerben wollte, bot sie ihrerseits aus ihrer mehr als 60 Jahre alten Aussteuer Leinenstoffe aus bergischen Blaudruckereien der KK zum Kauf an.

Obwohl der Handel ungewöhnlich ist, stimmte KK sofort zu. Alte Stoffe dieser Qualität und Menge sind auf dem Markt kaum noch vorhanden. KK benötigt diese aber als Kleidung für ihre handgefertigten Marionetten.

Am Abend des nächsten Tages suchte KK die Rentnerin in ihrer Wohnung in Remscheid auf, um die Stoffe zu besichtigen. Obwohl zwischen ihr und der Kundin noch kein Kaufvertrag zustande gekommen war, nahm sie die fragliche Marionette im Pkw mit.

KK erwarb den gesamten Posten Leinenstoffe, übergab dafür die fragliche Marionette und bedankte sich zusätzlich mit der Übergabe von 40 € in bar. Es ist davon auszugehen, dass beide Beteiligten angemessene Gegenleistungen für ihre Leistungen erhalten haben.

Sachverhalt 4

Die Laienspielgruppe „Rummelbum" aus Mettmann benötigte für eine Premiere in ihrem Puppentheater neue Marionetten. Sie kamen mit KK überein, dass KK nach Entwürfen des Leiters der Laienspielschar sämtliche auftretenden 10 Marionetten neu fertigen und kleiden sollte. Die Arbeiten sollten bis Ende Juni 2013 erledigt sein.

KK fertigte die Marionetten in der eigenen Werkstatt und konnte fristgerecht den Auftrag am 28. 6. 2013 abschließen. Sie übergab die Figuren daraufhin am 1. 7. 2013 in ihren Räumen dem Leiter der Laienspielschar, der sie zufrieden abnahm.

Am 2. 7. 2013 stellte sich heraus, dass das aufzuführende Stück etwas abgewandelt werden musste. Dadurch wurde eine weitere Marionette erforderlich. Ein Vertreter der Laienspielschar versuchte telefonisch, mit KK das Problem zu lösen. Dabei erkannte KK, dass sie eine eventuell verwendbare Marionette seit langem als Vorführmodell im Schaufenster anbot.

Sie brachte diese Marionette am 3. 7. 2013 mit eigenem Pkw nach Mettmann zur Ansicht. Die Gruppe entschied sofort, dass die Marionette einsetzbar sei und nahm diese von KK ab.

KK erstellte danach folgende Rechnung (auszugsweise):

10 Marionetten zu je 500 €	5 000 €
1 Marionette (angestaubtes Ausstellungsstück) zum Sonderpreis von	+ 400 €
Summe	5 400 €
19 % USt	+ 1 026 €
Rechnungsbetrag	6 426 €

Der Leiter der Laienspielschar freute sich zwar über die hervorragend gefertigten Puppen, erschrak aber über die Höhe der Rechnung. Wegen erheblich geringerer Publikumszahlen in der Sommerzeit als erwartet war die finanzielle Situation der Gruppe etwas angespannt. KK konnte aber auch hier helfen. Sie erklärte sich bereit, 10 der alten Marionetten zum Ausgleich ihrer Rechnung anzukaufen. Sie glaubte, bei ihren privaten Kunden dafür einen Markt zu finden.

Der Leiter der Laienspielgruppe willigte erleichtert ein und übergab KK am 4. 7. 2013 10 Marionetten im Wert von 6 426 €. KK zerriss an Ort und Stelle die Rechnung und verabschiedete sich. Der Leiter der Gruppe war so erfreut über das Entgegenkommen der KK, dass er ihr für eine der nächsten Aufführungen 4 Freikarten im Wert von 40 € ohne Berechnung übergab.

Sachverhalt 5

Das Wohn- und Geschäftshaus in Wuppertal, Grüner Weg 1, wurde in 2013 wie folgt genutzt:

a) Im Erdgeschoss (150 qm) betreibt KK ihre Puppenreparaturwerkstatt und unterhält ein Ladenlokal für den Verkauf der Puppen. Vom betrieblichen Bankkonto werden monatlich 3 500 € auf das Hauskonto überwiesen (entspricht der ortsüblichen Vergleichsmiete).

b) Das 1. Obergeschoss links (90 qm) bewohnt KK mit ihrer Familie selbst. Die ortsübliche Miete beträgt in 2013 monatlich 1 170 €. Die Wohnung verursacht Kosten i. H. von 5 € pro qm pro Monat.

c) Das 1. Obergeschoss rechts (60 qm) ist an einen Studenten zu Wohnzwecken für 780 € monatlich vermietet.

d) Das 2. Obergeschoss (150 qm) hat KK an ihren Vater für dessen Steuerberater-Praxis für 2 000 € zzgl. 380 € offen ausgewiesener USt vermietet. Die mit Vorsteuer belasteten Kosten belaufen sich in diesem Geschoß auf 5 € pro qm pro Monat.

e) Für die Neugestaltung des gesamten Treppenhauses hat KK von einem italienischen Fliesenhersteller Fliesen bestellt, die durch einen angestellten Fahrer des italienischen Unternehmers am 10. 9. 2013 der KK übergeben wurden. Die Rechnung des italienischen Unternehmers vom 18. 11. 2013 lautet über 16 000 €. KK überwies den Rechnungspreis erst im Dezember 2013 von ihrem Privatkonto auf ein Konto des Lieferanten.

Sachverhalt 6

Im Januar 2013 konnte KK für den Puppenhersteller Zapf aus Nürnberg die Lieferung von Puppen „Baby-Lu" an den französischen Spielwarenhändler Dupont aus Paris vermitteln (sowohl Zapf als auch Dupont treten unter der USt-Id-Nr. ihres Sitzstaates auf). Ihre Provision, gem. § 87a Abs. 1 HGB mit Ausführung der vermittelten Leistung entstanden, beträgt 2 380 € und wurde ihr von der Fa. Zapf am 15. 3. 2013 überwiesen.

Die Hälfte der Puppenlieferungen wurden durch die Fa. Zapf am 20. 2. 2013 mit eigenem Lkw nach Frankreich ausgeführt. Die andere Hälfte der Puppen wurde auf Wunsch des französischen Unternehmers Dupont durch die Fa. Zapf am 20. 2. 2013 nach Russland transportiert.

Sachverhalt 7

KK hatte am 2. 1. 2013 eine neue Telefonanlage in den betrieblichen Räumen des Grundstücks Grüner Weg 1 installieren lassen. Die Kosten der Anlage betragen 5 000 € zzgl. 950 € USt. Die betriebsgewöhnliche Nutzungsdauer der Anlage beträgt vier Jahre. Die ordnungsgemäße Rechnung ging am 16. 2. 2013 bei KK ein. Der Rechnungsbetrag wurde versehentlich erst über ein Jahr nach Erhalt der Telefonanlage am 5. 1. 2014 überwiesen. Aufgrund in der Garantiefrist aufgetretener technischer Mängel der Anlage überwies KK mit Zustimmung der Lieferfirma lediglich 4 760 €.

Die betriebliche Telefonanlage nutzt KK auch für Privatgespräche. Aus den hierzu geführten Aufzeichnungen ergibt sich, dass von den insgesamt in 2013 angefallenen Fernsprechgebühren i. H. von 1 650 € ein Anteil von 165 € auf die privaten Telefonate der KK entfällt.

Aufgabenteil Nr. 5: Abgabenordnung

Sachverhalt 1

Der selbständige Architekt Fritz Klug wurde in 02 endgültig für 01 zur Einkommensteuer veranlagt. Die entsprechende Steuererklärung hatte er in 02 beim Finanzamt eingereicht. Im Einkommensteuerbescheid 01 vom 11. 8. 02 sind die folgenden Einkünfte angesetzt worden:

Einkünfte aus selbständiger Arbeit, § 18 EStG	40 000 €
Einkünfte aus nichtselbständiger Arbeit, § 19 EStG	25 000 €
Einkünfte aus Vermietung und Verpachtung, § 21 EStG	./. 20 000 €

Die Einkommensteuer wurde auf 10 000 € festgesetzt.

In 06 ging dem Finanzamt eine Kontrollmitteilung zu. Daraus wurde ersichtlich, dass Klug bislang Betriebseinnahmen i. H. von 8 000 € für die Planung einer Hotelanlage nicht im erklärten Gewinn aus § 18 Abs. 1Nr. 1 EStG erfasst hatte (steuerliche Auswirkung + 3 000 €). Klug hat hinsichtlich der Betriebseinnahmen weder den Tatbestand des § 370 AO noch des § 378 AO erfüllt. Daraufhin setzte das Finanzamt mit geändertem Einkommensteuerbescheid 01 vom 17. 10. 06 die Steuer auf 13 000 € fest. Gegen den Bescheid erhob Klug Einspruch. In seinem Einspruchsschreiben machte er Folgendes geltend:

a) Bisher nicht geltend gemachte Betriebsausgaben aus der Tätigkeit als Architekt i. H. von 6 000 € (steuerliche Auswirkung ./. 2 000 €). Die Betriebsausgaben stehen in Zusammenhang mit den bisher nicht erklärten Betriebseinnahme i. H. von 8 000 €, die im geänderten Einkommensteuerbescheid vom 17. 10. 06 erstmalig erfasst worden sind. Es handelt sich um anteilige Planungskosten für die Hotelanlage, die Fritz Klug von dem als Vermessungsingenieur tätigen Hans Meter hatte durchführen lassen.

b) Bisher auf der Anlage N nicht geltend gemachte Aufwendungen für durchgeführte Dienstreisen als Werbungskosten bei den Einkünften aus nichtselbständiger Arbeit (steuerliche Auswirkungen ./. 3 500 €).

c) Im Übrigen trug er vor, dass ihm bei der Zusammenstellung der Werbungskosten bei den Einkünften aus Vermietung und Verpachtung in seinen Unterlagen ein Rechenfehler unterlaufen ist. Dieser war für das Finanzamt aufgrund der eingereichten Unterlagen nicht erkennbar (steuerliche Auswirkung ./. 1 500 €).

Das Einspruchsschreiben gab Klug am 19. 01. 06 zur Post, nachdem er sich bei der Post über die übliche Postlaufzeit von einem Tag vergewissert hatte. Tatsächlich ging das Einspruchsschreiben jedoch erst am 22. 11. 06 beim Finanzamt ein.

Nachdem er vom Finanzamt am 30. 11. 06 darüber informiert worden ist, dass der Einspruch erst am 22. 11. 06 eingegangen ist, schildert er den vorstehend dargestellten Sachverhalt und beantragt, über den Rechtsbehelf sachlich zu entscheiden.

Aufgaben

1. Prüfen Sie, ob der angefochtene Einkommensteuerbescheid 01 vom 17. 10. 06 unter dem Gesichtspunkt der Festsetzungsverjährung im Jahre 06 noch erlassen werden durfte und bezeichnen Sie die maßgebende Korrekturvorschrift für die vom Finanzamt vorgenommene Änderung des Bescheides.

2. Nehmen Sie zu den Erfolgsaussichten des von Fritz Klug eingelegten Einspruchs Stellung. Im Rahmen der Prüfung der Zulässigkeit ist nur zur Einspruchsfrist Stellung zu nehmen. Es ist zu unterstellen, dass die übrigen Zulässigkeitsvoraussetzungen erfüllt sind.

   Anschließend ist die Begründetheit des Rechtsbehelfs zu überprüfen. Sollten Sie zum Ergebnis kommen, dass der Einspruch unzulässig ist, ist hilfsweise die Zulässigkeit zu unterstellen und zu begründen.

Sachverhalt 2

Der Stpfl. Max Müller (MM) hat seine Einkommensteuerklärung für 03 in 04 beim FA abgegeben. Der endgültige Einkommensteuerbescheid 03 ist vom Finanzamt am 10. 8. 08 zur Post gegeben worden.

Am 25. 7. 09 spricht MM in Ihrer Praxis vor und schildert folgenden Sachverhalt: Er habe wegen des oa Bescheides am gleichen Tag telefonisch Rücksprache beim FA gehalten und dabei erfahren, dass die erklärten und grundsätzlich anzuerkennenden mildtätigen Spenden durch eine falsche EDV-Eingabe des Finanzbeamten versehentlich nicht als Sonderausgaben berücksichtigt wurden (ESt ./. 800 €).

Außerdem wurden im EStB 03 Mehraufwendungen für doppelte Haushaltsführung nicht als WK berücksichtigt, obwohl die steuerlichen Voraussetzungen zweifelsfrei vorlagen. Ein entsprechender Antrag ist auf der Anlage N zur ESt-Erklärung 03 nicht gestellt worden (ESt ./. 2.000 €).

Aufgabe

Überprüfen Sie, in welchem Umfang der EStB 03 am 25. 7. 09 noch geändert werden kann.

Aufgabenteil Nr. 6: Erbschaftsteuer/Bewertungsrecht

A. Persönliche Verhältnisse

Der geschiedene Dieter Bolen (68 Jahre) hat seinen Wohnsitz in Hamburg. Er ist Eigentümer eines umfangreichen Wertpapierdepots.

Am 15. 01. 2012 schenkt er seiner Haushälterin Paris Hilten (25 Jahre) 1 000 Aktien der Musik Aktiengesellschaft. Am 21. 11. 2012 heiraten Dieter Bolen und Paris Hilten. Laut Ehevertrag vom gleichen Tage vereinbaren sie den Güterstand der Gütertrennung. Noch in den Flitterwochen schenkt Dieter Bolen seiner Ehefrau am 23. 12. 2012 weitere 5 000 Aktien der Musik AG. Dieter Bolen war bis zum 14. 01. 2012 mit 3 % am Nennkapital der Musik AG beteiligt.

B. Weitere Angaben zu den Schenkungen

1. Die Schenkungen sind zivilrechtlich wirksam vollzogen worden.
2. Die schenkungsteuerlich maßgebenden Kurswerte der Aktien belaufen sich auf folgende Beträge:

   15. 01. 2012: 40 €/Aktie

   23. 12. 2012: 120 €/Aktie.

C. Sonstige Angaben

1. Die Beschenkte trägt die ggf. anfallende Schenkungsteuer.
2. Weitere Vorschenkungen seitens des Schenkers an die Beschenkte innerhalb der letzten 10 Jahre liegen nicht vor.
3. Paris Hilten unterliegt als Inländerin der persönlichen Steuerpflicht gemäß § 2 Abs. 1 Nr. 1 Buchstabe a ErbStG.
4. Die Schenkungen sind steuerpflichtig gemäß § 1 Abs. 1 Nr. 2 i. V. m. § 7 Abs. 1 Nr. 1 ErbStG.
5. Paris Hilten ist nach § 15 Abs. 1 ErbStG am 15. 01. 2012 der Steuerklasse III und am 23. 12. 2012 der Steuerklasse I zuzuordnen.

D. Aufgaben

Gehen Sie bei Ihrer Lösung in der vorgegebenen Reihenfolge auf die nachfolgend genannten Punkte ein:

1. Ermittlung der Schenkungsteuer für die am 15. 01. 2012 erfolgte Schenkung.
2. Ermittlung der Schenkungsteuer für die am 23. 12. 2012 erfolgte Schenkung unter Berücksichtigung der am 15. 01. 2012 erfolgten Vorschenkung.

Ausführungen zur persönlichen Steuerpflicht, zum steuerpflichtigen Vorgang, zur Entstehung der Steuerschuld, zum Bewertungsstichtag und zur Steuerklasse sind nicht erforderlich.

A überträgt am 11. August 2012 im Wege der Schenkung unter Auflagen ein Mietwohngrundstück mit einen Grundbesitzwert von 900 000 € und Aktien im Kurswert von 450 000 € auf seinen Sohn S.

Die auf dem Grundstück lastende und von S übernommene Hypothek valutiert zur Zeit der Schenkung mit 180 000 €. Aus der Anschaffung der Aktien resultiert noch eine Verbindlichkeit von 20 000 €, die S ebenfalls übernimmt.

Das Grundstück umfasst drei gleich große Wohneinheiten mit einer Wohn- bzw. Nutzfläche von jeweils 100 qm. Das Erdgeschoss ist an eine Apotheke zu gewerblichen Zwecken vermietet, die Wohnungen im 1. und 2. OG sind zu fremden Wohnzwecken vermietet.

Im Zusammenhang mit der Schenkung sind für S noch folgende Kosten angefallen:

- Kosten für Notar und Grundbuch i. H. von 5 000 €
- Steuerberatungskosten für die Erstellung der Feststellungserklärung (Grundbesitzwert) und der Schenkungsteuererklärung i. H. von 3 000 €

Aufgabe

Ermitteln Sie die gegen S festzusetzende Schenkungsteuer.

Aufgabenteil Nr. 7: Rechnungswesen

Teil I: Rechnungswesen

A. Aufgabe

Nehmen Sie zu den nachstehenden Sachverhalten in folgender Reihenfolge Stellung:

1. Beurteilen Sie die nachstehenden Sachverhalte aus handels- und aus steuerrechtlicher Sicht und begründen Sie Ihre Entscheidungen kurz unter Hinweis auf die gesetzlichen Bestimmungen und Verwaltungsanweisungen (HGB, EStG, EStR und EStH). Auf Übergangsregelungen zum BilMoG (Art. 67 EGHGB) ist **nicht** einzugehen. Bei rechtlichen Zweifelsfällen ist der Verwaltungsauffassung zu folgen.

   Soweit in den einzelnen Sachverhalten besonders darauf hingewiesen wird, dass Bilanzposten bereits korrekt erfasst sind, brauchen diese nicht mehr angesprochen zu werden.

   Die Voraussetzungen zur Anwendung des § 7g EStG sind in vorliegendem Fall **nicht** erfüllt. Auf die Gewerbesteuer-Rückstellung für 2012 ist **nicht** einzugehen. Etwaige Auswirkungen auf latente Steuern sind ebenfalls **nicht** zu beurteilen.

2. Die einzelnen Bilanzansätze sind zu entwickeln, dabei ist das abnutzbare Anlagevermögen in Staffelform darzustellen. Die OHG möchte, soweit dies noch möglich ist, eine einheitliche Bilanz (HB = StB) erstellen. Sollten die Bilanzansätze in der HB und der StB zwingend voneinander abweichen, sind die jeweiligen Bilanzansätze nebeneinander darzustellen (2 Kontenentwicklungen!).

   Bei Bilanzierungs- und Bewertungswahlrechten ist davon auszugehen, dass die Klein & Fein Konfektionshandel OHG für das Wirtschaftsjahr 2012 den steuerlich niedrigsten Gewinn ausweisen möchte; handelsrechtlich soll dies nur bedingt gelten, denn die OHG wünscht vorrangig die Erstellung einer einheitlichen Bilanz (HB = StB).

   Sollte die degressive AfA in Betracht kommen oder in den Vorjahren in Anspruch genommen worden sein, ist aus Vereinfachungsgründen davon auszugehen, dass diese AfA-Methode auch handelsrechtlich den Wertverzehr des betreffenden Wirtschaftsgutes sachgerecht darstellt.

   Eventuelle Änderungen bei der Vorsteuer bzw. Umsatzsteuer sind bei den betreffenden Sachverhalten betragsmäßig anzugeben (die Ermittlung des Endbestandes ist nicht erforderlich).

3. Für den Jahresabschluss zum 31. 12. 2012 sind die erforderlichen Korrektur- bzw. Ergänzungsbuchungen zu erstellen.

4. Für das Wirtschaftsjahr (= Kalenderjahr) 2012 ist die jeweilige Gewinnauswirkung mit den einzelnen Beträgen anzugeben. Dabei sind die betreffenden Erfolgskonten der Gewinn- und Verlustrechnung zu benennen. Eine Zusammenstellung sämtlicher Änderungen (Ermittlung des endgültigen steuerlichen Gewinns) ist nicht erforderlich.

5. Soweit erforderlich, ist für den Gesellschafter Fritz Fein zum 31. 12. 2012 eine Sonderbilanz und eine Sonder-GuV-Rechnung zu erstellen.

B. Sachverhalt

Die „Klein & Fein Konfektionshandel OHG" betreibt seit Jahren in Düsseldorf, Steinstr. 1, einen Groß- und Einzelhandel mit Konfektionsartikeln aller Art. Nach dem Gesellschaftsvertrag sind Karl Klein und Fritz Fein zu je 50 % am Jahresüberschuss, Jahresfehlbetrag und Vermögen beteiligt. Das Wirtschaftsjahr stimmt mit dem Kalenderjahr überein.

Die Gesellschaft versteuert ihre Umsätze nach vereinbarten Entgelten. Sie hat im Kalenderjahr 2012 ausschließlich umsatzsteuerpflichtige Umsätze ausgeführt. Der Umsatz des Jahres 2011 betrug 3,8 Mio. €. Der vorläufige Jahresüberschuss lt. Handelsbilanz ist in Höhe von 267 210 € ausgewiesen.

1. Grundstück Steinstr. 1

Die Handelsbilanz enthält ein im Gesamthandsvermögen der Gesellschafter stehendes Büro- und Lagerhaus, welches in 1984 erbaut wurde. Die fortgeführten Anschaffungskosten des Gebäudes betrugen zum 31. 12. 2011 420 000 €. Die Absetzung für Abnutzung wurde bisher zutreffend linear mit 10 000 € jährlich (2 % der ursprünglichen Anschaffungskosten) berücksichtigt.

Unter Hinweis auf § 7 Abs. 5 Satz 1 Nr. 2 EStG wurde die Gebäude-AfA für 2012 mit 5 % der ursprünglichen Anschaffungskosten i. H. von 500 000 € wie folgt gebucht:

AfA	25 000 €	an	Gebäude	25 000 €

Der in der Bilanz enthaltene Wertansatz des Grund und Bodens entspricht den ursprünglichen Anschaffungskosten und beträgt 150 000 €. Nach langjährigen Rechtsstreitigkeiten ist der Flächennutzungsplan im Juni 2012 geändert worden. Für den Bereich der Steinstr. 1 verringerte sich deshalb der Wert des Grund- und Bodens zum 31. 12. 2012 nachweislich auf 100 000 €. Weitere Buchungen sind zu dem vorstehenden Sachverhalt bisher nicht erfolgt.

2. Laderampe

Zur problemloseren Anlieferung von Konfektionsartikeln per Lastkraftwagen wurde im März 2012 an der Giebelseite des Lagerhauses (Steinstr. 1) mit dem Bau einer Laderampe begonnen. Die fest mit dem Lagerhaus verbundene Laderampe wurde im Juni 2012 fertig gestellt und abgenommen. Die Netto- Herstellungskosten betrugen 120 000 €. Die betriebsgewöhnliche Nutzungsdauer der Laderampe beträgt lt. AfA-Tabelle 25 Jahre. Die Vorsteuer wurde zutreffend gebucht.

Im Jahr 2012 wurde die AfA unter Hinweis auf § 7 Abs. 4 Satz 1 Nr. 1 EStG mit 3 % für 7 Monate wie folgt gebucht:

Gebäude-Anbau	120.000 €		Bank	120.000 €
AfA	2 100 €	an	Gebäude-Anbau	2 100 €

Kontenentwicklung lt. Firma:

Gebäude – Anbau	120 000 €
AfA	./. 2 100 €
Bilanzwert zum 31. 12. 2012	117 900 €

3. Betriebs- und Geschäftsausstattung

Am 16. 1. 2011 erwarb die OHG neue Laden-Einrichtungsgegenstände mit einer betriebsgewöhnlichen Nutzungsdauer von 10 Jahren i. H. von 45 000 € zzgl. 19 % Umsatzsteuer. Der Vorgang wurde in 2011 wie folgt gebucht:

Betriebs- und Geschäftsausstattung	45 000 €			
Vorsteuer	8 550 €	an	Bank	53 550 €

Die für 2011 gebotene Absetzung für Abnutzung hat die OHG allerdings unterlassen, weil sie sich davon in späteren Jahren einen beachtlichen Steuervorteil versprach. Die Veranlagung des Jahres 2011 ist bestandskräftig und kann nach den Vorschriften der Abgabenordnung nicht mehr geändert werden.

Da die OHG für diesen Zugang nur die lineare Abschreibung geltend machen will, ließ sie den Vorgang beim Jahresabschluss 2012 wie folgt buchen:

AfA	5 000 €	An	Betriebs- u. Geschäftsausstattung	5 000 €

4. Wertpapiere

Am 31. 12. 2011 befanden sich im Gesamthandsvermögen 100 Stück börsennotierte X-Aktien, die im November 2003 angeschafft worden sind. Sie wurden seitdem bilanziert und befinden sich mit dem nachstehenden Betrag noch im Betriebsvermögen der OHG:

100 Stück X-Aktien nominal je Stück 100 € zum Kurs von 140 %	14 000 €
1,5 % Nebenkosten (Maklergebühren, etc.)	+ 210 €
Bilanzansatz zum 31. 12. 2011 (= Anschaffungskosten)	14 210 €

Im Januar 2012 wurden 10 Aktien zu einem Kurs von 150 % verkauft. Die Verkaufskosten betrugen 100 €. Dieser Vorgang wurde wie folgt gebucht:

Bank	1 500 €	an	Wertpapiere	1 500 €
Sonstige betriebliche Aufwendungen	100 €	an	Bank	100 €

Zum 31. 12. 2012 sank der Kurs wider Erwarten auf 80 %. Bis zur Bilanzerstellung schwankte der Kurs zwar, überstieg aber nicht ein einziges Mal den Kurs von 80 %.

5. Waren

a) Warenbestand

Der Bilanzansatz „Waren" in der Handelsbilanz enthält u. a. einen Posten von 500 Damenblusen, die aus einer Lieferung von insgesamt 1 000 Blusen im Oktober 2012 stammen. Die Anschaffungskosten der Blusen betrugen 50 € je Stück (ohne Umsatzsteuer), so dass dieser Posten in dem Warenbestand mit 25 000 € enthalten ist.

Die OHG geht zutreffend davon aus, dass die ab dem 1. 1. 2013 bis zum Verkauf noch anfallenden Kosten für die Verwaltung, Lager und Verkauf 20 % der Anschaffungskosten betragen. Aufgrund des vorhandenen Warenwirtschaftssystems kann die OHG sowohl die einzelnen Kostenarten als auch die noch anfallenden Kosten nachweisen. Der branchenübliche durchschnittliche Unternehmergewinn beträgt 30 % der tatsächlichen Selbstkosten.

Im Jahr 2012 verkaufte die OHG 500 Blusen zum Preis von 78 € je Stück zzgl. USt. Trotz gleich bleibender Wiederbeschaffungskosten von 50 € (netto) sank der Verkaufspreis am 31. 12. 2012 auf 70 € je Stück zzgl. USt. Anfang 2013 gaben die Preise erwartungsgemäß weiter nach, so dass der gesamte Bestand im Februar 2013 zum Preis von 65 € je Stück zzgl. USt verkauft wurde.

b) Warenentnahme

Anfang Dezember 2012 beschlossen beide Gesellschafter, dem gem. § 5 Abs. 1 Nr. 9 KStG von der Körperschaftsteuer befreiten gemeinnützigen Verein zur Förderung der Erziehung, Volks- und Berufsbildung e. V. 100 Knabenhosen, die im September 2012 für 38 € je Stück zzgl. USt angeschafft worden waren, zu schenken.

Zu diesem Zeitpunkt betrugen die Wiederbeschaffungskosten (netto) 44 € je Stück, der Verkaufspreis einschließlich USt 59,50 €.

Obwohl die Schenkung am 6. 12. 2012 vollzogen wurde, hat die OHG diesen Vorgang bisher nicht gebucht. Der betreffende Warenposten ist im Inventurbestand zum 31. 12. 2012 nicht mehr enthalten.

6. Rückstellungen

a) Tantiemen

Nachdem im Januar 2013 festgestellt wurde, dass 2012 ein Umsatz von mehr als 10 Mio. €, nämlich 11,5 Mio. (ohne USt) erzielt werden konnte, sagten die Gesellschafter ihren zehn Mitarbeitern erstmals (ohne Rechtspflicht, keine Vereinbarung im Arbeitsvertrag) auf der Betriebsversammlung am 1. 2. 2013 eine Umsatztantieme von insgesamt 0,5 % des im Jahr 2012 erzielten Nettoumsatzes zu.

b) Mängelrüge

Die OHG verkaufte im Herbst 2012 insgesamt 1 000 Herrenhosen an verschiedene Boutiquen. Bis zum 31. 12. 2012 wurden von den Erwerbern 100 Hosen reklamiert, bei denen die Nähte an den Hosentaschen zu kurz gefasst waren und somit Nachbesserungsarbeiten erforderlich wurden. Rückgriffsrechte an Vorlieferanten kann die OHG nicht mehr geltend machen. Die Kosten für die bereits in 2012 durchgeführten Nachbesserungsarbeiten erstattete die OHG den Käufern mit 10 € je Stück (insgesamt 10 € x 100 Hosen = 1 000 €).

Der Buchhalter, der als Pessimist bekannt ist, bildete für eventuell noch auf die OHG zukommende Mängelrügen eine Rückstellung i. H. von 20 000 €.

Buchung:

sonstige betriebliche Aufwendungen	20 000 €	an	sonstige Rückstellungen	20 000 €

c) Einkaufsgeschäft

Die OHG hatte im November 2012 in Fernost Hemden für 50 000 € bestellt. Die Auslieferung erfolgte jedoch erst Mitte Januar 2013. Am Bilanzstichtag betragen die Wiederbeschaffungskosten nur noch 40 000 €.

Eine Buchung zu diesem Vorgang ist bisher unterblieben.

d) Reparaturarbeiten

Die OHG beauftragte bereits Ende November 2012 einen Handwerksbetrieb mit der Reparatur eines Lastenaufzuges. Nach einer Besichtigung des defekten Lastenaufzuges erklärte sich das beauftragte Unternehmen in der Auftragsbestätigung vom 3. 12. 2012 bereit, die erforderlichen Arbeiten Anfang 2013 auszuführen.

Leider haben sich die Reparaturarbeiten infolge von Personalausfällen bei dem Handwerksbetrieb derart verzögert, dass die erforderlichen Arbeiten erst am 3. 3. 2013 beendet werden konnten. Die OHG hat in ihrer Handelsbilanz zum 31. 12. 2012 eine Rückstellung in Höhe von 14 000 € (ohne USt) gebildet und in gleicher Höhe das Konto sonstige betriebliche Aufwendungen belastet. Dieser Betrag entspricht dem Kostenvoranschlag des die Reparaturarbeiten ausführenden Unternehmens.

7. Nicht abzugsfähige Betriebsausgaben

Die OHG hatte für die Anbahnung eines Vertragsabschlusses einem Angestellten einer Textil-Großhandels-GmbH in 2011 eine Provision i. H. von 6 000 € gezahlt. Da die OHG den Empfänger nicht benennen wollte, ließ das Finanzamt bei der Veranlagung 2011 den Betrag gem. § 160 Abs. 1 AO nicht zum Abzug zu. Die Veranlagung ist inzwischen rechtskräftig.

Da der Vertrag nicht zustande kam, zahlte der Empfänger der Zuwendung in 2012 die erhaltene Provision ohne Absenderangabe auf das private Bankkonto des Gesellschafters Karl Klein zurück. Eine Buchung hierzu ist in 2012 unterblieben.

8. Grundbesitz des Gesellschafters Fritz Fein

Fritz Fein hat das bebaute Grundstück Lindenstr. 20 und das unbebaute Grundstück Kölner Str. 10 mit Wirkung vom 1. 1. 2012 an die OHG gegen eine monatlich vorschüssig zu zahlende Miete von insgesamt 3 000 € zzgl. 570 € Umsatzsteuer vermietet. Die OHG nutzt die vorstehenden Grundstücke seitdem ausschließlich zu eigenbetrieblichen Zwecken.

Die Teilwerte der in Düsseldorf belegenen Grundstücke beliefen sich am 1. 1. 2012 auf 600 000 € (Lindenstr.) und 80 000 € (Kölner Str.). Die beiden Grundstücke hat Fritz Fein mit Wirkung vom 01. 01. 2001 für 400 000 € (Lindenstr., das bisher zu Wohnzwecken vermietet war) und 60 000 € (Kölner Str.) umsatzsteuerfrei gekauft. Bei dem Grundstück Lindenstr. entfallen 20 % des Kaufpreises und des Teilwertes auf den Grund und Boden, 80 % auf das in 1997 errichtete Gebäude. Beide Grundstücke befanden sich bis zum 31. 12. 2011 im Privatvermögen des Fritz Fein.

Die OHG hat die gezahlte Miete von 36 000 € als Betriebsausgabe dem Konto Mietaufwendungen und die Umsatzsteuer von 6 840 € dem Konto abziehbare Vorsteuern belastet.

Die von Fritz Fein aus privaten Mitteln bestrittenen laufenden Grundstückskosten (ohne Absetzung für Abnutzung) beliefen sich in 2012 auf 9 600 € zzgl. 1 496 € Vorsteuer. Die Umsatzsteuer i. H. von 5 344 € (6 840 € ./. 1 496 €) hat Fritz Fein im Februar 2013 bezahlt.

Fritz Fein beabsichtigt, den Überschuss aus der Grundstücksvermietung in 2012 als Einkünfte aus Vermietung und Verpachtung zu erklären.

Die ausstehenden Darlehensschulden für das Grundstück Lindenstr. 20 haben sich wie folgt entwickelt:

Darlehensschulden zum 31. 12. 2011	120 000 €
Tilgung in 2012	8 000 €
Darlehensschulden zum 31. 12. 2012	112 000 €

Hierfür sind monatlich 600 € Zinsen angefallen (7 200 € in 2012), die wie die Tilgung vom privaten Bankkonto des Gesellschafters Fritz Fein abgebucht worden sind; die Zinsen für Dezember 2012 wurde jedoch versehentlich erst am 4. 1. 2013 dem privaten Konto des Fritz Fein belastet.

Teil II: Kosten und Leistungsrechnung

A. Sachverhalt

Bei der Herstellung seiner Produkte stellt Ihnen der Inhaber des in Duisburg ansässigen Industrieunternehmens, der Einzelunternehmer H. Bicht, folgende Daten für 1 zu produzierendes Stück zur Verfügung:

Fertigungsmaterial	100,00 € je Stück
Materialgemeinkostenzuschlagsatz	8 %
Fertigungslöhne – Stundensatz	48,00 €
Durchlaufzeit – Fertigungsstufe 1	30 Minuten je Stück
Durchlaufzeit – Fertigungsstufe 2	75 Minuten je Stück
Fertigungsgemeinkosten	
Fertigungsstufe 1	200 %
Fertigungsstufe 2	150 %
Sondereinzelkosten der Fertigung	20,00 € je Stück
Verwaltungsgemeinkostenzuschlagssatz	14 %
Vertriebsgemeinkostenzuschlagsatz	10 %

B. Aufgabe

1. Kalkulieren und ermitteln Sie die **Herstellkosten** für ein produziertes Stück.
2. Ermitteln Sie danach auch die **Selbstkosten** und zuletzt
3. Ermitteln Sie den **Netto-Verkaufspreis** für ein zu verkaufendes Stück und berücksichtigen hierbei noch einen Gewinnzuschlag von 25 %, ein Kundenskonto von 3 % (bezogen auf den Zielverkaufspreis) und einen Kundenrabatt von 5 % (bezogen auf den Netto-Verkaufspreis).
4. H. Bicht möchte von Ihnen eine kurze Erläuterung der Begriffe „Kostenartenrechnung", „Kostenstellenrechnung" und „Kostenträgerrechnung" haben. Darüber hinaus möchte H. Bicht auf Anraten eines fähigen Mitarbeiters zukünftig einen sog. Betriebsabrechnungsbogen erstellen. Welche Aufgaben soll der Betriebsabrechnungsbogen erfüllen? Eine Aufzählung von 3 Beispielen reicht aus!

ALLGEMEINER HINWEIS:

Die Ermittlung des Netto-Verkaufspreises kann in Staffelform erfolgen (keine materiell-rechtliche Beurteilung erforderlich, Vorschriften über die Ermittlung der Herstellungskosten in HB und StB sind hier nicht gefragt!).

Teil III: Gesellschaftsrecht

A. Sachverhalt

Die Gesellschafter Anton, Bernhard, Christa und Doris Meyer sind an der originär gewerblich tätigen Meyer OHG beteiligt, die ihren Sitz in Essen hat und im Handelsregister eingetragen ist.

Der Gesellschafter Anton Meyer hat am 30. 8. 2012 bei der Schnell-GmbH eine neue Werkzeugmaschine für 12 000 € gekauft, obwohl die anderen Gesellschafter dies jedoch aus finanziellen Gründen abgelehnt hatten.

Anton Meyer war der Auffassung, dass er die Zustimmung seiner Mitgesellschafter nicht brauchte, weil im Gesellschaftsvertrag folgende Klausel steht:

„Jeder Gesellschafter ist zur Geschäftsführung berechtigt und zur Vertretung der Gesellschaft ermächtigt". Die Geschäftsführungsbefugnis und die Vertretungsmacht eines Gesellschafters sind „unentziehbar".

B. Aufgabe

1. Durfte Anton Meyer die Werkzeugmaschine für die Meyer OHG kaufen?
2. Nehmen Sie zur persönlichen und sachlichen Vertretungsbefugnis der Meyer OHG Stellung. Ist die o. g. Klausel des Gesellschaftsvertrages zulässig?

   Ist eine derartige Klausel sinnvoll?

3. Muss die Meyer OHG den Kaufvertrag gegenüber der Schnell-GmbH erfüllen? Wenn ja, welche rechtlichen Möglichkeiten können die übrigen Gesellschafter der Meyer OHG wahrnehmen?
4. Wer haftet für die Schulden aus dem vorstehend genannten Kaufvertrag?

Lösungshinweise – Klausursatz Nr. 4

Aufgabenteil Nr. 1: Einkommensteuer

Einkünfte Kurt Kutowski

I. Rechtsanwaltstätigkeit, Einkünfte aus freiberuflicher Tätigkeit, § 18 Abs. 1 Nr. 1 EStG (Katalogberuf)

Betriebseinnahmen	1 400 000 €
Betriebsausgaben	./. 1 199 466 €
vorläufiger Gewinn	**200 534 €**

1. Miete

Die Miete führt nicht zu Betriebsausgaben. Vielmehr stellen die anteiligen Grundstücksaufwendungen Betriebsausgaben dar (s. Tz. 6):

bisherige Aufwendungen: ab 1. 3. 2012 mtl. 8 000 €	**80 000 €**

2. Büromöbel

Die Umsatzsteuer ist als Vorsteuer abzugsfähig und gehört deshalb nicht zu den Anschaffungskosten, § 9b Abs. 1 EStG.

Anschaffungskosten netto	3 500,00 €
abzgl. 10 % Rabatt	./. 350,00 €
endgültige Anschaffungskosten	3 150,00 €
x 1/8 je Schreibtisch =	393,75 €

Da Schreibtische einzeln nutzbar sind, können die Anschaffungskosten gem. § 6 Abs. 2 EStG in 2012 in voller Höhe als Betriebsausgaben abgezogen werden.

Gewinn	**./. 3.150 €**
Die bisherige AfA ist zu korrigieren	**+ 469 €**

Die an den Lieferanten gezahlte Umsatzsteuer führt zu Betriebsausgaben, die vom Finanzamt erhaltene Vorsteuer zu Betriebseinnahmen. Die Erfolgsneutralität findet aber im gleichen Jahr statt, weshalb hierauf aus Vereinfachungsgründen nicht weiter eingegangen wird.

3. Honorare

a) Verkehrsrechtsache

Nach § 11 Abs. 1 Satz 2 EStG werden nur regelmäßig wiederkehrende Einnahmen, die außerhalb des Jahres der wirtschaftlichen Zugehörigkeit tatsächlich zufließen, im Jahr der wirtschaftlichen Zugehörigkeit erfasst. Rechtsanwaltshonorare stellen begrifflich keine regelmäßig wiederkehrenden Einnahmen dar, da der Anspruch nach jeder rechtsanwaltlichen Leistung neu entsteht. Somit gilt § 11 Abs. 1 Satz 1 EStG (Zuflussprinzip):

Die in 2013 vereinnahmten 10 000 € sind erst bei Zufluss in 2013 zu erfassen:

Die bisherige Betriebseinnahme ist zu korrigieren **10 000 €**

b) Autohaus

Der Verzicht auf die Forderung ist privat veranlasst. Der Zufluss ist im Jahr des Forderungsverzichts anzunehmen (H 4.5 Abs. 2 „Tauschvorgänge" EStH), da wirtschaftlich ein tauschähnlicher Umsatz in Form einer Sacheinnahme vorliegt. Anzusetzen ist als Betriebseinnahme (Bewertung der anwaltlichen Leistung) der erhaltene Gegenwert in Gestalt des Cabrios (welches aber lt. Sachverhalt gleichwertig sein soll):

Gewinn **+ 40 000 €**

4. Haftungsfall

Bei der Gewinnermittlung nach § 4 Abs. 3 EStG werden zweifelhafte Forderungen nicht abgeschrieben, da sie sich als Betriebseinnahmen noch nicht ausgewirkt haben (sondern erst bei Zufluss ausgewirkt hätten):

Gewinn **+ 15 000 €**

Ferner werden bei dieser Gewinnermittlungsmethode keine Rückstellungen gebildet, da erst bei tatsächlicher Inanspruchnahme eine Betriebsausgabe vorliegt:

Gewinn **+ 20 000 €**

5. Computerleasing

Leasingraten sind regelmäßig wiederkehrende Ausgaben, die nach § 11 Abs. 2 Satz 2 EStG im Jahr der wirtschaftlichen Zugehörigkeit (2012) erfasst werden, wenn zwischen tatsächlicher Bezahlung und dem 31. 12. 2012 weniger als 10 Tage vergangen sind (H 11 „Allgemeines" EStH).

Gewinn **./. 10 000 €**

6. Grundstück Berliner Allee, 1. Obergeschoss

Das 1. Obergeschoss wird von Kurt Kutowski ausschließlich zu eigenberuflichen Zwecken (Rechtsanwaltspraxis) genutzt und stellt deshalb notwendiges Betriebsvermögen dar, vgl. R 4.2 Abs. 7 EStR. Ein Grundstücksteil von untergeordneter Bedeutung liegt offensichtlich nicht vor (Wert größer 20 500 €, vgl. § 8 EStDV, R 4.2 Abs. 8 EStR).

Es handelt sich um notwendiges Betriebsvermögen, welches nicht Wohnzwecken dient. Damit liegt ein Objekt i. S. des § 7 Abs. 4 Nr. 1 EStG vor. Da es sich um einen Fall der Anschaffung im Jahr der Fertigstellung handelt, ist die degressive Gebäudeabschreibung zu prüfen. Die degressive AfA nach § 7 Abs. 5 Nr. 1 EStG scheidet aus, da der Kaufvertrag/Bauantrag nicht vor dem 1. 1. 1994 geschlossen/gestellt worden ist. Degressive Abschreibungen nach § 7 Abs. 5 Nr. 2 oder 3 EStG kommen nicht in Betracht, da es sich nicht um einen Gebäudeteil i. S. von § 7 Abs. 4 Nr. 2 EStG handelt. Die auf die Anschaffungskosten entfallende Vorsteuer ist abzugsfähig, § 15 Abs. 1 Nr. 1 UStG.

Gebäudeanschaffungskosten (Berechnung s. u.):	
1 469 577 € x 1/6 = 244 930 € x 3 % x 10/12	
(§ 7 Abs. 1 Satz 4 EStG)	**./. 6 123 €**
Summe der Finanzierungskosten u. lfd. Kosten: 119 000 € x 1/6	**./. 19 833 €**
Einkünfte § 18 Abs. 1 Nr. 1 EStG	**306 897 €**

II. Grundstück Berliner Allee, Einkünfte aus Vermietung und Verpachtung, § 21 Abs. 1 Nr. 1 EStG

HINWEIS:

Werden Gebäude unterschiedlich genutzt, ist anhand R 4.2 Abs. 4 ff. EStR zu prüfen, ob einzelne Gebäudeteile vorliegen.

Das 1. Obergeschoss dieses Grundstücks stellt notwendiges Betriebsvermögen dar (s. I Tz. 6) und kann nicht den Einkünften aus Vermietung und Verpachtung zugeordnet werden.

Das 2. Obergeschoss ist nicht der Einkünfteebene zuzuordnen, da es zu eigenen Wohnzwecken genutzt wird. Es handelt sich um notwendiges Privatvermögen.

Die übrigen Etagen stellen Privatvermögen dar; es handelt sich um gewillkürtes Vermögen für Herrn Kutowski, aber laut Sachverhalt soll sowenig wie möglich bilanziert werden. Somit unterbleibt eine Bilanzierung.

Ermittlung der Anschaffungskosten ohne Umsatzsteuer

Kaufpreis netto	2 000 000 €
Grunderwerbsteuer	+ 81 396 €
Notarkosten wegen des Kaufvertrages und der Umschreibung im Grundbuch netto	+ 15 000 €
Gerichtskosten wegen der Eigentumsumschreibung	+ 3 000 €
Summe	2 099 396 €
Gebäudeanteil 70 %	1 469 577 €

Umsatzsteuer aus Anschaffungskosten

aus dem Kaufpreis	380 000 €
aus den Notarkosten 15 000 € x 19 %	+ 2 850 €
Summe	382 850 €
Gebäudeanteil 70 %	267 995 €

Ermittlung der Abschreibung

Es handelt sich grundsätzlich um ein Objekt nach § 7 Abs. 4 Nr. 2 EStG, da es nicht zum Betriebsvermögen des Herrn Kutowski gehört; es kommen nur degressive Abschreibungen gem. § 7 Abs. 5 Nr. 2 oder 3 EStG in Betracht. Die Abschreibung nach § 7 Abs. 5 Nr. 1 EStG scheidet wegen der Zugehörigkeit zum Privatvermögen aus.

Im vorliegenden Fall ist der Kaufvertrag maßgebend.

Reisebüro Erdgeschoss

§ 7 Abs. 5 Nr. 2 EStG nicht möglich wegen Bauantrag und § 7 Abs. 5 Nr. 3 EStG ist nicht möglich, da nicht Wohnzwecken dient, verbleibt § 7 Abs. 4 Nr. 2a EStG: 2 %

Anschaffungskosten: 1 469 577 € x 1/6 = 244 930 €

x 2 % AfA-Satz x 10/12 (§ 7 Abs. 1 Satz 4 EStG, R 7.4 Abs. 2 EStR)	4 083 €

Die abziehbare Vorsteuer gehört nicht zu den Anschaffungskosten, § 9b Abs. 1 EStG. Die Option zur USt-Pflicht war nach § 9 Abs. 1 und 2 UStG zulässig. Die Vermietung erfolgte an einen Unternehmer, der vorsteuerberechtigt ist.

Wohnungen 3. – 5. Obergeschoss

Nutzung zu Wohnzwecken, § 7 Abs. 5 Nr. 3c EStG; Kaufvertrag zwar nach dem 31. 12. 2003, aber nicht vor dem 1. 1. 2006, sondern erst am 1. 10. 2011.

Somit verbleibt es auch für diese Gebäudeteile bei der Abschreibung nach § 7 Abs. 4 Nr. 2a EStG.

Gebäude-AK 1 469 577 x 3/6 =	734 789 €
Vorsteuer nicht abziehbar, keine Option möglich, § 9b Abs. 1 EStG, 267 995 € x 3/6	+ 133 998 €
AfA-Bemessungsgrundlage	868 787 €
x 2 % x 10/12 (§ 7 Abs. 1 Satz 4 EStG, R 7.4 Abs. 2 EStR)	14 480 €

Ermittlung der Einkünfte, § 21 Abs. 1 Nr. 1 EStG

Mieteinnahmen, §§ 8, 11 Abs. 1 EStG

Reisebüro, brutto monatlich	17 850 €	
Die vereinnahmte Umsatzsteuer gehört zu den Mieteinnahmen.		
Wohnungen: 3 000 € x 3	+ 9 000 €	
Summe Mieteinnahmen	26 850 €	
x 10 Monate = Summe Mieteinnahmen		**268 500 €**

Werbungskosten, § 9 Abs. 1 EStG, § 11 Abs. 2 EStG

sonstige lfd. Kosten, mtl. 1 000 € x 10 Monate	10 000 €
Notar- und Gerichtskosten wegen der Eintragung der Hypothek, § 9 Abs. 1 Nr. 1 EStG	8 000 €
Schuldzinsen 1. 2. – 31. 12. 2012, § 9 Abs. 1 Nr. 1 EStG	61 000 €
Damnum, § 9 Abs. 1 Nr. 1 EStG	40 000 €
Summe Finanzierungskosten u. lfd. Kosten	119 000 €
x 4/6 Anteil V+V	**79 334 €**
Nicht abziehbare Vorsteuer aus den Notarkosten wegen der Hypothekeneintragung: 600 € x 3/6	**300 €**
abzgl. AfA-Reisebüro	**4 083 €**
abzgl. AfA-Wohnungen	**14 480 €**
abzgl. an das Finanzamt gezahlte anteilig auf V+V entfallende Umsatzsteuervorauszahlung 3 – 12/2012	**28 500 €**
Die Umsatzsteuer-Vorauszahlung Dezember 2012 wird erst am 10. 1. 2013 entrichtet, § 11 Abs. 2 Satz 2 EStG aber H 11 „Allgemeines" EStH.	
Summe Werbungskosten	**./. 126 697 €**
Einkünfte aus Vermietung und Verpachtung	**141 803 €**

III. Aufsichtsratstätigkeit, Einkünfte aus sonstiger selbständiger Arbeit, § 18 Abs. 1 Nr. 3 EStG

Aufsichtsratvergütung	**20 000 €**

IV. Sonstige Einkünfte, § 22 Nr. 3 EStG

Finanzierungsvermittlung

Die Vermittlung der Finanzierung ist getrennt von der Aufsichtsratstätigkeit zu beurteilen. Ein Zusammenhang mit seiner Tätigkeit als Rechtsanwalt ist nicht erkennbar. Da es offensichtlich an der Nachhaltigkeit mangelt, liegen sonstige Einkünfte nach § 22 Nr. 3 EStG vor. Die Freigrenze von 256 € ist überschritten:

Einnahmen	10 000 €
Werbungskosten	./. 200 €
Einkünfte	**9 800 €**

V. Müsli KG

Kurt Kutowski ist ein gewerblicher Verlust i. H. von 950 000 € x 30 %= 285 000 € zuzurechnen, § 15 Abs. 1 Nr. 2 EStG.

Auf Grund seiner beschränkten Kommanditistenhaftung ist der Verlust 2012 lediglich bis zur Höhe seines Kapitalkontos ausgleichsfähig, § 15a Abs. 1 Satz 1 EStG:

Einkünfte	**./. 200 000 €**

Der in 2012 nicht ausgleichsfähige Verlust i. H. von 85 000 € ist gem. § 15a Abs. 2 EStG mit zukünftigen Gewinnanteilen aus der Müsli KG verrechenbar. Der verrechenbare Verlust wird gem. § 15a Abs. 4 EStG zum 31. 12. 2012 festgestellt.

VI. Einkünfte aus Kapitalvermögen, § 20 EStG

Die Zinsauszahlung der festverzinslichen Wertpapiere in 2013 führt erst im Zuflussjahr zu Einkünften aus § 20 Abs. 1 Nr. 7 EStG, § 11 Abs. 1 EStG. Die beim Erwerb gezahlten Gebühren stellen Nebenkosten der Anschaffung dar.

VII. Angestelltentätigkeit beim Rechtsanwalt, Einkünfte aus nichtselbständiger Arbeit, § 19 Abs. 1 Nr. 1 EStG

Bruttoarbeitslohn	71 795 €
Arbeitnehmer-Pauschbetrag, § 9a Nr. 1 Buchst. a EStG	1 000 €
Einkünfte aus nichtselbständiger Arbeit	**70 795 €**

Einkünfte Katja Kutowski

VIII. Glasklar KG, § 15 Abs. 1 Nr. 2 EStG

Die Glasklar KG erzielt Einkünfte aus Gewerbebetrieb, § 15 Abs. 2 EStG. Als Kommanditistin erzielt Frau Kutowski Einkünfte aus Gewerbebetrieb als Mitunternehmerin nach § 15 Abs. 1 Nr. 2 EStG. Nach § 4a Abs. 2 Nr. 2 EStG ist für die Einkünfteermittlung das Ergebnis der KG des Wirtschaftsjahres maßgebend, welches im Kalenderjahr 2012 geendet hat:

100 000 € x 20 % Anteil	20 000 €
Die von Frau Kutowski als Mitunternehmerin geleisteten Arbeiten und deren Vergütung führen ebenfalls zu Einkünften aus Gewerbebetrieb nach § 15 Abs. 1 Nr. 2 EStG:	+ 12 000 €
Einkünfte aus Gewerbebetrieb	**32 000 €**

IX. Grundstück Dresden, Sachsenallee

Weder die Rückübereignung noch die zeitnahe Veräußerung des Grundstücks lösen steuerliche Einkünfte aus. Insbesondere handelt es sich nicht um ein privates Veräußerungsgeschäft i. S. von § 23 Abs. 1 Nr. 1 EStG, weil durch die Rückübereignung begrifflich keine Anschaffung vorliegt, vgl. H 23 „Anschaffung – die Rückübertragung. . ." EStH.

X. Einkünfte aus Kapitalvermögen, § 20 EStG

Dividenden aus einer Beteiligung an einer GmbH lösen Einkünfte nach § 20 Abs. 1 Nr. 1 EStG aus und unterliegen nach § 43 Abs. 5 EStG der Kapitalertragsteuer und damit gelten die Einnahmen als abgegolten. Grundsätzlich ist das Zuflussprinzip des § 11 Abs. 1 EStG maßgebend. Allerdings sind dem beherrschenden (mehr als 50 % beteiligten) Gesellschafter die Gewinnanteile aus der Beteiligung an einer Kapitalgesellschaft regelmäßig bereits dann zugeflossen, wenn der Gewinnverwendungsbeschluss gefasst worden ist, H 20.2 „Zuflusszeitpunkt . . ." EStH.

Frau Kutowski ist beherrschende Gesellschafterin (30 000 € von 50 000 € Stammkapital = 60 %).

Der Zufluss ist somit am 10. 12. 2012 anzunehmen, H 20.2 „Zuflusszeitpunkt . . ." EStH.

Nach § 32d Abs. 1 EStG wird hier grds. der Steuersatz mit 25 % und dann Abgeltungswirkung angenommen. Aber da Frau Kutowski das Teileinkünfteverfahren anwenden will, wird über § 32d Abs. 2 Nr. 3a) EStG dieses angewandt. Allerdings kommt der Sparer-Pauschbetrag § 20 Abs. 9 EStG über § 32d Abs. 2 Nr. 3 Satz 2 EStG nicht zur Anwendung. Es können somit nur die tatsächlichen Werbungskosten unter Beachtung von § 3c Abs. 2 EStG geltend gemacht werden.

Gutschrift auf dem Girokonto	8 000 €
zzgl. 26,375/73,625 Kapitalertragsteuer/SolZ	+ 2 866 €
Bardividende, § 20 Abs. 1 Nr. 1 EStG	10 866 €
davon gem. § 3 Nr. 40 Buchst. d EStG 40 % steuerfrei	./. 4 347 €
zu versteuernde Einnahme	6 519 €
Werbungskosten, § 3c Abs. 2 EStG 200 € x 60 %	./. 120 €
Einkünfte aus Kapitalvermögen	**6 399 €**

XI. Angestelltentätigkeit beim Schreibbüro, Einkünfte aus nichtselbständiger Arbeit, § 19 Abs. 1 Nr. 1 EStG

Bruttoarbeitslohn	10 000 €
Arbeitnehmer-Pauschbetrag, § 9a Nr. 1 Buchst. a EStG	1 000 €
Einkünfte aus nichtselbständiger Arbeit	**9 000 €**

Ermittlung des zu versteuernden Einkommens

1. Gesamtbetrag der Einkünfte

Zusammenstellung	**Ehemann**	**Ehefrau**
Nichtselbständige Arbeit	70 795 €	9 000 €
RA-Praxis	306 897 €	
Berliner Allee	141 803 €	
Aufsichtsrat	20 000 €	
Finanzierungsvermittlung	9 800 €	
Kapitalvermögen		6 399 €
Müsli KG	./. 200 000 €	
Glasklar KG		32 000 €
	349 295 €	47 399 €
Summe der Einkünfte/Gesamtbetrag der Einkünfte		**396 694 €**

2. Sonderausgaben

Sonderausgabenpauschbetrag, verdoppelt (§ 10c EStG)	**./. 72 €**

3. Vorsorgeaufwendungen, § 10 Abs. 1 Nr. 2, 3 und 3a, § 10 Abs. 3 und 4 EStG

Die Hausratversicherung ist als Sachversicherung nicht abzugsfähig, H 10.5 „Hausratversicherung" EStH.

Altersvorsorgeaufwendungen nach § 10 Abs. 3 EStG

Rentenversicherung § 10 Abs. 1 Nr. 2 Buchst. b EStG	3 306 €
Arbeitnehmeranteil Rentenversicherung Herr Kutowski § 10 Abs. 1 Nr. 2 Buchst. a EStG	7 035 €
Arbeitgeberanteil Rentenversicherung Herr Kutowski § 10 Abs. 1 Nr. 2 Buchst. a EStG	7 035 €
Arbeitnehmeranteil Rentenversicherung Frau Kutowski § 10 Abs. 1 Nr. 2 Buchst. a EStG	980 €
Arbeitgeberanteil Rentenversicherung Frau Kutowski § 10 Abs. 1 Nr. 2 Buchst. a EStG	980 €
	19 336 €
Gesamtaufwendungen Maximal zu berücksichtigende Altervorsorgeaufwendungen 40 000 € abzüglich fiktiver Gesamtbeitrag RV Ehemann und Ehefrau 19,6 % von (57 600 € (EM max. Beitragsbemessungsgrenze Ost) + 10 000 € (EF)) = 13 250 € verbleiben 26 750 €	
Zu berücksichtigen 74 % des geringeren Betrages, also von 19 336 €	14 309 €
abzüglich steuerfreier Arbeitgeberanteil zur gesetzlichen Rentenversicherung § 10 Abs. 3 Satz 5 EStG von Herrn Kutowski	7 035 €
abzüglich steuerfreier Arbeitgeberanteil zur gesetzlichen Rentenversicherung § 10 Abs. 3 Satz 5 EStG von Frau Kutowski	980 €
	6 294 €

Risikolebensversicherung, § 10 Abs. 1 Nr. 3a EStG	500 €
Arbeitnehmeranteil Sozialversicherung Herr Kutowski	1 500 €
Arbeitnehmeranteil Sozialversicherung Frau Kutowski	650 €
Kapitallebensversicherung, mit 88 % von 4 000 € § 10 Abs. 1 Nr. 3a) EStG bzw. Buchst. b EStG a. F.	3 520 €
Krankenversicherung, § 10 Abs. 1 Nr. 3a) EStG	1 500 €
Summe Versicherungsbeiträge	7 670 €
Summe sonstige Vorsorgeauswendungen	7 670 €
Maximal abzugsfähig 1 900 € und 1 900 € nach § 10 Abs. 4 Satz 2 EStG	**3 800 €**
mindestens Basisabsicherung 1 750 € (1 200 € + 550 €); hier aber geringer	

Auf eine Günstigerprüfung i. S. von § 10 Abs. 4a EStG wird verzichtet.

Abzugsfähige Vorsorgeaufwendungen gesamt	**./. 10 094 €**

5. Außergewöhnliche Belastungen, §§ 33 – 33b EStG

Unterhaltsfreibetrag, § 33a Abs. 1 Satz 1 EStG: Vater (gesetzlich unterhaltsberechtigt) bis Nov. 2012: Höchstbetrag 8 004 € x 11/12, § 33a Abs. 3 EStG		7 337 €	
eigene Einkünfte und Bezüge des Vaters: Rente (Einkünfte und Bezüge): 300 € x 11 Monate	3 300 €		
abzgl. WK-Pauschbetrag, § 9a Nr. 3 EStG	./. 102 €		
abzgl. Kostenpauschale, R 32.10 Abs. 4 EStR x 11/12	./. 165 €		
eigene Einkünfte und Bezüge des Vaters	3 033 €		
unschädlich sind: 624 € x 11/12	./. 572 €		
schädlich sind:		./. 2 461 €	
verbleibender und abzugsfähiger Unterhaltsfreibetrag, weil Unterhaltsleistungen in ausreichender Höhe gezahlt wurden			**./. 4 876 €**

Für die Tochter Katrin kann wg. ihres Alters kein Kinderfreibetrag berücksichtigt werden. Mangels Anspruch auf einen Kinderfreibetrag entfällt auch ein Ausbildungsfreibetrag nach § 33a Abs. 2 EStG.

Der Behinderten-Pauschbetrag für den Sohn Karl wird auf Antrag auf die Eltern übertragen, § 33b Abs. 3 und Abs. 5 EStG:	**./. 3 700 €**
Ferner ist der Pflegepauschbetrag zu gewähren, § 33b Abs. 6 EStG	**./. 924 €**

Die Beerdigungskosten sind nach § 33 EStG als allgemeine außergewöhnliche Belastungen abzugsfähig, soweit sie den Nachlass übersteigen, H 33.1 – 33.4 „Bestattungskosten“ EStH. Ein Nachlass ist aus dem Sachverhalt nicht ersichtlich.

Kosten	18 000 €	
abzgl. Sterbegeldversicherung (in 2012 war bereits mit einer Erstattung zu rechnen, H 33.1–33.4 „Ersatz von . . .“ EStH)	./. 2 000 €	
verbleiben	16 000 €	
abzgl. zumutbare Eigenbelastung, § 33 Abs. 3 EStG: 4 % v. **396 694 €** GdE	./. 15 868 €	
abzugsfähig nach § 33 EStG		**./. 132 €**
6. Einkommen, § 2 Abs. 4 EStG		**376 896 €**

7. Kinderfreibetrag / Kindergeld	
Kinderfreibetrag Sohn Karl wg. Hilflosigkeit ohne zeitliche Beschränkung, § 32 Abs. 4 Nr. 3 EStG:	**./. 7 008 €**
alternativ Kindergeld, §§ 62-78 EStG: 184 € x 12 Monate	2 208 €
8. Zu versteuerndes Einkommen, § 2 Abs. 5 EStG	**369 888 €**

Aufgabenteil Nr. 2: Körperschaftsteuer

I. Sachliche und persönliche Körperschaftsteuerpflicht

Die AVUS GmbH gilt gem. § 13 Abs. 3 GmbHG als Handelsgesellschaft. Die GmbH ist deshalb Kaufmann kraft Rechtsform und nach handelsrechtlichen Vorschriften zur Führung von Büchern verpflichtet (§§ 6 Abs. 1, 238 ff. HGB). Sie ermittelt ihren Gewinn nach § 5 EStG (Betriebsvermögensvergleich).

Da die AVUS GmbH ihren Sitz (§ 11 AO) und ihre Geschäftsleitung (§ 10 AO) im Inland hat, ist sie gem. § 1 Abs. 1 Nr. 1 KStG auch unbeschränkt körperschaftsteuerpflichtig. Gemäß § 8 Abs. 2 KStG gelten ihre gesamten Einkünfte als Einkünfte aus Gewerbebetrieb.

II. Ermittlung des zu versteuernden Einkommens

Die Körperschaftsteuer bemisst sich nach dem zu versteuernden Einkommen (§ 7 Abs. 1 KStG). Das zu versteuernde Einkommen ermittelt sich nach den Vorschriften des EStG und des KStG (§ 7 Abs. 2, § 8 Abs. 1 KStG; vgl. auch R 29 KStR).

Die oGA in 2012 beeinflusst gem. § 8 Abs. 3 Satz 1 KStG das Einkommen nicht, da diese im Zeitpunkt der Zahlung erfolgsneutral gebucht wird.

Ausgangsgröße für die Ermittlung des zu versteuernden Einkommens ist der Jahresüberschuss lt. Gewinn- und Verlustrechnung 2012 i. H. von 144 340 €.

Jahresüberschuss lt. Handelsbilanz	144 340 €
Zur Anpassung an den steuerlichen Gewinn ist gem. § 60 Abs. 2 Satz 1 EStDV ein Betrag i. H. von 15 500 € hinzuzurechnen, da abweichend vom HGB (HB = Passivierungsgebot gem. § 249 Abs. 1 Satz 1 HGB) eine Rückstellung für drohende Verluste aus schwebenden Geschäften gem. § 5 Abs. 4a EStG (i. V. m. § 8 Abs. 1 KStG) unzulässig ist.	+ 15 500 €
Gemäß § 10 Nr. 2 KStG sind die folgenden nicht abziehbaren Aufwendungen hinzuzurechnen:	
KSt-Vorauszahlungen	+ 12 000 €
SolZ zu den KSt-Vorauszahlungen	+ 660 €
Nichtabziehbare Betriebsausgaben:	
Geldbuße gem. § 8 Abs. 1 KStG i. V. m. § 4 Abs. 5 Nr. 8 EStG	+ 2 500 €
Die Zahlung der Tantieme i. H. von 40 000 € stellt eine verdeckte Gewinnausschüttung dar, die gem. § 8 Abs. 3 Satz 2 KStG das Einkommen nicht mindern darf. Hinsichtlich des Begriffs der vGA vgl. R 36 Abs. 1 Satz 1 KStG.	+ 40 000 €
Im Verhältnis zwischen Gesellschaft und ihrem beherrschenden Gesellschafter ist eine Veranlassung durch das Gesellschaftsverhältnis auch dann anzunehmen, wenn es an einer klaren und eindeutigen im Voraus getroffenen Vereinbarung darüber fehlt, ob und in welcher Höhe ein Entgelt für eine Leistung des Gesellschafters zu zahlen ist (R 36 Abs. 2 KStR).	

Die Angemessenheit und Üblichkeit der Leistung ist in diesem Fall ohne Bedeutung. Vgl. auch H 36 EStH unter III. Veranlassung durch das Gesellschaftsverhältnis „Klare und eindeutige Vereinbarung". Max Müller ist als Alleingesellschafter eindeutig beherrschender Gesellschafter der GmbH. Die Tantieme wurde erst zum Ende des Jahres vereinbart und ist damit durch das Gesellschaftsverhältnis veranlasst. Entscheidend ist dabei nicht die Auszahlung, sondern die gewinnmindernde Behandlung. Die Gewinnkorrektur erfolgt außerhalb der Steuerbilanz bei der Ermittlung des Einkommens (H 37 EStH „Steuerbilanzgewinn").

Auch die unentgeltliche Übertragung des Pkw an die Ehefrau des Gesellschafters Max Müller stellt eine verdeckte Gewinnausschüttung dar, die nach § 8 Abs. 3 Satz 2 KStG das Einkommen der AVUS GmbH nicht mindern darf. Die vGA besteht darin, dass die AVUS GmbH auf eine mögliche Vermögensmehrung verzichtet hat (R 36 Abs. 1 Satz 1 KStR). Ein ordentlicher und gewissenhafter Geschäftsführer hätte diese Behandlung so nicht hingenommen (H 36 KStH „III. Veranlassung durch das Gesellschaftsverhältnis – Allgemeines"); zumal die Ehefrau eine dem Gesellschafter nahe stehende Person ist (vgl. H 36 KStH „Nahestehende Personen"). Die vGA ist gem. H 37 KStH „Hingabe von WG" mit dem gemeinen Wert des Pkw anzusetzen; die Korrektur erfolgt gem. H 37 KStH „Steuerbilanzgewinn" ebenfalls außerhalb der StB:	+ 29 750 €
Umsatzsteuerlich handelt es sich um eine unentgeltliche Lieferung, die einer Lieferung gegen Entgelt gleichgestellt ist (§ 3 Abs. 1b Nr. 1 UStG). Bemessungsgrundlage ist gem. § 10 Abs. 4 Nr. 1 UStG der Einkaufspreis im Zeitpunkt des Umsatzes. Die USt in Höhe von 4 750 € muss noch gewinnmindernd passiviert werden (GuV: Konto Sonstige Steuern).	./. 4 750 €
Da der Ansatz der vGA mit dem gemeinen Wert erfolgt, ist eine gesonderte Hinzurechnung der USt im Rahmen der Einkommensermittlung gem. R 37 KStR nicht mehr erforderlich.	
Zu versteuerndes Einkommen 2012	240 000 €

III. Ermittlung der KSt/SolZ-Rückstellung/-Forderung

Ermittlung der Körperschaftsteuer

Tarifsteuer 15 % gem. § 23 Abs. 1 KStG von 240 000 €	36 000 €
verbleibende KSt (R 30 Satz 1 Ziff. 9 KStR)	36 000 €
KSt-Vorauszahlungen	./. 12 000 €
Körperschaftsteuerrückstellung zum 31. 12. 2012	24 000 €

Ermittlung des Solidaritätszuschlags

Festgesetzte KSt als Bemessungsgrundlage (§ 3 Abs. 1 Nr. 1 SolZG)	36 000 €
Höhe 5,5 % (§ 4 SolZG)	1 980 €
SolZ-Vorauszahlungen	./. 660 €
Rückstellung zum 31. 12. 2012	1 320 €

IV. Gesonderte Feststellungen

Einlagekonto (§ 27 KStG)

Das steuerliche Einlagekonto ist ausgehend vom Vorjahresbestand zum 31. 12. 2012 gem. § 27 Abs. 1 Satz 2 KStG fortzuschreiben. Vgl. auch das BMF-Schreiben vom 4. 6. 2003, BStBl I 366.

Es ist gem. § 27 Abs. 1 Sätze 3 und 5 KStG zu prüfen, ob eine Ausschüttung aus dem Einlagekonto in Betracht kommt.

Differenzberechnung:

Beschlossene Gewinnausschüttungen (oGA)	160 000 €
vGA – Tantieme:	+ 40 000 €
vGA – PKW	+ 29 750 €
Summe der Leistungen in 2012	229 750 €
Stammkapital	100 000 €
Kapitalrücklage zum 31. 12. 2011	+ 50 000 €
Gewinnrücklagen zum 31. 12. 2011	+ 140 000 €
Gewinnvortrag (u. a. Jahresüberschuss 2011)	+ 160 000 €
Gesamtes Eigenkapital lt. Steuerbilanz zum 31. 12. 2011	450 000 €
Stammkapital	./. 100 000 €
Einlagekonto (§ 27 KStG)	./. 50 000 €
Ausschüttbarer Gewinn, § 27 Abs. 1 Satz 5 KStG	300 000 €
abgeflossene Ausschüttungen in 2012 – siehe vorstehend –	./. 229 750 €
Übersteigender Betrag:	0 €

Da die abgeflossenen Ausschüttungen den ausschüttbaren Gewinn des Vorjahres nicht übersteigen, kommt eine Verwendung des Einlagekontos nicht in Betracht. Der Bestand ist deshalb gem. § 27 Abs. 2 Satz 1 KStG zum 31. 12. 2012 unverändert in Höhe von **50 000 €** gesondert festzustellen.

HINWEIS:

Für die Anteilseigner wäre ein Abgang aus dem steuerlichen Einlagekonto gem. § 27 Abs. 3 KStG auf der Steuerbescheinigung entsprechend zu bestätigen!

Aufgabenteil Nr. 3: Gewerbesteuer

Seit 1998 findet die Verpachtung des Grundstücks im Rahmen einer steuerlichen Betriebsaufspaltung zwischen G. Scheit und der Holz-GmbH statt.

Eine enge sachliche Verflechtung liegt hinsichtlich der Überlassung des Produktionsgrundstücks als wesentliche Betriebsgrundlage der GmbH vor. Nach der Rechtsprechung des BFH handelt es sich bei Produktionsgebäuden stets um wesentliche Betriebsgrundlagen, H 15.7 Abs. 5 „Fabrikationsgrundstücke" EStH.

Ebenso ist seit 1998 eine enge personelle Verflechtung gegeben, da G. Scheit als Alleineigentümer des Grundstücks auch zu 100 % an der Holz-GmbH beteiligt ist. Er kann über diese Mehrheitsbeteiligung seinen Willen sowohl in der GmbH (sog. „Betriebsunternehmen") als auch im Grundstücksunternehmen (sog. „Besitzunternehmen") durchsetzen, H 15.7 Abs. 6 EStH.

Rechtsfolge:

Somit ist die Verpachtung des Grundstücks seit 1998 keine Verpachtung im privaten Vermögensbereich, sondern gilt als Gewerbebetrieb im Rahmen einer steuerlichen Betriebsaufspaltung, § 15 Abs. 2 EStG, H 15.7 Abs. 4 „Allgemeines" EStH.

Ebenfalls besteht Gewerbesteuerpflicht, § 2 Abs. 1 GewStG.

Die Gewinnermittlung erfolgt durch Bestandsvergleich, § 4 Abs. 1 EStG.

Umsatzsteuerlich handelt es sich um eine Organschaft, § 2 Abs. 2 Nr. 2 UStG. Das Besitzunternehmen stellt den Organträger dar.

Einkünfte aus Gewerbebetrieb 2012 (Besitzunternehmen)

Betriebseinnahmen

Das Grundstück stellt notwendiges Betriebsvermögen dar. Die Pachteinnahmen zählen zu den Einkünften aus Gewerbebetrieb, § 21 Abs. 3 EStG: 12 000 € x 12 Monate		144 000 €
Die Beteiligung des G. Scheit an der Holz-GmbH stellt ebenfalls notwendiges Betriebsvermögen dar, weil sie der Auslöser der personellen Verflechtung ist. Ausschüttungen sind deshalb bei G. Scheit in Bruttohöhe als Betriebseinnahme (wg. der Zugehörigkeit der Anteile zum BV) zu erfassen, § 20 Abs. 8 EStG. Es gilt nicht das Zuflussprinzip; er hat eine Dividende als Forderung als Einkünfte aus Gewerbebetrieb im Jahre 2012 zu erfassen, die im Jahre 2012 beschlossen worden ist, vgl. auch H 15.7 Abs. 4 „Dividendenansprüche" und H 4.2 Abs. 1 „Dividendenansprüche".		
Auszahlung	31 560 €	
zzgl. KapSt/SolZ: 26,375/73,625	+ 11 306 €	
Bardividende, § 20 Abs. 1 Nr. 1 EStG, § 20 Abs. 8 EStG, § 15 EStG	42 866 €	

zu 60 % (§ 3 Nr. 40 Buchst. d, § 3 Nr. 40 Satz 2 EStG) „außerhalb der Bilanz“	+ 25 720 €
In Höhe des unangemessenen Gehalts liegt eine verdeckte Gewinnausschüttung vor, weil einem Gesellschafter ein Vermögensvorteil zugewendet wird, der durch das Gesellschaftsverhältnis begründet ist. Da die Anteile an der Holz-GmbH zum notwendigen Betriebsvermögen gehören, ist der Vorteil als betrieblicher Ertrag zu erfassen, § 20 Abs. 1 Nr. 1 Satz 2, Abs. 8 EStG, § 8 Abs. 3 Satz 2 KStG:	
500 € mtl. x 12 zu 60 % (§ 3 Nr. 40 Buchst. d, § 3 Nr. 40 Satz 2 EStG)	+ 3 600 €
Summe Betriebseinnahmen	**173 320 €**
Betriebsausgaben, § 4 Abs. 4 EStG	
lfd. Kosten: mtl. 1 000 € x 12	./. 12 000 €
Gebäude-AfA seit 1998 gem. § 7 Abs. 5 Nr. 2 EStG (Bauantrag vor 1. 1. 1995, Betriebsvermögen, keine Wohnzwecke; die tatsächlich längere Nutzungsdauer von 70 Jahren ist nicht zu beachten: 1 Mio. € x 1,25 % (15. Staffeljahr):	./. 12 500 €
Schuldzinsen: 3 500 € x 12	./. 42 000 €
Disagio = aktiver Rechnungsabgrenzungsposten seit 1998, aufzulösen über die Zinsbindungsfrist von 20 Jahren: 40 000 € x 1/20, H 6.10 „Zinsfestschreibung“ EStH	./. 2 000 €
Die Beiträge für die Lebensversicherung stellen keine Betriebsausgaben dar, weil sie mittelbar der Tilgung des Darlehens dienen.	–
Einkünfte aus Gewerbebetrieb	**104 820 €**

Im Rahmen der Steuerbilanz ist eine GewSt-Rückstellung i. H. von 8 064 € (s. u.) zu passivieren.

Aufgrund der ab dem Jahre 2008 geltenden Vorschrift des § 4 Abs. 5b EStG, nach der die Gewerbesteuer keine Betriebsausgabe mehr darstellt, ist im Gegenzug allerdings eine außerbilanzielle Hinzurechnung in selber Höhe vorzunehmen.

Aufwendungen, die einzeln nachweisbar oder anteilig der Beteiligung an der Holz GmbH zuzuordnen sind, sind dem Sachverhalt nicht zu entnehmen. Eine Anwendung des § 3c Abs. 2 EStG scheidet mithin aus.

Die ermittelten Einkünfte aus Gewerbebetrieb führen zur Anrechnung des 3,8-fachen Messbetrags auf die Einkommensteuer gem. § 35 EStG.

Ermittlung der Gewerbesteuer-Rückstellung

Da das Besitzunternehmen seine Gewinne durch Bestandsvergleich ermittelt, hat es eine Gewerbesteuer-Rückstellung zu passivieren.

vorläufiger Gewinn, § 7 GewStG	104 820 €
Hinzurechnung wg. Entgelten für Schulden, § 8 Nr. 1a GewStG: Schuldzinsen/Disagio 44 000 abzgl. Freibetrag	+ 0 €
keine Hinzurechnung gem. § 8 Nr. 5 GewStG, da der Mandant zu mehr als 15 % an der GmbH beteiligt ist.	

Kürzung wg. Grundbesitz, § 9 Nr. 1 GewStG: Einheitswert des Grundstücks 200 000 € zu 140 % x 1,2 %	./. 3 360 €
Kürzung wg. Ausschüttung, § 9 Nr. 2a GewStG	./. 25 720 €
Gewerbeertrag	75 740 €
abgerundet	75 700 €
abzüglich Freibetrag, § 11 Abs. 1 Nr. 1 GewStG	./. 24 500 €
verbleiben	51 200 €
x 3,5 % (Steuermesszahl)	
Steuermessbetrag	1 792 €
x 450 % Hebesatz, § 16 GewStG = Gewerbesteuer	8 064 €
= Rückstellung	8 064 €

Einkünfte aus nichtselbständiger Arbeit

Als Gesellschafter-Geschäftsführer der Holz-GmbH erzielt G. Scheit Einkünfte aus nichtselbständiger Arbeit, § 19 Abs. 1 Nr. 1 EStG.

Die Arbeitnehmertätigkeit vollzieht sich außerhalb der steuerlichen Betriebsaufspaltung und damit außerhalb der Einkünfte aus Gewerbebetrieb, weil eine GmbH aus gesetzlicher Verpflichtung heraus einen Geschäftsführer bestellen muss und dieser den Organen der GmbH – z. B. der Gesellschafterversammlung gegenüber weisungsgebunden ist.

Anzusetzen ist der angemessene Teil des gezahlten Gehalts; der unangemessene Anteil ist bereits als verdeckte Gewinnausschüttung versteuert worden.

Bruttoarbeitslohn: 9 000 € x 12 Monate	108 000 €
Arbeitnehmerpauschbetrag, § 9a Nr. 1 Buchst. a EStG	./. 1 000 €
Einkünfte aus nichtselbständiger Arbeit	**107 000 €**

Beiträge Lebensversicherung

Es handelt sich um im Rahmen seiner Einkommensteuererklärung abzugsfähige Sonderausgaben (Vorsorgeaufwendungen), § 10 Abs. 1 Nr. 3a EStG. Ein Ausschlussgrund gem. § 10 Abs. 2 EStG a. F. ist dem Sachverhalt nicht zu entnehmen; offensichtlich dient das Darlehen in voller Höhe der Finanzierung betrieblichen Anlagevermögens.

Aufgabenteil Nr. 4: Umsatzsteuer

Klausur Nr. 1 „Marius Müller“

Sachverhalt 1

Müller bewirkt am 4. 2. 2013 30 i. g. Erwerbe nach § 1a UStG. Die Voraussetzungen nach § 1a Abs. 1 Nr. 1 bis 3 UStG sind erfüllt. Die Brotschneidemaschinen gelangen bei einer Lieferung aus dem Mitgliedstaat Italien in den Mitgliedstaat Deutschland, Müller ist Unternehmer, der die Maschinen für sein Unternehmen erwirbt und Lambadi liefert als Unternehmer im Rahmen seines Unternehmens und ist nicht Kleinunternehmer.

Ort des i. g. Erwerbs ist nach § 3d Satz 1 UStG das Inland (Solingen). Die Erwerbe sind nach § 1 Abs. 1 Nr. 5 UStG steuerbar und mangels Steuerbefreiung nach § 4b UStG steuerpflichtig zum Steuersatz von 19 % (§ 12 Abs. 1 UStG). Die Bemessungsgrundlage ergibt sich aus § 10 Abs. 1 UStG und beträgt 2 600 €. Die darauf entfallende Steuer i. H. von 494 € entsteht nach § 13 Abs. 1 Nr. 6 UStG mit Ausstellung der Rechnung am 28. 2. 2013.

Betragsidentisch und zeitgleich kann Müller für den VZ Februar 2013 Vorsteuer i. H. von 494 € nach § 15 Abs. 1 Satz 1 Nr. 3 UStG in Abzug bringen; ein Ausschlussgrund nach § 15 Abs. 2 UStG liegt nicht vor.

Mit der Übergabe der Brotschneidemaschinen an die Mitglieder der Reisegruppe bewirkt Müller 30 Lieferungen nach § 3 Abs. 1 UStG, der Ort bestimmt sich nach § 3 Abs. 6 Satz 1 UStG (Solingen), die Lieferungen sind steuerbar nach § 1 Abs. 1 Nr. 1 UStG. Der Ort bestimmt sich insbesondere nicht nach § 3c UStG, weil die Abnehmer (und nicht der Unternehmer) die Gegenstände (durch Abholen) befördern.

Die Lieferungen sind mangels Steuerbefreiung nach § 4 auch steuerpflichtig. Insbesondere liegt keine Steuerbefreiung nach § 4 Nr. 1 Buchst. b i. V. m. § 6a UStG vor, da die Abnehmer nicht Unternehmer sind (§ 6a Abs. 1 Nr. 2 UStG ist nicht erfüllt).

Die Bemessungsgrundlage nach § 10 Abs. 1 Satz 2 UStG beträgt unter Berücksichtigung eines Steuersatzes von 19 % 4 500 €, die Umsatzsteuer 855 €.

Die Steuer i. H. von 855 € entsteht nach § 13 Abs. 1 Nr. 1 Buchst. a Satz 1 UStG mit Ablauf des VZ 02/2013.

Sachverhalt 2

Die im Juni an den Schweizer Kunden ausgeführten Lieferungen (§ 3 Abs. 1 UStG) sind als Lieferungen mit Warenbewegung (§ 3 Abs. 6 Satz 1 UStG) in Solingen ausgeführt worden und daher steuerbar nach § 1 Abs. 1 Nr. 1 UStG.

Die Lieferungen sind als Ausfuhrlieferungen nach § 4 Nr. 1 Buchst. a i. V. m. § 6 Abs. 1 Satz 1 Nr. 1 UStG steuerbefreit, da Müller die Besteckkoffer in das Drittlandsgebiet (Schweiz) befördert hat. Der Transport durch einen Angestellten des Müller ist Müller zuzurechnen. Die Transportleistung teilt als Nebenleistung zur Hauptleistung deren Schicksal (vgl. Abschnitt 3.10 Abs. 5 UStAE).

Bemessungsrundlage für die steuerfreien Lieferungen ist das Entgelt i. H. von 2 499 €.

Insoweit Müller Umsatzsteuer für steuerfreie Lieferungen offen in der Rechnung ausgewiesen hat, schuldet er diese nach § 14c Abs. 1 UStG, vgl. Ziffer 14c.1 Abs. 1 Satz 5 Nr. 2 UStAE. Die Steuer i. H. von 399 € entsteht nach § 13 Abs. 1 Nr. 3 mit Ablauf des VAZ 07/2013 (Erteilung der Rechnung, da die Lieferung keine USt auslöst). Müller kann den ausgewiesenen Steuerbetrag berichtigen, § 14c Abs. 1 Satz 2 UStG.

Aus der Lieferung des Großhändlers aus Offenbach ist Müller hinsichtlich des in der Rechnung offen ausgewiesenen USt-Betrags i. H. von 304 € im VAZ April 2013 zum Vorsteuerabzug nach § 15 Abs. 1 Satz 1 Nr. 1 UStG berechtigt, da Müller die Rechnung erst im April zugeht.

Ein Ausschlussgrund nach § 15 Abs. 2 Satz 1 Nr. 1 UStG liegt nicht vor. Die Eingangsleistung mündet zwar in eine steuerfreie Ausfuhrlieferung; § 15 Abs. 3 Nr. 1 Buchst. a UStG hebt den Vorsteuerausschluss allerdings wieder auf.

Im VAZ 05/2013 ist der Vorsteuerabzug um 9,12 € zu korrigieren (§ 17 Abs. 1 Sätze 2 und 7 UStG).

Sachverhalt 3

Mit Übergabe an den Spediteur Luigi bewirkt Müller am 18. 7. 2013 500 Lieferungen mit Warenbewegung durch Versenden (§ 3 Abs. 6 Satz 3 und 4 UStG). Die in Solingen (§ 3 Abs. 6 Satz 1 UStG) ausgeführten Lieferungen sind steuerbar nach § 1 Abs. 1 Nr. 1 UStG und als innergemeinschaftliche Lieferungen nach § 4 Nr. 1 Buchst. b i. V. m. § 6a UStG steuerbefreit.

Müller versendet die Messersets in das übrige Gemeinschaftsgebiet (§ 6a Abs. 1 Satz 1 Nr. 1 UStG), der Abnehmer ist Unternehmer (§ 6a Abs. 1 Satz 1 Nr. 2 Buchst. a UStG) und der Erwerb unterliegt im Mitgliedstaat Österreich der Erwerbsbesteuerung (§ 6a Abs. 1 Satz 1 Nr. 3 UStG).

Die Bemessungsgrundlage beträgt 75 000 € und ist nach § 18b Satz 1 Nr. 1 und Satz 2 UStG im VAZ Juli 2013 (Ausstellen der Rechnung) zu erklären.

Luigi bewirkt mit dem Transport der Messersets von Deutschland nach Österreich eine sonstige Leistung (§ 3 Abs. 9 UStG) in Form einer i. g. Beförderungsleistung. Der Ort dieser Leistung bestimmt sich nach § 3a Abs. 2 UStG, und liegt damit am Unternehmenssitz des Müller, Solingen.

Die von Luigi erbrachte Leistung ist steuerbar nach § 1 Abs. 1 Nr. 1 UStG und mangels Befreiung nach § 4 UStG steuerpflichtig zum Steuersatz von 19 % (§ 12 UStG).

Müller schuldet gem. § 13b Abs. 1, Abs. 5 UStG die Umsatzsteuer auf die sonstige Leistung des Luigi. Dieser hat zu Recht eine Rechnung ohne offen ausgewiesene USt erteilt, § 14a Abs. 5 UStG. Die USt i. H. von 4 000 € x 19 % = 760 € entsteht mit Ablauf des Voranmeldungszeitraums in dem die Leistung ausgeführt wurde, Juli 2013.

Zeit- und betragidentisch zieht Müller die Vorsteuer ab, § 15 Abs. 1 Satz 1 Nr. 4 UStG.

Hinsichtlich der Einfuhrumsatzsteuer i. H. von 9 000 € ist Müller nach § 15 Abs. 1 Satz 1 Nr. 2 UStG im VAZ 03/2013 zum Vorsteuerabzug berechtigt. Ein Ausschlussgrund nach § 15 Abs. 2 Satz 1 Nr. 1 UStG ist wegen § 15 Abs. 3 Nr. 1 Buchst. a UStG nicht gegeben. Die aus der Türkei eingeführten Messersets werden im Rahmen einer i. g. Lieferung weitergeliefert.

HINWEIS:

Die Einfuhr der Messersets aus der Türkei ist nicht nach § 5 Abs. 1 Nr. 3 UStG steuerbefreit, da die i. g. Lieferung nicht unmittelbar im Anschluss an die Einfuhr erfolgt.

Sachverhalt 4

Müller tätigt mit dem Schleifen der Sensen eine sonstige Leistung i. S. des § 3 Abs. 9 UStG, die gegen Entgelt erfolgt.

Werkleistungen sind hinsichtlich der Ortsbestimmung grundsätzlich nach § 3a Abs. 3 Nr. 3c UStG zu beurteilen. Ort der sonstigen Leistung von Müller wäre daher grds. Solingen (Tätigkeitsort des Unternehmers). Da jedoch der Leistungsempfänger Puch Unternehmer ist, gilt der Umsatz als dort ausgeführt, von wo der Empfänger sein Unternehmen betreibt, Österreich, § 3a Abs. 2 UStG. Der Umsatz ist daher im Inland nicht steuerbar gem. § 1 Abs. 1 Nr. 1 UStG, sondern in Österreich zu versteuern.

HINWEIS:

Die Rechnung des Müller enthält zutreffend keine Umsatzsteuer. Zwar wäre Müller grundsätzlich in Österreich Steuerschuldner, soweit er eine Leistung dort ausführt, jedoch bestimmt sich die Leistung hier nach § 3a Abs. 2 UStG. Da Müller nicht in Österreich ansässig ist, schuldet entsprechend dem deutschen § 13b UStG der Leistungsempfänger die Umsatzsteuer, da Puch Unternehmer ist und die Leistung für sein Unternehmen bezieht (Ziffer 3a.16 Abs. 4-7 UStAE).

Müller hat die Leistung gem. § 18b Satz 1 Nr. 2 und Satz 3 UStG im VAZ 5/2013 gesondert zu erklären

Puch seinerseits tätigt ebenfalls durch die Reparatur eine sonstige (Werk-) Leistung i. S. des § 3 Abs. 9 UStG (vgl. Ausführungen oben). Gemäß § 3a Abs. 2 UStG ist der Leistungsort Solingen. Damit liegt ein steuerbarer und mit 19 % steuerpflichtiger Umsatz im Inland vor (§ 1 Abs. 1 Nr. 1, § 12 Abs. 1 UStG). Bemessungsgrundlage ist das Entgelt gem. § 10 Abs. 1 UStG i. H. von 1 000 €. Die Umsatzsteuer beträgt 190 €.

Die Umsatzsteuer schuldet Müller gem. § 13b Abs. 1, Abs. 5 UStG mit Ablauf des VAZ 3/2011. Zeit- und betragidentisch zieht Müller die Vorsteuer ab, § 15 Abs. 1 Satz 1 Nr. 4 UStG.

Sachverhalt 5

Vorliegender Sachverhalt ist als Lieferung (§ 3 Abs. 1 UStG) im Rahmen eines Kommissionsgeschäfts (§ 3 Abs. 3 UStG) zu beurteilen. Müller liefert als Kommittent an den Kommissionär Tonder, der seinerseits die Nagelscheren an die Erwerber liefert (Verkaufskommission).

Die Lieferung des Müllers an Tonder erfolgt ohne Warenbewegung nicht im Inland. Der Lieferort ist in Norwegen (§ 3 Abs. 7 Satz 1 UStG). Solingen scheidet als Lieferort aus, weil Müller dem Kommissionär die Verfügungsmacht an den Nagelscheren noch nicht bei der Übergabe in Solingen verschafft. Zu diesem Zeitpunkt steht noch nicht fest, ob es Tonder gelingen wird, die Ware in Norwegen zu veräußern.

Bei der Verkaufskommission wird erst zu der Zeit und an dem Ort geliefert, zu der der Verkaufskommissionär die Ware an einen bestimmten Erwerber weiterliefert. Erst zu diesem Zeitpunkt kann der Kommittent ein Entgelt erwarten. Vorher überlässt er dem Verkaufskommissionär die Ware lediglich (ohne ihm zugleich die Verfügungsmacht zu übertragen), um ihm die Möglichkeit der Weiterlieferung einzuräumen (Ziffer 3.1 Abs. 3 Satz 7 UStAE).

Da Tonder die Abnehmer erst in Norwegen findet, wurden die Lieferungen erst in Norwegen ausgeführt. Da Norwegen zum Drittlandsgebiet gehört, ist die Lieferung nicht steuerbar.

Gleichwohl ist Müller nach § 15 Abs. 1 Satz 1 Nr. 1 i. V. mit Abs. 2 Satz 1 Nr. 2 UStG zum Vorsteuerabzug i. H. von 1 600 € berechtigt. Ein Ausschluss des Vorsteuerabzugs ist nicht gegeben, weil die Lieferung, wenn sie im Inland ausgeführt worden wäre, steuerpflichtig gewesen wäre und den Abzug der Vorsteuer zugelassen hätte, § 15 Abs. 2 Satz 1 Nr. 2 UStG.

Sachverhalt 6

1. Allzweckmesser

Bei der Entnahme des zum Unternehmensvermögen gehörenden Messers für Zwecke außerhalb des Unternehmens handelt es sich um eine unentgeltliche Wertabgabe nach § 3 Abs. 1b Nr. 1 UStG. Vorsteuer wurde bei Anschaffung abgezogen, § 3 Abs. 1b Satz 2 UStG.

Der Ort der nunmehr fingierten Lieferung bestimmt sich nach § 3f Satz 1 UStG dort, wo der Unternehmer sein Unternehmen betreibt, Solingen. Der Umsatz ist steuerbar und mangels Steuerbefreiung auch steuerpflichtig zum Steuersatz von 19 % (§ 12 Abs. 1 UStG). Die Bemessungsgrundlage bestimmt sich nach § 10 Abs. 4 Satz 1 Nr. 1 UStG. Maßgeblich ist der Einkaufspreis zum Zeitpunkt der Entnahme, hier 120 €. Die Umsatzsteuer i. H. von 22,80 € entsteht nach § 13 Abs. 1 Nr. 2 UStG mit Ablauf des VAZ April 2013.

Die Lieferung an den Hüttenwirt ist nicht steuerbar, da sie weder im Inland noch im Rahmen des Unternehmens des Müllers erfolgt.

2. Wurstschneidemaschine

Die Einlage der Wurstschneidemaschine aus dem Privatvermögen in das Unternehmensvermögen stellt aus umsatzsteuerlicher Sicht keinen steuerbaren Vorgang dar. Müller hat aus der Anschaffung der Wurstschneidemaschine keinen Vorsteuerabzug, da er die Maschine zunächst nicht für sein Unternehmen erworben hat.

Ein Fall des § 15a UStG liegt ebenfalls (unabhängig von der vereinfachenden „Kleinbetragsregelung" des § 44 Abs. 1 UStDV) nicht vor, da der Gegenstand im Zeitpunkt des Leistungsbezugs nicht dem Unernehmen zugeordnet wurde (vgl. Ziffer 15a.1 Abs. 6 UStAE).

Klausur Nr. 2 „Käthe Kruse"

Sachverhalt 1

KK ist Unternehmerin i. S. des § 2 Abs. 1 Satz 1 UStG, da sie eine gewerbliche Tätigkeit selbständig ausübt. Das Unternehmen umfasst ihre gesamte gewerbliche Tätigkeit. Diese besteht aus dem Einzelhandel mit Marionetten, Puppen aller Art und Zubehör, der Reparaturwerkstatt und dem eigenen Geschäftsgrundstück in Wuppertal, Grüner Weg 1. Zum Umfang ihres Unternehmens gehören ebenfalls die Bastelkurse, die sie im Kindergarten durchführt. Auch die Vermittlungsleistungen erfolgen im Rahmen ihres Unternehmens.

Nicht zum Unternehmen der KK gehören die KK-GmbH und das Nachbargrundstück der Eheleute Kruse. Sowohl die GmbH als auch die Grundstücksgemeinschaft der Eheleute sind selbständige Unternehmer.

Als Unternehmerin schuldet KK die Umsatzsteuer nach § 13a Abs. 1 Nr. 1 UStG.

Als Unternehmerin ist KK persönlich zum Vorsteuerabzug und zum gesonderten Ausweis der Umsatzsteuer in Rechnungen berechtigt.

Sachverhalt 2

KK liefert am 28. 9. 2013 in Gestalt eines Reihengeschäfts (§ 3 Abs. 6 Satz 5 UStG) drei Perücken an ihre Kundin. Im Reihengeschäft liefert der erste Unternehmer („Lieferant") die Ware unmittelbar an den letzten Abnehmer („Kundin") durch Versenden. Umsatzsteuerlich handelt es sich um zwei selbständige Lieferungen: „Lieferant" an KK sowie KK an „Kundin".

Die Ware gilt als von KK versendet, da durch die Bezahlung der UPS-Rechnung deutlich wird, dass sie die Versendung in Auftrag gegeben hat. Mithin ist KK die Warenbewegung i. S. von § 3 Abs. 6 Satz 6 UStG zuzurechnen. Entsprechend bestimmt sich der Lieferort für „KK an Kundin" gem. § 3 Abs. 6 Satz 1 UStG bei Übergabe an den Versender UPS: Osnabrück.

Die Lieferung ist steuerbar (§ 1 Abs. 1 Nr. 1 UStG) und mangels Steuerbefreiung nach § 4 UStG auch steuerpflichtig zum Steuersatz von 19 % (§ 12 Abs. 1 UStG). Bemessungsgrundlage ist alles, was die Kundin für die Leistung aufwendet, das sind 169,50 €, jedoch abzgl. USt (§ 10 Abs. 1 Satz 2 UStG), also 142,44 €. Die USt beträgt 27,06 € und entsteht mit Ablauf des VAZ 09/2013 (§ 13 Abs. 1 Nr. 1a Satz 1 UStG). Ein Fall des § 17 UStG liegt nicht vor, da die Minderung des Entgelts durch die Inanspruchnahme des Skonto im gleichen VAZ wie die Ausführung der Leistung erfolgt.

Aus der Eingangsrechnung des Osnabrücker Lieferanten hat KK im VAZ 09/2013 einen Vorsteuerabzug i. H. von 17,10 €, die Voraussetzungen nach § 15 Abs. 1 Nr. 1 UStG liegen vor. § 15 Abs. 2 UStG findet keine Anwendung.

Aus der Rechnung der Firma UPS hat KK erst mit Zugang der Rechnung in 10/2013 einen Vorsteuerabzug i. H. von 5,70 €, § 15 Abs. 1 Satz 1 Nr. 1 UStG.

Sachverhalt 3

KK liefert die Marionette im Rahmen eines Tauschgeschäftes mit Baraufgabe (§ 3 Abs. 1 i. V. mit Abs. 12 UStG). Zeitpunkt ist der 26. 9. 2013. Ort der („unbewegten") Lieferung ist Remscheid, da sich hier die Marionette bei Verschaffung der Verfügungsmacht befindet (§ 3 Abs. 7 Satz 1 UStG). Erst in der Wohnung der Rentnerin entschließt sich KK zur Lieferung.

Der Umsatz ist steuerbar nach § 1 Abs. 1 Nr. 1 UStG und mangels Befreiung nach § 4 UStG steuerpflichtig zum Steuersatz von 19 % (§ 12 Abs. 1 UStG).

Die Bemessungsgrundlage bestimmt sich nach § 10 Abs. 1 i. V. m. Abs. 2 Satz 2 UStG. Danach gilt der Wert der Stoffe abzüglich Baraufgabe als Gegenleistung, abzüglich Umsatzsteuer als Entgelt für den eigenen Umsatz der KK.

Berechnung:

Gemeiner Wert der Stoffe (476 € + 40 €)	516 €
abzüglich Zuzahlung	40 €
	476 €
abzüglich USt	76 €
Bemessungsgrundlage	400 €

Die USt i. H. von 76 € entsteht mit Ablauf des VAZ 09/2013 (§ 13 Abs. 1 Nr. 1 Buchst. a UStG).

Sachverhalt 4

KK tätigt 10 Werklieferungen (§ 3 Abs. 4 UStG) an die Laienspielschar, da sie es übernommen hat, mit selbst beschafften Hauptstoffen einen Gegenstand zu bearbeiten. Zeitpunkt der Lieferungen ist der 1. 7. 2013, weil das fertig vollendete Werk an diesem Tag vom Besteller abgenommen wird. Ort der Lieferung ohne Warenbewegung ist Wuppertal (§ 3 Abs. 7 Satz 1 UStG).

Die Werklieferungen sind steuerbar nach § 1 Abs. 1 Nr. 1 UStG und mangels Befreiung nach § 4 UStG steuerpflichtig zum Steuersatz von 19 %.

Zusätzlich liefert KK am 3. 7. 2013 eine Marionette an die Laienspielschar, indem sie dieser Verfügungsmacht an dem Ausstellungsstück verschafft (§ 3 Abs. 1 UStG). Es handelt sich nicht um eine Beförderungslieferung, da der Abnehmer bei Beginn der Beförderung noch nicht feststeht. Ort der Lieferung ist daher Mettmann (§ 3 Abs. 7 Satz 1 UStG). Auch diese Lieferung ist steuerbar (§ 1 Abs. 1 Nr. 1 UStG) und steuerpflichtig, da sie nicht nach § 4 UStG befreit ist. Der Steuersatz nach § 12 Abs. 1 UStG beträgt 19 %.

Die Bemessungsgrundlagen für die Lieferungen bestimmen sich nach § 10 Abs. 1 UStG mit 5 400 €. Die USt i. H. von 1 026 € entsteht mit Ablauf des VAZ 07/2013 (§ 13 Abs. 1 Nr. 1 Buchst. a UStG).

Es liegt kein tauschähnlicher Umsatz im Sinne des § 3 Abs. 12 UStG vor, da der Ankauf der alten Marionetten erst nach erbrachter Leistung der KK vereinbart wurde. Es liegt lediglich eine Verrechnung gegenseitiger Forderungen vor.

Die Übergabe der Freikarten im Wert von 40 € stellt keine Gegenleistung für die erbrachte Leistung dar. Die Leistung der KK wurde weder zum Erhalt der Freikarten erbracht, noch stellt die Hingabe der Freikarten eine erwartete oder erwartbare Gegenleistung dar.

KK hat keinen VSt-Abzug aus dem Ankauf der alten Marionetten, da sie von der Laienspielschar keine Rechnung mit USt-Ausweis erhalten hat.

Sachverhalt 5

a) Es liegt ein sog. nicht steuerbarer Innenumsatz vor.

b) Die Nutzung zu eigenen Wohnzwecken stellt grundsätzlich eine unentgeltliche Wertabgabe nach § 3 Abs. 9a Nr. 1 UStG dar. Da nicht erkennbar ist, ob hinsichtlich dieser Fläche ein Vorsteuerabzug vorgenommen worden ist, scheidet eine Besteuerung mangels Steuerbarkeit aus.

c) Die Vermietung an den Studenten ist als sonstige Leistung (§ 3 Abs. 9 UStG) in Form von Teilleistungen (§ 13 Abs. 1 Nr. 1 Buchst. a Satz 2 und 3 UStG) in Wuppertal (§ 3a Abs. 3 Nr. 1 Buchst. a UStG) steuerbar (§ 1 Abs. 1 Nr. 1 UStG) und steuerfrei nach § 4 Nr. 12 Buchst. a UStG. Bemessungsgrundlage für den jeweiligen Teilleistungszeitraum nach § 10 Abs. 1 UStG ist die monatlich gezahlte Miete i. H. von 780 €.

d) Die Vermietung an den Vater ist als sonstige Leistung (§ 3 Abs. 9 UStG) in Form von Teilleistungen (§ 13 Abs. 1 Nr. 1a Satz 2 und 3 UStG) in Wuppertal (§ 3a Abs. 3 Nr. 1 Buchst. a UStG) steuerbar (§ 1 Abs. 1 Nr. 1 UStG) und grds. steuerfrei nach § 4 Nr. 12 Buchst. a UStG. KK hat jedoch nach § 9 Abs. 1 UStG optiert, § 9 Abs. 2 UStG steht wegen der Nutzung des Obergeschosses durch den Vater (Steuerberatung) der Option nicht entgegen. Der Steuersatz beträgt 19 %, § 12 Abs. 1 UStG. Bemessungsgrundlage für den jeweiligen Teilleistungszeitraum nach § 10 Abs. 1 UStG ist die monatlich gezahlte Miete i. H. von 2 000 €. Die sog. Mindestbemessungsgrundlage nach § 10 Abs. 5 Nr. 1 i. V. m. § 10 Abs. 4 Satz 1 Nr. 2 UStG (bei der Ausführung des Umsatzes entstandene Ausgaben die zum Vorsteuerabzug berechtigt haben: 5 € x 150 qm = 750 €) greift nicht. Die Steuer i. H. von 380 € für den jeweiligen Teilleistungszeitraum entsteht nach § 13 Abs. 1 Nr. 1 Buchst. a Satz 2 UStG mit Ablauf der VAZ 01 – 12/2013.

e) Es handelt sich um einen i. g. Erwerb nach § 1a Abs. 1 UStG. Die Voraussetzungen des § 1a Abs. 1 Nr. 1 bis 3 UStG liegen vor. Die Fliesen gelangen von einem Mitgliedstaat (Italien) in den Mitgliedstaat (Deutschland), KK erwirbt als Unternehmerin im Rahmen ihres Unternehmens, der italienische Lieferant ist Unternehmer, der im Rahmen seines Unternehmens liefert. Ort des i. g. Erwerbs ist nach § 3d Satz 1 UStG das Inland (Wuppertal), der i. g. Erwerb ist steuerbar nach § 1 Abs. 1 Nr. 5 UStG und mangels Steuerbefreiung nach § 4b UStG steuerpflichtig zum Steuersatz von 19 % (§ 12 Abs. 1 UStG). Die Bemessungsgrundlage nach § 10 Abs. 1 UStG beträgt 16 000 €, die Umsatzsteuer i. H. von 3 040 € entsteht nach § 13 Abs. 1 Nr. 6 UStG mit Ablauf des VAZ 10/2013, da die Rechnung erst im November erteilt wurde.

Die grundsätzlich für den VAZ 10/2013 nach § 15 Abs. 1 Satz 1 Nr. 3 UStG abzugsfähige Vorsteuer i. H. von 3 040 € ist unter Beachtung des § 15 Abs. 2 Satz 1 Nr. 1 und § 15 Abs. 4 UStG wie folgt abziehbar:

USt-pflichtig genutzte Flächen:	
EG	150 qm
2. OG	+ 150 qm
	300 qm
Gesamtfläche	450 qm

mithin Vorsteuerabzug: 3 040 € x 300/450 = 2 026,67 €.

HINWEIS:

Die durch Gesetz vom 8. 12. 2010 eingefügte Vorschrift des § 15 Abs. 1b UStG findet gem. § 27 Abs. 16 UStG keine Anwendung, da das Grundstück vor dem 1. 1. 2011 angeschafft bzw. hergestellt wurde.

Sachverhalt 6

KK erbringt an Zapf eine sonstige Leistung (Vermittlungsleistung) gem. § 3 Abs. 9 UStG. Zeitpunkt der Vermittlungsleistung ist der 20. 2. 2013. Erst zu diesem Zeitpunkt stand fest, dass die Leistung der KK von Zapf angenommen worden war.

Der Ort der Vermittlungsleistung bestimmt sich gem. § 3a Abs. 2 UStG, da die Vermittlungsleistung an einen Unternehmer für dessen Unternehmen ausgeführt wird, somit Nürnberg. § 3a Abs. 3 Nr. 4 UStG greift aus den vorgenannten Gründen nicht.

Die sonstige Leistung ist daher gem. § 1 Abs. 1 Nr. 1 UStG steuerbar und, insoweit sie die Vermittlung der Puppenlieferungen nach Frankreich betrifft, mangels Steuerbefreiung auch steuerpflichtig. Insbesondere § 4 Nr. 5 Buchst. a UStG findet auf die Vermittlung innergemeinschaftlicher Lieferungen (§ 4 Nr. 1 Buchst. b UStG) keine Anwendung.

Bei einem hier anzuwendenden Steuersatz von 19 % (§ 12 Abs. 1 UStG) beträgt die Bemessungsgrundlage gem. § 10 Abs. 1 UStG 1 000 € und die USt 190 €. Sie entsteht mit Ablauf des VAZ der Ausführung des Umsatzes (§ 13 Abs. 1 Nr. 1 Buchst. a UStG), daher mit Ablauf des Februar 2013.

Soweit die Vermittlungsleistung die Puppenlieferungen nach Russland betrifft (steuerfreie Ausfuhrlieferung gem. § 4 Nr. 1 Buchst. a u. § 6 Abs. 1 Nr. 1 UStG der Fa. Zapf an Dupont), ist die Vermittlungsleistung der KK nunmehr steuerfrei gem. § 4 Nr. 5 Buchst. a UStG. Entscheidend hierfür ist die Warenbewegung der Puppen in ein Drittland.

Die Bemessungsgrundlage des steuerfreien Umsatzes beträgt 1 190 €.

Sachverhalt 7

Soweit die Telefongebühren auf Privatgespräche entfallen, liegt ein Bezug von sonstigen Leistungen für den nichtunternehmerischen Bereich der KK vor, Ziffer 15.2 Abs. 21 Nr. 1 Satz 2 UStAE. Eine unentgeltliche Wertabgabe kann daher hinsichtlich der Gesprächsgebühren nicht vorliegen.

Allerdings verwendet KK die in 2013 für das Unternehmen angeschaffte Telefonanlage für nichtunternehmerische Zwecke. Insoweit liegt eine unentgeltliche Wertabgabe gem. § 3 Abs. 9a Nr. 1 UStG vor. Ort ist nach § 3f Satz 1 UStG Wuppertal. Der Umsatz ist steuerbar und mangels Befreiung steuerpflichtig. Die Bemessungsgrundlage ergibt sich aus § 10 Abs. 4 Satz 1 Nr. 2 UStG, somit aus den entstandenen mit Vorsteuer belasteten Ausgaben, die sich wie folgt ermitteln:

AK 5 000 € sind grds. auf den 5-jährigen Berichtigungszeitraum nach § 15a UStG zu verteilen; gem. § 15a Abs. 5 Satz 2 UStG ist jedoch eine kürzere Verwendungsdauer (hier 4 Jahre) entsprechend zu berücksichtigen (vgl. auch Ziffer 15a.3 Abs. 1 Satz 4 und 5 UStAE):	1 250 €
davon privat 10 % =	125 €
x 19 % (§ 12 Abs. 1 UStG)	23,75 €

Die in der Rechnung vom 16. 2. 2013 gesondert ausgewiesene Umsatzsteuer ist gem. § 15 Abs. 1 Satz 1 Nr. 1 UStG abzugsfähig. Ein Vorsteuerausschluss nach § 15 Abs. 2 ist nicht erkennbar. Die Voraussetzungen für den Vorsteuerabzug liegen erstmalig im Februar 2013 vor. Auf die Zahlung im Januar 2014 kommt es nicht an.

Eine Änderung der Bemessungsgrundlage gem. § 17 Abs. 1 UStG und damit eine Änderung des Vorsteueranspruchs gem. § 17 Abs. 1 Nr. 2 UStG liegt erst im VAZ 1/2014 vor. Die Vorsteuerkorrektur ist dann i. H. von 190 € (§ 17 Abs. 1 Satz 3 und 7 UStG) vorzunehmen.

Aufgabenteil Nr. 5: Abgabenordnung

Sachverhalt 1

1. Zunächst bleibt zu prüfen, wann die Festsetzungsfrist für die Einkommensteuer 01 abläuft, denn eine Steuerfestsetzung darf nur geändert werden, so lange die Festsetzungsfrist noch nicht abgelaufen ist (§ 169 Abs. 1 AO).

   Die Festsetzungsfrist beginnt mit Ablauf des Kalenderjahres, in dem die Steuererklärung eingereicht worden ist; somit mit Ablauf des 31. 12. 02 (§ 170 Abs. 2 Nr. 1 AO). Sie beträgt vier Jahre (§ 169 Abs. 2 Nr. 2 AO) und endet somit mit Ablauf des 31. 12. 06. Damit ist eine Änderung des Einkommensteuerbescheids 01 Ende 06 noch möglich, sofern eine Korrekturmöglichkeit nach der AO besteht.

   Im vorliegenden Fall ist der Einkommensteuerbescheid 01 wegen der bisher nicht erfassten Betriebseinnahmen geändert worden. Berichtigungsvorschrift ist insoweit § 173 Abs. 1 Nr. 1 AO. Danach sind Steuerbescheide zu ändern, soweit Tatsachen nachträglich bekannt werden, die zu einer höheren Steuer führen. Die Korrektur des Einkommensteuerbescheids 01 war somit rechtmäßig.

2. Gegen den gem. § 173 Abs. 1 Nr. 1 AO geänderten Einkommensteuerbescheid 01 hat Klug Einspruch eingelegt. Ein Einspruch ist jedoch nur dann zulässig, wenn er innerhalb der Einspruchsfrist von einem Monat beim Finanzamt eingeht (§ 355 Abs. 1 AO).

   Die Einspruchsfrist berechnet sich wie folgt:

   Der Änderungsbescheid ging am 17. 10. 06 mit einfachem Brief zur Post und gilt am 20. 10. 06 als bekannt gegeben (§ 122 Abs. 2 Nr. 1 AO). Somit beginnt die Einspruchsfrist am 21. 10. 06 (§§ 108 Abs. 1 AO i. V. m. 187 Abs. 1 BGB). Sie endet am 20. 11. 06 (§§ 108 Abs. 1 AO i. V. m. 188 Abs. 2 BGB). Als Zwischenergebnis bleibt somit festzuhalten, dass der Einspruch am 22. 11. 06 verspätet beim Finanzamt einging.

   Es bleibt jedoch zu prüfen, ob Wiedereinsetzung in den vorigen Stand gem. § 110 AO in Betracht kommt. Danach ist für den Fall, dass jemand ohne Verschulden eine gesetzliche Frist versäumt, Wiedereinsetzung in den vorigen Stand zu gewähren.

   Im vorliegenden Fall ist das Schreiben verspätet beim Finanzamt eingegangen, weil die Postlaufzeit entgegen der Aussage der Post länger als einen Tag betrug. Für diese Fälle hat der BFH in ständiger Rechtsprechung entschieden, dass erwartungswidrige Postverzögerungen stets eine Wiedereinsetzung rechtfertigen (zuletzt BFH v. 21. 12. 1990 VI R 10/86, BStBl 1991 II 437). Bei Einhaltung der üblichen Postlaufzeit wäre der Einspruch am 20. 11. 06 und damit am letzten Tag der Einspruchsfrist beim Finanzamt eingegangen.

   Der Antrag auf Wiedereinsetzung ist innerhalb eines Monats nach Wegfall des Hindernisses zu stellen. Innerhalb der Antragsfrist ist die versäumte Handlung nachzuholen. Ist dies geschehen, so kann Wiedereinsetzung auch ohne Antrag gewährt werden (§ 110 Abs. 2 AO). Dieses Erfordernis wird somit durch den verspäteten Eingang des Einspruchs beim Finanzamt gewahrt. Im Einspruchsverfahren sind die Gründe für das verspätete Eingehen des Einspruchs aufzuklären.

Nach alledem hat Klug am 30. 11. 06 alle Voraussetzungen für eine Wiedereinsetzung in den vorigen Stand erfüllt und der Einspruch ist daher zulässig (§ 358 AO).

HINWEIS:

Im Hinblick auf die grundsätzlich zum 31. 12. 06 eintretende Festsetzungsverjährung ist durch den zulässigen Einspruch die Ablaufhemmung des § 171 Abs. 3a AO zu beachten. Nach dieser Vorschrift läuft die Festsetzungsfrist nicht ab, bevor über den Einspruch unanfechtbar entschieden ist.

3. Der Einspruch ist somit zulässig. Zu untersuchen ist noch seine Begründetheit. Dabei ist zu berücksichtigen, dass Verwaltungsakte, die unanfechtbare Verwaltungsakte ändern, nur insoweit angegriffen werden können, als die Änderung reicht, es sei denn, dass sich aus den Vorschriften über die Aufhebung und Änderung von Verwaltungsakten etwas anderes ergibt (§ 351 Abs. 1 AO). Bei der Regelung des § 351 Abs. 1 AO handelt es sich um eine sachliche Anfechtungsbeschränkung im Rahmen der Begründetheit des Einspruchs.

   Es ist daher zunächst zu untersuchen, ob für die vorgetragenen Tatbestände eine Korrekturmöglichkeit nach der AO besteht. Sollte dies nicht der Fall sein, bleibt zu prüfen, ob im Rahmen des § 351 Abs. 1 AO eine Berücksichtigung möglich ist.

   a) Bei den nachträglich geltend gemachten Betriebsausgaben, die im Zusammenhang mit den bisher nicht erklärten Betriebseinnahmen standen, handelt es sich um eine neue Tatsache i. S. von § 173 Abs. 1 Nr. 2 AO. Sofern bei einer bereits im erstmaligen Steuerbescheid erfassten Einkunftsart nachträglich Betriebseinnahmen und Betriebsausgaben bekannt werden, handelt es sich um zwei Tatsachen (BFH v. 02. 08. 1983 VIII R 190/80, BStBl 1984 II S. 4).

      Es handelt sich um dem Finanzamt bisher nicht bekannte Tatsachen, die zu einer niedrigeren Steuer führen. Voraussetzung für eine Änderung i. S. von § 173 Abs. 1 Nr. 2 AO ist darüber hinaus grundsätzlich, dass den Steuerpflichtigen am nachträglichen Bekannt werden der Tatsachen kein grobes Verschulden trifft.

      Das Verschulden ist jedoch unbeachtlich, wenn die Tatsachen oder Beweismittel in einem unmittelbaren oder mittelbaren Zusammenhang mit Tatsachen oder Beweismittel i. S. der Nr. 1 stehen (§ 173 Abs. 1 Nr. 2 Satz 2 AO). Aus diesem Grund können die Betriebseinnahmen trotz eventuell vorliegenden groben Verschuldens des Steuerpflichtigen gem. § 173 Abs. 1 Nr. 2 AO noch berücksichtigt werden (steuerliche Auswirkung ./. 2 000 €), weil sie in wirtschaftlichem Zusammenhang mit den Betriebseinnahmen von 8 000 € stehen.

   b) Für die nachträglich geltend gemachten Aufwendungen für durchgeführte Dienstreisen als Werbungskosten bei den Einkünften aus nichtselbständiger Arbeit ist keine der Korrekturvorschriften der AO anwendbar.

      § 173 Abs. 1 Nr. 2 AO findet keine Anwendung, weil den Steuerpflichtigen am nachträglichen bekannt werden der neuen Tatsache ein grobes Verschulden trifft. Die Möglichkeit des Abzugs von Aufwendungen für durchgeführte Dienstreisen als Werbungskosten bei den Einkünften aus nichtselbständiger Arbeit ergibt sich aus den Einkommensteuer-

Erklärungsvordrucken bzw. den beigefügten Erläuterungen. Nach ständiger Rechtsprechung des BFH gilt die Nichtbeachtung von eindeutigen Hinweisen in Erklärungsvordrucken und Merkblättern als grobes Verschulden (vgl. z. B. BFH v. 09. 08. 1991 – III R 24/87, BStBl 1992 II S. 65 sowie AEAO zu § 173 Tz. 5.1.2).

Es besteht lediglich noch die Möglichkeit der Berücksichtigung im Rahmen des § 351 Abs. 1 AO (siehe dazu unten).

c) Bei dem Rechenfehler im Zusammenhang mit den Einkünften aus Vermietung und Verpachtung handelt es sich um eine offenbare Unrichtigkeit. Diese führt jedoch nicht zu einer Änderung nach § 129 AO, weil danach nur offenbare Unrichtigkeiten zum Gegenstand der Änderung eines Steuerbescheides gemacht werden können, die beim Erlass eines Verwaltungsaktes unterlaufen sind. Gemeint sind lediglich offenbare Unrichtigkeiten, die der Finanzbehörde unterlaufen sind. Dies ist im vorliegenden Fall zu verneinen.

   Es handelt sich auch nicht um einen sog. „Übernahmefehler", weil der Rechenfehler nicht aus den Unterlagen ersichtlich war, die dem Finanzamt vorgelegen haben.

   Es kommt jedoch eine Korrektur nach § 173 Abs. 1 Nr. 2 AO in Betracht. Denn es handelt sich bei dem Rechenfehler um eine neue Tatsache, die zu einer niedrigeren Steuer führt. Den Steuerpflichtigen trifft am nachträglichen bekannt werden kein großes Verschulden, weil Rechenfehler alltägliche Irrtümer sind, bei denen man nicht von einem grob schuldhaften Verhalten sprechen kann.

4. Wie bereits ausgeführt, ist im Rahmen der Anfechtung einer nach den Vorschriften der AO geänderten Steuerfestsetzung § 351 Abs. 1 AO zu beachten. Durch diese Vorschrift findet der Regelungsbereich des § 177 AO (Berichtigung von materiellen Fehlern) entsprechende Anwendung im Einspruchsverfahren.

   Unter einem materiellen Fehler versteht man jede objektive Unrichtigkeit eines Steuerbescheides, die nach den Korrekturvorschriften der AO nicht mehr geändert werden können. Im vorliegenden Fall stellen die Werbungskosten bei den Einkünften aus nichtselbständiger Arbeit einen solchen materiellen Fehler dar.

Bei der Anwendung von § 351 Abs. 1 AO i. V. m. § 177 AO ist in folgenden Schritten vorzugehen:

Änderungsrahmen:

Ausgehend von der bisher festgesetzten Steuer ist zunächst der Änderungsrahmen zu bestimmen. Die Berichtigungsobergrenze wird durch alle Korrekturtatbestände bestimmt, die für sich alleine genommen zu einer Erhöhung der Steuer führen. Die Untergrenze wird durch alle Korrekturtatbestände bestimmt, die für sich alleine genommen zu einer Minderung der Steuer führen. Es erfolgt in keinem Fall eine Saldierung von gegenläufigen Korrekturvorschriften (BFH v. 14. 07. 1993 – X R 34/90, BStBl 1994 II 77).

Das bedeutet für den vorliegenden Fall:

Berichtigungsobergrenze:

bisher festgesetzte Steuer	10 000 €
steuerliche Auswirkung wegen bisher nicht erklärter Betriebseinnahmen (§ 173 Abs. 1 Nr. 1 AO)	+ 3 000 €
Berichtigungsobergrenze	13 000 €

Berichtigungsuntergrenze:

bisher festgesetzte Steuer	10 000 €
steuerliche Auswirkung der bisher nicht erklärten Betriebsausgaben (§ 173 Abs. 1 Nr. 2 AO)	./. 2 000 €
steuerliche Auswirkung des Rechenfehlers bei den Einkünften aus Vermietung und Verpachtung (§ 173 Abs. 1 Nr. 2 AO)	./. 1 500 €
Berichtigungsuntergrenze	6 500 €

Die Berichtigungsobergrenze beträgt somit 13 000 €, während die Berichtigungsuntergrenze 6 500 € beträgt.

Anwendung von § 351 Abs. 1 i. V. mit § 177 AO:

Liegen die Voraussetzungen für die Aufhebung oder Änderung eines Steuerbescheides zuungunsten des Steuerpflichtigen vor, so sind, soweit die Änderung reicht, zugunsten und zuungunsten des Steuerpflichtigen solche materiellen Fehler zu berichtigen, die nicht Anlass der Aufhebung oder Änderung sind (§ 177 Abs. 1 AO). Die Werbungskosten bei den Einkünften aus nichtselbständiger Arbeit mit steuerlicher Auswirkung von ./. 3 500 € sind danach im Rahmen der steuererhöhenden Korrektur nach § 173 Abs. 1 Nr. 1 AO von + 3 000 € zu kompensieren. Der übersteigende Betrag von 500 € bleibt unberücksichtigt. Insoweit bleibt der Steuerbescheid materiell fehlerhaft.

Berücksichtigung der übrigen Korrekturvorschriften:

Nach der Kompensation der materiellen Fehler gem. § 177 AO sind noch die übrigen Korrekturvorschriften mit steuermindernder Wirkung zu berücksichtigen. Im vorliegenden Fall ist die steuererhöhende Korrektur von 3 000 € (§ 173 Abs. 1 Nr. 1 AO) in vollem Umfang durch die Saldierung mit dem materiellen Fehler kompensiert worden. Somit sind von der bisher festgesetzten Steuer von 10 000 € nun noch die neuen Korrekturtatbestände mindernd zu berücksichtigen, die zu einer niedrigeren Steuer geführt haben (Betriebsausgaben § 173 Abs. 1 Nr. 2 AO ./. 2 000 € und V+V § 173 Abs. 1 Nr. 2 AO ./. 1 500 € = ./. 3 500 €). Danach kann die Einkommensteuer im Einspruchsverfahren auf 6 500 € herabgesetzt werden.

Sachverhalt 2

Zu prüfen ist, ob die Festsetzungsfrist für die Einkommensteuer 03 am 25. 7. 09 noch nicht abgelaufen ist und gleichzeitig die Tatbestandsmerkmale einer Korrekturvorschrift hinsichtlich der beiden materiellen Fehler erfüllt sind. Hierzu ist eine getrennte Prüfung der Steuer mindernden Sachverhalte vorzunehmen.

Die normale Festsetzungsfrist ist bereits zum 31. 12. 08 abgelaufen und berechnet sich wie folgt:

Beginn	31. 12. 04, § 170 Abs. 2 Nr. 1 AO
Dauer	4 Jahre, § 169 Abs. 2 Nr. 2 AO
Regelmäßiges Ende	Ablauf des 31. 12. 08

1. Berücksichtigung der Spenden als Sonderausgaben gem. § 10b EStG

Hierbei handelt es sich um einen offensichtlichen (mechanischen) Fehler der Finanzbehörde, der gemäß § 129 AO berichtigt werden kann. Die Möglichkeit eines Rechtsfehlers ist nach dem Sachverhalt ausgeschlossen.

§ 129 AO ist vom Wortlaut eine Ermessensvorschrift gemäß § 5 AO. In diesem Fall liegt jedoch im Hinblick auf die erstrebte Steuerminderung eindeutig ein berechtigtes Interesse des MM vor, § 129 Satz 2 AO.

Gemäß § 171 Abs. 2 AO endet die Festsetzungsfrist im Umfang der offenbaren Unrichtigkeit nicht vor Ablauf eines Jahres nach Bekanntgabe des Steuerbescheides. Weil die Ablaufhemmung über die normale Festsetzungsfrist (31. 12. 08) hinausgeht, erzeugt die Ablaufhemmung in diesem Fall Rechtswirkungen. Die Bekanntgabe des Einkommensteuerbescheides 03 erfolgte gemäß § 122 Abs. 2 Nr. 1 AO am 13. 8. 08. Somit endet die Festsetzungsfrist wegen der nicht berücksichtigten Spenden nicht vor Ablauf des 13. 8. 09.

2. Mehraufwendungen für doppelte Haushaltsführung

Im Jahre 09 ist die Festsetzungsfrist wegen des hierauf entfallenden Steueranspruchs bereits abgelaufen; eine Ablaufhemmung gemäß § 171 AO liegt zweifelsfrei nicht vor. Auch im Rahmen des § 177 AO kommt eine Berücksichtigung der Mehraufwendungen für doppelte Haushaltsführung nicht in Betracht, weil sie ebenso wie die Spenden zu einer Herabsetzung der Einkommensteuer führen.

HINWEIS:

Wegen der nachträglich geltend gemachten Werbungskosten kommt auch innerhalb der Festsetzungsfrist eine Korrektur gem. § 173 Abs. 1 Nr. 2 AO nicht in Betracht, weil nach den Aufwendungen für eine doppelte Haushaltsführung auf der Anlage N ausdrücklich gefragt wird und den Steuerpflichtigen somit ein grobes Verschulden trifft; vgl. AEAO, Tz. 5.1.3 zu § 173 AO.

Ergebnis

MM muss bis spätestens zum 13. 8. 09 beim Finanzamt den Antrag auf Korrektur des Einkommensteuerbescheides 03 gem. § 129 AO wegen der als Sonderausgaben zu berücksichtigenden Spenden stellen. Wird der Antrag innerhalb dieser Frist gestellt, ist die weitere Ablaufhemmung des § 171 Abs. 3 AO zu beachten, nach der die Festsetzungsfrist insoweit nicht abläuft, bevor über den Antrag unanfechtbar entschieden worden ist.

Aufgabenteil Nr. 6: Erbschaftsteuer/Bewertungsrecht

1. Ermittlung der Schenkungsteuer für die am 15. 1. 2012 erfolgte Schenkung

Die Bewertung der Aktien erfolgt mit dem Kurswert, § 12 Abs. 1 ErStG i. V. m. § 11 Abs. 1 BewG.

Wert der Bereicherung (1 000 Aktien x 40 €)	40 000 €
./. Freibetrag gemäß § 16 Abs. 1 Nr. 5 ErbStG	20 000 €
Steuerpflichtiger Erwerb	20 000 €
x Steuersatz nach § 19 Abs. 1 ErbStG (Steuerklasse III)	30 %
Festzusetzende Schenkungsteuer	6 000 €

Die Voraussetzungen für eine sachliche Steuerbefreiung gem. § 13a Abs. 1 Satz 1 i. V. m. § 13b Abs. 1 Nr. 3 ErbStG liegen nicht vor, weil der Schenker nur mit einem Anteil von 3 % und damit nicht zu mehr als 25 % an der AG beteiligt war.

2. Ermittlung der Schenkungsteuer für die am 23. 12. 2012 erfolgte Schenkung unter Berücksichtigung der am 15. 1. 2012 erfolgten Vorschenkung

Gemäß § 14 Abs. 1 Satz 1 ErbStG sind mehrere innerhalb von zehn Jahren von derselben Person anfallende Erwerbe bei der Besteuerung in der Weise zusammenzurechnen, dass dem letzten Erwerb die früheren Erwerbe nach ihrem früheren Wert zugerechnet werden.

Ermittlung der Schenkungsteuer für den Gesamterwerb

Die Steuer für den Gesamterwerb ist auf der Grundlage der geltenden Tarifvorschriften im Zeitpunkt des Letzterwerbs zu berechnen. Dieses gilt für die Steuerklasse, die persönlichen Freibeträge und den Steuertarif.

Ansatz der Aktien mit dem Kurswert zum Besteuerungszeitpunkt

23. 12. 2012, § 12 Abs. 1 ErbStG i. V. m. § 11 Abs. 1 BewG	
5 000 Aktien x 120 €	600 000 €
+ Erwerb zum 15. 1. 2012:	
Ansatz der Aktien mit dem Kurswert zum 15. 01. 2012	40 000 €
Wert der Bereicherung für den Gesamterwerb	640 000 €
./. Freibetrag gem. § 16 Abs. 1 Nr. 1 ErbStG	500 000 €
Steuerpflichtiger Erwerb	140 000 €
x Steuersatz nach § 19 Abs. 1 ErbStG (Steuerklasse I)	11 %
Schenkungsteuer auf den Gesamterwerb	15 400 €

Gemäß § 14 Abs. 1 Sätze 2 und 3 ErbStG ist von der Schenkungsteuer für den Gesamterwerb entweder die fiktive Abzugssteuer (Satz 2) oder die höhere tatsächliche Steuer (Satz 3) für den Vorerwerb abzuziehen. Die Berechnung ist wie folgt vorzunehmen:

Fiktive Steuer nach § 14 Abs. 1 Satz 2 ErbStG

Wert der Bereicherung zum 15. 1. 2012	40 000 €
./. Persönlicher Freibetrag nach den Tarifvorschriften zum 23. 12. 2012, Steuerklasse I und Freibetrag i. H. von 500 000 €, höchstens beim Erwerb zum 15. 1. 2012 verbrauchter Freibetrag der Steuerklasse III	20 000 €
Steuerpflichtiger Erwerb	20 000 €
x Steuersatz nach § 19 Abs. 1 ErbStG; maßgebend sind die Tarifvorschriften zum 23. 12. 2012 (Steuerklasse I)	7 %
Fiktive Steuer auf den Vorerwerb	1 400 €

Somit ist gem. § 14 Abs. 1 Satz 3 ErbStG die für den Erwerb zum 15. 1. 2012 tatsächlich zu entrichtende Schenkungsteuer (6 000 €) anzurechnen, weil sie höher ist als die fiktive Steuer.

Schenkungsteuer auf den Gesamterwerb	15 400 €
./. Anrechnung der für den Erwerb zum 15. 1. 2010 zu entrichtenden Schenkungsteuer	6 000 €
Schenkungsteuer nach § 14 Abs. 1 Sätze 1 bis 3 ErbStG	9 400 €

Mindeststeuer, § 14 Abs. 1 Satz 4 ErbStG

Es ist jedoch mindestens die Steuer festzusetzen, die sich ohne Berücksichtigung der Vorerwerbe – isoliert betrachtet – für den letzten Erwerb ergibt.

Wert der Bereicherung für den Erwerb zum 23. 12. 2012	600 000 €
./. Freibetrag gem. § 16 Abs. 1 Nr. 1 ErbStG	500 000 €
Steuerpflichtiger Erwerb	100 000 €
x Steuersatz nach § 19 Abs. 1 ErbStG (Steuerklasse I)	11 %
Mindeststeuer	11 000 €

Nach alledem ist die Schenkungsteuer gem. § 14 ErbStG für den Erwerb zum 23. 12. 2012 auf 11 000 € festzusetzen (§ 14 Abs. 1 Satz 4 ErbStG), weil sie höher als die Steuer nach § 14 Abs. 1 Sätze 2 und 3 ErbStG ist.

Sachverhalt 2

Zur Begründung der Lösung wird vollinhaltlich auf die Ausführungen in R E 7.4 der Erbschaftsteuerrichtlinien 2011 (ErbStR 2011) vom 19. 12. 2011 verwiesen:

Absatz 1

Entsprechend § 10 Abs. 1 Satz 1 und 2 ErbStG gilt auch bei der gemischten Schenkung oder Schenkung unter einer Auflage als steuerpflichtiger Erwerb die Bereicherung des Bedachten, soweit sie der Besteuerung nach diesem Gesetz unterliegt. Die Bereicherung wird ermittelt, indem von dem nach § 12 ErbStG zu ermittelnden Steuerwert der Leistung des Schenkers die Gegenleistungen des

Beschenkten und die von ihm übernommenen Leistungs-, Nutzungs- und Duldungsauflagen mit ihrem nach § 12 ErbStG ermittelten Wert abgezogen werden. Hinsichtlich Nutzungs- und Duldungsauflagen gilt dies nur, soweit § 10 Abs. 6 Satz 6 ErbStG den Abzug nicht ausschließt, weil ein Nutzungsrecht sich bereits als Grundstücksbelastung bei der Ermittlung des gemeinen Werts eines Grundstücks ausgewirkt hat.

Absatz 2

Der Abzug der Gegenleistungen, Leistungs-, Nutzungs- und Duldungsauflagen ist nach § 10 Abs. 6 ErbStG beschränkt, soweit der Gegenstand nach §§ 13, 13a oder 13c ErbStG befreit ist.

Absatz 3

Sind mehrere Vermögensgegenstände Gegenstand einer freigebigen Zuwendung, sind unabhängig davon, ob die Gegenstände zu einer oder zu mehreren Vermögensarten gehören, die steuerlichen Einzelwerte zu einem einheitlichen Steuerwert der Gesamtschenkung zusammenzufassen. Soweit ein Teil des zugewendeten Vermögens nach §§ 13, 13a oder 13c ErbStG begünstigt ist, sind die Befreiungen bei dem einzelnen begünstigten Vermögen vorzunehmen. Absatz 2 ist mit der Maßgabe anzuwenden, dass die Gegenleistungen, Leistungs-, Nutzungs- oder Duldungsauflagen entsprechend ihrem wirtschaftlichen Zusammenhang den einzelnen geschenkten Vermögensgegenständen zuzurechnen sind.

Absatz 4

Im Zusammenhang mit der Ausführung der Schenkung anfallende Erwerbsnebenkosten, z. B. für Notar, Grundbuch oder Handelsregister, sind aus Vereinfachungsgründen unbeschränkt abzugsfähig. Steuerberatungskosten und Rechtsberatungskosten im Vorfeld einer Schenkung sind keine abzugsfähigen Erwerbsnebenkosten.

Unter Verweis auf die vorstehenden Ausführungen ist die Schenkungsteuer wie folgt zu ermitteln:

Grundbesitzwert, § 12 Abs. 3 ErbStG i. V. m. § 151 Abs. 1 Nr. 1 BewG		900 000 €
./. Steuerbefreiung gemäß § 13c ErbStG für die vermieteten Wohnungen im 1. und 2. OG:		
Anteiliger Grundbesitzwert (Verhältnis der Wohnfläche) 600 000 € x 10 %		60 000 €
Schenkungsteuerpflichtiger Grundbesitzwert		840 000 €
./. Abzugsfähiger Wert der Gegenleistung:		
Nennwert der Hypothek, § 12 Abs. 1 BewG	180 000 €	
./. § 10 Abs. 6 Satz 5 ErbStG für die vermieteten Wohnungen im 1. und 2. OG		
120 000 € (200 qm/300 qm) x 10 %	12 000 €	168 000 €
Zwischensumme		672 000 €
+ Kurswert der Aktien, § 11 Abs. 1 BewG	450 000 €	
./. Nennwert der auf die Aktien entfallenden Verbindlichkeit	20 000 €	430 000 €

Zwischensumme	1.102 000 €
./. Erwerbsnebenkosten (in voller Höhe abzugsfähig)	8 000 €
Wert der Bereicherung i. S des § 7 Abs. 1 Nr. 1 ErbStG	1.094 000 €
./. Freibetrag gemäß § 16 Abs. 1 Nr. 2 ErbStG	400 000 €
Steuerpflichtiger Erwerb	694 000 €
x Steuersatz, § 19 Abs. 1 ErbStG (Steuerklasse I, § 15 Abs. 1 ErbStG, St.-Kl. I, Nr. 2)	19 %
Festzusetzende Schenkungsteuer	**131 860 €**

Eine Herabsetzung der Schenkungsteuer durch den Härteausgleich (§ 19 Abs. 3 Buchst. a ErbStG) kommt nicht in Betracht, weil der maßgebende Grenzbetrag von 677.400 € überschritten ist; vgl. hierzu HE „Tabelle der maßgebenden Grenzwerte für die Anwendung des Härteausgleichs“ der ErbStR 2011.

Aufgabenteil Nr. 7: Rechnungswesen

Teil I: Rechnungswesen

1. Grundstück Steinstr. 1

- Ertragsteuerlich sind zwei Wirtschaftsgüter (Grund u. Boden und Gebäude) zu beurteilen, die in der Bilanz getrennt auszuweisen und zu bewerten sind.

- Das bebaute Grundstück gehört zum notwendigen Betriebsvermögen der OHG (vgl. § 4 Abs. 1 EStG i. V. m. R 4.2 Abs. 11 EStR). Es dient ausschließlich betrieblichen Zwecken. Da es sich um Gesamthandsvermögen handelt, muss die OHG das Grundstück in ihrer Gesellschaftsbilanz ausweisen (§ 5 Abs. 1 Satz 1 Halbsatz 1 EStG i. V. m. §§ 240 Abs. 1, 242 Abs. 1, 246 Abs. 1 HGB).

- Der Grund und Boden ist dem nicht abnutzbaren Anlagevermögen zuzuordnen (§ 247 Abs. 2 HGB, R 6.1 Abs. 1 Satz 6 EStR) und ist gem. § 6 Abs. 1 Nr. 2 Satz 1 EStG (bzw. § 253 Abs. 1 Satz 1 HGB) grds. mit den Anschaffungskosten zu bewerten.

- Die Änderung des Flächennutzungsplanes führt zu einer voraussichtlich dauernden Wertminderung des Grund und Bodens. Dieser Wertminderung ist in der HB gem. § 253 Abs. 3 Satz 3 HGB durch eine außerplanmäßige Abschreibung (bzw. Teilwertabschreibung) Rechnung zu tragen. § 6 Abs. 1 Nr. 2 Satz 2 EStG steht dem nicht entgegen, da es sich eindeutig um eine voraussichtlich dauernde Wertminderung handelt. Vgl. insofern die Rz. 4 des BMF-Schreibens vom 25. 2. 2000, BStBl I S. 372. Die Teilwertvermutung wird widerlegt (vgl. R 6.7 Satz 4 EStR). Steuerlich besteht hinsichtlich der Teilwertabschreibung gem. § 5 Abs. 1 Satz 1 Halbsatz 2 EStG ein Wahlrecht; vgl. auch die Rz. 12–15 des BMF-Schreibens vom 12. 3. 2010, BStBl I S. 239. Aufgrund der Aufgabenstellung – möglich niedrigster steuerlicher Gewinn – **ist** die Teilwertabschreibung auch steuerlich vorzunehmen.

Anfangsbestand 1. 1. 2012	150 000 €
außerplanmäßige AfA bzw. TWA	./. 50 000 €
Teilwert = Bilanzwert zum 31. 12. 2012 (HB = StB)	100 000 €
	(Fa. 150 000 €)

- Das Gebäude ist dem unbeweglichen abnutzbaren Anlagevermögen zuzuordnen (R 6.1 Abs. 1 Satz 5 EStR, R 7.1 Abs. 1 Nr. 4 EStR) und ist gem. § 6 Abs. 1 Nr. 1 Satz 1 EStG (bzw. § 253 Abs. 3 Satz 1 HGB) grds. mit den fortgeführten AK (AK ./. AfA) zu bewerten.

- Die AfA beträgt gem. § 7 Abs. 4 Satz 1 Nr. 2a EStG 2 % der ursprünglichen AK. Die AfA nach § 7 Abs. 4 Satz 1 Nr. 1 EStG i. H. von 3 % kommt nicht in Betracht, da das Gebäude bereits in 1984 hergestellt worden ist (kein Wirtschaftsgebäude). Die Anwendung des § 7 Abs. 5 Satz 1 Nr. 2 EStG ist ebenfalls unzulässig, da weder die Voraussetzungen hierfür vorliegen noch ein Wechsel zur degressiven Gebäude-AfA möglich ist.

Kontenentwicklung:

Anfangsbestand 1. 1. 2012	420 000 €
2 % AfA von 500 000 €	./. 10 000 €
Endbestand zum 31. 12. 2012	410 000 €
	(Fa. 395 000 €)

Buchung:

Gebäude	15 000 €	An	AfA	15 000 €
TWA	50 000 €		Grund und Boden	50 000 €

Gewinn:

Minderung AfA	+ 15 000 €
Erhöhung Teilwertabschreibung (TWA)	./. 50 000 €

2. Laderampe

- Es handelt sich bei der Laderampe gem. R 4.2 Abs. 3 Satz 3 Nr. 1 EStR um eine typische Betriebsvorrichtung, die als selbständiges Wirtschaftsgut zu bilanzieren ist, denn sie steht eindeutig in einem unmittelbaren Nutzungs- und Funktionszusammenhang mit dem Betrieb. Vgl. auch H 7.1 EStH „Betriebsvorrichtungen". Da es sich um Gesamthandsvermögen handelt, muss die OHG die Laderampe auch in ihrer Gesellschaftsbilanz ausweisen; es besteht eindeutig ein Aktivierungsgebot gem. § 5 Abs. 1 Satz 1 Halbsatz 1 EStG i. V. m. §§ 240 Abs. 1, 242 Abs. 1, 246 Abs. 1 HGB, zumal sich die Laderampe auch unstreitig im Eigentum der OHG befindet (§ 246 Abs. 1 Satz 2 HGB).
- Die Laderampe ist fiktiv dem beweglichen abnutzbaren Anlagevermögen zuzuordnen (vgl. R 7.1 Abs. 2 und 3 EStR), auch wenn sie fest mit dem Gebäude verbunden ist.
- Die Laderampe ist gem. § 6 Abs. 1 Nr. 1 Satz 1 EStG (bzw. § 253 Abs. 3 S. 1 HGB) mit den fortgeführten Herstellungskosten (HK ./. AfA) zu bewerten. Die degressive AfA nach § 7 Abs. 2 EStG kommt für Zugänge in 2012 nicht mehr in Betracht.

Kontenentwicklung:

	HB = StB
Zugang in 6/2012 mit Netto-HK	120 000 €
AfA linear gem. § 7 Abs. 1 EStG 4 % = 4 800 € p. a., gem. § 7 Abs. 1 Satz 4 EStG hiervon zeitanteilig 7/12	./. 2 800 €
Bilanzwert = fortgeführte HK zum 31. 12. 2012	117 200 €

Buchung:

Laderampe	120 000 €	an	Gebäude-Anbau	117.900 €
			AfA	2 100 €
AfA	2 800 €		Laderampe (Betriebsvorrichtung)	2 800 €

Gewinn:

Erhöhung AfA (Differenz 2 800 € ./. 2 100 €)	./. 700 €

3. Betriebs- und Geschäftsausstattung

- In vorliegendem Fall ist ausnahmsweise eine Durchbrechung des Bilanzenzusammenhangs möglich, weil die OHG im Jahre 2011 bewusst die AfA unterlassen hat, um dadurch später beachtliche ungerechtfertigte Steuervorteile zu erlangen (H 4.4 EStH „Berichtigung einer Bilanz, die einer bestandskräftigen Veranlagung zu Grunde liegt"). Siehe auch H 7.4 EStH „Unterlassene oder überhöhte AfA – Unberechtigte Steuervorteile".
- Da eine Berichtigung des falschen Bilanzansatzes im Ursprungsjahr nicht mehr möglich ist, die OHG darüber hinaus gegen den Grundsatz von Treu und Glauben verstoßen hat, ist der Bilanzansatz wie folgt zu korrigieren:

AK Januar 2011	45 000 €
AfA 2011 (ohne Korrektur des Vorjahres)	./. 4 500 €
Bilanzwert 1. 1. 2012	40 500 €
AfA linear (Firma: 5 000 €)	./. 4 500 €
Bilanzwert zum 31. 12. 2012	36 000 €
	(Fa. : 40 000 €)

Buchung:

Eigenkapital Klein	2 250 €	an	Betriebs- und Geschäftsausstattung	4 000 €
Eigenkapital Fein	2 250 €		AfA	500 €

Gewinn:

Minderung AfA	+ 500 €

Die AfA für 2011 i. H. von 4 500 € geht somit endgültig verloren. Der Totalgewinn stimmt nicht mehr. Nur falls die AfA irrtümlich unterblieben ist, kann entsprechend H 7.4 EStH „Unterlassene oder überhöhte AfA, AfA – Allgemein" verfahren werden.

4. Wertpapiere

- Die Wertpapiere gehören zum Gesamthandsvermögen der OHG und sind deshalb zwingend gem. § 5 Abs. 1 Satz 1 Halbsatz 1 EStG i. V. m. §§ 240 Abs. 1, 242 Abs. 1, 246 Abs. 1 HGB zu aktivieren (vgl. auch R 4.2 Abs. 2 EStR).

- Die Wertpapiere sind eindeutig dem nicht abnutzbaren Anlagevermögen zuzuordnen (vgl. § 247 Abs. 2 HGB, R 6.1 Abs. 1 Satz 6 und R 6b.3 Abs. 1 Satz 2 EStR) und sind gem. § 6 Abs. 1 Nr. 2 Satz 1 EStG (bzw. § 253 Abs. 1 Satz 1 HGB) grds. mit den Anschaffungskosten zu bewerten.

- Handelsrechtlich muss im Falle einer voraussichtlich dauernden Wertminderung zum 31. 12. 2012 eine außerplanmäßige Abschreibung gem. § 253 Abs. 3 Satz 3 HGB auf den niedrigeren beizulegenden Wert vorgenommen werden. Nicht verwirklichte Verluste müssen ausgewiesen werden.

- Steuerlich kann auch gem. § 6 Abs. 1 Nr. 2 Satz 2 EStG der niedrigere Teilwert angesetzt werden, da bezogen auf den Kurs von 80 % eine voraussichtlich dauernde Wertminderung vorliegt; vgl. die bisherige Rz. 11 des BMF-Schreibens vom 25. 2. 2000, BStBl 2000 I S. 372. Ferner sind zum 31. 12. 2012 steuerlich noch die Grundsätze des BMF-Schreibens vom 26. 3. 2009 (BStBl I S. 514) zu beachten (vgl. H 6.7 EStH „Teilwertabschreibung" bei börsennotierten Aktien im Anlagevermögen). In vorliegendem Fall ist aber auch hiernach eine Teilwertabschreibung zulässig, weil der Börsenkurs zum Bilanzstichtag um mehr als 40 % unter die ursprünglichen Anschaffungskosten gesunken ist.

  Zur Dauerhaftigkeit der Wertminderung bei festverzinslichen Wertpapieren hat der BFH mit Urteil vom 08. 06. 2011 (BStBl II 2012 S. 716) Stellung bezogen, in dem der BFH von der rechnerischen Komponente des BMF-Schreibens vom 26. 3. 2009 (Senkung der AK um mehr als 40 % oder an 2 Stichtagen um mehr als 25 %) abweicht. Bei börsennotierten Aktien des nicht abnutzbaren Anlagevermögens findet das vorstehende Urteil keine Anwendung; vgl. hierzu das BMF-Schreiben vom 10. 9. 2012 (BStBl I S. 939) sowie H 6.7 EStH „Teilwertabschreibung" – zweiter und fünfter Spiegelstrich.

  Gemäß § 5 Abs. 1 Satz 1 Halbsatz 2 EStG i. V. m. Rz. 15 des BMF-Schreibens vom 12. 3. 2010 besteht steuerlich jedoch kein Abwertungszwang. Aufgrund der Aufgabenstellung **ist** die Teilwertabschreibung jedoch steuerlich vorzunehmen.

- Der Bilanzwert zum 31. 12. 2012 berechnet sich wie folgt:

90 Aktien zu 80 €	7 200 €	
1,5 % Nebenkosten	+ 108 €	
Teilwert (= beizulegender Wert) zum 31. 12. 2012 (HB = StB)		(Fa.: 14 210 €
	7 308 €	./. 1 500 €
		12 710 €)
AK 90 % von 14 210 €	12 789 €	
Teilwertabschreibung	5 481 €	

Beim Verkauf der 10 Aktien ergab sich für die OHG ein sonstiger betrieblicher Aufwand, der sich wie folgt berechnet:

10 Aktien zu 150 €	1 500 €	
Verkaufskosten	./. 100 €	
Bankgutschrift	1 400 €	
AK (Buchwert) der 10 Aktien	./.1 421 €	(10 % des Bestandes)
sonstiger Aufwand per Saldo	21 €	(Fa. 100 €)

Möglich ist auch der Ausweis eines sonstigen Ertrages i. H. von 79 €, allerdings sind dann die Verkaufskosten i. H. von 100 € als sonstige betriebliche Aufwendungen zu buchen.

Buchung:

Teilwertabschreibung	5 481 €	an	Wertpapiere	5 402 €
			sonst. betriebl. Aufw.	79 €

Gewinn:

Minderung sonstige betriebliche Aufwendungen	+ 79 €
Erhöhung Teilwertabschreibung	./. 5 481 €

5. Waren

a) Bewertung

- Die aktivierungspflichtigen Waren sind dem Umlaufvermögen zuzuordnen (Umkehrschluss gem. § 247 Abs. 2 HGB, alternativ gem. R 6.1 Abs. 2 EStR) und sind gem. § 6 Abs. 1 Nr. 2 Satz 1 EStG (bzw. § 253 Abs. 1 Satz 1 HGB) grds. mit den AK zu bewerten.

- Ist den Waren am Abschlussstichtag ein niedrigerer Wert beizulegen, so muss dieser in der HB nach dem strengen Niederstwertprinzip gem. § 253 Abs. 4 Satz 2 HGB angesetzt werden. Nicht verwirklichte Verluste müssen ausgewiesen werden. Es liegt in vorliegendem Fall auch eine voraussichtlich dauernde Wertminderung vor, so dass § 6 Abs. 1 Nr. 2 Satz 2 EStG einer Teilwertabschreibung nicht entgegen steht (vgl. auch Tz. 23 des BMF-Schreibens vom 25. 2. 2000, BStBl 2000 I S. 372). Steuerlich besteht jedoch gem. § 5 Abs. 1 Satz 1 Halbsatz 2 EStG i. V. m. Rz. 15 des BMF-Schreibens vom 12. 3. 2010 (BStBl I S. 239) kein Abwertungszwang mehr; vgl. auch R 6.8 Abs. 1 Satz 3 EStR.

- Der Teilwert hängt bei zum Absatz bestimmter Ware auch vom voraussichtlichen Verkaufspreis ab (vgl. H 6.7 EStH „Teilwertvermutungen Nr. 4").

- Bei sinkenden Verkaufspreisen muss nach dem Grundsatz der besseren Erkenntnis gem. § 252 Abs. 1 Nr. 4 HGB i. V. m. § 5 Abs. 1 Satz 1 Halbsatz 1 EStG (HB = StB) auch der über den Bilanzstichtag hinaus drohende Verlust (etwa 2 Monate) berücksichtigt werden. Die OHG hat ein modernes Warenwirtschaftssystem mit einem entsprechenden Kosten-Nachweis. Der steuerliche Teilwert kann daher gem. R 6.8 Abs. 2 Satz 3 EStR i. V. m. H 6.8 EStH „Subtraktionsmethode" retrograd wie folgt ermittelt werden:

Verkaufspreis im Februar 2013	65 €
noch anfallende Kosten 20 % von 50 € AK:	./. 10 €
beizulegender Wert (sog. verlustfreie Bewertung)	55 €
durchschnittlicher Gewinn = 30 % von den Selbstkosten i. H. von 60 € (50 € + 10 €)	./. 18 €
Teilwert pro Stück	37 €
Bilanzansatz zum 31. 12. 2012 (500 x 37 €) – StB –	18 500 €

Handelsrechtlich darf der Gewinnaufschlag nicht mehr abgezogen werden (sog. verlustfreie Bewertung), ein Abzug war früher gem. § 254 HGB a. F. möglich. Steuerrechtlich muss lt. Rechtsprechung des BFH der Gewinnaufschlag bei der Ermittlung des Teilwerts abgezogen werden (vgl. auch R 6.8 Abs. 2 Satz 3 EStR).

Da der beizulegende Wert i. H. v. 27 500 € (500 Stück x 55 €) die ursprünglichen Anschaffungskosten jedoch nicht unterschreitet, sind in der HB die Anschaffungskosten i. H. von 25 000 € anzusetzen.

Alternativ kann der steuerliche Teilwert auch nach der progressiven Methode wie folgt berechnet werden:

Anschaffungskosten	50 €
20 % Verwaltungs- und Vertriebskosten	+ 10 €
Selbstkosten	60 €
30 % durchschnittlicher Gewinn	+ 18 €
Vergleichswert (Selbstkostenpreis)	78 €
voraussichtlicher Verkaufspreis	./. 65 €
nicht gedeckter Fehlbetrag	13 €
Anschaffungskosten	50 €
Teilwertabschreibung	./. 13 €
Teilwert	37 €

Eine Buchung ist nicht erforderlich, da in der HB keine Abwertung zulässig ist (§ 254 HGB a. F. ist durch BilMoG entfallen).

Nach der Aufgabenstellung ist der niedrigere steuerliche Teilwert anzusetzen, so dass eine außerbilanzielle Korrektur gem. § 60 Abs. 2 Satz 1 EStDV in Betracht kommt.

Erhöhung Teilwertabschreibung	./. 6 500 €

b) Privatentnahmen

- Die Schenkung der Knabenhosen stellt eine Sachentnahme i. S. des § 4 Abs. 1 Satz 2 EStG i. V. m. R 4.3 Abs. 2 EStR dar. Eine betriebliche Beziehung zu dem gemeinnützigen Verein ist nicht erkennbar.

- Die Sachentnahme kann gem. § 6 Abs. 1 Nr. 4 Satz 4 EStG im vorliegenden Fall mit dem Buchwert angesetzt werden (Buchwertprivileg bei unentgeltlichen Sachspenden i. S. des § 10b Abs. 1 EStG).

- Umsatzsteuerlich liegt ein Tatbestand des § 3 Abs. 1b Nr. 3 UStG vor; Geschenke von geringem Wert liegen nicht vor, da der einzelne Betrag 35 € übersteigt (vgl. Abschnitt 3.3 Abs. 10 und 11 UStAE). Bemessungsgrundlage ist gem. § 10 Abs. 4 Nr. 1 UStG i. V. m. Abschnitt 10.6. Abs. 1 UStAE der Einkaufspreis zum Zeitpunkt des Umsatzes i. H. von 44 €. Die USt auf die Entnahme darf gem. § 12 Nr. 3 EStG nicht als Betriebsausgabe abgezogen werden.

Berechnung der Privatentnahmen:

100 Hosen x 38 € (AK =Buchwert)	3 800 €
USt 19 % von 4 400 €	+ 836 €
	4 636 €

Buchung:

Privatentnahme Klein	2 318 €	an	sonstige betriebl. Erlöse	3 800 €
Privatentnahme Fein	2 318 €		USt-Schuld	836 €

Gewinn:

Erhöhung sonstige betriebl. Erlöse	+ 3 800 €

6. Rückstellungen

a) Tantiemen

- Rückstellungen für ungewisse Verbindlichkeiten aus Arbeitsverhältnissen.

- Tantiemen sind Vergütungen, die das abgelaufene Geschäftsjahr betreffen und die in ihrer Höhe wegen der erfolgsabhängigen Berechnung noch unbestimmt sind (abhängig z. B. von der Gewinnausschüttung an Anteilseigner oder von der Beschlussfassung durch ein Gesellschaftergremium).

- Fraglich ist in vorliegendem Fall, ob eine ungewisse Verbindlichkeit i. S. des R 5.7 Abs. 2 EStR zu bejahen ist. Die Forderung der Arbeitnehmer muss soweit konkretisiert sein, dass sich der Kaufmann ihr am Bilanzstichtag nicht mehr entziehen kann. Eine Rückstellung ist zu bilden, wenn sich derartige Verpflichtungen aus dem Tarif- oder Dienstvertrag ergeben oder wenn beispielsweise an den Betriebsratsvorsitzenden vor Abschluss des Wirtschaftsjahres schon bestimmte Zusagen gemacht worden sind. Dies liegt hier nicht vor.

- Vergütungen, die Mitarbeitern nach Ablauf eines Geschäftsjahres ohne Rechtspflicht gezahlt werden, sind ebenfalls rückstellungspflichtig, wenn solche Leistungen regelmäßig erbracht werden und der Kaufmann sich hierzu verpflichtet fühlt. Die Grenze, inwieweit vertraglich nicht festgelegte Verpflichtungen eine passivierungspflichtige Last sein können, wird in der Literatur als „fließend“ bezeichnet.

- Eine Rückstellung für ungewisse Verbindlichkeiten gem. § 249 Abs. 1 Satz 1 HGB i. V. m. § 5 Abs. 1 Satz 1 Halbsatz 1 EStG ist deshalb unzulässig, denn die Verbindlichkeit hat sich nach dem zu beurteilenden Sachverhalt erst mit der Zusage nach dem Bilanzstichtag konkretisiert (vgl. R 5.7 Abs. 2 EStR).

  Der Bilanzwert zum 31. 12. 2012 beträgt demnach 0 €.

Buchung:	keine
Gewinn:	entfällt

b) Mängelrüge

- Für diese ungewisse Verbindlichkeit (Gewährleistung) besteht Passivierungsgebot gem. § 5 Abs. 1 Satz 1 Halbsatz 1 EStG i. V. m. § 249 Abs. 1 Satz 1 HGB (vgl. auch H 5.7 Abs. 5 EStH „Garantierückstellungen"). Die Voraussetzungen des R 5.7 Abs. 2 EStR sind erfüllt:
  - Es handelt sich um eine Verpflichtung gegenüber einem Dritten
  - die vor dem Bilanzstichtag wirtschaftlich verursacht ist und
  - mit der Inanspruchnahme auch ernsthaft zu rechnen ist und
  - die Aufwendungen nicht zu AK bzw. HK für ein Wirtschaftsgut führen.
- Die Rückstellung ist gem. § 5 Abs. 1 Satz 1 Halbsatz 1 EStG i. V. m. § 253 Abs. 1 Satz 2 HGB grds. mit dem Betrag einzustellen, der sich in Höhe des nach vernünftiger kaufmännischer Beurteilung notwendigen Erfüllungsbetrages ergibt. Die steuerliche Bewertungsvorschrift des § 6 Abs. 1 Nr. 3a EStG ist jedoch gem. § 5 Abs. 6 EStG ggf. einschränkend zu beachten. Da die OHG keine Rückgriffsrechte geltend machen kann (H 6.11 EStH „Rückgriffsansprüche") sowie Anhaltspunkte für eine Abzinsung gem. § 6 Abs. 1 Nr. 3a Buchst. e EStG bzw. § 253 Abs. 2 Satz 1 HGB nicht vorliegen, ermittelt sich der Bilanzwert (HB = StB) der sonstigen Rückstellung zum 31. 12. 2012 wie folgt:

Sonstige Rückstellung (restlichen) 900 Hosen x 10 € =	9 000 €

Buchung:

Sonst. Rückstellung	11 000 €	an	sonstige betriebl. Aufwendungen	11 000 €

Gewinn:

Minderung sonstige betriebliche Aufwendungen	+ 11 000 €

c) Einkaufsgeschäft

- Es liegt ein schwebendes Geschäft vor, wenn ein gegenseitiger auf Leistungsaustausch gerichteter Vertrag abgeschlossen wurde und von der zur Lieferung verpflichteten Vertragspartei noch nicht erfüllt ist.
- Handelsrechtlich ist gem. § 249 Abs. 1 Satz 1 HGB eine Rückstellung für drohende Verluste aus schwebenden Geschäften zu bilden (Passivierungsgebot). Nicht verwirklichte Verluste müssen ausgewiesen werden. Die Rückstellung ist gem. § 253 Abs. 1 Satz 2 HGB mit dem

Betrag einzustellen, der sich in Höhe des nach vernünftiger kaufmännischer Beurteilung notwendigen Erfüllungsbetrages ergibt.

- ▶ Steuerrechtlich besteht jedoch gem. § 5 Abs. 4a EStG ein Passivierungsverbot.

  Der Bilanzansatz in der Handelsbilanz ist wie folgt zu berechnen:

Verpflichtung aus Kaufvertrag	50 000 €
Teilwert am Stichtag	40 000 €
Verpflichtungsüberschuss und Bilanzwert 31. 12. 2012 (HB)	10 000 €

Buchung in der Handelsbilanz:

sonstige betriebliche Aufwendungen	10 000 €	an	sonstige Rückstellungen	10 000 €

Gewinn:

Erhöhung sonstige betriebl. Aufwendungen =	./. 10 000 €
Steuerliche Korrektur außerhalb der HB gem. § 60 Abs. 2 Satz 1 EStDV =	+ 10 000 €

d) Reparaturarbeiten

- ▶ Handelsrechtlich muss gem. § 249 Abs. 1 Satz 2 Nr. 1 HGB eine Rückstellung für unterlassene Instandhaltung gebildet werden (Passivierungsgebot), wenn die unterlassene Reparatur innerhalb der nächsten 3 Monate nachgeholt wird. Die bilanzielle Behandlung in der Handelsbilanz der OHG ist deshalb **nicht** zu beanstanden.
- ▶ Steuerrechtlich führt dies ebenfalls zu einem Passivierungsgebot (§ 5 Abs. 1 Satz 1 Halbsatz 1 EStG i. V. m. R 5.7 Abs. 11 EStR). Nach vorliegendem Sachverhalt liegt kein Herstellungsaufwand vor, denn hierfür dürfte gem. § 5 Abs. 4b Satz 1 EStG keine Rückstellung gebildet werden.

  Keine Korrekturbuchung erforderlich, keine Gewinnauswirkung.

7. Nicht abzugsfähige Betriebsausgaben

- ▶ Die Zahlung an den Angestellten der Textil-Großhandels-GmbH ist zutreffend in 2011 gem. § 160 Abs. 1 AO nicht gewinnmindernd behandelt worden. Da ein Rückforderungsanspruch nicht besteht, ist die Bilanz zum 31. 12. 2011 richtig.
- ▶ Eine Bilanzberichtigung gem. § 4 Abs. 2 EStG i. V. m. H 4.4 EStH mit der Folge einer erfolgsneutralen Behandlung der Rückzahlung in 2011 ist daher ausgeschlossen.
- ▶ Vielmehr ist die Rückzahlung in 2012 als sonstiger betrieblicher Ertrag zu erfassen. Für diese Sachbehandlung ist unerheblich, dass das Schmiergeld im Jahr der Zahlung den Gewinn nicht mindern durfte (BFH v. 17. 5. 1968, BStBl 1968 II 581).
- ▶ Die Zahlung auf das private Geldkonto des Gesellschafters Karl Klein stellt eine Geldentnahme i. S. des § 4 Abs. 1 Satz 2 EStG dar.

Buchung:

„Privatentnahme" Klein	6 000 €	an sonstige betriebl. Erträge	6 000 €

Gewinn:

Erhöhung sonstige betriebliche Erträge	+ 6 000 €

8. Grundbesitz des Gesellschafters Fritz Fein

- Die in Düsseldorf Kölner Str. 10 und Lindenstr. 20 belegenen Grundstücke – bei denen es sich um 3 selbständige Wirtschaftsgüter handelt – sind gem. § 4 Abs. 1 EStG, R 4.2 Abs. 2 und Abs. 12 EStR ab dem 1. 1. 2012 als notwendigen Sonderbetriebsvermögen I des Gesellschafters Fritz Fein zu behandeln, da sie ausschließlich dem gewerblichen Betrieb der OHG dienen. Ein Ausweis in der Gesamthandsbilanz (HB) ist unzulässig, weil sich diese Wirtschaftsgüter im alleinigen Eigentum des Gesellschafters Fritz Fein befinden.

  Da sich die Wirtschaftsgüter bisher im Privatvermögen des Gesellschafters befanden, führt die Nutzungsänderung zu einer Sacheinlage i. S. des § 4 Abs. 1 Satz 8 EStG. Vgl. auch R 4.3 Abs. 1 EStR.

  Zum 1. 1. 2012 sind die beiden Grundstücke deshalb gem. § 6 Abs. 1 Nr. 5 EStG mit ihren Teilwerten im Zeitpunkt der Einlage in die Sonderbilanz einzustellen, da sie nicht innerhalb der letzten drei Jahre vor ihrer Einlage angeschafft worden sind:

Unbebautes Grundstück Kölner Str.	80.000 €
Bebautes Grundstück Lindenstr.:	
Gebäude (80 % von 600.000 €)	480.000 €
Grund und Boden (20 % von 600.000 €)	120.000 €
Sacheinlage insgesamt:	680 000 €

- Das unbebaute Grundstück Kölner Str. 10 und der Grund und Boden Lindenstr. 20 sind auch zum 31. 12. 2012 gem. § 6 Abs. 1 Nr. 2 Satz 1 EStG mit ihrem jeweiligen Einlagewert vom 1. 1. 2012 anzusetzen. Spätere Wertsteigerungen bleiben außer Ansatz, da der Einlagewert (= fiktive Anschaffungskosten) die Bewertungsobergrenze darstellt. Nicht realisierte Gewinne dürfen nicht ausgewiesen werden.

- Zum 31. 12. 2012 erfolgt die Bewertung des Gebäudes gem. § 6 Abs. 1 Nr. 1 Satz 1 EStG mit den fortgeführten Anschaffungskosten (Einlagewert abzüglich der AfA).

- Die AfA beträgt ab 2012 gem. § 7 Abs. 4 Satz 1 Nr. 1 EStG i. V. m. R 7.4 Abs. 7 Satz 1 Nr. 1 EStR grds. 3 % (Nutzungsänderung: ab 1. 1. 2012 Betriebsvermögen, keine Wohnzwecke und Antrag auf Baugenehmigung nach dem 31. 3. 1985).

  Die AfA-Bemessungsgrundlage ermittelt sich jedoch gem. § 7 Abs. 1 Satz 5 EStG und dem BMF-Schreiben vom 27. 10. 2010 (BStBl I S. 1204). Vgl. auch R 7.3 Abs. 6 EStR i. V. m. H 7.3 EStH „Einlage eines Wirtschaftsguts". Da der Teilwert höher ist als die historischen Anschaffungskosten ermittelt sich die neue AfA-Bemessungsgrundlage gem. des BMF-Schreibens vom 27. 10. 2010 (Rz 3, Fallgruppe 1) wie folgt:

Teilwert Lindenstr. 20 zum 1. 1. 2012, 80 % von 600 000 € =	480 000 €
2 % von 320 000 € (80 % von 400 000 €), AfA 1. 1. 2001 – 31. 12. 2011 (11 x 6 400 €)	./. 70 400 €
AfA-Bemessungsgrundlage ab 1. 1. 2012	409 600 €
Zugang Gebäude 1. 1. 2012 mit dem Teilwert (= AfA-Volumen):	480 000 €
AfA 3 % von 409 600 €:	./. 12 288 €
Endbestand Gebäude zum 31. 12. 2012	467 712 €

(nur als Hinweis: der nach Ablauf von 33 1/3 Jahren verbleibende Restwert von 70.400 € darf erst bei einer Veräußerung gewinnmindernd berücksichtigt werden; vgl. BMF-Scheiben vom 27. 10. 2010)

- Die laufenden Grundstückskosten sowie die AfA stellen für den Gesellschafter Fritz Fein Sonderbetriebsausgaben (R 4.7 Abs. 2 Satz 3 EStR, H 4.7 EStH „Sonderbetriebsausgaben") und die Mieterträge Sonderbetriebseinnahmen (§ 15 Abs. 1 Nr. 2 EStG, H 4.7 EStH „Sonderbetriebseinnahmen") dar. Der sich hieraus ergebende Gewinn ist verfahrensrechtlich im Rahmen der einheitlichen und gesonderten Feststellung (§§ 179, 180 AO) zu erfassen.

- Soweit die Grundstückskosten aus privaten Mitteln bezahlt worden sind, handelt es sich um eine Geldeinlage des Gesellschafters Fritz Fein i. S. des § 4 Abs. 1 Satz 8 EStG. Die erhaltenen Mieterträge inkl. Umsatzsteuer stellen für Fritz Fein in 2012 eine Geldentnahme i. S. des § 4 Abs. 1 Satz 2 EStG dar.

- Der Gesellschafter Fritz Fein hat gem. §§ 19 Abs. 2 und 9 UStG zur Umsatzsteuer optiert (sog. Doppeloption), so dass er zum Vorsteuerabzug berechtigt ist. Die abziehbare Vorsteuer erhöht deshalb gem. § 9b Abs. 1 EStG nicht die laufenden Grundstückskosten.

  Die Umsatzsteuerschuld des Unternehmers Fritz Fein für 2012 i. H. von 5 344 € (6 840 € ./. 1 496 €) ist in der Sonderbilanz als sonstige Verbindlichkeit einzustellen.

- Die Darlehensschulden gehören ebenfalls zum notwendigen passiven Sonderbetriebsvermögen I des Gesellschafters Fritz Fein, da sie in wirtschaftlichem Zusammenhang mit den zu aktivierenden Wirtschaftsgütern stehen. Vgl. insofern R 4.2 Abs. 2 S. 2 und H 4.2 Abs. 15 EStH „Betriebsschuld". Die Bewertung des Darlehens erfolgt gem. § 6 Abs. 1 Nr. 3 EStG mit den Anschaffungskosten = Nennwert (vgl. auch H 6.10 EStH „Anschaffungskosten").

Zugang Darlehen 1. 1. 2012 (Einlage eines negativen Wirtschaftsgutes)	120 000 €
Tilgung in 2012	./. 8 000 €
Endbestand Darlehen zum 31. 12. 2012	112 000 €

  Die Tilgung des Darlehens stellt für Fritz Fein gleichzeitig eine Geldeinlage im Sinne des § 4 Abs. 1 Satz 8 EStG dar. Die bezahlten Zinsen stellen gem. H 4.7 EStH „Sonderbetriebsausgaben" dar, in gleicher Höhe liegt eine Geldeinlage gem. § 4 Abs. 1 Satz 8 EStG vor.

  Soweit die Zinsen für den Monat Dezember 2012 erst Anfang 2013 gezahlt worden sind, sind sie in Höhe von 600 € gem. R 5.6 Abs. 3 Satz 2 EStR als sonstige Verbindlichkeit in die Sonderbilanz des Fritz Fein einzustellen. Hinweis: Eine Begrenzung des Schuldzinsenabzugs unterbleibt gem. § 4 Abs. 4a S. 5 EStG, da die Finanzierung im Zusammenhang mit Wirtschaftsgütern des Anlagevermögens steht.

Aktiva	Sonderbilanz Fritz Fein zum 31. 12. 2012		Passiva
Grund und Boden Kölner Str.	80 000 €	Sacheinlage Grundstücke	680 000 €
Grund und Boden Lindenstr.	120 000 €	Geldeinlage (Grundstückskosten)	+ 11 096 €
Gebäude Lindenstr.		Geldentnahme (Miete)	./. 42 840 €
Zugang: 480 000 €		Privateinlage	
./. AfA 12 288 €	467 712 €	(Darlehen)	./. 120 000 €
		Tilgung Darlehen (Geldeinlage)	+ 8.000 €
		Geldeinlage (Zinsen)	+ 6.600 €
		Gewinn 2012	+ 6 912 €
		Kapital 31.12.	549 768 €
		Darlehensschulden	112.000 €
		Sonstige Verbindlichk.	600 €
		USt-Verbindlichkeiten	5 344 €
	667 712 €		667 712 €

Aufwand	Sonder-GuV Fritz Fein 2012		Ertrag
Grundstücksaufwendungen	9 600 €	Mieterträge	36 000 €
AfA	12 288 €		
Zinsaufwendungen	7 200 €		
Gewinn	6 912 €		
	36 000 €		36 000 €

Teil II: Kosten und Leistungsrechnung

Zu 1 – 3):

Fertigungsmaterial	100,00 €	
+ Materialgemeinkostenzuschlagsatz 8 %	8,00 €	
= Materialkosten		108,00 €
Fertigungslöhne – Minutenfaktor = 0,8 € * 30 Min.	24,00 €	
+ Fertigungsgemeinkosten Fertigungsstufe 1 200 %	48,00 €	
+ Fertigungslöhne Fertigungsstufe 2 = 0,8 € *75 Min.	60,00 €	
+ Fertigungsgemeinkosten Fertigungsstufe 2 150 %	90,00 €	
+ Sondereinzelkosten der Fertigung	20,00 €	
Fertigungskosten		242,00 €
= Herstellkosten		**350,00 €**
Herstellungskosten (I)	**350,00 €**	
+ Verwaltungsgemeinkostenzuschlagssatz 14 %	49,00 €	

(Herstellungskosten II	*399,00 €)*
+ Vertriebsgemeinkosten 10 %	35,00 €
= Selbstkosten	**434,00 €**
+ Gewinnaufschlag 25 %	108,50 €
= Barverkaufspreis	542,50 €
+ Kundenskonto 3 % vom Zielverkaufspreis = 3*100/100-3 = 3,09278 % von 542,50	16,78 €
= Zielverkaufspreis	559,28 €
+ Kundenrabatt 5% vom Netto-VK = 5*100/100-5 = 5,26315 % von 559,28	29,44€
= Nettoverkaufspreis	**588,72 €**

Zu 4):

Erläuterung der Begriffe:

Kostenartenrechnung:	Hierbei werden die Kosten nach Kostenarten (z.B. Abschreibungen, Personalkosten) ermittelt.
Kostenstellenrechnung:	Die Kosten sind den Kostenstellen zuzuordnen, wo sie angefallen sind (Verursachungsprinzip), z. B. Materialbeschaffung, Fertigungsbereich, Verwaltungsbereich, Vertriebsbereich.
Kostenträgerrechnung:	Sie steht am Ende der Kostenrechnung und soll erklären, wofür die Kosten entstanden sind, d. h., die Kosten werden den Kostenträgern (Produkten) zugeordnet.

Der Betriebsabrechnungsbogen erfüllt insbesondere die folgenden Aufgaben:

- Übernahme der Gemeinkosten aus der Kostenartenrechnung
- Verteilung dieser Gemeinkosten auf die Kostenstellen, in denen sie entstanden sind
- Errechnung von Zuschlagssätzen als Basis für die Kalkulation
- Überwachung der Gemeinkosten an den Stellen ihrer Entstehung (Kontrolle der Wirtschaftlichkeit)

Teil III: Gesellschaftsrecht

Zu Frage 1 (Innenverhältnis):

Der Umfang der Geschäftsführungsbefugnis erstreckt sich gem. § 116 Abs. 1 HGB zwar auf alle Handlungen, die der gewöhnliche Betrieb des Handelsgewerbes der Gesellschaft mit sich bringt, aufgrund des Widerspruchs der übrigen Gesellschafter hätte der Kaufvertrag jedoch gem. § 115 Abs. 1 2. Hs. HGB nicht abgeschlossen werden dürfen.

Im Übrigen ist die Vertragsklausel des Gesellschaftsvertrages auch im Innenverhältnis nichtig, denn gem. § 117 HGB ist die Möglichkeit vorgesehen, dem Gesellschafter bei Vorlage eines wichtigen Grundes (z. B. grobe Pflichtverletzung) die Geschäftsführungsbefugnis zu entziehen.

Zu Frage 2 (Außenverhältnis):

Die Vertragsklausel bezüglich der Einzelvertretung entspricht der gesetzlichen Regelung des § 125 Abs. 1 HGB; eine derartige Regelung im Gesellschaftsvertrag war deshalb entbehrlich. Die Vertragsklausel ist jedoch nichtig, weil sie einen völligen Ausschluss der Entziehung der Vertretungsbefugnis aus wichtigem Grund gem. § 127 HBG i. V. m. § 125 Abs. 1 2 Hs. HGB zur Folge hätte.

In der Praxis empfiehlt sich gesellschaftsvertragliche Regelung der Gesamtvertretung gem. § 125 Abs. 2 HGB, da die Einzelvertretung deshalb nicht sinnvoll ist, weil die drei anderen Gesellschafter aufgrund ihrer persönlichen Haftung ein unkalkulierbares Risiko eingehen würden.

Die sachliche Vertretungsmacht erstreckt sich gem. § 126 Abs. 1 HGB auf alle außergerichtlichen Geschäfte und umfasst somit auch den vorliegenden Kaufvertrag.

Zu Frage 3 (Außenverhältnis/rechtliche Möglichkeiten):

Die Meyer OHG besitzt Teilrechtsfähigkeit (§ 124 HGB). In vorliegendem Fall ist sie rechtswirksam verpflichtet, den Kaufvertrag zu erfüllen, da im Außenverhältnis die Einzelvertretungsmacht eines Gesellschafters gem. § 125 Abs. 1 i. V. m § 106 Abs. 2 Nr. 4 HGB nicht einschränkbar ist.

Die Mitgesellschafter von Anton Meyer können an ihn jedoch Schadensersatzansprüche stellen und ggf. durch Gesellschafterbeschluss vor Gericht die Entziehung seiner Vertretungsbefugnis beantragen (§ 127 HGB). Auch ein Gesellschafterausschluss kann ggf. gem. § 140 HGB beantragt werden.

Zu Frage 4 (Haftung):

Da die Meyer OHG gem. § 124 Abs. 1 HGB unter ihrer Firma Verbindlichkeiten eingehen kann, muss sie zunächst für ihre Gesellschaftsschulden selbst einstehen.

Sämtliche Gesellschafter haften für die Verbindlichkeit aus dem Kaufvertrag gem. §§ 128, 105 Abs. 3 HGB i. V. m. 421 BGB aber stets

- primär (d. h. der Gläubiger braucht sich nicht zuerst an das Gesellschaftsvermögen zu halten, siehe oben!),
- unmittelbar (d. h. der Gläubiger kann jeden einzelnen Gesellschafter unmittelbar in Anspruch nehmen, und zwar unabhängig von seiner Beteiligungsquote),
- solidarisch (d. h. zusammen mit allen anderen Gesellschaftern),
- unbeschränkt und unbeschränkbar (d. h. er haftet auch mit seinem Privatvermögen).